中国软科学研究丛书

丛书主编：张来武

"十一五"国家重点图书出版规划项目
国家软科学研究计划资助出版项目

现代产业创新战略

邓金堂　李进兵　王德平　著

科学出版社
北京

内 容 简 介

本书旨在研究现代产业创新驱动战略问题,遵循理论来源于实践—案例验证理论—再指导实践的思路设计了现代产业创新驱动战略理论、案例及其相互印证体系。在系统回顾产业创新研究成果基础上,以区域产业创新价值链为核心,吸纳、提炼创新区域的创新实践经验,系统、深入和全面地回答了不同创新区域现代产业创新竞争优势和战略选择,最后以国家改革创新实验区的案例验证现代产业创新驱动战略理论。本书紧扣我国现代产业创新实践中的问题,深入地思考了创新战略理论,解读了创新战略实践。

本书适合政策制定者,以及技术经济学、创新经济学、产业经济学领域的读者参考使用。

图书在版编目(CIP)数据

现代产业创新战略/邓金堂,李进兵,王德平著.—北京:科学出版社,2016.3

(中国软科学研究丛书)

ISBN 978-7-03-047395-0

Ⅰ.①现⋯　Ⅱ.①邓⋯②李⋯③王⋯　Ⅲ.①产业发展-研究-中国　Ⅳ.①F121.3

中国版本图书馆 CIP 数据核字(2016)第 033252 号

丛书策划:林　鹏　胡升华　侯俊琳
责任编辑:杨婵娟　刘巧巧 / 责任校对:李　影
责任印制:张　倩 / 封面设计:黄华斌　陈　敬
编辑部电话:010-64035853
E-mail:houjunlin@mail.sciencep.com

*科学出版社*出版
北京东黄城根北街 16 号
邮政编码:100717
http://www.sciencep.com

*中国科学院印刷厂*印刷
科学出版社发行　各地新华书店经销

*

2016 年 3 月第 一 版　开本:720×1000 1/16
2016 年 3 月第一次印刷　印张:20 1/4
字数:385 000

定价:120.00元

(如有印装质量问题,我社负责调换)

"中国软科学研究丛书"编委会

主　编　张来武
副主编　李朝晨　王　元　胥和平　林　鹏
委　员　（按姓氏笔画排列）
　　　　于景元　马俊如　王玉民　王奋宇
　　　　孔德涌　刘琦岩　孙玉明　杨起全
　　　　金吾伦　赵志耘

编辑工作组组长　刘琦岩
副组长　王奋宇　胡升华
成　员　王晓松　李　津　侯俊琳　常玉峰

总序   PREFACE

  软科学是综合运用现代各学科理论、方法,研究政治、经济、科技及社会发展中的各种复杂问题,为决策科学化、民主化服务的科学。软科学研究是以实现决策科学化和管理现代化为宗旨,以推动经济、科技、社会的持续协调发展为目标,针对决策和管理实践中提出的复杂性、系统性课题,综合运用自然科学、社会科学和工程技术的多门类多学科知识,运用定性和定量相结合的系统分析和论证手段,进行的一种跨学科、多层次的科研活动。

  1986年7月,全国软科学研究工作座谈会首次在北京召开,开启了我国软科学勃兴的动力阀门。从此,中国软科学积极参与到改革开放和现代化建设的大潮之中。为加强对软科学研究的指导,国家于1988年和1994年分别成立国家软科学指导委员会和中国软科学研究会。随后,国家软科学研究计划正式启动,对软科学事业的稳定发展发挥了重要的作用。

  20多年来,我国软科学事业发展紧紧围绕重大决策问题,开展了多学科、多领域、多层次的研究工作,取得了一大批优秀成果。京九铁路、三峡工程、南水北调、青藏铁路乃至国家中长期科学和技术发展规划战略研究,软科学都功不可没。从总体上看,我国软科学研究已经进入各级政府的决策中,成为决策和政策制定的重要依据,发挥了战略性、前瞻性的作用,为解决经济社会发展的重大决策问题作出了重要贡献,为科学把握宏观形势、明确发展战略方向发挥了重要作用。

20多年来,我国软科学事业凝聚优秀人才,形成了一支具有一定实力、知识结构较为合理、学科体系比较完整的优秀研究队伍。据不完全统计,目前我国已有软科学研究机构2000多家,研究人员近4万人,每年开展软科学研究项目1万多项。

为了进一步发挥国家软科学研究计划在我国软科学事业发展中的导向作用,促进软科学研究成果的推广应用,科学技术部决定从2007年起,在国家软科学研究计划框架下启动软科学优秀研究成果出版资助工作,形成"中国软科学研究丛书"。

"中国软科学研究丛书"因其良好的学术价值和社会价值,已被列入国家新闻出版总署"'十一五'国家重点图书出版规划项目"。我希望并相信,丛书出版对于软科学研究优秀成果的推广应用将起到很大的推动作用,对于提升软科学研究的社会影响力、促进软科学事业的蓬勃发展意义重大。

科技部副部长

2008年12月

序

近十年来，我国制造业创新能力取得了显著进步，高铁装备制造业和核电装备产业的创新竞争优势全球瞩目。但是，绝大多数产业核心技术仍受制于发达国家，关键设备和核心元器件依赖进口的状况依然没有改变，产业创新竞争优势仍令人担忧。

2015年，国务院制定和发布了《中国制造2025》。创新驱动发展上升为国家创新战略。为此，各个省（自治区、直辖市）加快了现代产业创新体系建设步伐，但产业创新体系建设的区域不平衡问题十分明显。从全国范围看，东部地区的产业创新竞争优势强于中西部地区；而从全球范围看，我国东部发达地区又显著弱于发达国家。因此，研究现代产业创新战略问题具有重要的理论与实践意义。

目前，全国正掀起"大众创业，万众创新"热潮。中国发展新阶段面临着复杂的产业创新问题。其中，既有农业创新问题，又有工业创新问题，还有服务业的创新问题。现代产业创新竞争优势问题表现出纷繁复杂的创新领域、层次。这要求我国从产业创新战略等多个理论层面上进行深入系统的研究，从而为进一步完善各个省（自治区、直辖市）产业创新政策提供理论参考。产业创新战略研究的根本任务就是研究如何解决现代产业体系的创新竞争优势问题。东部地区、中西部地区的创新战略研究的任务就是研究如何培育和增强现代产业的创新竞争优势问题。《现代产业创新战略》着眼于创新区域视角，尤其是从四川省的视角，从区域现代产业创新实践的经验和教训中提出"现代产业创新竞争优势战略"这一命题，这是很有现实意义的。

全书主要内容是：现代创新战略理论框架、核心技术－产品创新战略、创新型企业战略、现代产业体系创新战略、现代产业集群创新战略、现代产业创新战略环境、四川现代产业创新战略案例、四川电子信息产品制造业创新战略、四川装备制造业创新战略。通览全书，可以发现该书具有如下特点：理论基础扎实、微—中—宏的逻辑路线清晰、理论系统性和理论应用性有机统一。特别值得注意的是，该书提出了核心技术–产品创新这一有趣的概念和战略命题，并就此做了深入系统的研究，这在国内还不多见。

该书以产业创新价值链定义现代产业创新竞争优势，把核心技术–产品创新优势和创新型企业优势作为现代产业的基本创新竞争优势，把现代产业创新体系优势和现代产业集群创新优势解读为现代产业的创新扩展优势。同时，该书认为，普通创新区域、优势创新区域和强势创新区域都应当沿着产业创新价值链培育、增强和提高现代产业创新竞争优势。这些研究结论对产业创新研究者和政策制定者是有启示的。

中国科学院大学经济与管理学院教授、博士生导师

中国科学学与科技政策研究会副理事长

2015 年 10 月 25 日

前言　FOREWORD

　　创新驱动发展理论是熊彼特经济发展理论鹤立经济学山头的主要理由。20年后，新熊彼特学派弘扬熊彼特创新驱动发展理论。越来越多的学者接受了"技术创新是经济发展的根本动力"这一观点。我国的国家创新战略从"十一五"期间的自主创新战略演变到"十二五"期间的创新驱动发展战略。全国各个省份积极探索现代产业创新驱动发展路径，制定了新的产业创新政策。深圳、北京、上海、江苏、浙江等发达地区的现代产业创新实践取得了显著进展，提供了丰富的、新鲜的创新驱动发展经验。深入实施创新驱动发展是全面建成小康社会的内在动力，更是提高经济发展质量的根本路径。总结过去10年的产业创新驱动发展实践经验，根据不同创新区域，分类制定产业创新驱动发展战略，是各省份在"十三五"期间全面深入实施创新驱动发展战略的核心。本书正是基于此原因力图对过去10年我国各个省份产业创新实践经验进行理论概括。

　　最近10年，学术界对创新问题的研究经历了创新体系研究、自主创新研究和协同创新研究三个阶段，国内外学者从管理学、经济学和社会学等多个学科视角研究了企业创新、产业集群创新、创新政策等各个方面的问题。战略性新兴产业创新、产业融合、多领域、多层次的协同创新问题等受到学术界的广泛关注，涌现了一大批学术成果。这些成果为我们概括我国各个省份的现代产业创新实践提供了坚实、厚重的理论基础。我们的贡献就在于：设计了创新区域产业创新价值链框架，概括了我国现代产业创新实践经验，明确地提出和系统地论述了现代产业创新驱动战略理论，突破了区域划分传统观点，主张按创新竞争优势划分创新区域，核心技术 - 产品创新优势、创新型企业优势是区域现代产业竞争的基本创新竞争优势。区域现代产业创新政策的着力点、重点和核心应当是：培育和发展现代产业的基本创新竞争优势，构建区域产业创新价值链和区域现代产业创新体系，发展创新型产业集群，提供一个公平竞争、鼓励创新、和谐有序、依法行政的创新战略环境。

  本书由邓金堂教授负责全书总体设计、修改和统稿，承担第一、二、三、四、五、八、十一章的撰写与修改工作。李进兵博士承担第六、十章的撰写工作。王德平博士承担第七、九章的撰写工作。

  本书的基本特点是坚持理论与实践结合，这个特点体现在选题和内容设计上。本书还有如下特点：知识基础扎实，理论功底深厚，力求吸收产业创新的最新成果，方法恰当合理，资料翔实，力求数据可靠、权威、最新。

  本书选题是在多项省部级研究项目基础上提炼而成的，成书吸收了创新领域诸多研究成果，得益于国内同行赐教及科技部国家软科学计划资助支持。书稿历经六年而成，笔者多次凝练主题，完善结构，几易其稿，却囿于识见有限仍有不尽如人意之处，敬请方家指正。同时，感谢团队成员的辛苦工作。

邓金堂

乙未年[①] 八月

[①] 乙未年即 2015 年。——编者按

目录

- 总序（张来武） ... i
- 序 ... iii
- 前言 ... v
- 第一章　引言 ... 1
  - 第一节　基本概念界定 ... 1
  - 第二节　研究的问题与研究的意义 ... 7
  - 第三节　产业创新战略研究进展与问题 ... 16
  - 第四节　研究范式与研究工具 ... 21
  - 第五节　研究内容体系与研究思路 ... 25
- 第二章　现代产业创新战略理论框架 ... 29
  - 第一节　战略模型构建理念和假设 ... 29
  - 第二节　创新驱动产业发展：一个经济学解释 ... 31
  - 第三节　区域产业创新结构分析 ... 37
  - 第四节　区域产业创新基本战略 ... 42
  - 第五节　区域产业创新战略扩展 ... 47

第三章　核心技术-产品创新驱动战略 ························· 57

- 第一节　核心技术–产品创新问题的提出 ·························· 57
- 第二节　现代产品创新体系与核心技术–产品创新 ·················· 62
- 第三节　区域核心技术–产品创新价值与创新竞争优势 ·············· 68
- 第四节　区域核心技术–产品创新战略选择 ························ 79

第四章　创新型企业战略 ·· 86

- 第一节　创新型企业战略问题提出 ································ 86
- 第二节　创新型企业：一个产业组织创新视角 ······················ 92
- 第三节　区域企业创新价值链与创新型企业优势 ···················· 97
- 第四节　区域创新型企业战略选择 ······························· 107
- 第五节　区域创新型企业发展政策 ······························· 111

第五章　现代产业创新体系战略 ··································· 116

- 第一节　区域现代产业创新体系战略问题的提出 ··················· 116
- 第二节　现代产业创新体系：一个产业结构创新演化视角 ··········· 124
- 第三节　创新竞争优势与区域产业创新价值链体系 ················· 127
- 第四节　区域现代产业创新体系战略选择 ························· 133
- 第五节　现代产业协同创新战略 ································· 142

第六章　现代产业集群创新战略 ··································· 147

- 第一节　现代产业集群创新战略问题的提出 ······················· 147
- 第二节　现代产业集群创新：一个集群创新演化视角 ··············· 154
- 第三节　区域产业集群创新价值链与优势 ························· 159
- 第四节　区域现代产业集群创新战略选择 ························· 174

第七章　现代产业创新战略环境 ··································· 194

- 第一节　现代产业创新战略环境问题提出 ························· 194
- 第二节　现代产业创新战略环境：一个战略环境理论演化观点 ······· 199
- 第三节　现代产业创新战略环境分析 ····························· 203
- 第四节　构建支撑创新的各类创新区域现代治理体系 ··············· 217

第八章　四川现代产业创新战略案例 ……222

- 第一节　四川现代产业创新战略案例研究的理由 ……222
- 第二节　四川现代产业创新战略绩效、经验与问题 ……226
- 第三节　四川现代产业创新驱动战略的问题 ……233
- 第四节　四川现代产业创新驱动战略目标与重点 ……236

第九章　四川电子信息产品制造业产业创新战略 ……240

- 第一节　四川电子信息产品制造业的概况 ……240
- 第二节　四川电子信息产品制造业自主创新优势与经验 ……241
- 第三节　四川电子信息产品制造业自主创新问题 ……250
- 第四节　四川电子信息产品制造业自主创新战略举措 ……255

第十章　四川装备制造业产业创新战略 ……262

- 第一节　四川装备制造业概况 ……262
- 第二节　四川装备制造业自主创新优势与经验 ……267
- 第三节　四川装备制造业产业创新问题 ……272
- 第四节　四川装备制造业创新能力持续提升策略 ……274

第十一章　铭记要旨：战略行动指引 ……280

- 第一节　政策制定者：一张行动路线图 ……280
- 第二节　"十三五"产业创新规划：一份政策建议 ……284
- 第三节　实践新动向与研究新指向 ……288

参考文献 ……294

后记 ……306

第一章　引　言

党的十七大报告提出发展现代产业，党的十八大报告明确指出构建现代产业体系。学术界对现代产业体系的概念、内涵、特征和范围展开了讨论，笔者借鉴这些研究成果界定了现代产业；在叙述创新概念演进中界定产业创新和协同创新等重要的概念；区位、区域和创新区位也初步界定。最后，讨论研究范式和研究方法。

第一节　基本概念界定

一　现代产业概念界定

"现代产业体系"一词首现于2007年中央一号文件，后现于党的十七大报告，再现于党的十八大报告。在党的两个政治报告中，"现代产业体系"是应我国经济社会发展现实提出的一个政策术语。其范围包括现代农业、信息化与工业化融合形成的新型工业产业、高新技术产业和现代服务业。

从学理上看，必须先定义产业体系。产业体系是"在某一分类标准下所有产业及它们之间的联系"（刘明宇，芮明杰，2009）。经济主体结构和存在方式应当是一个重要的分类标准。在这个意义上，可以把产业体系理解为"以特有经济主体结构和特定经济主体生存方式为基础的产业关联、产业构成、产业运行下的经济现象"（张耀辉，2010）。现代产业体系是对应传统产业而言的。传统产业体系是"与传统产业活动相适应的产业体系，其最基本的特征是技术变动相对缓慢，由此导致了企业间和产业间的生产、技术连接相对固定的基本特性"。传统产业体系包括传统农业、传统工业和传统服务业。

在学术研究上，现代产业体系较早见于2007年的少量文献，出现了如现代农业体系（曹利群，2007）、山东现代产业体系（袁红英，2007）的提法。大多数学者都同意解读现代产业体系应当首先解读"现代"一词。"现代产业体系是指具有当代领先的具有竞争优势的又面向未来发展趋势的产业体系"（刘明宇，芮明杰，2009）。从产业体系结构的历史逻辑演进角度来看，产业技术标准是划分产业体系的另一个重要标准。在这个意义上，产业体系分为农业文明时期的产业体系、工业化时期的产业体系、工业化后期的现代产业体系和后工业化时期的现代产业体系。显然，现代产业体系包括了工业化后期的现代产业体系和后工业化时期的现代产业体系（龚绍东，2010）。也有学者从产业组织体系解读现代产业体系。从这个意义上看，产业网络化、产业集群化、产业融合化是现代产业体系的本质内涵（刘钊，2011）。

立足于经济现代化与产业体系的历史逻辑，现代产业体系应当反映产业结构的历史变迁、现代平等和共同富裕、技术与知识文明等特点，"现代产业体系是以工业化进程不断推进和深化为前提的、服务业所占比重较高、劳动者专业化程度和劳动者利益得到合理保障的、充分吸纳并利用先进技术而形成的具有国内外竞争力的产业体系。这是一个工业深化、结构软化、科技发展和人的发展相结合的产业体系"（唐家龙，2010）。在这里，我们应当特别注意现代产业体系与我国现行产业体系的区别。现行产业体系是指当前一国产业的结构及其运行的状态。

学者对现代产业体系的特征有很多描述。有的学者（张耀辉，2010）认为，现代产业体系的特征是：第一是适应多样性需求和服务于创新竞争，第二是推动知识创造、知识转化，第三是需要更加灵活的外部协作和追求外部规模经济，第四是要求快速沟通和流通，第五是经济全球化和政府深度参与，第六是保证低消耗和低污染，第七是新型制度保障。有的学者（唐家龙，2010）认为，现代产业体系具备动态性、先进性、信息化、稳定性和人本性特征。美国产业结构演变说明：现代产业体系结构体现了现代性即软化与服务化、技术创新与导向结合紧密等（赵嘉，唐家龙，2012）。有的学者（刘钊，2011）认为，现代产业体系特征是，产业创新是现代产业体系的发展动力，产业集群是现代产业体系的网络结点，新型工业、现代农业、现代服务业等产业融合是现代产业体系的主要形式，国际性是现代产业体系的时代特征。综观上述学者对现代产业体系特征的描述，我们可以发现，现代产业体系拥有创新、高新技术知识、人本性、国际性等特征成为学者们的共识。

产业体系历史演进逻辑表明，现代产业体系的提出是对西方产业体系划分的历史突破。事实上，工业化后期的现代产业体系结构形态已经发生了深刻变化，工业化后期的现代产业体系结构形态在不断创新，向多维度立体的创新型结构形态发展（龚绍东，2010）。在全球化分工深化之际，中国现代产业体系目标应当是改变中国参与国际分工格局的方式，由垂直分工转变为水平分工；培育新的比较优势，实现国际分工由比较优势到竞争优势的提升；获取主导产业价值链的治理权（刘明宇，芮明杰，2009）。

综上所述，现代产业体系是在产业创新的推动下由新型工业、现代服务业、现代农业等相互融合、协调发展的以产业集群为载体的产业网络系统（刘钊，2011），这个系统具备如下特点：①现代产业体系的动态特征：是某地区、某国家产业体系的非均衡性和时代性；或者说，立足于产业历史演进主义观点的产业体系概念。②现代产业体系的先进性：是基于现代产业技术的高级产业体系。以信息技术为特点、受科技革命引领的信息产业等高科技产业体系就是现代的产业体系。③现代产业体系的创新特征：创新是现代产业体系的动力。科技创新、管理创新、体制创新等驱动现代产业发展。④现代产业体系的绿色特征：是指现代产业低污染、低排放、低能耗、低消耗特征。

二 重要的创新概念界定

（一）产业创新概念分析

产业创新研究在国际上始于20世纪70年代，热于20世纪80年代和90年代。美国哈佛大学的阿伯纳西（N. Abernathy）和麻省理工学院的厄特拜克（Jame M. Utterback）从70年代起对产品创新、工艺创新和组织结构之间的关系做了一系列的考察，以产品生命周期（PLC）理论为基础，通过对许多行业和创新案例的分析，发现三者之间既遵循着不同的发展规律，又存在着有机联系，它们在时间上的动态发展影响着产业的演化。并通过引入主导设计概念，以产品创新为中心，提出了产业创新动态过程模型，即创新过程（Abernathy-Utterback，A-U）模型。后来，学者们以产品生命周期理论为基础，从产业发展和演变的全过程来考察，导出了技术创新和产业发展的长期动态关系模型。在弗里曼主编的《产业创新手册》中，弗里曼把产业创新定义为一个产业创新过程，这个过程包括技术和技能创新、产品和流程创新、管理和市场创新等阶段。产业分析学家迈克尔·波特（Michael Porter）指出，产业创新是一个群概念。国内学者在研究产业创新问题时并不局限于产业创新的技术创新指向，而是在产业中观层次提出和界定产业创新。严潮斌（1999）认为，"产业创新是指特定产业在成长过程中或在激烈的国际竞争环境中主动联手开展的产业内企业间的合作创新。产业创新体系中有两个重要的现实问题，即产业创新主体和研究开发形式"。陆国庆（2003）立足于衰退产业定义产业创新，他指出："产业创新是技术创新、产品创新、市场创新等的系统集成，是企业创新的最高层次和归属。产业创新就是企业突破已结构化的产业的约束，运用技术创新、产品创新、市场创新或组合创新等来改变现有产业结构或创造全新产业的过程。"

在创新理论研究过程中，很多学者都没有区分区域创新与产业创新。比如，赵修卫（2001）在研究区域核心竞争力时指出，区域创新包括技术创新、要素创新和产业创新，其中，产业创新是区域创新的最高层面，"即在技术创新和要素创新的基础上，推进产业的升级和结构优化"。区域创新概念和产业创新概念是区域产业创新概念的外延，从研究产业创新角度看，产业创新概念是区域产业创新概念的外延，因而它具有与产业创新概念相同的内涵。从区域创新角度看，区域产业创新是区域创新系统中的构成要素。通过对区域产业创新概念的研究，我们发现，区域产业创新概念的讨论对科学界定区域产业创新有如下方法论的意义：第一，产业创新是区域产业创新概念的外延；第二，区域产业创新概念定义应当运用系统世界观给予界定；第三，区域产业创新的内涵应当是区域创新概念与产业创新概念的交集。遵循交集思路，区域产业创新内涵不断被发掘出来，如区域产业创新模式、区域产业创新战略、区域产业创新体系等。

（二）协同创新概念分析

在英文中，"collaboration"表示人与人之间或部门之间的协作、配合和协调。在创新问题研究中，这个词被译作"协同"。"synergy"亦指协同。这个词来源于哈肯的《协同学》，其意指物理世界或自然界系统的内在一致性、同步性、整体性。Chesbrough（2003）提出的开放式创新是协同创新的前置概念。在协同创新理论提出之前，马克思在《资本论》研究分工与协作问题时系统地考察了生产部门的协同问题，现在把这个称为协同制造。

Gloor 在 2006 年的论文中提出了协同创新网络（COIN）概念。随后，在在线游戏网络跨国教学活动中，他们解释了协同创新网络的内涵。所谓协同创新网络是指具有集体意识的、自我激励的人，面向实现创新这个共同目标的协同技术、依靠共享思想、信息和工作的虚拟团队。协同创新网络由三个部分构成：第一个部分是社会网络原理，第二个部分是协同创新网络，第三个部分是蜂群创造。协同创新网络是一种新的创新方法和创造性管理，能产生更多的交流、更多的协同、更多的创新组织。协同学习网络（CLN）、协同创新网络、协同利益网络（CIN）组成一个全面的、立体的网络。其中，协同创新网络处于核心地位（Gloor et al.，2008）。客户协同创新（customer collaborative innovation，CCI）网络是协同创新网络的一种具体的企业协同创新网络，它是在网络环境下工作的多创新主体组成的信息-知识交流关系网络。客户协同创新网络具有复杂系统的基本特征：非线性、开放性、动态性、多样性及不确定性。客户协同创新网络具有无标度特性和小世界网络特征（李斐等，2013）。在客户协同创新网络中多主体之间相互有刺激-反应机理（王小磊等，2009），客户协同创新评价亦是这个网络中需要解决的一个问题（杨洁等，2008）。客户协同创新更能适应产品创新的新要求、全球竞争新态势，解决客户与专业设计人员之间的冲突。客户协同创新强调进一步发挥客户价值和深层次创造力，高效、低成本地实现产品、技术和组织的创新。技术激励的知识螺旋协同创新是客户协同创新工作的基本原理。客户协同产品创新工作模型和CII平台为网络信息环境下的知识创新和协同工作提供有效平台（杨育等，2008）。

（三）区域产业创新

区域产业创新指某一区域的特定产业为了实现其发展目标在产业内开展的创新活动，以及这种创新活动向其他产业扩散的总称。区域产业创新概念具体内涵应当是：①区域产业创新研究的是某一区域的产业创新活动。这一规定限制了区域产业创新范围。这里的区域概念是狭义的，指的是区域经济学中的区域概念。这里的产业创新活动既指特定的产业又指产业体系。②区域产业创新目标是指区域传统产业体系向现代产业体系转化或区域现代产业体系形成与发展过程。③区域产业内创新活动指产品创新活动、技术创新活动、企业创新活动、市场创新活动、管理与政策创新活动的总称。④区域产业创新扩散指某一区域产业的成功创新向关联产业和非关联产业扩散从而导致关联产业创新与非关联产业创新的行为和过程。

区域产业创新具有独特性、不可模仿性、模式差异性特点。比如，美国硅谷的产业创新就是一个体现区域产业创新独特性的典型例子。硅谷的文化体系、美国纳斯达克（NASDQ）等表现了美国硅谷产业创新独特的原创性、不可模仿性和差异性。中国辽宁、安徽、浙江等汽车产业创新模式差异性，青岛、绵阳、东莞地区等家电产业组织创新模式差异性是国内区域产业创新特点的鲜活实例。

（四）区域产业创新战略

区域产业创新战略指某个区域内产业创新战略目标、战略措施及其相互关系的总称。区域产业创新战略目标通常指产业发展目标。区域产业创新战略措施指创新政策体系，这包括产品创新、企业创新、市场创新、产业创新等各类创新政策体系。区域产业创新战略目标决定区域产业创新战略措施选择，区域产业创新战略措施必须符合区域产业创新战略目标要求。

三 区位、区域与创新区域概念讨论

区域概念迄今都没有一个统一的解释。地理学家惠特利西（D.Whitterlesey）认为，地理区域描述了不同地理位置的气候、土壤及其相互关系。他认为，地理区域有单一特征和多种特征，坡度区是典型的单一特征地理区域，农业区是典型的多种特征地理区域（杨吾杨，1989）。政治学家则将区域看做是国家管理的行政单元，而社会学家视区域为具有相同语言、相同信仰和相同民族特征的人类社会聚落。区域经济学家认为，所谓区域是指根据一定的目的和原则而划定的地球表面的一定范围的空间，是因自然、经济和社会等方面的内聚力而历史奠定，并具有相对完整的结构，能够独立发挥功能的有机整体（魏后凯，2006）。这个概念包含了五层含义：第一，区域既是一个实体概念又是一个抽象概念；第二，区域内聚力、功能、结构、规模和边界是区域的基本构成要素；第三，区域具有客观性和内在性两个根本特征；第四，区域具有一定的等级体系。在区域内，行政因素发挥着重要作用。胡佛（1990）说："最有用的区域分类，也就是那些遵循行政管理范围的边界划分而成的区域了。"规划区深受行政权力的影响。

从词源学看，区位是指被某种事物占据的场所或空间。冯·杜能提出了农业区位概念，其意指不同农产品生产区域围绕市场呈环状分布。阿尔佛雷德·韦伯（Alfred Webber）提出了工业区位概念。工业区位由运输成本、劳动力成本和集聚规模三个因素界定。艾萨德（Isard）认为，现代产业区位由市场和成本界定。丹尼逊（S. Dennison）和普来德（A. Pred）提出，现代产业区位是由客观经济因素与决策者能动因素相互作用决定的。佩鲁（Perroux）在论述增长极概念时提出了创新区位即创新企业集聚区。

我国学者从区域创新体系概念中提出了创新区域概念，并立足于实证研究成果，借鉴波特理论，把创新区域分为强势创新区域、优势创新区域和普通创新区域。后面有关章节对此有详细解读。

第二节 研究的问题与研究的意义

一 区域现代产业发展状况

2008年，广东省为贯彻落实党的十七大报告，出台了《关于加快建设现代产业体系的决定》。该决定指出："现代产业体系是以高科技含量、高附加值、低能耗、低污染、自主创新能力强的有机产业群为核心，以技术、人才、资本、信息等高效运转的产业辅助系统为支撑，以环境优美、基础设施完备、社会保障有力、市场秩序良好的产业发展环境为依托，并具有创新性、开放性、融合性、集聚性和可持续性特征的新型产业体系。"2009年1月8日，《珠江三角洲地区改革发展规划纲要（2008—2020年）》提出："促进信息化与工业化相融合，优先发展现代服务业，加快发展先进制造业，大力发展高技术产业，改造提升优势传统产业，积极发展现代农业，建设以现代服务业和先进制造业双轮驱动的主体产业群，形成产业结构高级化、产业发展集聚化、产业竞争力高端化的现代产业体系。"自此以后，各省相继出台了现代产业发展规划和政策。

各个省和地区的现代产业发展取得了显著进展，但并不平衡。东部地区等现代产业发展迅猛，具体表现在以下几个方面。

（1）东部地区的产业结构不断优化。2000年和2012年广东省三次产业构成分别为9.2∶46.5∶44.3和5.0∶48.8∶46.2，而浙江省2010年和2012年三次产业产值构成分别为10.3∶53.3∶36.4和4.8∶50.0∶45.2（欧阳勤，2013）。2012年长三角地区加大结构调整力度，三次产业结构进一步优化。2012年长三角16城市[①]三次产业结构比例调整为3.8∶48.2∶48，第二产业与第三产业占比基本相当，第三产业增加值占GDP比重比上年提高了1.5个百分点（魏玉莲，2013）。在2004年出现明显的产业同构之后，长三角三省一市的产业结构转换速度也呈现同向变化趋势，特别是上海、江苏、浙江的结构调整紧密联系，产业一体化已经发展到了一定层次（倪鹏飞，李

[①] 长三角16城市是长三角核心区，包括上海、南京、苏州、无锡、常州、镇江、南通、泰州、扬州、杭州、嘉兴、湖州、绍兴、宁波、台州、舟山。

冕，2014）。北京市的产业结构发生了深刻变化。三次产业比重由1979年的4.33∶70.94∶24.73变为2012年的0.84∶22.80∶76.36。第三产业对北京地区经济增长的贡献率始终保持在70%左右（李茂，唐鑫，2014）。东部主要发达省市的第三产业发展水平较高（图1-1），但同欧洲主要发达国家相比，明显偏低。一般来说，发达国家第三产业的占比都达到70%以上，而"金砖四国"中的巴西、俄罗斯和印度的第三产业的比重也超过了50%（王宋涛，洪振挺，2012）（图1-2）。

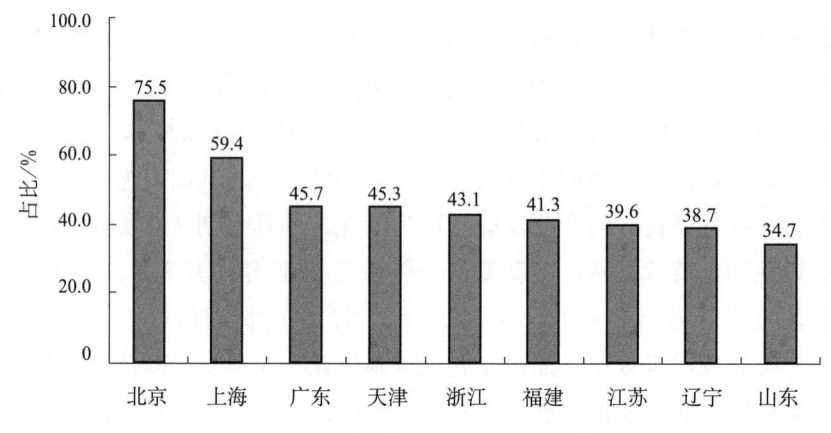

图1-1 2009年东部主要发达省市第三产业所占比重

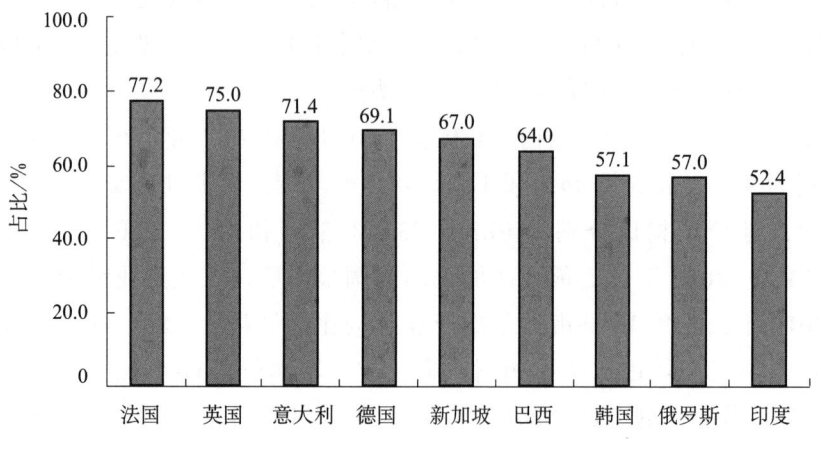

图1-2 2006年部分发达国家和"金砖四国"第三产业所占比重

（2）在东部发达地区，江苏、广东、上海、浙江、山东等地区的产业结构高级化特征比较明显。比如，深圳、江苏南部、上海、北京的先进制造业优势更加突出。

中西部地区加快了承接产业转移步伐，加速了构建现代产业体系。首先，构建了以第二产业为主导的三次产业结构，形成了"二、三、一"产业结构。比如，湖南、湖北、安徽的产业结构就是这样（程霞珍，2012）（表1-1）。其次，加强了环境友好型、资源节约型产业发展。比如，自2004年以后，湖南工业排污呈总体下降趋势，并不存在一个倒U形库兹涅夫曲线（张青山，邹君，2014）（图1-3）。产业转移对湖南产业结构优化起到了积极作用（刘春光，2014）。最后，西部地区形成了以成都、重庆、西安为核心的现代产业结构。比如，成都第三产业所占比重已超过第二产业，成为地区经济发展中的主导力量；而重庆则仍以第二产业作为主导产业，且比重逐年上升，产业比重明显高于第三产业（宋奇成，危志锋，2014）（表1-2）；西安市亦形成了第一产业比例显著下降，第二产业占主导，第三产业比例显著上升的"二、三、一"产业格局。由2011年的6.1∶45.0∶48.9调整成为2014年的3.9∶40.30∶55.8[①]。

表1-1　安徽、湖北、湖南三次产业结构比较　　　　　　　（单位：%）

年份	安徽 第一产业	安徽 第二产业	安徽 第三产业	湖北 第一产业	湖北 第二产业	湖北 第三产业	湖南 第一产业	湖南 第二产业	湖南 第三产业
2003	19.1	39.1	41.8	16.8	41.1	42.1	19	38.1	42.8
2004	20	38.8	41.3	18.1	41.2	40.7	20.5	38.8	40.7
2005	18	41.3	40.7	16.6	43.1	40.3	16.7	39.6	43.7
2006	16.5	43.2	40.3	15	44.4	40.6	16.5	41.5	42
2007	16.3	44.7	39	14.9	43	42.1	17.2	42.1	40.7
2008	15.98	46.6	37.4	15.7	43.8	40.5	16.4	43.5	40.1
2009	14.9	48.8	36.3	13.8	46.6	39.6	15.2	43.9	40.9
2010	14.1	52.1	33.8	13.6	49.1	37.3	14.7	46	39.3

资料来源：《安徽统计年鉴2011》《湖北统计年鉴2011》和《湖南统计年鉴2011》

---

① 数据来源：西安市统计局。

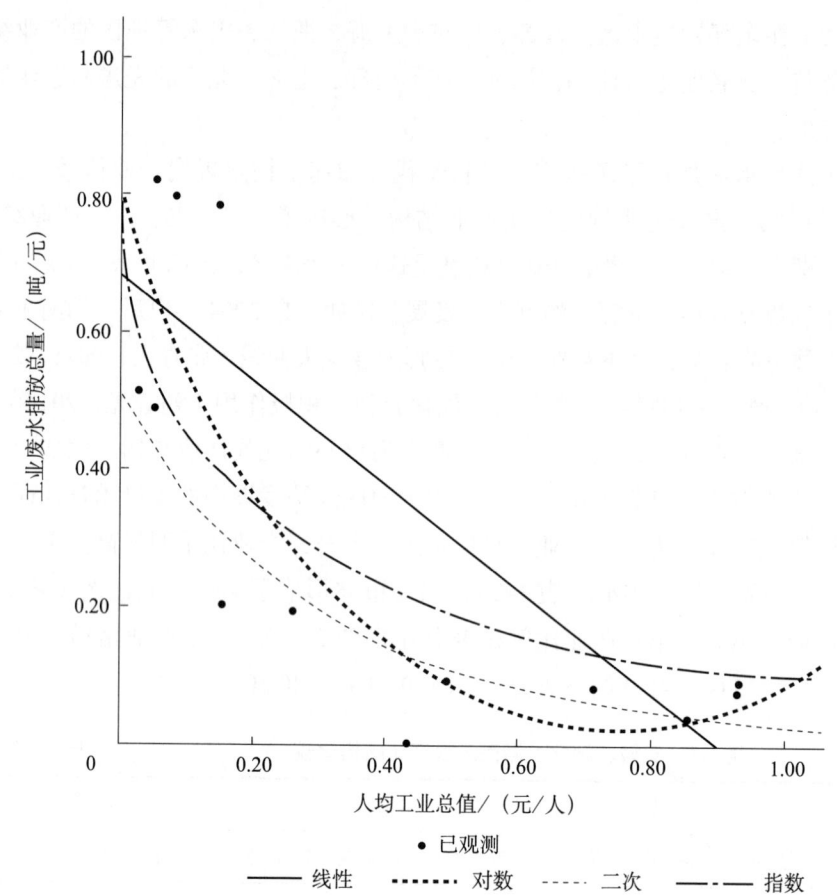

图 1-3 工业废水排放总量与人均工业总产值的拟合曲线

表 1-2 2005~2011 年成都、重庆两市三次产业构成比例 （单位：%）

城市	分类	产业	2005年	2006年	2007年	2008年	2009年	2010年	2011年
成都	地区生产总值的三次产业构成	第一产业	7.7	7.0	7.1	6.9	5.9	5.1	4.7
		第二产业	42.5	44.1	45.2	46.6	44.5	44.7	45.2
		工业	31.9	33.7	35.3	37.9	37.0	37.2	37.5
		建筑业	10.6	10.4	9.9	8.7	7.5	7.5	7.7
		第三产业	49.8	48.9	47.7	46.5	49.6	50.2	50.1
重庆	地区生产总值的三次产业构成	第一产业	13.4	9.9	10.3	9.9	9.3	8.6	8.4
		第二产业	45.1	47.9	50.7	52.8	52.8	55.0	55.4
		工业	37.3	40.1	42.9	45.0	44.7	46.7	46.9
		建筑业	7.8	7.8	7.8	7.8	8.1	8.3	8.5
		第三产业	41.5	42.2	39.0	37.3	37.9	36.4	36.2

资料来源：《成都统计年鉴》（2006~2012年）、《重庆统计年鉴》（2006~2012年）

二 现代产业创新驱动战略实践与问题

（一）我国现代产业创新驱动战略成效

随着国家自主创新战略的推进，各个区域现代产业创新驱动战略成效不断显现，主要表现在构建区域创新体系、建设产业创新体系上。

（1）构建区域创新体系的核心任务是构建区域创新投入产出体系。首先，各个省（自治区、直辖市）构建了财政科技投入体系。其次，各个省（自治区、直辖市）通过研究院所转制或企业并购，构建了企业研发体系。再次，构建了产学研合作体系。通过构建区域创新体系，各个省（自治区、直辖市）的研发强度亦不断提高。中国科学技术发展战略研究院自2005年开始发布年度区域创新能力研究报告。这个研究报告从区域创新实力、区域创新效率和区域创新潜力三个角度设计了区域创新能力评价指标体系。通过聚类分析方法对全国各个省（自治区、直辖市）分类，形成了不同的创新区域。2013年报告表明，创新能力指数排名前10位的省（自治区、直辖市）是江苏、广东、北京、上海、浙江、山东、天津、重庆、安徽、福建；创新能力指数排名在11~20名的省（自治区、直辖市）是：辽宁、湖北、湖南、陕西、四川、河南、海南、内蒙古、黑龙江、江西；创新能力指数排名21~31的省（自治区、直辖市）是广西、河北、吉林、贵州、甘肃、山西、云南、新疆、宁夏、青海、西藏。最后，建设创新型城市体系和创新型科技园区体系。北京、上海、深圳、广州、成都、西安成为创新型城市建设的试点城市。中关村、武汉东湖成为首批自主创新示范区试点区域，深圳、上海、江苏南部等成为第二批自主创新示范区。同时，启动了创新型科技园区的申报与审批工作。除前述自主创新示范区外，成都、西安还成为全国首批建设的世界一流创新区。无锡高新区、苏州高新区、石家庄高新区等相继成功申报为创新型科技园区。

（2）创新型企业建设推动了产业创新体系建设。2007年，科学技术部（简称科技部）推出了技术创新引导工程。创新型企业建设成为技术创新引导工程的重要组成部分。截至2012年年底，全国各类创新型企业、创新型试点企业累计8000余家，国家级创新型企业600家。各类创新联盟累计100多个。

（二）创新驱动战略面临的巨大挑战

（1）东、中西地区面临不同的创新驱动战略挑战。东部发达区域面临现代产业核心技术-产品创新挑战。近年来，东部发达区域绝大多数产业实施了低成本技术创新战略。纺织、陶瓷、服装、五金、汽车、通信设备等传统劳动技术密集型产业、资本密集型产业部门普遍采取低成本创新战略，这种战略实施的特点就是低成本、低创新。在有低端产品市场和充足的低成本劳动要素供给条件下，实施低成本创新战略可以取得显著的成效。在低端产品市场逐渐缩减或饱和、劳动成本不断攀升的情况下，低成本创新战略的缺陷就不断突显。消费者消费水平升级表现在产品上就是消费中高端产品，因此当前消费者到国外购物现象说明，我国的市场逐渐步入了中高端产品市场。外国竞争者控制着关键发明专利和核心技术、控制着中高端产品市场。东部发达地区的产业创新驱动战略转型迫在眉睫。中西部地区还处于投资驱动发展阶段，现代产业体系还处于加速承接产业转移阶段。比如，成都龙泉驿区的现代汽车工业、成都高新区的IT产业等都属于承接国际产业转移和东部产业转移的产业。中西部地区地方政府通过实施承接产业转移战略，加快构建现代产业体系仍然是现实的战略任务。在中西部地区，创新驱动战略与承接产业转移战略成为现代产业发展战略的两端，成为政府产业发展战略制定的两难。

（2）创新型企业优势不明显。当前，我国规模以上工业企业开展研发活动的占全部工业企业的30%。中小型科技企业的创新能力不强，研发投入不足。创新型企业集团的创新能力和世界500强跨国企业比还有较大差距。中西部地区的创新型企业占全国创新型企业的20%，中西部地区的区域研发强度低于1.8%，中西部地区的创新人才与资本等创新要素集聚能力与东部地区有较大差距。这成为中西部地区实施现代产业创新驱动战略的"瓶颈"。

（3）发展战略性新兴产业与科技革命的挑战。随着增材成型技术（3D打印技术）、新能源技术、新一代集成电路技术的发展，相继产生了影响未来经济发展的新兴产业。我国掌握这些新兴产业的少量核心技术，光伏产业技术、新能源汽车技术等技术领域的核心技术缺失就是典型的案例。我国新兴产业发展正在重复低成本创新战略惯例，受产业发展路径依赖约束。

（4）现代产业创新战略还面临着经济新常态、开放新阶段、改革深化的挑战。经济新常态表明，唯有创新才能保持盈利，创新竞争更加激烈，创新风险更高。经济新常态还表明，构建环境友好型、资源节约型的产业体系更加迫切，各区域面临的产业创新任务更加艰巨。"一带一路"战略表明，区域创新环境更好才能符合现代产业发展，构建一个更具有吸引力、集聚力的产业创新环境更为急迫。对于中西部地区来说，现代产业创新支撑体系较弱，在争夺创新要素过程中处于不利地位，完善现代产业创新环境更加重要。改革深化旨在建立更加完善的市场体制、机制。

制度创新保障科技创新，激励产业创新。各个地区改革深化速度有快有慢，各个地区改革有成功有失败，各个地区改革风险差异很大，这会导致制度创新不能满足科技创新、产业创新的要求。区域现代产业发展对协同创新的要求更高。

（5）我国各个省（自治区、直辖市）都面临着发达国家再制造化战略的压力和挑战。2008年以来，发达国家为应对金融经济危机压力，相继出台了再制造化战略，如德国的"工业4.0"战略。这种情况对于我国各个省（自治区、直辖市）制定现代产业创新驱动战略是一个新挑战。

（三）不同创新区域的现代产业创新战略问题

观察美国硅谷、北京中关村、深圳的高新技术产业创新现象，我们的问题是：这些最有名的创新区域是如何使其高新技术产业拥有核心技术创新优势和创新型企业优势的？获得这些优势的战略是什么？深圳特区在完成产业价值提升过程中，创新优势是如何增加产业附加值的？产业创新优势是如何形成的？产业创新竞争战略是如何演进的？政府和企业各自的产业创新竞争战略是如何定位的？

观察安徽芜湖、浙江台州、四川成都的轿车产业兴起与发展绩效差异，我们的问题是：为什么芜湖、台州成功发展了轿车工业而成都未获得成功？这些不具有产业创新体系的普通创新区域如何形成了轿车产业创新竞争优势？其创新驱动战略又是什么？观察四川绵阳和山东青岛的家用电器产业发展升级现象，我们的问题是：像青岛这样的优势创新区域的电子信息产品制造业的新技术创新优势是什么？获得这种创新竞争优势的战略是什么？像绵阳这样的普通创新区域的家用电器产业技术创新竞争优势又是什么？获得技术创新竞争优势的战略是什么？

中国台湾计算机产业没有跨国公司和产业集中的优势，却形成了举世著名的IT产业创新竞争优势，我们的问题是：台湾的中小企业创新竞争优势起到了什么作用？台湾的中小企业创新战略又是什么？这是否可以提炼区域产业组织创新战略问题？区域产业组织创新战略又如何演进？洛杉矶盆地是世界上电子制造企业最集中的地区，它拥有丰富的电子及许多其他产业的研究和开发资源，就业人数超过12.5万人。洛杉矶盆地发展电子制造业就是通过产业集群实现的。在这里，我们看到，产业集群创新是洛杉矶电子制造业产业创新的特点。我们的问题是：产业集群创新是如何展开的？产业集群创新是否是对企业规模、产业集中的否定？产业集群适合于哪类产业发展？传统产业区域是否适合于产业集群创新？我们在改造传统产业和提高其竞争力的过程中如何运用产业集群？

英国高技术产业发展得益于科学园。到20世纪90年代末，英国科学园区已发展到53个，科学园区内共有大约1500家公司，主要从事计算机、通信和生物技术等领域的开发研究，其中，36%的公司从事计算机、通信产业，15%的公司为生物技术产业。园区内公司规模普遍较小，平均每家公司不足20人，大约50%的公司员工不足5%，50人以上的公司只占7%，直接从业人数大约3万人，绝大多数是科技人员。英国的科学园区分布于农村和城市，遍布于英国北部和南部，其中，南部居多。剑桥科学园是最有名的科学园。我们的问题是：遍布于农村地区的科学园也能促进产业发展，也能集聚科技型公司，这是为什么？高技术产业发展需要什么样的产业创新支撑体系？

三 研究的意义

2014年，我国人均GDP达到了7000美元，人均收入水平显著提高。同时，我国面临的资源约束、环境约束更加突出，产业结构升级的压力更大，构建现代产业体系的任务更加繁重，中国经济进入了提质增效的新阶段。

表1-3表明，我国各个省（自治区、直辖市）（不包括港澳台）的发展水平参差不齐。2014年，沪、京、浙、深等省市的城镇居民人均收入都超过4万元，上海达47 710元，迈入了创新驱动发展阶段，基本完成了构建现代产业体系阶段。

表1-3　2014年全国省域城镇居民人均可支配收入对比表

排名	地区	总额/元	增速/%	2013年排名	排名	地区	总额/元	增速/%	2013年排名
	全国	28 844	9		16	海南	24 487	9.3	16
1	上海	47 710	8.8	1	17	河南	24 391	6.8	21
2	北京	43 910	8.9	2	18	四川	24 381	9	22
3	浙江	40 393	8.9	3	19	陕西	24 466	9	18
4	江苏	34 346	8.7	6	20	江西	24 309	9.9	24
5	广东	32 148	8.8	4	21	云南	24 299	8.2	14
6	天津	31 506	8.7	5	22	河北	24 220	9	19
7	福建	30 722	9	7	23	山西	24 069	8.1	20
8	山东	29 222	8.7	8	24	宁夏	23 285	8.4	25
9	辽宁	29 082	7	9	25	吉林	23 218	8.8	23
10	内蒙古	28 350	9	10	26	黑龙江	22 509	8.4	29
11	湖南	26 570	9.1	12	27	贵州	22 548	9.6	26
12	重庆	25 133	9	11	28	青海	22 307	9.6	30
13	湖北	24 852	9.6	17	29	新疆	22 160	11.5	28
14	安徽	24 839	9	15	30	西藏	22 026	8	27
15	广西	24 669	8.7	13	31	甘肃	20 804	9.7	31

资料来源：2015年02月26日，《光明日报》

从东、中、西部看，三大区域收入差距依然十分显著。从城乡居民收入看，湖北为18 283元，河南为15 695元，湖南为17 622元；甘肃省城镇居民人均可支配收入达到20 804元，农村居民人均纯收入仅为5736元。这表明，中西部地区还没有进入创新驱动发展阶段，投资在产业发展中还起着十分重要的作用。

区域发展的阶段性表明，需要我们从理论上解释各个区域的现代产业创新驱动发展战略的差异。比如说，各创新区域的产业创新与发展循环经济、低碳经济的关系。在区域经济发展方式转变中，各个区域的产业自主创新的战略切入点、战略重点就应当定位于那些制约粗放型经济发展方式向集约型经济发展方式转变的"瓶颈"。

我国现代产业发展面临着低端产能过剩、中高端产能不足、节能减排进展缓慢、核心技术缺失、关键元器件产品长期依赖进口等瓶颈问题。各个区域传统资本密集型产业、战略性新兴产业如何实施核心技术-产品创新战略又是值得系统研究和深入思考的问题，比如，西部地区和东部、中部一些资源型区域如何解决传统资本密集型产业和战略性新兴产业升级问题，就是一个很不同于东部地区传统资本密集型产业和新兴产业发展的问题。我们的研究提供了解决这些问题的思路。

考察我国各个地区现代产业发展战略实践，我们发现，战略制定者尽管初步认识到创新是现代产业发展的核心动力，但并没有把这一战略思想在区域产业自主创新战略制定和实施过程中一以贯之。这就有了下面的现象：区域新兴产业发展趋同化现象，区域产业自主创新低效率现象，区域产业自主创新越位、错位、缺位现象。可见，区域产业创新驱动战略成了区域产业发展战略实践中非常突出的问题。

我国产业竞争力的特点是：产业制造竞争力具有优势，产业科技竞争力具有劣势，产业科技竞争力与产业制造竞争力显著不匹配。在区域产业竞争力层面，我国东部地区产业制造竞争力强大，代表了我国产业制造竞争力水平，东部地区产业科技竞争力较弱，也反映了我国产业科技竞争力不强的特征。我国中西部地区与东部地区的差距就在于产业科技竞争力差距，这导致了中西部地区产业竞争力总体上弱于东部地区。在次区域层次上，产业科技竞争力仍然是产业竞争力的主要制约因素。如何提升区域产业自主创新能力已成为区域产业竞争力发展的关键。

我们对上述问题的研究有如下意义：首先，从不同创新区域的现代产业创新实践中提炼出一个战略理论框架，从而推动创新驱动战略理论研究发展；其次，对不同创新区域的现代产业创新战略问题做初步的解释，以利于政策制定者制定现代产业创新驱动政策。

第三节 产业创新战略研究进展与问题

一 产业创新战略研究进展

区域产业创新战略目标是什么？波特的答案在西方国家是很有代表性的。他认为，区域产业创新战略目标是区域产业创新能力和可持续的竞争力。国内学者也普遍接受了波特的观点。比如，管顺丰在提到区域产业创新战略目标时明确指出，提升特定区域产业创新能力（管顺丰，2005）。区域制造业技术创新能力成为一个重点问题。对此问题的研究产生了大量的研究文献。李廉水和杜占元（2005~2013）主编的中国制造业发展研究系列报告系统地研究了2003年以来的中国各个省份、主要城市的产业科技竞争力，提出了针对性政策建议。崔万田等（2008）研究了辽宁制造业自主创新能力，提出了提高辽宁制造业自主创新能力的政策建议。不仅如此，国内学者还具体描述了区域产业创新战略目标。

从构建区域产业核心竞争力角度看，发展新产业是区域产业创新战略的首要目标，利用新产业技术改造传统产业是区域产业创新战略的不可或缺的目标。在我国，有两类重要的区域，一类是衰退产业主导的区域，这类区域产业如何创新呢？陆国庆（2001a）认为，衰退产业创新战略目标应当根据产业信息化和产业绿色化发展趋势定位于加快衰退产业的技术创新和结构升级。结构升级的基本方向就是促进企业的技术创新。这包括促进产品的升级换代的技术创新和促进产品深加工的技术创新。另一类是高新技术产业开发区。这类区域的产业创新战略目标是什么？邓世海（2002）认为，开发区产业创新战略目标就是要紧紧跟随世界高科技和知识经济的发展趋势，立足自主创新，大力发展特色高技术产业和重点高技术产业。

区域产业技术创新模式一直是国内外研究的热点问题。不同学者对区域产业创新模式的看法是不同的。在发达国家，区域产业技术创新模式研究成果丰硕，形成了比较成熟的理论，如A-U理论模型、演化理论模型。在发展中国家，区域产业技术创新模式研究也成绩斐然，形成了技术引进－消化－吸收再创新的产业技术创新模式。吴晓波(2001)把这称为"二次创新"。"二次创新模式"依次有技术模仿模式、创造性模仿、改进型创新、后二次创新四个阶段的技术创新模式。关于产业技术创新模式,管顺丰(2005)提出了自己的观点。他认为,产业技术创新模式按创新来源、创新复杂性、创新程度可分为产业技术创新主体模式、产业技术创新路径模式和产业技术创新力度模式,这些产业技术创新模式有各自的特点。

除了产业技术创新模式外,还有产业创新的制度模式。管顺丰(2005)用战略联盟的制度创新模式概括各个省的产业创新联盟实践。战略联盟的制度创新模式包括技术交流协议、合作研发协议、生产营销协议、战略外包协议、产业协调协议、虚拟企业、供应链。根据技术创新程度和制度创新程度,产业创新模式可概括为五种类型:产业领先模式、技术领先模式、成本领先模式、产业跟随模式、特色优势模式。这些产业创新模式有各自的优势和缺陷。各个区域的产业创新环境不同、可选的区域产业创新模式集合约束、企业和政府博弈能力差异等因素决定了区域产业创新模式收敛方向。易将能等(2005)研究了区域创新对产业创新模式选择的影响,他们认为,区域创新体系对区域产业创新模式影响的关键因素有技术领先能力、技术配套能力、技术扩散能力、创新资金、政府政策、领导性企业、区域人才库、产业网络、创新理念、市场眼光等10项要素。我国东部区域、西部区域的产业创新实践有着较大的差异。杨龙志和李忠宽(2004)在对温州产业创新模式做了系统研究后提出了产业源头创新模型,即"利用产业链源头创新的传递和扩散,引发温州传统产业创新的'多米诺骨牌效应',并通过状态依存型路径依赖和行为型路径依赖,实现创新升级和竞争力增强的良性循环,最后达到把点竞争优势转变成群竞争优势或链竞争优势的目的。同时,通过对温州华峰集团的产业链效应的实证分析,来检验'多米诺骨牌效应'创新行为的机制"。曾雁(2003)认为,西部地区的产业创新模式应当是:"首先,高科技产业向传统产业的逐渐渗透,包括在传统技术基础上改进和创新发展新技术、新工艺,或将相关新技术扩散到传统产业。其次,促进国有和民营、军工和民用科技企业及国外相关资源的优势互补,围绕核心能力的培育实现企业与相关产业创新发展。最后,创办科技型小企业,使科技成果尽快向现实生产力转化。"陆国庆(2001b)认为,在传统产业中,我国各个区域都有衰退产业,这在东北、山西等资源型地区特别突出,这些地区的衰退产业创新应当走出其特有的模式。他根据产业结构理论定义了衰退产业创新模式。"对这类衰退产业应该实施积极的调整策略,帮助这类衰退产业实行有秩序的收缩和资源向其他产业部门的有效转移，这种以产业转型为目的的调整就称为产业创新模式。"当前，我国正在构建区域产业自主创新模式。国内高技术产业开发区的产业自主创新模式建构正成为其实践的焦点。在建构区域产业自主创新模式中，有两个特点值得注意：一个特点是，以知识创新为特点的原创性技术创新模式是战略制高点和根本诉求，一个特点是以技术集成为特点的集成创新模式是构建区域产业技术自主创新模式的重点。在区域产业技术创新模式的理论研究方面还缺少研究。

区域产业组织创新研究比较活跃，这表现在企业规模、产业集群创新研究等方面。从企业规模与创新的关系看，熊彼特提出了大企业创新模式，但演化经济学家纳尔逊等并不赞成这个论点，他们认为，企业规模不过是创新的结果（肖德，艾乔，2001）。台湾中小企业创新模式似乎证明了纳尔逊的观点。是大企业更有利于创新还是中小企业更有利于创新？国内学者（安同良等，2006）的研究表明，企业规模是影响中国本土企业创新活动的一个关键因素。因此，国内各省在选择创新型企业时更倾向于大企业创新模式。产业集群创新模式是产业组织创新模式的重要内容。赵修卫（2001）在设计区域核心竞争力框架时指出，做大企业规模和发展产业集群是"发展新的产业组织形式和模式"。

区域产业创新战略研究的总体思路是，以地区优势作为产业选择的依据，推进产业选择的区域化道路，而不是全国性的重工业化或轻工业化（孙久文，2004）。"产业创新战略，就是在复杂的国际、国内环境条件下，一个国家或地区为求得稳定、持续的发展，政府对国家经济、社会发展有着深刻的、长远的影响力的产业的创新问题的总体谋划。"（管顺丰，2005，p.85）区域产业创新战略是区域创新战略的一个组成部分，地方政府是区域产业创新战略决策主体，其他社会组织是区域产业创新战略的参与者，科技计划和法规是主要的区域产业创新战略工具，产业创新系统为区域产业创新战略重点。区域产业创新战略包括区域产业创新系统战略和区域产业竞争战略（管顺丰，2005，pp.86-87）。

从区域产业竞争战略角度看，一个区域总是存在有效的核心竞争优势即某个地区所垄断的对地区经济增长具有引擎作用的市场竞争优势。"'区域优势产业'属于资源配置范畴，表示某一地区在某种产业的全国总量中占有较大的比重，具有明显的区位优势。"区域优势产业形成源于资源禀赋差异、规模经济要求、区域分工协作关系深化。魏益华在做了这些分析后提出，西部地区的产业创新战略应当是培育西部区域优势产业（魏益华，2000）。万迪昉等（2001）认为，"产业核心发展能力可以由地区的协调水平、融资能力、基础环境、物质资源、技术开发能力、人力资源等六方面来反映,在核心发展能力的组合过程中分别占有不同的权重。战略杠杆则由经济贡献、市场需求、技术需求、产业关联性、政策因素来反映"。根据产业核心发展能力和战略杠杆因素构建区域产业创新战略研究的框架,运用这个框架分析并确定西部产业创新发展的重点,其结论是,农业、轻纺工业、食品工业、采掘工业、建筑建材工业、交通运输业、电力工业等是西部地区的基础产业创新战略重点,有色金属冶炼业、化学工业,包括石化、盐化和精细化工、机械工业等是西部地区重化工业创新战略重点,在高技术产业创新战略方面,其重点应当是,立足国防科技工业,发挥地区尖端学科和领域的优势,加强高技术的研发和高新技术产业的基础建设,开发具有国内外先进水平的高技术产品,并积极促进高新技术产业与传统产业的融合,使原有的传统技术向高新技术过渡。旅游产业应当是西部服务业创新的重点产业。

在一个区域衰退产业创新过程中,从企业的产业创新战略角度看,"根据企业产业创新的主动性以及进入时间的早晚,可以把产业创新战略分为进攻型战略、防御型战略、模仿和依赖型战略三种战略"。防御性创新战略对衰退产业中企业来说是较优的战略选择。对我国大部分衰退产业中的企业而言,模仿和依赖型创新战略是较为有效的产业创新战略。从可持续发展角度看,企业的产业创新战略应当有绿色创新战略、产业延伸战略和产业融合战略(陆国庆,2001c)。从当代国际产业发展的信息化、集群化、生态化趋势看,区域产业创新战略应当是产业信息化战略、产业集群化战略和产业生态化战略(厉无畏、王慧敏,2002)。

二 产业创新战略研究简评

1. 区域产业创新战略目标研究共识与不足

从区域产业核心竞争力角度看,区域产业自主创新能力应当是区域产业创新战略目标。制造业是现代产业的基石,对我国来说,制造业自主创新能力不强成为我国制造业核心竞争力的瓶颈。这也表现在东、中、西部地区的制造业自主创新能力方面。无疑,区域制造业的自主创新能力应当是区域产业创新战略的主要目标。高技术产业和现代服务业是现代产业体系的重要组成部分,其自主创新能力是其核心竞争力的标志。我国各个地区的高技术产业和现代服务业已成为各个地区的重要产业,对于东部地区来说,还是它们的支柱产业。但是,这些地区的高技术产业和现代服务业的自主创新能力较弱,因此高技术产业和现代服务业的自主创新能力应当是区域产业自主创新战略的主要目标。结合区域优势，研究各个区域产业自主创新战略目标，才能更加科学地确定每个区域的产业自主创新战略目标。不过，这个方面的研究就很不充分了。从产业结构理论或产业发展理论角度看，区域产业自主创新战略目标应当是什么呢？这方面的研究还很少。

2. 区域产业创新模式包含的内容较多

研究的重点有：区域产业技术创新模式和区域产业组织创新模式。区域产业技术创新模式的研究还处于较初级的阶段。现有的研究文献着重从企业的产业技术创新模式角度展开讨论。立足于区域产业技术创新的研究文献还不多。比如，哪些区域产业技术创新应当走原创性技术创新模式，哪些区域产业技术创新应当走集成创新模式，哪些区域产业技术创新应当走吸收、引进和消化再创新的技术创新模式，对这些问题都还缺乏深入研究。区域产业组织创新模式的研究涉及的文献包括企业规模与自主创新关系、企业生产组织结构与自主创新关系、产业集群创新等方面的内容。其中，企业生产组织创新、产业集群创新的研究文献最为丰富，对于区域产业组织创新模式的研究最有意义。区域创新优势差异、区域产业技术创新差异与区域产业组织创新差异结合，形成了不同区域产业自主创新战略。当前，这方面的研究集中于企业层面的产业自主创新战略，尽管这是区域产业自主创新战略的重要组成部分。但是，区域产业层次和区域创新优势层次是区域产业自主创新战略分类研究和选择的基本框架，但这方面的研究文献却比较少见。从演化分析方法角度看，区域产业自主创新战略在不同阶段有不同的定位，并且总是从一种战略类型向另一种更正确、更科学的战略类型演进，那么在不同区域中产业自主创新战略又是如何演进的？对这些问题就更没有研究。

3. 现代产业创新驱动战略研究不足

广东省于2008年率先出台了《关于加快建设现代产业体系的决定》。近几年来，发展现代产业问题开始受到学术界关注。学术界开始探讨现代产业体系概念、演变和本质。创新服务业是现代产业体系发展的核心（左刚，2011）。为应对国际金融危机，更应有必要加快构建现代产业体系。东部地区关于地区现代产业体系研究较为活跃。例如，广东地区现代产业体系现状、问题和战略都有初步探讨（周必建，2009；周权雄，2010）；浙江地区现代产业体系构建路径与对策研究（田家欣，2010；唐勇，2010）。王国平（2011）讨论了上海现代产业体系构建路径和关键环节。科技创新应当而且能支撑现代产业体系发展（李昊等，2011），美国硅谷经验支持这个论点（邹春燕，2012）。总体上看，区域发展现代产业体系还处于初步探讨过程中，创新驱动区域发展现代产业问题更是研究不足。

关于现代产业创新战略问题的研究文献并不多见。一个区域如何有效地推动现代产业创新发展，一个区域选择什么产业作为现代产业创新战略的起点，一个区域现代产业创新战略的重点是什么，一个区域现代产业创新战略执行路径是什么，等等。这些问题都是区域现代产业创新战略要回答的问题。已有的研究文献鲜有系统回答这些问题的，现代产业创新驱动实践却迫切需要回答这些问题。

第四节　研究范式与研究工具

研究范式是指贯穿某个问题研究过程中的一个核心理念。研究工具是实现研究范式的具体方法。竞争优势是现代经济发展和产业发展的基本范式。本书旨在研究现代产业创新驱动战略。竞争优势是最适合这个主题的研究范式。因此，竞争优势是本书首选的研究范式。硅谷的竞争优势是来源于产业链、创新链、价值链和制度。制度是制度经济学家解释经济增长的范式，但从竞争角度看，制度只是实现竞争优势的工具。因此，产业链、创新链、价值链和制度是本书的研究工具。

一　比较优势与竞争优势

波特（2007）率先定义了产业竞争优势。他认为，产业竞争优势（industry competitive advantage）是指一国的特定产业在世界市场上均衡地创造出比其他竞争对手更多财富的能力，它可以直接表现为该国的产品价格低于或质量优于其他国家的同类产品。波特关于竞争优势内涵的阐释有如下内容。

1. 产业竞争优势是某个国家或地区在产业发展某一阶段的优势

根据波特的解释，一个国家或地区不可能在所有产业领域都拥有竞争优势。比如，美国纽约的影视产业、硅谷的电子信息产业等相对于其他国家来说具有竞争优势，中国在纺织、服装等传统劳动密集型产业或高科技产业中的加工环节具有竞争优势。不同国家或地区在同一产业价值链的不同阶段上具有竞争优势。比如，在计算机产业，美国在CPU产业、操作系统产业具有竞争优势，印度在应用软件设计产业具有竞争优势。一个国家或地区在同一产业内不可能永远具有竞争优势。比如，在彩电领域，先是日本拥有强大竞争优势，后是韩国赶上并超过日本拥有竞争优势。

2. 产业竞争优势是在比较优势的基础上提出的

比较优势（comparative advantage）是英国著名经济学家大卫·李嘉图率先提出的概念，它是对亚当·斯密的绝对优势理论的发展，比较优势是现代国际自由贸易的基石。瑞典经济学家埃利·赫克歇尔（E. F. Heckscher）和贝蒂尔·俄林（Bertil Ohlin）发展了李嘉图的观点，提出了要素禀赋理论。克鲁格曼和斯蒂格利茨提出了内生比较优势理论，内部规模经济和外部规模经济导致规模报酬递增，从而形成了内生比较优势。

比较优势涉及的是各国或各个地区不同产业间关系，产业竞争优势涉及的是各国或地区同一产业的关系（金碚，1996）。国际贸易中的比较优势理论指出，在不同国家同种产品的生产函数相同的条件下，比较优势产生的根源在于各国生产要素相对禀赋的不同，以及不同商品生产在要素使用密集型式上的差别。可见，比较优势归结为一国或地区的要素资源禀赋。竞争优势则更加强调一国或地区企业的战略行为和策略行为。此外，比较优势强调是潜在的、静态的竞争力，竞争优势强调的是现实的、动态的竞争力。

一国或地区具有比较优势的产业易于形成较强的产业竞争力，因为比较优势可以转化为竞争优势。以我国为例，近年来，东部沿海地区的技术与资本资源相对丰富，而广大的中西部地区则劳动力资源、土地资源则相对丰富。在这一总体格局形势下，随着东部地区劳动力成本及土地成本的不断上升，一些劳动密集型产业开始向中西部地区转移。例如，浙江温州地区鞋革业向重庆璧山的转移，便促进了重庆"西部鞋都"的形成。相比于成都武侯区的鞋革业，重庆璧山鞋革业的基础较差，并不存在竞争优势。然而，重庆"西部鞋都"之所以能形成，更多的是因为其相比于成都武侯区及浙江温州两地具有资源禀赋优势，璧山处于重庆主城区的边缘地带，无论是土地资源，还是劳动力资源均具有相对优势。

3. 产业竞争优势是企业竞争优势的集中体现

企业竞争优势是指一个企业在有效的"可竞争性市场"上向消费者提供具有某种价值的产品和服务的过程中所表现出来的超越或胜过竞争对手，并且能够在一定时期之内形成市场主导权和超额利润，或创造出高于所在产业平均赢利率的属性和能力（赵玉林等，2011）。产业是经营同一产品的企业总称。产业竞争优势应当是企业竞争优势的有机整合。在一个产业内，个别企业有竞争优势，绝大多数企业无竞争优势，则整个产业没有竞争优势。在一个产业内，绝大多数企业有了竞争优势，则整个产业就有了竞争优势。比如，我国家电产业具有全球竞争优势，就在于中国彩电产业内海信、长虹、TCL等五大企业集团具有竞争优势。

4. 产业竞争优势与产业竞争力是一个硬币的两面

产业竞争力或产业国际竞争力有多种版本。比如，OECD（经济合作与发展组织）版本，IMD（瑞士洛桑国际管理学院）版本。根据OECD版本，竞争力是指面对国际竞争支持的企业、产业、地区、国家或超国家在可持续发展基础上进行相对较高的要素投入和较高要素利用水平的能力。而IMD版本指出，国际竞争力是指一国或一公司在国际市场上均衡地生产出比其竞争对手更多财富的能力。这两个版本共同点是：①竞争者是国家、企业；②在国际竞争中创造财富的能力。而二者的区别是，OECD版本突出要素投入与利用能力即要素投入角度，IMD版本是创造财富的能力即产出能力。OECD版本突出了可持续性，而IMD版本突出了国际市场均衡。国内学者对二者做了综合陈述，如金碚的定义。将波特有关产业竞争优势的描述与产业国际竞争力的界定比较，我们发现，二者没有实质区别。有产业竞争力就有产业竞争优势，反之反是。

二 价值链与产业链

波特在《竞争优势》一书中提出了企业价值链观点，这一观点应用于产业发展或产业升级问题研究中形成了产业价值链理论。产业链是供需链、企业链、空间链和价值链的总称。

波特（1997，p.36）从竞争角度解释价值。他认为，"价值是买方愿意为企业提供给他们的产品所支付的价格"。价值链是价值与价值活动的总称。价值活动包括基本活动和辅助活动。无论是基本活动还是辅助活动都创造价值。各活动创造价值的大小取决于各种成本。附加价值指的是销售价格减去外购原材料的成本。附加价值是一种成本分析方法。附加价值分析方法有着显著的缺陷，即它对企业外购活动投入区分不准确以及不能揭示企业与其供应商之间的联系。

波特认为，企业价值链有两种类型：一种是企业内部价值活动构成的企业价值链，一种是企业与外部供应商、销售渠道商之间的价值活动构成的企业价值链。后者发展为产业价值链。

现代产业活动分解为研发、设计、实验、制造、销售、品牌等价值活动。各种产业价值活动所创造的价值有显著差异。我国台湾著名企业家施振荣用

"笑脸"形象描述了产业价值活动,被称为施振荣微笑曲线(图1-4)。

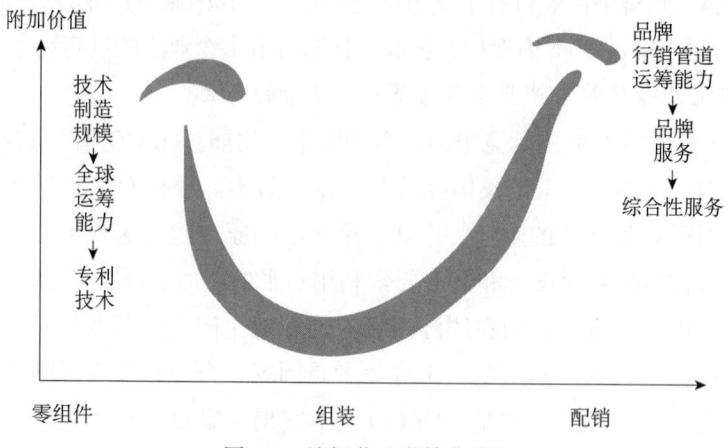

图 1-4　施振荣"微笑曲线"
资料来源:施振荣(1996)

从产品角度看,产品价值随着产品研发、产品试制、产品组装、市场渠道、组织管理和品牌先高后低再升。产品研发、产品试制、产品渠道、产品品牌拥有更高的价值,产品加工组装拥有最低的价值。比如,"宏碁电脑产品微笑曲线"(图1-5)。"微笑曲线"后被广泛应用于管理研究中,学者们构造了各种各样的价值链曲线。

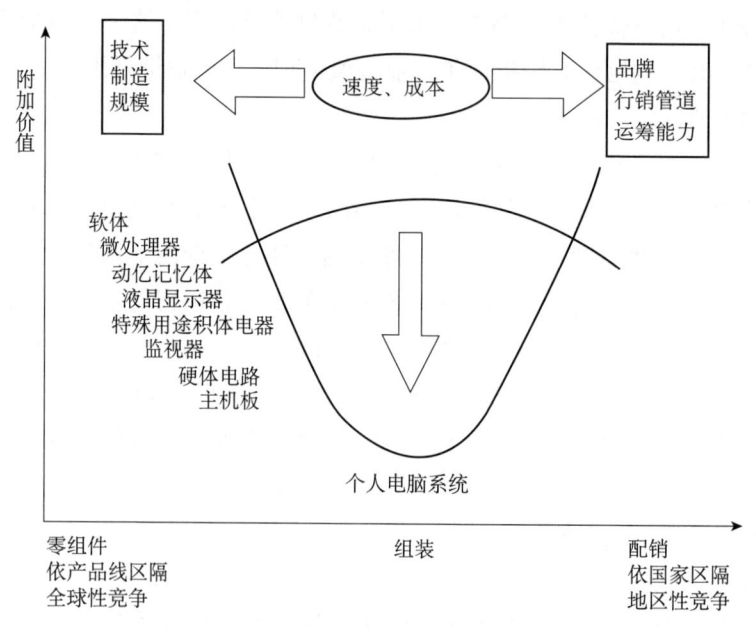

图 1-5　"宏碁电脑产品微笑曲线"
资料来源:施振荣(1996)

产业链、供需链、空间链、价值链是相关联的概念。产业链是供需链、企业链、空间链和价值链的总称，图 1-6 揭示了它们之间的关系。

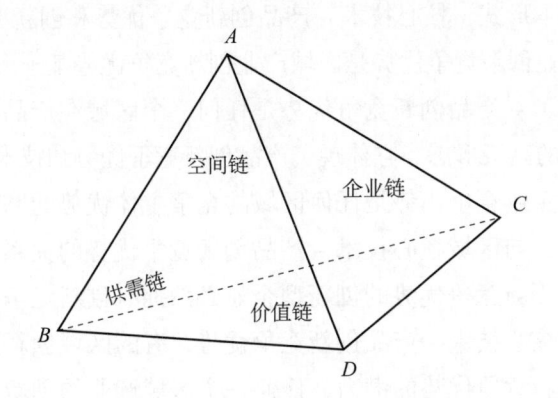

图 1-6 产业链：供需链、企业链、空间链和价值链关系

三 制度

制度是行动者的行为规则及其规则关系、组织的总称。制度分析方法包括制度创新分析方法与制度演化方法。制度分析方法着重分析制度创新的动力、制度创新的推动者、制度创新的路径等内容。在区域现代产业创新战略分析中，制度分析方法是一种重要的分析方法。运用制度分析方法研究区域产业组织创新与演进。比如，企业规模演进、企业组织结构演进、市场结构演进、战略联盟等创新网络变迁等。

第五节 研究内容体系与研究思路

一 研究内容体系

现代产业发展必须依赖于创新驱动，如何实施创新驱动发展。我们立足于创新竞争优势和创新区域概念，设计现代产业创新驱动发展战略。从创新区域看，现代产业创新战略是一个系统，但是，现代产业发展是战略目标，而创新驱动战略是战略工具。这个战略目标与战略措施就是这个系统的基本构成要素。除此之外，创新区域是现代产业创新战略环境，对现代产业发展有重大的影响。

区域产业创新竞争优势是任何区域孜孜以求的战略目标。区域产业创新竞争优势有两种基本形式：核心技术–产品创新竞争优势和创新型企业竞争优势。区域特色优势产业创新竞争优势是区域产业创新竞争优势基本形式的衍生形态。

区域核心技术–产品创新竞争优势是任何一个区域在产品和技术两个方面的创新竞争优势的高级形态。它体现了产品创新竞争优势和技术创新竞争优势。

区域创新型企业竞争优势是任何区域的竞争主体优势的基本形式。区域创新型企业竞争优势与区域核心技术–产品创新竞争优势的关系是：掌握和拥有核心技术–产品创新竞争优势的创新型企业必然拥有创新竞争优势。有的区域创新型企业没有核心技术–产品创新竞争优势，有的区域创新型企业可能有核心技术–产品创新竞争优势的潜力。任何一个区域产业的创新竞争优势最终表现在拥有核心技术–产品创新竞争的创新型企业的竞争优势。培育和发展这种创新竞争优势就是区域产业自主创新战略的根本目标。

区域特色优势产业创新竞争优势本质上是拥有核心技术–产品创新竞争优势特征和相应的创新型企业竞争优势特征的产业形态，即一个有着核心技术–产品创新能力的创新型企业及其关联创新型企业构成的产业内企业创新竞争优势集合。

区域现代产业创新战略措施就是为了实现区域现代业创新战略目标的所有措施的总称。区域核心技术–产品创新战略、区域创新型企业战略、区域产业创新体系战略和区域产业集群创新战略构成了区域现代产业创新战略工具系统。在这个战略工具系统中，区域核心技术–产品创新战略和创新型企业战略是微观工具系统，区域产业创新体系战略是产业工具系统，区域产业集群创新战略是综合性的组织工具系统———一种既体现产业组织又体现空间组织特征的组织工具系统。现代区域产业创新竞争优势总是以产业集群表现出来。区域现代产业创新具有创新集群的特征。区域产业集群创新战略必然依据区域核心技术–产品创新战略、创新型企业战略和特色优势产业创新战略设计。区域现代产业创新战略环境指的是影响区域现代产业创新战略目标和工具的各种因素的总称，如区域制度因素、区域文化因素、区域资本市场因素等。现代产业创新战略选择通常面临着极为复杂的环境。环境因素对区域现代产业创新战略目标有着重要的影响。区域现代产业创新战略分析框架见图 1-7。

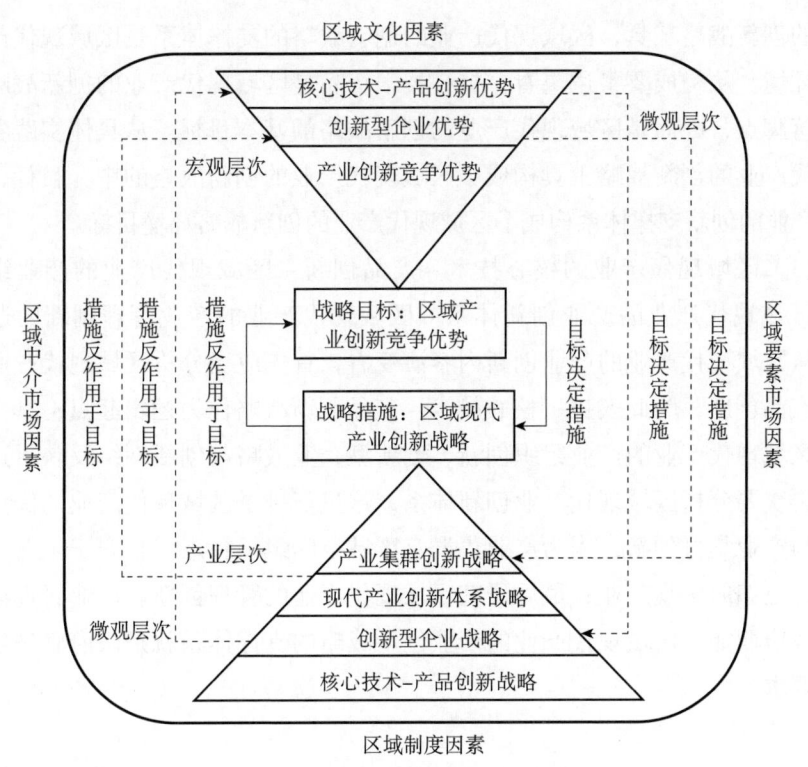

图 1-7　区域现代产业创新战略分析框架

二　研究思路

本书首先对区域现代产业发展的创新驱动战略做理论分析，然后详细研究了不同创新区域的现代产业创新战略案例。

（1）区域现代产业创新战略的微观－中观－宏观环境关系。核心技术－产品创新战略和创新型企业战略是区域现代产业创新战略的微观基础，区域产业创新体系战略和区域现代产业集群创新战略体现了区域现代产业的创新战略的产业内容，区域现代产业的创新支撑体系体现了区域现代产业的创新战略环境。

（2）创新型企业－区域现代产业的创新战略目标－区域现代产业的创新战略工具－区域现代产业的创新环境的逻辑分析。区域现代产业的创新战略研究的对象是区域现代产业的创新活动，按构成要素分类包括创新主体、创新目标、创新工具和创新环境。企业是区域现代产业的创新主体，核心技术－产品创新是区域现代产业的创新战略目标，产业创新体系、产业集群创新都是区域现代产业的创新战略工具，区域现代产业的创新战略的支撑体系是区域现代产业的创新环境。从构成要素逻辑看，核心技术产品是区域现代产业的创新战略出发点和落脚点，因而是区域现代产业的创新战略的基本目标。从具体实践看，区域现代产业的创新战略工具构成了区域现代产业的创新战略的中介目标，区域现代产业的创新支撑体系构成了区域现代产业的创新战略环境目标。

（3）区域现代产业的核心技术－产品创新－区域现代产业的产业组织创新－区域现代产业的产业创新体系－区域现代产业的产业管理创新的逻辑分析。从区域现代产业的产业创新内容演变看，首先应当分析区域现代产业的技术－产品创新，为此安排了核心技术－产品创新战略作为逻辑起点；其次应当分析区域现代产业的产业组织创新，创新型企业战略与创新网络反映了这一要求；再次要分析区域现代产业创新体系，这里安排了区域现代产业的优势产业创新与产业集群创新，因为产业集群有区域空间组织特点，它介于企业与产业之间，更偏向中观产业；最后研究区域现代产业的管理创新。产业管理创新反映了政府职能，区域现代产业的产业创新战略的支撑体系就是政府管理创新的内在要求。

第二章　现代产业创新战略理论框架

本章主要讨论创新驱动战略的框架。第一节简要陈述战略模型构建的基本理念和假设。第二节立足于价值观分析创新驱动现代产业发展。区域产业创新结构设计是第三节的任务。第四节旨在讨论区域产业创新基本战略。第五节研究区域产业创新战略扩展问题。

第一节　战略模型构建理念和假设

一　战略模型构建理念

战略模型构建理念应当来源于战略研究的历史与战略实践。战略研究的历史实际上是一部战略模型构建理念的历史。在远古时代以来，战略研究源于国家军事战略需求，产生了十分丰富的兵家战略理论。《孙子兵法》是古代国家竞争战略的精华和代表。现代战略研究集中于现代经济竞争。最近三十年来，竞争战略理论的文献可谓汗牛充栋，形成了林林总总的战略理论学派，如战略设计学派、战略计划学派、战略定位学派、企业家学派、战略认知学派、战略文化学派、战略权变学派、战略结构学派等。影响十分大的战略模型构建理念有战略设计学派的 SWOT 理念、战略定位学派的竞争优势理念、战略文化学派的资源理念。

战略设计学派的 SWOT 分析框架包括公司优势、劣势、外部环境威胁与机遇。在这个分析框架中，优势理念在产业演进过程中有不同定位。比如，资源比较优势、成本竞争优势长期以来都是制造业企业对优势的定义。现代产业发展表明，产品需求规模优势和创新竞争优势应当是现代制造业企业和产业对优势的定义。

战略定位学派非常重视现代产业实践形成的优势概念，并做了深入系统的研究。波特的代表作品《竞争战略》《竞争优势》和《国家竞争优势》就是关于现代产业竞争优势的理论概括和总结。波特（2007）认为，现代竞争优势来源于创新，一国或区域产业竞争力来源于产业创新能力和优势，决定一国或区域的产业竞争优势的根本因素是生产要素条件、需求条件、相关和支撑产业、企业战略和结构。在生产要素条件中，高级人力资源要素是现代产业竞争优势的基础；在企业战略和结构中，企业创新战略和结构是现代产业竞争优势的关键；在需求条件中，需求方规模经济优势是现代产业创新竞争优势的源泉，在相关和支撑产业因素，与创新相关和支撑创新的产业是现代产业创新竞争优势的产业实现条件。

战略文化学派把战略建模理念重新拉回到企业内生要素分析框架。战略文化学派认为，企业竞争优势来源于核心战略资源。所谓核心战略资源指具有战略价值的、稀缺的、不可模仿的资源。这种资源可能是企业的文化价值体系、企业品牌、企业行为习惯和规则。在现代竞争实践中，战略资源或核心资源的确是一个重要的战略建模概念。萨克森宁（1999）在考察美国硅谷与128公路地区产业竞争时提出了以网络为基础的地方工业体系诠释地区竞争优势。在萨克森宁关于地区优势的定义中，产业创新文化、网络组织体系、专门化学习型组织是三个集聚创新资源、集聚企业的关键因素。

二 战略模型构建假设

我们的战略建模基于如下假设：

假设1：区域产业竞争力的标识是核心技术产品，一个区域对这种核心技术产品总是孜孜以求。

假设2：创新型企业竞争力是区域产业核心竞争力的直接体现，一个区域总是希望有根植于地方的创新型企业，包括重点创新型企业和中小创新型企业。

假设3：重点创新型企业掌握和控制了核心技术产品。一个区域拥有的重点创新型企业越多，则该区域产业核心竞争力越强，一个区域拥有的重点创新型企业在产业链条、产业结构中配置越合理，则该区域产业核心竞争力越有可持续性。

假设4：网络型地区工业体系是现代产业体系的典型组织形态。

假设5：需求规模是现代产业创新竞争的动力和源泉。

假设6：创新资源具有高度流动性，并总是流向具有创新竞争优势的区域。

假设7：地方政府是战略服务供给主体，并在战略服务中具有引导能力。

假设8：一国内部总是存在各种类型的创新区域。

第二节　创新驱动产业发展：一个经济学解释

一　产业发展：一个价值解读

从国民经济统计表看，产业发展指的是产业增加值的增长。产业增加值是产业内企业增加值的加总或者是产业内所有产品增加值的加总。产业增加值是什么？波特认为，工业企业增加值指某种产品生产过程全部环节的价值，包括基本价值环节和附加价值环节。经济学家刘诗白（2005）认为，现代产品价值有劳动力、工具力、管理力、科技力和自然力等多种来源。其中，科技力是现代产品价值的主要来源。可见，产业发展从产品角度看可定义为产品的基本价值加企业产品增加值。

设产业发展为 Y_i，产品的基本价值为 V_b，产品的增加值为 V_g，则有

$$Y_i = V_b + V_g \tag{2-1}$$

企业产品的增加值，在经济学上指劳动力在剩余劳动时间内创造的价值。在加工制造业或劳动密集型产业，企业产品增加值仅限于劳动时间延长。比如，富士康工人工作 8 小时即可创造工人的工资和富士康投资支出。富士康工人加班即 8 小时以外时间工作所创造的价值即为企业产品增加价值。在现代产业体系中，企业产品的增加值，主要表现为产品创新价值。比如，苹果公司产品增加值由研发、设计、加工、市场渠道和品牌等价值活动环节创造。其中，研发、设计、加工、市场渠道和品牌的价值活动表现为技术创新活动、市场创新活动，技术创新活动、市场创新活动等创新活动创造的价值就构成产品的创新价值。当然，不排除加工制造过程中的工艺改进等创新价值。加工制造环节是劳动密集型产业环节，加工活动创造的价值由 8 小时内的价值和 8 小时外的价值构成。富士康公司承担了加工环节，富士康公司的产品增加值主要来源于加工劳动 8 小时以外创造的价值。可见，苹果公司产品增加值主要来源于该公司 iPhone 系列新产品的创新价值。

综上所述，产品创新价值是新产品中凝聚的创新劳动。产品创新价值包括产品创新的使用价值和交换价值。产品创新的使用价值就产品新功能、新用途的增加和集聚，从而带给消费者更大有用性和带给用户低成本投入、维护及生产效率提高等。产品创新的交易价值就是新产品在正常社会创新劳动条件下的平均必要劳动时间。产品创新的交易价值是新产品价格的基础。从产品链角度看，产品创新价值是产品创意、产品设计、产品开发、产品制造、产品营销、

产品品牌各环节的创新活动创造的价值总和。除加工制造环节外,产品各个环节的价值在本质上都是创新价值。

产品创新价值是知识创新价值、技术创新价值、市场创新价值、管理创新价值、制度创新价值的总和。设知识创新价值为 V_i,技术创新价值为 V_t,市场创新价值为 V_m,管理创新价值为 V_M,制度创新价值为 V_I,则企业产品增加值可表述为

$$V_g = V_i + V_t + V_m + V_M + V_I \qquad (2\text{-}2)$$

知识产品价值是现代产品价值的主要部分。从政治经济学观点看,知识产品有使用价值,是增强人的社会生产和生活能力的工具,是财富形成的根本动因和精神力量(刘诗白,2005)。知识产品的增加值即知识生产者创造的新价值。

知识产品有两种:一种是作为公共物品的知识产品,一种是作为市场交易的知识产品。前者表现为专著、论文等科学知识产品,后者表现为专利等知识产品。专利就是新知识产品的典型形态。

知识创新价值指的是新知识产品商业价值,技术创新价值是指新技术产品价值。专利价值是知识创新价值和技术创新价值的经典案例。专利价值是专利内在价值即专利凝结的创新劳动量大小。在市场经济条件下,专利交易价值由专利供求决定。人类知识创新需求程度极大地影响专利价值。专利技术独占性对专利价值有决定性影响。隐性知识,如经验、技巧、技能等,同样是新知识产品价值的重要影响因素(芮明杰,张琰,2009)。技术原始创新程度、技术创新累积度综合反映了新技术产品的各种技术知识及其劳动累积。原始创新程度越高的新技术,其价值越大。

市场创新价值是指开拓新市场的劳动价值,包括市场规模经济效应和市场范围经济效应。客户发现的经验和技巧、产品促销技术和方法等创新程度是新市场价值大小的决定性因素。品牌价值是市场创新产出不可或缺的内容。客户体验价值是市场创新价值又一衍生形态。

管理创新价值指的是企业家在管理过程的创新价值。它包括企业家创新能力价值、管理团队管理能力价值。在熊彼特看来,管理创新价值被称为企业家利润。企业家利润就是"一种超过成本的剩余,从企业家角度看,正如许多经济学家所声称的那样,它是一个企业的收入与支出之间的差额"(熊彼特,2000a)。管理创新价值具有不确定性特征,克拉克认为,职业经理人和员工都可以参加管理创新价值的分配。后来的学者尤其是制度经济学家系统地阐述了

管理创新价值分配及其分配机制，如高薪酬机制、股权机制、期权机制等。

制度创新价值、制度创新收益、制度创新绩效有些细微差别，在这里三者通用。邓金堂（2003）认为，制度创新的绩效指新制度代替旧制度的过程中所释放和获取的创新收益。制度创新成本指新制度代替旧制度所支付的全部费用。制度效率可定义为任何一种制度总是有效地生产的制度创新收益，制度效率是制度创新绩效的数学描述。制度效率损失可定义为任何一种制度所带来的制度创新收益向零收敛的趋势。如果制度所能带来的创新收益与制度创新成本相等，则制度效率损失最大化。

上述分析有一潜在假设，即市场是完全竞争市场，即使存在垄断市场，也不存在滥用市场垄断地位。这表明，企业产品增加值中不包含市场垄断价值。在现实中，企业利用垄断地位获取产品增加值是一种普遍现象。产业增加值可表述为

$$Y_i = V_b + V_g + V_{m1} \tag{2-3}$$

其中，V_{m1}表示企业因垄断地位获得的增加值。

在开放经济体系中，一国产业创新能力越强，就越具有竞争优势。产业增加值应当包括新产品的国际贸易收益。设新产品的国际贸易收益为V_{ex}，则产业增加值应当表述为

$$Y_i = V_b + V_g + V_{m1} + V_{ex} \tag{2-4}$$

二 产业发展：一个产品价值链体系的解释

产品链是产业经济学的概念，它描述了产品技术关联性、产品功能互补性和替代性的关系。价值链是波特（1997）在研究竞争战略时描述公司价值来源时提出的概念，它回答了公司如何创造价值的问题。立足于产品生命周期、产品模块分工、产品技术关联，产品价值链研究不断深化。

产品生命周期理论指出，任何产品都有萌芽、成长、成熟和衰退四个阶段。根据产品生命周期理论，产业体系可定义为新产品、成长性产品、成熟产品和衰退产品构成的产品体系。产业发展就是指产品生命周期的演进过程，即新产品、成长性产品、成熟产品和衰退产品的波浪式演进过程。新产品的不断涌现、成长性产品的高速扩张是产业发展的标志。比如，通信产业发展可定义为固话机产品、功能手机产品、移动智能机产品、平台手机产品的演进过程。其中，平台手机产品是新产品、成长性产品；移动智能机是成熟产品；功能手机和固

定话机是衰退产品；平台手机产品是高端产品、高附加值产品；移动智能手机产品是中高端产品，仍具有较高附加值；功能手机产品、固话机产品已成为低附加值产品。通信产业发展可解读为通信产品价值由低端产品价值升级为中端产品价值，再升级为高端产品价值的过程。

从产品模块分工理论角度看，产业体系可定义为产品创意模块、设计模块、工程开发模块、产品制造模块构成的模块化产品体系，还可定义为核心模块与互补模块构成的模块化产品体系。产品微笑曲线表明，产品创意模块、设计模块和工程开发模块是最有价值的模块，而产品制造模块是价值最低的模块。因为前三个模块包含了知识创新价值、技术创新价值、管理创新价值和制度创新价值，产品制造模块一般被理解为劳动力增加值模块。产业发展的实质是由制造模块向研发模块纵向爬升过程。计算机产业就是一个典型的模块分工产品体系，计算机产业发展就是由制造模块向创意、设计、工程开发模块升级过程，是由配套零部件模块向核心零部件模块横向推进过程。

产业技术关联理论刻画了产品之间的技术关联性、兼容性。产品之间的技术关联指的是终端产品与中间产品的技术关联或者上游原材料产品、中游元器件制成品、下游终端产品之间的技术关联。产业体系指的是原材料产品、元器件制成品和终端产品组成的技术产品体系。因此，产业发展指的是技术产品体系的发展，电视机制造业、汽车制造业等产业就是这类技术产业。电视机产品有上游的原材料产品、中游的元器件产品和终端的电视机产品。在这个产品链上，上游的原材料产品、中游的机芯等核心元器件产品是现代电视机产业的核心技术产品，对电视机产业竞争力具有决定性意义。我国是电视机制造业大国但不是强国，原因就在于电视机原材料产品和机芯等核心技术产品掌控在外国手中。因此，我国发展电视机制造业就是原材料产品和机芯等核心元器件产品发展。依据产业技术关联理论构造的产品价值链体系可以清楚地找到一国或地区在产业技术链条中的地位。

综上所述，结合产业生命周期与产业技术关联理论可知，产业发展就是传统产业与新兴产业技术相结合，实现产业技术升级、产业价值升级。党的十八大报告指出：我国产业发展就是信息化与工业化的融合。结合产业模块分工理论与产业技术关联理论可得，产业发展就是发展研发产业、先进制造业。结合产业生命周期与产业技术关联理论，产业发展就是发展战略性新兴产业。

三 创新是现代产业体系发展的核心驱动力

20 世纪 70 年代,美国著名的创新专家阿伯纳西和厄特拜克系统地研究了技术创新与产业发展的内在关系,并以技术创新解构了产业发展,刻画了技术创新驱动产业发展的机理。学界称此为 Abernathy-Utterback 模型,简称 A-U 模型。

A-U 模型有基本模型和改进模型。A-U 基本模型以同一产品生命周期为基础研究技术创新与产业发展的关系。阿伯纳西和厄特拜克把产品创新、工艺创新、市场创新及产业组织的演化划分为流动阶段、转换阶段与特性阶段,认为产业的创新类型和创新程度取决于产业的成长阶段。在流动阶段,产品设计多样化,创新竞争十分激烈,创新型小企业林立,产品市场处于开拓期,没有形成一个主导设计。在转换阶段,技术主导设计形成,产品大规模生产,工艺创新取代产品创新成为技术创新的主要特征。在特性阶段,生产过程和企业组织日趋专业化和纵向一体化,市场规模经济效应显著,市场创新和组织创新为技术创新的主要形态。图 2-1 为 A-U 基本模型产业创新与产业发展关系图。

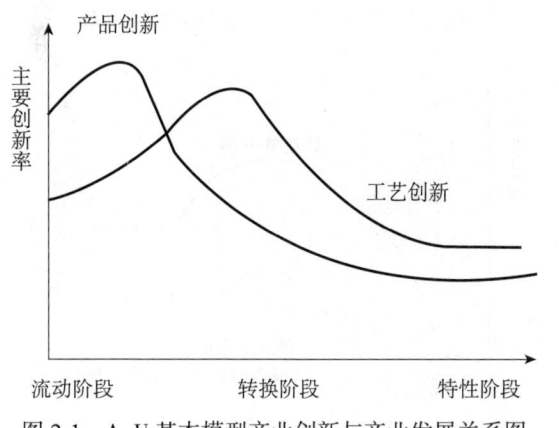

图 2-1 A-U 基本模型产业创新与产业发展关系图

A-U 改进模型揭示了产品不同技术生命周期条件下技术创新驱动产业发展的动态情境(图 2-2)。A-U 改进模型(刘友金等,2001)有如下特点:①产业的升级是通过产品的更新换代体现出来的,突出了新技术在产品中的应用。比如,电视机由传统功能向智能时代转变突显了移动互联网技术在电视机领域的应用。产业升级的实质是技术主导设计更替,核心技术创新对产业技术升级跃迁起着决定性作用。②产品的更新换代存在一个竞争期,竞争期的长短取决于主导设计成熟周期。③产业升级是跃升的,核心技术创新成败决定产业升级跃升成功与否。④产业发展可以跨越式的。图2-3描述了产业技术轨道与产业跨越发展关系。

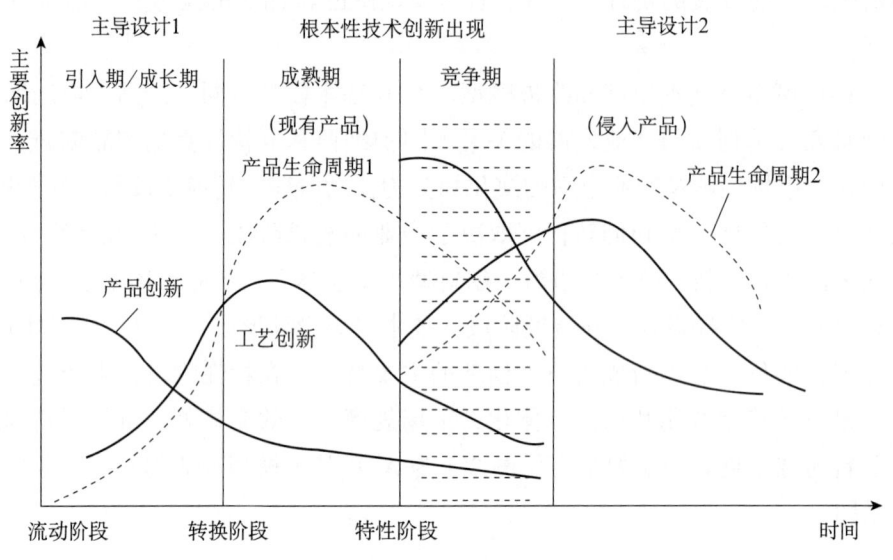

图2-2 技术创新与产业跨越发展关系

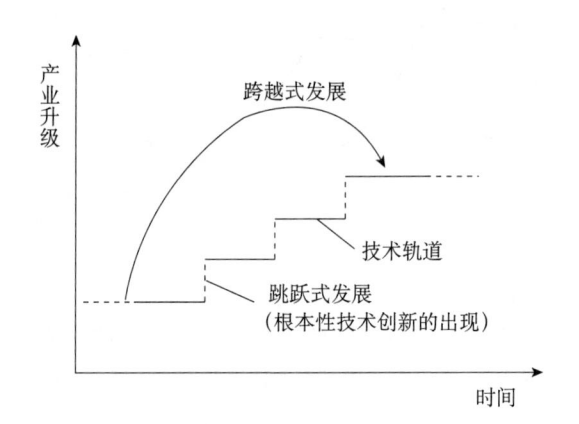

图2-3 技术创新轨道与产业跨越发展关系

制度创新是现代产业体系发展的直接推动力量。首先,制度创新激励技术创新,促使技术创新向产业创新转变。二十多年来,中国高新技术产业发展取得了举世瞩目的成就,主要原因就在于制度创新。中国高新技术产业发展的制度创新表现在:设立高新技术产业开发区体制和机制,制定高新技产业开发区的政策体系。当前，国家高新技术产业开发区向创新型园区转型，推动这种转型的动力源于实施创新驱动战略。其次，制度创新解除了技术创新转向产业创新的障碍，促进了新兴产业发展。美国高新技术产业高地由128公路地区转向加利福尼亚州硅谷，根本原因在于硅谷一系列的制度创新，包括：①技术创业制度创立和完善；②加利福尼亚州税收政策；③有限合伙制等中小企业制度体系建立和完善；④要素制度创新，股权激励制度和风险资本制度解决了创新收益分配和创新风险分担问题，彻底解除了技术创新转向产业创新的障碍。

第三节 区域产业创新结构分析

一 区域产业创新战略选择问题

区域产业创新战略是在创新竞争发生的产业宏观舞台上追求区域产业发展的理想地位，旨在对决定区域产业创新竞争的各作用力建立有利的、持久的地位。

区域产业创新战略的选择由三个中心问题构成：第一个问题是由区域现代产业体系所决定的区域产业创新集聚能力；第二个问题是决定产业内企业创新竞争相对地位的因素；第三个问题是区域产业如何获取创新竞争优势问题。

区域产业核心竞争力从根本上讲是区域产业体系可持续创新能力，这种可持续的产业创新竞争能力取决于知识创新者力量、创新资源集聚能力、核心技术－产品创新者能力、区域产业创新体系支持能力、新产品市场需求能力。这五种力量是动态的。

从根本上讲，区域产业核心竞争优势是区域产业体系的创新竞争优势。这种可持续区域产业创新能力和区域产业创新竞争优势表现在：第一，企业的产业创新利润增长能力。企业的产业创新利润增长能力源于其创新带给客户的价值。第二，产业附加值或产业增加值贡献能力。产业附加值或增加值的贡献能力源于区域优势产业和主导产业的附加值和增加值的贡献能力。而区域优势产业或主导产业的附加值或增加值贡献能力却取决于创新型企业的产业创新利润增长能力。

区域产业创新竞争优势的基本形式：核心技术－产品创新优势和创新型企业优势。创新区域、地方产业创新体系对决定区域产业创新竞争优势发挥重要作用。某一区域特定产业创新竞争优势与关联产业创新合作优势有着很大的关系。通过区域关联产业创新合作可大大加强这一特定产业创新竞争优势。某一区域特定产业创新竞争优势与地方产业创新集群有着很大的关系，通过区域产业创新集群可大大加强这一特定产业创新竞争优势。

二 区域产业创新竞争的五种力量

区域产业可持续创新能力根本的决定因素是区域产业创新集聚能力。区域产业创新战略取决于对区域产业创新规律的深刻认识。区域产业创新战略的最终目标是运用这些规律发展区域新产业、提高区域产业技术水平、促进区域产业结构升级、发展现代产业体系。任何产业创新，无论是国际或国内的，区域产业创新规律都将体现在五种创新的作用力：知识创新竞争者服务能力、创新资源体系供给能力、地方产业创新体系支撑能力、新产品市场需求能力以及在位创新竞争者的竞争能力（图2-4）。

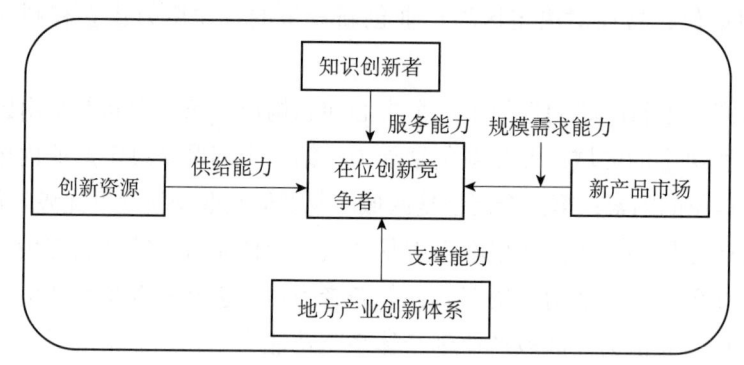

图2-4　决定区域产业创新能力的五种作用力

这五种创新作用力综合起来决定某产业创新利润贡献能力。这五种创新作用力的综合作用力随着产业所处生命周期阶段的不同而不同。在五种作用力比较理想的产业中，优势产业、主导产业的创新利润贡献能力更好，区域通过其优势产业、主导产业创新可促进区域产业发展，培育新兴产业。支柱产业、衰退产业的创新利润贡献能力较弱，区域通过其支柱产业、衰退产业的创新可提升其产业技术水平，推动支柱产业和衰退产业的产业延伸。在产业创新竞争压力强度很大的产业里（如汽车产业、钢铁产业等），尽管地方政府官员投入了全力，区域产业创新利润贡献能力也难令决策者满意。区域产业创新利润贡献能力还取决于地方产业创新体系或者说区域产业创新结构。

这五种创新作用力决定了产业创新利润贡献能力，因为它们影响企业创新成本、企业创新风险和企业创新收益率。例如，新产品市场需求规模能力影响到企业新产品的价格，创新资源供应能力影响到创新成本，地方产业创新体系的支撑能力影响到企业创新交易成本，知识创新竞争者的服务能力影响到企业理念或创新指导思想能力。

五种创新作用力中的任何一种都由区域产业创新结构或区域产业创新的基本经济因素、技术因素、文化因素、制度因素所决定，其重要因素见图2-5。区

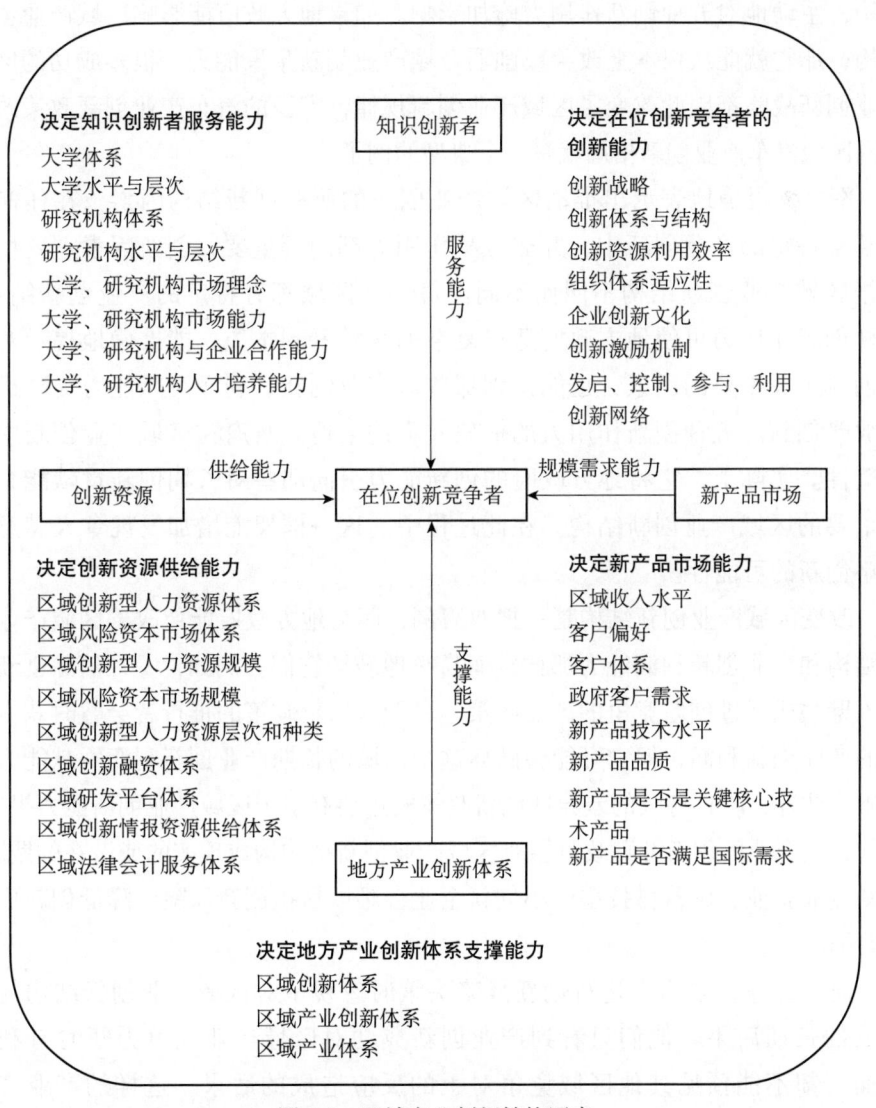

```
决定知识创新者服务能力          知识创新者          决定在位创新竞争者的
大学体系                                          创新能力
大学水平与层次                                     创新战略
研究机构体系                                       创新体系与结构
研究机构水平与层次                      服          创新资源利用效率
大学、研究机构市场理念                  务          组织体系适应性
大学、研究机构市场能力                  能          企业创新文化
大学、研究机构与企业合作能力            力          创新激励机制
大学、研究机构人才培养能力                          发启、控制、参与、利用
                                                创新网络

创新资源  ──供给能力──→  在位创新竞争者  ←──规模需求能力──  新产品市场

决定创新资源供给能力                              决定新产品市场能力
区域创新型人力资源体系                             区域收入水平
区域风险资本市场体系                               客户偏好
区域创新型人力资源规模                             客户体系
区域风险资本市场规模                    支          政府客户需求
区域创新型人力资源层次和种类            撑          新产品技术水平
区域创新融资体系                        能          新产品品质
区域研发平台体系                        力          新产品是否是关键核心技
区域创新情报资源供给体系                            术产品
区域法律会计服务体系          地方产业创新体系      新产品是否满足国际需求

                       决定地方产业创新体系支撑能力
                       区域创新体系
                       区域产业创新体系
                       区域产业体系
```

图 2-5　区域产业创新结构因素

域产业创新结构基本稳定，但又随着产业创新演化过程而变化。区域产业创新结构发生转换会影响创新作用力的总体或相对力量，并且对区域产业创新利润贡献能力产生影响。影响区域产业创新结构的演变趋势最具有战略重要性。

如果五种创新作用力和它们的结构性因素仅仅由区域产业创新本质特征决定，那么区域产业创新战略将是着眼于选择正确的产业和比其竞争区域更深刻认识五种创新作用力的问题了。但是，尽管这些对任何区域都是很重要的任务，并且是某些区域产业创新战略的核心，地方政府常常不拘于现有区域产业创新结构，主动地对五种创新作用力施加影响。如果地方政府能影响区域产业创新结构，那它就能从根本上改善或削弱区域产业创新集聚能力。很多成功的区域产业创新战略都因此改变了区域产业创新规律，安徽的汽车产业创新政策改变我国区域汽车产业创新格局就是一个典型的例子。

图 2-5 明确地表示出推动区域产业创新的所有创新结构因素。在任何区域某一特定的产业创新中，并非五种作用力都同等重要，创新因素重要性将依据区域产业创新结构不同而不同。每一个区域都有特定的产业创新结构。五种创新作用力可使地方政府透过复杂的表象看到本质，能准确地揭示对产业创新至关重要的因素，也能识别那些对产业创新、利润贡献能力提高最大的战略创新。五种创新作用力的框架并不约束地方政府在区域产业创新中的创造性。实际上，它将地方政府的创新能力引向那些对长期创新贡献能力最为重要的区域产业创新结构。在此过程中，这一框架能增加发现令人满意的战略创新的可能性。

改变区域产业创新结构是一把双刃剑，因为地方政府能像改善区域产业创新结构和产业创新利润能力那样轻而易举地破坏它们。例如，一种消除创新者进入壁垒或促进创新竞争的产业政策，尽管这项新政策的推行者会暂时获得较高的产业创新利润，但它可能会破坏这个区域的长期产业创新利润贡献能力的基础。此外，旷日持久的差异性创新政策安排会有损于区域产业创新能力提升。例如，大企业的创新补贴政策会对区域产业创新结构构成现实的或潜在的威胁。创新创业企业、民营科技型中小创新企业会难以承担创新风险或降低创新成本而萎缩。

通常企业、政府在进行创新战略决策时忽视了对区域产业创新结构将会造成的长期后果。他们只看到产业创新成功对区域产业竞争力暂时有利的一面，却不能预见其他区域竞争对手的反应造成的后果。这样的产业"毁灭者"通常都是急于克服其主要竞争劣势的一般创新区域或这种区域中模仿创新者。

区域改造产业结构的能力即区域产业创新能力常使区域产业的领先者产生巨大的压力。领先的区域政策会因其产业又好又快发展而对其他区域的产业结构造成放大的影响。与此同时，领先区域巨大的市场份额、产业增加值贡献率肯定会导致一切改变产业总体创新结构的行动，同样也会影响它们。因此，领先区域必须不断地平衡其产业创新竞争地位以使得整个产业得以健康发展。领先区域采取措施改善或保护产业创新结构，往往比自己寻求更强大的产业创新竞争优势来得更有利。比如，安徽省、浙江省改造汽车产业结构的能力对上海市、吉林省的汽车产业创新产生了巨大的影响，迫使这些区域的汽车产业走上自主创新道路；上海市、吉林省等区域的汽车产业创新反过来对安徽省和浙江省汽车产业创新产生了巨大的影响。安徽省和浙江省必须保护或改善区域产业创新结构。安徽省推动奇瑞汽车公司与江淮汽车公司联合、重组、合并则是改善和保护安徽省区域产业创新结构的必要政策选择；浙江省支持吉利汽车公司并购沃尔沃则是改善和保护浙江省区域产业创新结构的必要政策选择。

买方需求规模是区域产业创新的必要条件。必须有足够多的、不同层次的客户愿意支付超出创新风险成本的价格，否则企业的产业创新就无法继续，区域产业创新利润贡献能力就不可持续。

新产品需求规模是区域产业创新的必要条件，并非充分条件。决定区域产业创新利润贡献能力的关键问题是区域主导产业及其创新型企业是否能从为客户创造的价值中攫取更大的份额，或者是否确保这种产业创新价值不落入或尽可能少落入其他区域。区域产业创新结构决定哪一个区域取得更大的产业创新价值份额。知识创新服务竞争者决定区域主导产业及其创新型企业可能创造的新产品价值及其他区域对这种新产品价值攫取的可能性。这种新产品价值或者因技术贸易转移给其他区域的创新型企业，或者因竞争代价抬高而消失。新产品需求规模决定了某个区域在多大程度上能保留住产业创新价值，而仅留给其他区域产业创新者适当的创新利润。地方产业创新体系支撑能力决定了在何等程度上区域主导产业及其创新型企业能满足需求规模条件，由此也为买方需求规定了风险价格上限。创新资源供给能力决定了区域产业创新竞争者在何种程度为买方创造的价值不被其他区域占有。最后，区域产业内创新竞争激烈程度与合作水平同样反映了其他区域产业创新的威胁。它决定了在何种程度上区域会在竞争中损失掉其为买方创造的产业创新价值，以降价形式全部转给买方或在抬高创新风险时使之烟消云散。

因而,区域产业创新结构决定了哪个区域占有为买方创造的产业创新价值比例。如果一个区域产业的新产品不能满足需求规模的核心条件即为客户创造较多价值的条件,不管其创新结构的其他因素如何,区域产业发展都将不能令人满意。如果一个区域产业的新产品满足了需求规模的核心条件则区域产业创新结构至关重要。比如,在汽车产业中,关键部件发动机产业所在区域可获得更大的产业创新价值,而一些配套零部件产业所在区域获得的产业创新利润就要小得多。又如,一个区域主导产业创新取得成功可获得较大份额的产业创新利润,而其衰退产业的产业创新即使取得成功也仅能获得微小的产业创新利润。

关于产业创新利润贡献能力的另一个普遍观点是产业创新利润由供给与需求之间平衡所决定。若需求大于供给,则有高的产业创新贡献率。然而,长期的供求平衡受区域产业创新结构的强烈影响,产业创新利润贡献能力同样也是长期供求不平衡的结果。因此,即使供求之间短期波动会影响区域产业创新利润贡献能力,但归根结底产业创新结构决定了产业创新利润贡献能力。

供给与需求不断变化、相互调整。区域产业创新结构决定了在位创新竞争者以多快的速度、多高的效率增加新产品供给。知识创新竞争者服务能力强弱决定了其他区域在位创新竞争者进行创新并攫取产业创新利润的可能性。创新竞争与合作程度和水平在决定现有产业创新利润贡献的策略上发挥主要作用。产业创新结构决定创新竞争者以多快速度退出创新供给。当创新投入远远过剩时,创新退出约束条件阻止区域创新型企业退出,并延长创新投资过剩的状态。

供求不平衡对区域产业创新利润贡献能力产生后果将因区域产业创新结构的不同而大相径庭。在区域主导产业创新领域,新产品的需求规模经济性大大提高了创新利润贡献能力,而在区域衰退产业创新领域,新产品需求规模不经济性大大降低了产业创新利润贡献能力。

第四节　区域产业创新基本战略

一　区域产业创新基本战略描述

区域产业创新基本战略面临的第三个中心问题是创新型企业在区域产业创

新中的地位。创新型企业定位决定了它的创新利润贡献能力是高于还是低于区域产业创新平均利润水平，同时还决定了其所在区域的产业创新利润贡献能力是高于还是低于整个产业创新平均利润水平。在区域产业创新结构并不理想、产业创新利润贡献能力并不高的情况下，定位合适的创新型企业及其所在区域仍然可能获取较高的产业创新利润。

长时期维持优于平均水平的产业创新绩效，其根本基础是持久性的区域创新竞争优势。一个区域相对于其竞争对手有两种基本创新竞争优势：核心技术 – 产品创新和创新型企业。一个区域所具有的优势和劣势的显著性最终取决于该区域在多大程度上能够对核心技术 – 产品创新和创新型企业有所作为。核心技术 – 产品创新优势和创新型企业优势又由区域产业创新结构所左右。这些优势源于某个区域能比其他竞争区域更有效地处理五种创新作用力。

区域产业创新竞争优势的两种基本形式与区域寻求获取这种优势的活动景框相结合，就可引导出区域产业创新的基本战略：核心技术 – 产品创新战略、创新型企业战略和特色创新战略。其中，每种战略都有自己的变形。这些基本战略见表 2-1。

表 2-1　区域产业创新基本战略

		核心技术 – 产品创新				创新型企业			
		优势产业	主导产业	支柱产业	衰退产业	优势产业	主导产业	支柱产业	衰退产业
区域产业创新竞争景框	理想创新区域	核心技术 – 产品创新战略	核心技术 – 产品创新战略	核心技术 – 产品创新战略	核心技术 – 产品创新战略	创新型企业战略	创新型企业战略	创新型企业战略	创新型企业战略
	次优创新区域	核心技术 – 产品创新战略	核心技术 – 产品创新战略			创新型企业战略	创新型企业战略		
	普通创新区域			核心技术 – 产品创新战略	核心技术 – 产品创新战略			创新型企业战略	创新型企业战略

每一基本战略都涉及通向区域产业创新竞争优势的迥然不同的途径，以及建立区域产业创新竞争优势采用的战略目标来框定区域产业创新战略类型选择。核心技术 - 产品创新战略和创新型企业战略在不同创新区域和产业不同生命周期阶段寻求自己的优势。推行每一种区域产业创新战略所要求的具体实施步骤因产业所处产业生命周期阶段或者因产业所处创新区域的不同而差别很大。

区域产业创新竞争优势为任何创新战略的核心所在，而创造这种竞争优势要求区域做出选择，即某个区域要获取产业创新竞争优势，必须选择它所要求获取的竞争优势的类型及活动于其中的创新区域景框。

二 核心技术-产品创新战略

核心技术-产品创新战略是区域产业自主创新战略的一种。在这种战略指导下，区域产业自主创新目标是要成为领先的、位居价值链高端的产业区。区域产业的核心技术-产品创新活动有广阔空间，它具有为关联产业创新服务和带动、辐射域外产业创新的功能。区域产业的核心技术-产品创新活动广度通常构成区域产业自主创新的核心竞争优势。核心技术-产品创新优势归根结底来源于创新劳动集聚，且表现为技术创新劳动优势、金融创新劳动优势和管理创新劳动优势等集聚。核心技术-产品创新优势可能包括需求规模经济、标准技术、低边际成本、核心技术知识产权优势、品牌优势等。例如，在信息技术产业中，CPU技术产品和Windows产品具有全球性需求规模经济效应、市场标准技术效应、低边际成本效应、自主品牌效应。在汽车产业中，发动机技术产品、底盘技术产品、变速箱技术产品等核心技术产品要求有足够的规模经济、知识产权效应和品牌效应。核心技术-产品创新的产业区地位表明，不断上移的收益曲线和不断下移的边际成本曲线。这种产业创新区域必须竭尽全力开发核心技术产品优势，并强调从技术创新劳动、金融创新劳动和管理创新劳动等各种创新劳动中获取核心技术产品的规模经济优势、标准技术优势、自主知识产权优势、边际成本下移优势。

如果某个区域产业能够创造和维持全面的核心技术-产品创新领先地位，那它只要保持产业平均价格水平，则该区域产业创新利润贡献能力就会大于其他区域产业创新利润贡献能力。在与竞争对手相当或相对较低的价位上，核心技术-产品创新的领先区域的上述优势将转化为高水平产业创新收益。然而，核心技术-产品创新领先区域不能无视竞争区域的核心技术-产品创新。如果它的核心技术-产品被认为与其对手不能相比或不被客户接受，核心技术-产品创新领先者为了增加销售量，将被迫削价以至于远低于其他区域核心技术产品价格的水平，这将抵消掉核心技术产品的规模经济效益、知识产权效益。比如，Linux操作系统和龙芯CPU系统产品就是陷于这种困境。Linux操作系统是一种全开放源代码的通用操作系统，龙芯CPU系统产品是与IntelCPU系统竞争的产品，但是，它们都还未获得客户认可，现在还未实现区域产业的核心技术－产品创新优势。在汽车发动机产品领域，奇瑞中高档轿车的核心技术－产品同样未被客户认可，因此安徽汽车产业不能位居汽车产业价值的高端。

核心技术－产品创新的领先区域尽管依赖于需求方规模经济、标准技术、自主知识产权和品牌优势，但仍必须相对于其竞争区域的产品品质差异基础上创造价值相等或价值近似的地位，以领先于产业创新平均收益水平。

核心技术－产品创新领先区域在逻辑上要求该区域的创新型企业就是核心技术产品的实际创造者、所有者、控制者。很多区域因为没能认识到这一点而犯下战略性错误。比如，我国传统汽车产业区与新兴汽车产业区在核心技术－产品创新竞争中就产生了这种战略性错误。当发动机等汽车核心技术产品领先者不止一个区域时，它们之间的竞争就十分激烈。因为市场份额的每一份都被创新型企业视作至关重要。如果某个区域的创新型企业没能创造核心技术产品、控制核心技术产品并拥有核心技术知识产权和品牌，那么对产业创新利润贡献能力造成的后果就是灾难性的。所以核心技术－产品创新是一种区域产业创新的高端战略、产业技术创新领先战略、市场创新领先战略。

三 创新型企业战略

创新型企业战略是第二种区域产业创新的基本战略。在创新型企业战略指导下，区域就创新型企业集聚与发展的某些方面在区域内独树一帜。它被区域内许多创新型企业视为重要的一种或多种特质，并为其选择一种独特的地位以满足创新型企业的要求，它因其独特的区位而获得产业创新利润。

这种创新型企业发展和集聚方式为各个区域产业所独有。创新型企业发展与集聚有赖于企业本身、产业体系、创新网络及一系列其他因素。比如，安徽芜湖的创新型企业战略发展的基础是奇瑞等企业把自主创新作为一种战略，带动了相关产业的创新型企业在安徽的集聚，安徽的汽车产业获得了产业创新利润。安徽汽车产业发展战略和发展政策及安徽的创新网络体系支持了像奇瑞这类的创新型企业集聚安徽。实际上，我国首批53个国家高新技术产业开发区就是创新型企业在各个区域集聚的空间载体。北京中关村、深圳高新区、上海张江工业园区有更独特的创新型企业集聚和发展方式。发达地方产业体系、市场、创新网络体系等因素都有内陆绝大多数高新区所不具备的特有优势，正是这种差异导致各个地区的创新型企业战略效果即区域产业创新利润贡献能力相差悬殊。

一个能创造和增强创新型企业的集聚力的区域,如果其产业创新进入与退出壁垒引致的交易成本远远低于它为创新型企业提供的独特性而附加的额外成本,那么该区域就在产业创新竞争中成为佼佼者。因此,一个致力于发展创新型企业的区域必须探索创新型企业进入与退出引致的交易成本小于为创新型企业提供独特性而附加的额外成本的方式。由于创新型企业的集聚与发展区域的产业创新利润将会被其显著的不利交易成本所抵消,所以它绝不能忽视对低交易成本区域的追求。这样,增强创新型企业发展能力和集聚能力的区域必须通过削减所有不利于发展创新型企业竞争力和集聚创新型企业的进入退出壁垒等因素引致的交易成本,旨在实现交易成本与竞争区域相等或相近。

创新型企业战略要求区域选择那些有利于发展创新型企业和集聚创新型企业并独具特质的产业和创新政策。区域如果期望得到产业创新利润,它必须在某些方面或某些区域或某些产业真正显著地与其他区域区别开来。然而,与核心技术-产品创新战略密切相关的是,如果区域存在着多种为创新型企业广泛重视的特质,区域中可能集聚各个产业、各个层次、各种规模的创新型企业。

四 特色优势产业创新战略

第三种基本战略是特色战略。因其是着眼于区域内特有资源、文化、产品做出的选择,所以这一战略与其他战略迥然不同。特色创新战略的区域选择其有优势的特色资源、特色产品作为产业发展,并使其战略为特色优势做强,特色产业做大服务。通过为其目标市场进行战略优化,特色创新战略要求区域致力于寻求其目标产业创新竞争优势,尽管它并不拥有在全面特色资源和产品上的创新优势。

特色创新战略有资源特色创新战略、文化特色创新战略、传统工艺产品特色创新战略等多种形式。在资源特色创新战略指导下,区域寻求其目标资源产业创新竞争优势。在文化特色创新战略指导下,区域寻求其目标文化产业创新竞争优势。在传统工艺产品特色创新战略指导下,区域寻求其目标工艺制品产业创新竞争优势。无论特色创新战略何种形式都以目标特色产业创新竞争优势为基础。目标特色产业创新必须或者满足区域获取特定产业竞争力的需求,或者为了塑造区域产业品牌。资源特色创新战略致力于开发本区域的特色资源经济附加值,长期获取特色资源产业创新利润。文化特色创新战略致力于开发本地区才有而其他地区不具有的文化资源附加值,长期获取区域特色产业创新利润。传统工艺产品特色创新战略致力于地方独有的传统工艺产品经济附加值开发,长期获取地方传统工艺产品产业创新利润。特色创新战略意味着目标竞争者不能细分市场上的客户的特殊需求,因而特色创新战略使创新者可专门致力于为细分市场服务。

我国很多区域都有其特殊的自然资源遗产,如四川九寨沟、湖南张家界等,这些地区通过资源特色创新战略发展了有别于其他区域的旅游产业,从而长期获得特色资源产业创新利润。

我国很多区域都有其特殊的文化遗产,如云南丽江东巴文化。该地区通过东巴文化资源开发创新战略发展了其特殊的有别于其他地区的区域文化旅游产业,从而长期获得特色文化产业创新利润。

我国很多区域都有其千年以来的工艺产品,如成都漆艺制品有三千多年的历史。通过特色工艺制品产业创新战略,可获得这种工艺制品创新竞争优势和长期的特色工艺制品产业创新利润。

特色创新战略作为区域产业创新基本战略,其本质特征是该产业具有比较优势和竞争优势。从这个意义上讲,特色创新战略可定义为特色优势产业创新战略。唐浩等(2008)认为,所谓特色优势产业是立足于产业基础、自然资源或文化资源,具有强大的竞争优势和生命力,并能引领和支撑区域经济发展的产业。特色优势产业有三个基本特征:第一,它发展的立足点在于产业基础、自然资源或文化资源;第二,它具有比较优势和竞争优势,发展趋势好;第三,它是区域经济的支柱产业。在特色优势产业创新战略指导下,区域寻求其产业竞争力,加快传统支柱产业结构调整和升级,实现产业结构顺利转换。

特色优势产业创新战略,从产业关联角度和产业生命周期角度看,应当是区域产业创新体系的重要组成部分。对于弱势创新区域或普通创新区域来讲,特色优势产业创新战略应当是这些区域产业创新的、首要的、根本的战略选择。

第五节 区域产业创新战略扩展

一 基本战略组合与区域景框

每种基本战略在创造和保持区域产业创新竞争优势方面都有不同路径。它将区域寻求产业创新竞争优势的类型和战略目标的创新空间结合起来。通常区域必须在产业创新的基本战略之间做出选择,否则将陷入进退两难的境地。

区域景框即产业创新的区域空间,区域景框有三种形式:理想的创新区域、次优的创新区域和普通的创新区域。

理想的创新区域具有如下特征:①创新型企业可以最小交易成本、自由进入与退出;②创新风险配置最优化,即创新型企业的创新风险最小化;③创新资源总是能够满足创新型企业所从事的创新活动;④地方产业体系总是能满足创新型企业创新开发的需要;⑤知识创新服务者在任何时候都能成为创新活动的源泉。

次优的创新区域具有如下特征:①某些创新型企业可以实现最小交易成本自由进入与退出或在某些时候创新型企业可以实现最小交易成本自由进入与退出;②创新风险配置机制能满足某些创新型企业的风险最小化要求或在某些时候满足创新型企业风险最小化需要;③创新资源能够在任何时候满足某些创新型企业所从事的创新活动或在某些时候满足创新型企业所从事的创新活动需求;④地方产业体系能满足部分创新型企业创新开发的需要;⑤知识创新服务者能够在某些时候成为创新活动的源泉或能成为某些创新型企业创新活动的源泉。

普通的创新区域具有如下特征:在特定时候、特定产业、特定产品具有次优创新区域的特征。

在实证研究角度,很多学者都对创新区域定位进行了研究。纪宝成和赵彦云(2008)设计了创新指数分析框架。这个创新指数分析框架包括创新资源能力、创新攻关能力、技术实现能力、价值实现能力、人才实现能力、创新辐射能力、持续创新能力、网络创新能力。他们称该分析框架为菱形模型。按创新指数分析框架,纪宝成和赵彦云把中国创新区域分为强势创新区域、优势创新区域和弱势创新区域。强势创新区域包括上海市、北京市、江苏省和广东省,优势创新区域包括天津市、辽宁省、浙江省、福建省、山东省、陕西省、湖北省和四川省,弱势创新区域包括河北省、海南省、山西省、吉林省、黑龙江省、安徽省、江西省、河南省、湖南省、内蒙古自治区、广西壮族自治区、重庆市、贵州省、云南省、西藏自治区、甘肃省、青海省、宁夏回族自治区、新疆维吾尔自治区。实证研究表明,我国的创新区域没有理想的创新区域,有次优创新区域,而在次优创新区域中有强势创新区域和优势创新区域,普通创新区域与弱势创新区域可以替换。

在理想的创新区域，区域产业创新战略可做出全面综合的区域产业创新战略，就是说，既可追求核心技术－产品创新、创新型企业发展，又可追求特色产业创新。在理想的创新区域，区域可以通过全面综合的产业创新战略实现产业创新利润可持续增长。在次优创新区域，区域产业创新战略或者追求核心技术－产品创新或者追求创新型企业发展或者追求特色产业创新战略或者追求个别产业全面综合创新战略。通过这种基本战略组合，区域同样可获得可观的产业创新利润。在普通创新区域，区域产业创新战略可选择特色创新战略，通过特色创新战略，区域在特色产业领域可获得可观的产业创新利润。

美国硅谷是区域创新实践中出现的近似的理想的创新区域，在美国硅谷，高技术产业创新战略就表现为：① Windows 操作系统和通用 CPU 芯片等众多核心技术－产品创新战略；② 硅谷出现了一大批像微软公司、Intel 公司等重点创新型企业及数量众多的中小创新型企业，形成了创新型企业发展与集聚战略。北京中关村是我国区域产业创新实践中出现的"理想"的创新区域。北京中关村的产业创新战略表现形式类似于美国硅谷的产业创新战略，但有显著的水平差异。从总体看，北京中关村的产业创新战略是创新型企业主导、核心技术－产品创新战略和地方特色产业创新战略为辅的基本战略组合。无论是北京中关村，还是美国硅谷，产业创新战略目标都是创造高技术产业创新竞争优势。

在次优创新区域，区域产业创新战略可做出多种基本战略组合。在某些产业，区域可做出核心技术－产品创新战略与创新型企业战略组合；在某些产业，区域可选择核心技术产品主导型创新战略；在某些产业，区域可选择创新型企业主导型基本战略组合。例如，在强势创新区域中，上海、北京、江苏和广东地区可在自己的优势产业、主导产业、特色产业中选择综合型基本战略组合。优势创新区域省区可在自己的优势产业、主导产业、特色产业中选择核心技术产品主导型基本战略组合或创新型企业主导型基本战略组合。

普通创新区域最优选择应当是在支柱产业、衰退产业、特色产业中选择特优产业主导型基本战略组合。

二 基本战略组合与产业演化

每种基本战略在追求区域创新竞争优势时都有不同的产业途径。它将区域寻求其创新竞争优势类型与战略目标的产业结构结合起来。通常区域必须在其产业结构中做出基本战略组合选择，否则区域产业创新战略很难令人满意。

产业结构，按照产业生命周期理论观点，可以定义为新兴产业、成长型产业、成熟产业和衰退产业之间的比例关系；按战略关联性观点，可以定义为优势产业、主导产业、支柱产业、基础产业之间的比例关系。主导产业部门常常指产业生命周期阶段中的成长性产业，支柱产业部门常常是产业生命周期阶段中的成熟产业。依据产业生命周期阶段和战略关联性观点，产业结构演化指：①任何产业都必将依次经历新兴产业、成长型产业、成熟产业和衰退产业四个阶段；②任何产业结构演化的标识都是主导产业部门更替或转换；③任何产业结构在给定时期都有三种形式：理想产业结构、次优产业结构和普通产业结构。区域产业结构演化依次循着普通产业结构、次优产业结构和理想产业结构演化。

理想产业结构具有的特点是：①新兴产业不断出现；②成长型产业拥有核心技术产品和创新型企业集群；③成熟产业拥有核心技术 - 产品创新扩散能力；④衰退产业的核心产业技术顺利与新产业技术融合。

次优产业结构具有的特点是：①新兴产业可能出现；②成长型产业拥有核心技术产品和创新型企业集群；③成熟产业拥有核心技术产品控制能力；④衰退产业转型有战略性机遇。

普通产业结构具有的特点是：①没有新兴产业；②成长型产业没有核心技术产品和创新型企业集群；③成熟产业缺乏核心技术产品控制能力；④衰退产业转型失去机遇。

在理想的区域产业结构，区域在创造和维持产业创新竞争优势可选择综合性基本战略组合，即在新兴产业、成长型产业选择全面综合的基本战略组合，在成熟产业和衰退产业选择核心技术 - 产品创新主导型产业组合战略。

在次优的区域产业结构，区域在创造和维持产业创新竞争优势方面可选择专门化、集中化、特色优势产业、成长型的基本战略组合。这种基本战略组合或者是核心技术产品主导型基本战略组合或者是创新型企业主导型基本战略组合。

在普通的区域产业结构，区域在创造和维持产业创新竞争优势方面可选择特色产业创新主导型基本战略组合。

有很多学者对区域产业创新系统做了深入细致的研究。其中，黎苑楚等（2005）依据产业区位商、科技区位商和产业增加值贡献率三个维度建构了一个分析区域产业创新系统的三维分析框架。根据他们的研究，区域内产业可划分为四大类型：一是创新优势群，即产业区位商和科技区位商均较高的行业。二是创新补给群，即产业区位商较高，科技区位商较低，增加值贡献率排名在前10名的行业。三是创新输出群，即产业区位商较低，科技区位商较高，增加值贡献率排名在前10名的行业。四是创新弱势群，即增加值排在10名以后的行业。理想产业结构应当是产业区位、科技区位和产业创新利润贡献能力最优的产业结构，次优产业结构应当是产业区位、科技区位和产业创新利润贡献能力可观的产业结构，普通的产业结构或者只是产业区域或者只是科技区位或者只是产业创新利润贡献能力都特别弱或都是比较弱的产业结构。在实践中，理想产业结构是不存在的，次优产业结构应当包括创新优势群产业结构，普通产业结构应当定义为创新补给群产业结构、创新输出群产业结构、创新弱势群产业结构的总和。

我国东部地区属于创新优势群的产业包括纺织业、金属制品、普通机械、电气机械和电子通信。从增加值和科技区位商角度看，这些产业都具有选择全面综合基本战略组合的可能。其中，电气机械和电子通信产业选择核心技术－产品创新战略与创新型企业战略条件更成熟。东北地区属于创新优势群的产业包括食品加工、饮料制造、烟草加工、非金属、黑色金属、交通运输行业。这些行业都可选择全面综合的区域产业创新战略组合。中西部地区属于创新优势群的产业包括石油加工、医药制造、黑色金属、交通运输行业。这些行业可选择全面综合的基本战略组合。

除了属于创新优势群的产业外，东部地区、东北地区和中西部地区都有属于创新补给群、创新输出群和创新弱势群的产业。或者因为知识创新服务能力弱或者因为地方产业创新体系支撑能力弱或者因为创新资源供给能力有限等，区域的产业都可能选择特色产业创新战略。在这里，特别要注意的是，区域内创新资源集中而工业增加值贡献低的产业，如东北地区的化学原料产业，中西部地区的普通机械产业、化学原料产业、非金属产业，可通过核心技术产品主导型基本战略组合实现产业升级。

另外，区域内创新资源缺乏、工业增加值贡献较大的产业通常是区域支柱产业，如东部地区的食品加工、非金属、黑色金属、交通运输产业，东北地区的纺织业，中西部地区的食品加工、电子通信产业。这些区域支柱产业的创新战略应当选择创新型企业主导型基本战略组合。

我国各区域次优产业结构、普通产业结构如图2-6～图2-8所示。

52 / 现代产业创新战略

科技区位商 高→低	1~10名		11~20名	科技区位商 高→低
	—	纺织业、金属制品、普通机械、电器机械、电子通信	造纸、化学纤维、专用设备、仪器仪表	石油加工
	食品加工、非金属、黑色金属、交通运输	化学原料	—	食品制造、饮料制造、烟草加工、医药制造、有色金属

← 增加值贡献率排名 →

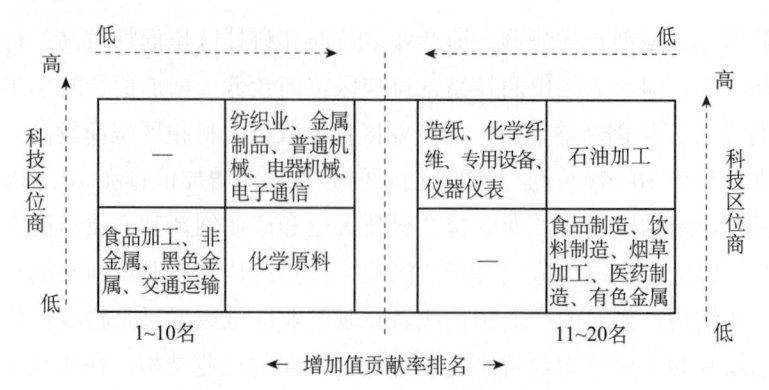

图 2-6　东部地区主导产业创新系统

科技区位商 高→低	1~10名		11~20名	科技区位商 高→低
	化学原料	食品加工、饮料制造、烟草加工、非金属、黑色金属等	—	食品制造
	纺织业	石油加工	造纸、医药制造	化学纤维、金属制品、普通机械、专用设备等

← 增加值贡献率排名 →

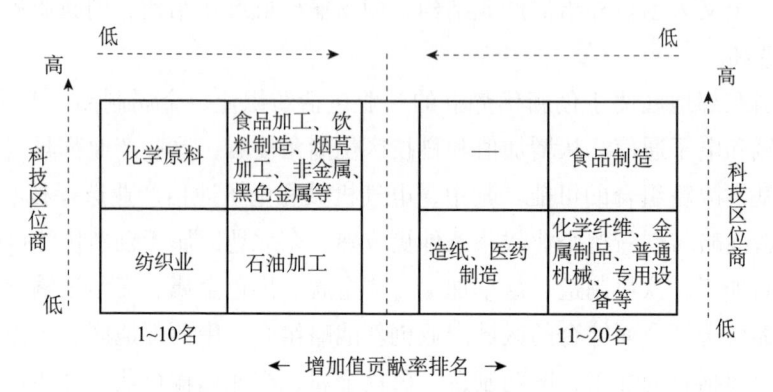

图 2-7　东北地区主导产业创新系统选择

科技区位商 高→低	1~10名		11~20名	科技区位商 高→低
	普通机械、化学原料、非金属	石油加工、医药制造、黑色金属、交通运输	—	化学纤维、仪器仪表
	食品加工、电子通信	食品制造	—	饮料制造、烟草加工、纺织业、造纸、有色金属等

← 增加值贡献率排名 →

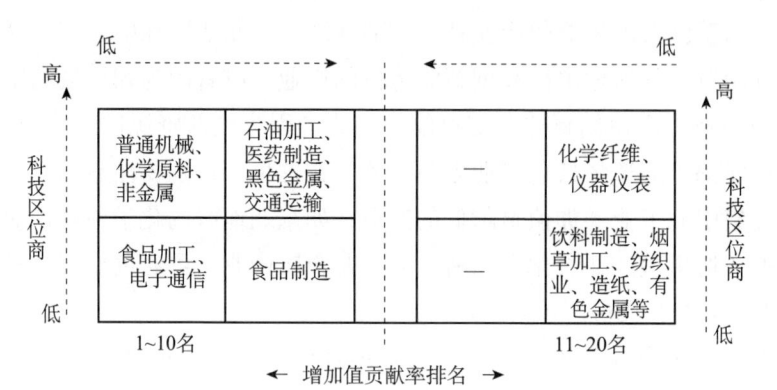

图 2-8　中西部地区主导产业创新系统选择

三 基本战略组合与产业融合

产业融合是产业间创新阶段或者说主导产业技术向关联产业扩散的过程。产业融合是产业创新的常态。产业融合有产业技术融合、专业厂商整合、产业价值链重组、产业合作等。产业融合主要取决于两个因素：一个因素是某些产业创新会带动另一些产业的创新，连锁式地对产业创新影响，即需求呼唤需求；另一个因素是一个产业创新成为另一个产业创新的供给因素，表现为需求－供给的螺旋式发展效应。技术－产业关联的强弱是产业融合程度的决定因素。

产业技术融合有两种形式：现代信息产业技术融合和传统产业技术与新技术融合。在现代信息产业技术中，计算机技术、通信技术和大众传媒技术融合形成了多媒体住处技术，从而形成了全新的信息内容产业（图2-9）。

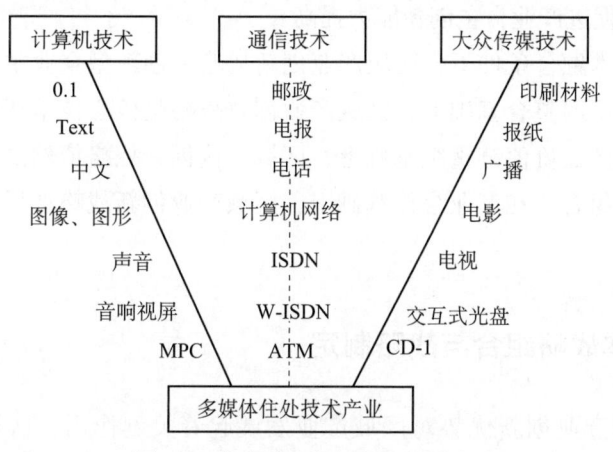

图 2-9 产业融合与新产业的形成

当前，传统产业技术与新技术融合有两种主要形式：一是传统产业的信息化即传统产业与信息技术融合；二是传统产业与绿色环保技术、节能技术融合。传统产业技术与新技术融合形成了传统产业结构升级，实现了传统产业延伸。在区域内支柱产业和衰退产业中是常见的产业创新形态。陆国庆（2000）认为，衰退产业创新战略应当是绿色产业战略和产业延伸战略。

专业厂商整合是指专业厂商凭其专业核心技术能力参与产业价值创造，通过产品设计分工定位、制造分工定位，实现专业厂商产业合作。专业技能外包凸显出每一厂商都有其特定专长，在高效能整合架构下，创造专业创新与价值链整合的高度互动所带来的最大效益。专业厂商整合的必然结果是产业价值链重组。在区域内加工制造产业依赖专业厂商整合增强每一厂商特定创新优势能力从而提升产业技术创新能力。专业厂商整合是次优区域核心技术－产品创新战略的重大战略举措。

产业价值链重组是依据商品设计、制造和销售流程在价值曲线上的分工重新确立区域产业在全球价值链上的位置。这种价值链重组表现在：一是核心技术产品价值实现规模经济，二是企业价值创新产生的企业竞争力升级，三是区域内产业竞争力升级。大企业集团创新战略和创新型企业集聚是区域产业价值链重组的关键决定因素。

产业合作是产业融合的主要形式，表现为研发合作、资本合作、企业并购、战略联盟等多种形式。产业合作是改造传统产业，增强传统产业创新能力、发展新兴产业的战略路径。我国各个区域在过去三十多年内通过资本合作、企业并购促进了传统产业技术升级、新兴产业发展。当前，通过研发合作、战略联盟、企业并购促进产业自主创新能力提高。

在产业技术融合条件下，区域产业创新战略是创新型企业主导型基本战略组合。在专业厂商整合基础上，区域产业创新战略是核心技术产品主导型基本战略组合。在产业价值链重组基础上，区域产业创新战略依然是创新型企业主导型基本战略组合。在产业合作基础上，区域产业创新战略选择综合类基本战略组合。

四 基本战略组合与战略制定

如果区域产业创新优势对区域产业发展起着关键作用。区域产业创新战略制定过程的核心应该是基本战略。基本战略细化了寻求区域产业创新优势的根本路径，并且提供了在不同区域、不同产业所采取的创新战略措施。然而，在实践中，很多区域产业发展战略计划只是谈到了区域产业发展基础、机遇和挑战，采取的战略步骤，而没有清晰、明确地指出区域产业创新具有何种竞争优势，寻求何种竞争优势以及如何实现。这样的区域产业发展规划在其制定过程中可能忽略区域产业创新战略的基本目标。同样，很多区域的产业发展规划建立在现有产业发展基础、问题的分析基础上，并提出了粗线条的、模糊的、预测性的战略目标，这些目标大多经常调整，或部分实现或不可能实现。因为它并非建立在对区域产业创新结构和区域产业创新竞争优势的根本理解上。这些区域产业创新结构和其优势将决定区域产业长期创新利润贡献能力。

作为战略制定过程的一部分，区域常常用建立、保持和获取这样的系统将区域产业创新分类，这些分类常常成为区域某个产业发展战略或项目领域战略目标。一个区域或一个区域内的企业考虑创新资源配置时，可能会用到这些分类，但它也可能把这种分类与战略等同的错误。一个区域内的具体产业创新战略是决定其产业发展的重要因素。建立和保持区域产业创新竞争优势是执行区域产业创新基本战略的结果，而放弃或收割则是因为认识到无力执行任何区域产业创新的基本战略。产业重组和战略合作都是建立区域产业创新战略的手段。

另一种制定战略的普通做法是利用新产品产值来描述某一产业在产业竞争中的地位。一些区域设置要求与其他区域相同或近似的所有产业都应在产业中位居第一或第二目标，但这些做法过于偏颇。当新产品产值与创新竞争优势地位相称时，该产业创新领先并不是区域产业创新竞争优势的原因而是结果。新产品产值本身相对于区域产业创新竞争优势并不重要，对于区域产业发展战略起决定作用的应当是其产业创新竞争优势。为追求核心技术产品控制权或创新型企业领先而追求可能会注定使区域永远得不到产业创新竞争优势或失去这种创新竞争优势。将领先本身作为目标会使政策制定者陷于无休止的关于新产品产业领先的争论中，再一次使探索战略核心的创新竞争优势变得含混不清。

在某些产业中，核心技术－产品创新领先者并不能得益于长期产业创新利润，因为区域产业创新结构并不能给领先者任何好处。一个最近的例子是通用汽车集团公司确立了在新能源汽车产业技术领先的例子。它实现了这一目标，但是领先并没有给底特律汽车产业带来增长，相反，巨额的新能源汽车产业投资集聚了通用集团巨大产业创新风险。因此，关键的问题是核心技术－产品创新领先者应当转化为区域产业创新竞争优势。

战略制定程序是战略制定的重要组成部分。战略制定程序通常是战略分析、战略决策和战略评估三个阶段。战略分析阶段充分反映了战略专家分析结果，战略决策阶段充分反映了决策制定者战略思维、战略预见和高度概括能力，战略评估阶段充分反映了战略实施效果追踪和战略措施完善。战略分析方法是基本战略制定的科学基础，战略决策制定者是基本战略制定的关键，战略评估是基本战略制定的反馈。一个科学的、正确的区域产业创新战略需要科学的、高效率的战略制定程序安排保障。战略制定传统是战略制定程序演变的基础，战略制定程序创新对于一个科学的、正确的区域产业创新战略形成具有重要意义。

在实践中，很多区域都在完善战略制定程序，加强了战略分析、注意到了战略反馈。但是，这与基本战略要求差距甚远。战略决策制定者仍然没有充分发挥战略专家作用，战略分析阶段存在形式化危险。战略决策制定者对战略反馈未引起足够的重视因此战略决策制定者把基本战略目标与实现这些战略目标的手段等同起来成为流行的观念，这必然偏离区域产业创新竞争优势这一核心目标。

第三章 核心技术-产品创新驱动战略

美国硅谷的现代产业具有核心竞争优势，主要得益于其现代产业的核心技术-产品创新驱动。比如，硅谷CPU系统创新和Windows系统创新驱动IT产业发展。深圳比全国其他的创新区域拥有更强的现代产业竞争优势，得益于其现代产业核心技术-产品创新能力更强，如通信产业的核心技术-产品创新能力领先于全国其他创新区域。但是，我国绝大多数创新区域现代产业的核心技术-产品创新问题都比较突出。第一节核心技术-产品创新战略问题是本章研究的起点；第二节研究区域现代产品创新体系与核心技术-产品创新的关系问题；第三节详细讨论区域核心技术-产品创新价值与创新竞争优势；第四节深入分析区域核心技术-产品创新战略选择。

第一节 核心技术-产品创新问题的提出

一 核心技术-产品创新概述

（一）核心技术-产品创新的界定

产品创新是产品功能的新组合。产品创新的特点是：客户需求引起产品功能的改进，厂商增加新的产品功能，使产品不断满足客户的需求；产品创新受到技术条件的约束，即在给定的技术基础上不断增加产品的功能，一旦在技术上获得突破，就会导致一种全新的产品出现。新的技术基础会为产品创新提供更加广阔的空间；产品创新的性质是模仿创新，因而是低成本的创新。技术创新是工艺要素、工艺方法的新组合。技术创新包括核心技术创新和非核心技术创新。其中，核心技术创新是关键技术、共性技术、平台技术、标准技术的创新，非核心技术创新是配套技术、局部工艺要素的改进。技术创新的特点是：效率需求引起新工艺要素的增加或新工艺的出现，厂商通过工艺改进可提高产品的耐用性能，从而满足产品的创新需求；技术创新必将创造全新的生产工艺、生产方法，形成新的资本品；技术创新的性质是自主创新，因而是高风险、高投入和高收益的创新。技术创新不易被模仿并拥有自主知识产权,新技术及其知识产权会为厂商带来可持续的垄断利润。核心技术－产品创新是核心技术要素与产品功能的新组合。这种创新首先是关键的、共性技术要素的新组合,其次是产品功能的新组合。核心技术－产品创新成果表现为重大的、系列的发明专利和新资本性质。核心技术－产品创新具有产业创新特征,因而其成果必将导致产业技术升级或新产业的诞生。图3-1刻画了核心技术－产品创新与产品创新和技术创新的关系。

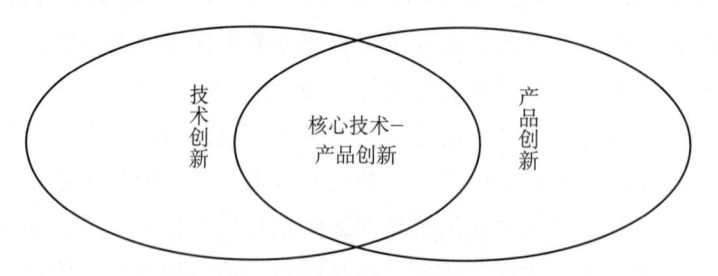

图3-1 产品创新、技术创新与核心技术－产品创新的关系

（二）核心技术－产品创新的特征

1. 核心技术－产品创新的特征是标准技术产品的创新

技术标准是指涉及信息技术等高新技术领域且标准的内容包含一定技术解决方案的标准。传统技术标准属于公共知识产品,不含知识产权。现代技术标准具有知识产权特征和市场特征,因此现代技术标准是产业通用的标准技术产品。现代标准技术产品的市场特征是,不仅能够实现产品生产过程的规模经济,还能够提高产品使用过程的"规模经济"或称为"需求方规模经济",即"网格效应"。现代标准技术产品的知识产权特征是,现代标准技术是一系列发明专利技术的集成,因而拥有或控制这些专利的公司就成为事实上的标准所有权人。标准技术就成为市场的标准产品。在国际上,标准技术通常都由企业通过竞争形成,并上升为国家产业标准,成为国家标准体系的组成部分。标准技术的国际竞争形成了国际标准技术。企业把标准技术商业化形成了标准技术产品,通过竞争,由国内标准技术产品演变成国际标准技术产品。例如,微软公司的Windows操作系统软件就是标准技术产品。

2. 核心技术－产品创新是复杂技术－产品的创新

复杂技术－产品可被定义为研发成本高、子系统复杂或模块较多、涉及多种知识和技能、产品架构具有层级性特征的产品。复杂技术－产品包括普通复杂技术－产品和极端复杂技术－产品，像汽车发动机产品系统就是普通复杂技术－产品，像飞机发动机产品系统、发电机产品系统就是极端复杂技术－产品系统，学者们把这称为复杂技术产品系统。复杂技术产品系统除具有普通复杂技术产品的共性特征外，还包含用户定制化需求特征。其产品特征是定制化、小批量、单件价高、产品生命周期长。复杂产品创新的共同特性是强调系统集成能力、创新所涉及的技术范畴非常广、关注模块化的设计和研发。复杂技术产品系统的创新除具有普通复杂技术产品的创新特征外，还具有客户全程参与特征、合作研发特征（邓金堂，李进兵，2009）。

3. 核心技术－产品创新是战略性技术－产品创新

战略性技术产品指的是引致产业升级或新兴产业的技术产品。战略性技术产品是基础理论创新与工程技术创新相结合的产物。战略性技术产品具有全局性和前沿性特征。战略性技术产品是高技术产品。战略性技术产品创新的要点是：首先是新理论的技术化；其次是全新技术的集成化；再次是核心技术专利的标准化；最后是产品的市场化。"产学研政"合作创新和产品模块化创新是其显著特征。

（三）核心技术－产品创新问题是一个值得研究的问题

核心技术产品是突破性技术产品，基础性、标准性和通用性技术产品，关键技术产品，自主知识产权和自主品牌产品。现代工业消费品是各种中间产品的总成。比如，电子计算机产品包括机箱、CPU 系统、主板系统、软件系统、图像显示系统等产品。其中，操作系统软件、CPU 系统就是电子计算机产品的核心技术产品。核心技术产品研发和制造能力是现代企业拥有核心竞争力的表现，核心技术产品的研发和制造能力是现代产业竞争力的标志，核心技术产品竞争成为企业、产业和国家竞争的关键。

近年来，我国在核心技术产品的研发和制造能力方面取得了局部的、个别领域的突破。比如，CPU 系统和汽车发动机研发和制造有所突破。但从总体上讲，我国的核心技术产品研发和制造还受制于人。

我们观察到，近年来政府的产业创新政策与企业的创新实践有着较大的差距。在实践中，核心技术产品已成为个别企业创新战略目标。我国中长期科技发展规划及重大技术专项政策有了明确的核心技术－产品创新导向。然而，我国企业创新却远离产业创新政策导向。谢伟（2006）通过对中国激光视盘播放机产业的案例研究发现，中国企业在产品功能、外观等外围创新领域十分活跃。众多专利研究文献研究表明，我国的专利申请和授权主要集中于实用新型和外观设计专利，而发明专利申请和授权占的比重非常小，其增长很缓慢。这表明，我国企业核心技术－产品创新很不活跃，其创新绩效较差。

我们观察到家用电器制造业和轿车产业的创新现象是：在家用电器制造业，2007年长虹公司投资60亿元于数字电视的核心技术产品PDP项目，海信集团公司早在2005年就在被誉为电视机的CPU系统的芯片技术领域取得了突破；在轿车产业，奇瑞集团公司、华晨集团公司、吉利集团公司等国内本土制造企业相继在轿车发动机技术、变速箱技术等领域取得了成功。

国内学者对上述新的创新现象研究较少，已有的研究文献也未明确提出核心技术－产品创新观点，但有少数研究文献注意到了这个新现象。韵江和刘立（2006）通过路明集团创新案例研究，沿着产品创新战略、技术创新战略演进路径分析了路明集团关键技术产品创新的发生机制，提出了从核心技术创新到产品创新的演绎路径。欧阳桃花（2007）通过对海尔产品创新案例研究，提出了从市场导向到技术导向的第四种洗衣机技术产品创新的演绎路径。此外，毛蕴诗和汪建成（2006）立足于产品升级框架研究了我国企业自主创新路径；徐岚等（2007）基于转轨经济条件研究了中国企业产品创新战略执行路径。

我们在总结本土企业在核心技术－产品创新成功经验和吸取相关的研究成果的基础上着重回答下列问题：核心技术－产品创新问题的性质与特征是什么？产业政策、创新政策和竞争在本土企业选择核心技术－产品创新战略过程中起什么作用？产业创新政策应当如何调整？

二 核心技术－产品创新问题是一个战略问题

全球创新竞争与现代产业组合提出了全球现代产业创新竞争优势是什么的问题。德国工业4.0计划等发达国家的新一轮制造业发展战略表明，核心技术－产品创新优势是全球现代产业创新竞争的基本优势。德国、美国和日本等发达国家掌握了3D打印产业、机器人产业、新能源产业、新能源汽车产业等先进制造业的绝大多数核心技术－产品的创新所有权、控制权和收益权，并拥有强大的核心技术－产品创新竞争优势。

中国近年来成为世界制造业大国，制造业创新优势初步显现。据工业和信息化部（简称工信部）统计数据显示，"十一五"和"十二五"期间，规模以上工业企业研发支出、研发强度、科研机构、专利等主要创新数据都显著增长。2013年，规模以上工业企业研发支出8318亿元，企业研发投入强度达0.80%，企业科技机构 5.2 万个，规模以上企业共申请专利 53 万件。取得技术突破的领域进一步增多，比如，航天、轨道交通、特高压输变电设计、风力发电设备、千万亿次超级计算机等领域技术水平跃居世界前列。[1]

但是，中国先进制造业在全球的创新竞争优势与发达国家仍有较大差距，这表现在核心技术-产品创新优势差距[2]：①高端装备制造业的核心技术设备和系统依赖进口[3]；②3D打印产业的核心环节——打印材料研发应用，适配材料需要进口；③机器人产业核心部件减速器几乎依赖进口；④传感器是工业 4.0 实现人、机、物相连的关键技术之一，国内基础产业技术薄弱；⑤高铁施工装备产业的机械化水平与核心部件还是严重依赖国外；⑥高端产品无核心技术，"天河二号"系统和"天河一号"A 系统无中国芯（李勤，2015）。

三　核心技术-产品创新战略研究的意义

创新战略由低到高依次经历了产品创新战略、技术创新战略和核心技术-产品创新战略。"十一五"期间，我国区域现代产业创新战略总体上看是产品创新战略向技术创新战略转型阶段。比如，家电产业、汽车产业和计算机产业等优势产业的创新战略就是典型的例子。"十二五"期间，我国区域现代产业创新战略迈向了核心技术-产品创新战略阶段。比如，深圳的通信产业等高新技术产业创新全面迈向了核心技术-产品创新战略。当前，我国创新战略理论研究比较注重产品创新战略、技术创新战略的研究。对于实业界既重产品创新战略又重核心技术创新战略的趋势关注较少。比如，产业协同创新战略研究较多，但是产业协同创新战略的目标是什么等问题受到忽略。因此，核心技术-产品创新战略的研究是当前我国区域现代产业创新战略实践经验的理论概括和总结。这有利于推动我国区域现代产业创新战略研究深入展开。

核心技术-产品创新是现代产业创新的核心竞争优势。一国家、一区域的现代产业拥有核心技术-产品创新竞争优势，其现代产业就拥有了核心竞争力。核心技术-产品创新动态演化是区域现代产业可持续创新竞争优势，核心技术-产品创新动态演化驱动区域现代产业可持续核心竞争力发展。当前，区域产业

---

[1] 数据来源：工信部解读中国制造 2025：已成世界制造业第一大国，工信部网站，2015 年 05 月 19 日。
[2] 关于中国先进制造业与发达国家差距评论，读者可详细阅读：2015-04-09，《中国制造 2025》专家解读，网易财经。
[3] 读者可详细阅读 2015 年国家发展和改革委员会、财政部和工业与信息化部联合发布的《中国高端装备制造业发展报告 2014》。

政策、区域科技政策都极为重视区域高端产品创新战略，国家连续出台了重大科技专项、重点新产品计划，各省尤其是东部发达省市出台了相应的重大科技工程。这些科技政策、产业政策起到了促进高端产品发展的作用。比如，工信部所列示的载人航天、载人深潜等重大科技领域，先进制造业部门都相继有高端技术产品实现了突破。但是，正如各界所注意到的情况：中国现代先进制造业在取得世界所公认的进步的同时，仍然存在核心技术缺失的问题，高铁施工技术设备、银河1号、银河2号等世界领先的高端技术产品我国却没有核心技术－产品创新设备和系统。这表明，我国的现代产业政策和科技政策仍有不足，需要进一步完善。区域核心技术－产品创新战略研究对于促进区域现代产业创新政策进一步完善有着积极意义。

第二节　现代产品创新体系与核心技术－产品创新

一　现代产品体系概念和特征

物质产品和服务体系就是现代社会财富形式。物质产品包括固体的、实物形态的产品、非实物形态的和感知类的产品。服务指的现代社会生产中活生生的劳动，包括生活服务、生产服务。现代服务产品与物质生产相结合，是一种具有物质载体的有用效果，是具有物质实物性的综合服务产品。知识产品是现代社会财富的基本形态，知识产品社会化大生产成了知识产品生产的基本特点。当代高科技经济或知识经济的产出主要表现为知识产品。信息产品也成为独立的物质产品形态，它是现代高科技经济的财富形式（刘诗白，2005）。

著名营销学大师科特勒根据客户需求界定现代产品体系。他认为，现代产品包括核心、形式、附加三个层次，它们构成了产品系统。核心产品是指满足客户需求的功能。这个定义包括了服务产品内涵，如技术咨询、信息服务等生产性服务产品。形式产品是指体现核心产品的形式和载体，如质量、包装、品牌等；附加产品是指基于核心产品和形式产品的服务，如售后服务、信贷服务、安装服务等。这种产品层次理论是静态的、相对孤立的，从长期和动态的观点看或者说从产业观点看，产品还应当有扩散层。这是由于产品技术在产业内的"集群效应"和产业之间的"扩散效应"会导致某种产业或相关产业加速发展，乃至产生一个全新产业（傅家骥，2003）。图3-2描述了产品体系。

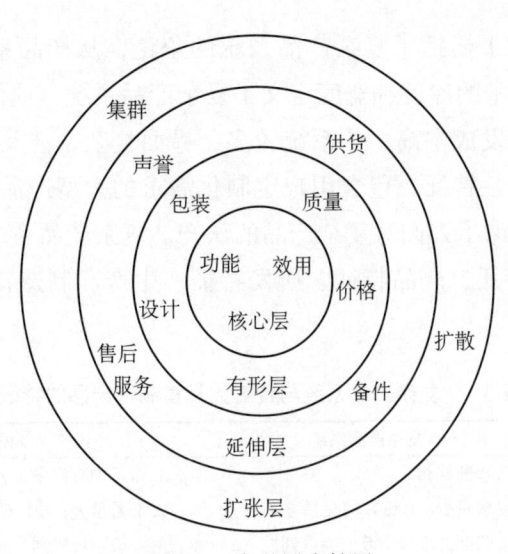

图 3-2 产品层次扩展

可见，产品体系内涵应当有：①基于满足客户需求的功能产品。功能产品包括单一功能产品和多功能集成的产品。在现代技术条件下，现代产品，无论是消费品还是中间产品都是多功能集成产品。功能产品集成度取决于技术因素，因此功能产品又被称为技术型产品。②基于实现功能的服务产品，包括知识产品、信息产品、设计产品、创意产品、维修、融资、运输、仓储、包装等，这种服务产品与现代专业化发展和创新发展紧密关联，因此这种生产服务性产品可称为科技服务产品。③基于技术关联的关联产品。在技术链上，有的技术是具有主导设计的技术，这种技术称为核心技术，有的技术不是主导设计的技术，这种技术称为辅助技术。含有核心技术的产品称为核心技术产品，含有辅助技术的产品称为配套技术产品。技术轨道理论刻画了每一技术轨道的核心技术与辅助技术体系，因此核心技术产品和辅助技术产品都是一个产品体系。④基于技术改进、融合、创新的新产品，这种新产品称为产业型新产品。技术改进可以改善产品功能属性，提高产品功效，形成功能型新产品；技术融合，如传统工业技术与信息技术融合，导致全新的功能集成产品，如智能机产品，这种功能集成产品是一种技术融合型新产品；一种全新的技术产生全新的产品，如信息技术相对于机械技术就是一种全新的技术。⑤基于市场开拓的新产品即市场型新产品。复杂产品系统是现代产品体系的集大成者。

复杂产品系统是现代产业体系的集大成者。复杂产品系统概念是由英国学者 Hobbday、Rush 等提出的。这个概念的内涵和外延都有分歧。国内学者陈劲和桂彬旺（2007）概括了复杂产品系统的争论，从产品系统的物理结构出发，按产品内嵌技术的深度和宽度定义了复杂产品系统。他们指出，复杂产品系统可定义为"研发成本高、子系统较多、界面复杂、涉及多种知识和技能、产品架构具有层级性特征、包含用户定制化需求的大型产品或系统"。复杂产品系统特征研究加深了人们对复杂产品的认知。复杂产品系统与传统大规模制造产品可从市场特征、产品特征、研发特征、生产和制造特征方面加以区别（表3-1）。

表3-1 复杂产品系统与传统大规模制造产品的特征

分类	复杂产品系统	传统大规模制造产品
市场特征	1. 双头垄断结构 2. 交易数量少；B to B 的交易方式 3. 高度管制的市场，政府高度调控 4. 谈判价格 5. 部分竞争 6. 竞争厂商数量不减	1. 市场中有许多买者和卖者 2. 交易量大；B to C 的交易方式 3. 一般市场机制，政府很少调控 4. 市场价格 5. 高度竞争 6. 竞争厂商数量逐渐减少
产品特性	1. 零部件多；界面复杂 2. 进行性能与服务能力的竞争 3. 产品实现的功能复杂 4. 涉及多种知识和技能 5. 单位产品售价高 6. 产品生命周期长 7. 涉及多种客户专门定制的零部件 8. 产品架构具有系统层级特征	1. 零部件少；界面简单 2. 进行成本竞争 3. 产品实现的功能简单 4. 所需知识和技能较少 5. 单位产品售价低 6. 产品生命周期短 7. 产品主要为标准化的零部件 8. 产品架构简单
研发特性	1. 创新涉及的技术范畴非常广 2. 开发过程客户的参与度非常高 3. 柔性的有机管理方式 4. 创新路径与用户和供应商商定 5. 主要涉及以人为载体的知识 6. 关注模块的设计和研发 7. 通过组织学习实现产品性能提高 8. 强调系统集成能力 9. 跨企业的合作开发联盟	1. 创新涉及的技术范畴不广 2. 开发过程客户基本不参与 3. 格式化、程序化的管理 4. 创新路径由市场选择 5. 主要涉及以设备为载体的知识 6. 关注规模经济性与成本最小化 7. 通过组织学习实现规模经济 8. 强调工艺创新 9. 企业内部开发
生产与制造特性	1. 政府有时直接参与 2. 政府提供优惠政策 3. 一次性或小批量生产 4. 生产工作集中于设计与集成 5. 不具备规模经济效应 6. 能带动相关产业发展	1. 企业自主生产制造 2. 政府一般不提供政策扶持 3. 大批量生产 4. 生产的核心在于降低成本 5. 具备规模经济效应 6. 不能带动相关产业发展

陈劲和桂彬旺（2007）总结的复杂产品系统特征在面对智能机产品时就不准确了。智能手机是指能够进行复杂信息处理、支持开放式的嵌入操作系统和第三方应用软件的手机（雷礼良，2005）。智能手机具有数据储存、处理、添加、下载等台式计算机功能，语音通信等电话功能，电视、收音机等播放功能，加载和卸载第三方软件功能等，同时具有能随身携带，任何时间、任何地点工作的优势。智能手机成了一个信息内容超级集成、高效处理移动网络的终端。简言之，智能手机仍然是一个复杂产品系统。

智能手机产品的市场特征具有传统产品的市场特征或者至少没有巨型复杂产品系统的关键市场特征，如双寡头市场特征，谈判价格等。智能手机产品的产品特征与复杂巨系统产品的产品特征相似。智能手机产品的研发特征也与巨型复杂产品系统的研发特征相似。但是，在生产和制造特征，智能手机产品与巨型复杂产品系统的制造特征几乎完全不同。简言之，智能手机产品的市场特征、生产制造特征具有传统产品相似的特征。智能手机产品与巨型复杂产品系统都具有相似的产品特征和研发特征。

综上所述，我们发现，复杂产品系统的共同特征是市场和研发特征。复杂产品系统包括生产类巨型复杂中间产品系统和消费类终端中小复杂产品系统。

二 产品体系创新概念与类型

很多学者都注意到产品创新是产品体系的创新。在产品层次理论基础上，胡树华和牟仁艳（2009）认为，产品创新在本质上是产品体系的创新，它包括功能创新、形式创新、服务创新多维交织的组织创新。傅家骥等（1998）认为，产品创新包括技术型产品创新、市场型产品创新和产业型产品创新。概括起来，产品体系创新就是指产品功能创新、产品服务创新、关联产品创新、新产品开发和产业关联产品创新的总称。

复杂产品系统创新受到学者们的高度关注。复杂产品系统创新过程特征和模式有较多研究。巨型复杂产品系统创新是最先被研究的领域。Davies（1998）提出了复杂产品两阶段模型：①概念产品形成阶段。其特征是客户参与。任务是初步完成复杂产品系统的物理层次设计。②复杂产品系统开发阶段。其特征是产品总体设计创新及各子系统创新。Hobday 和 Rush（1999）指出，复杂产品系统集成商与模块分包商的合作是复杂产品系统创新模式特征。Brady 和 Davies 等从价值链增值角度提出复杂产品系统的创新过程模式，将复杂产品系统的创新过程分为早期阶段、系统集成、运营、提供服务、最终消费者。这个模型的特点是：突出了复杂产品系统价值开发传递过程和经历的阶段。[①]陈劲等（2004），以及陈劲和桂彬旺（2007）对巨型复杂产品系统做了系统深入的研究，他们运用模块化分析方法剖析了海豹 HP1600 型高速缉私艇创新等多个案例，提出了复杂产品系统模块化模式，讨论了复杂产品系统模块化创新的关键因素、机理与路径等，同时他们还研究并提出了一个复杂产品系统创新三阶段漏斗模型。该模型的特点是系统地解释复杂产品系统的创新管理模式。芮明杰和张琰（2009）运用模块化分析方法对消费类终端复杂产品系统创新做了系统深入的研究，提出了网络状产业链知识创新模式，系统地考察了智能手机产品案例。该项研究的重要理论价值就在于，他们论证了一个观点：一个复杂产品就是一个完整的产业链，一个现代产业体系就是一个网络状产业链，知识创新驱动了现代产业体系发展。

总结产品体系创新研究成果，我们发现现代产品体系创新是一个复杂产品系统创新，这个产品体系创新应当是遵循模块化分工原则的网络状产业链创新体系。但是，这些研究都忽视了核心技术 – 产品创新在产品体系创新中的独特作用，没有系统地深入分析核心技术 – 产品创新模式、机理与路径问题。

三 核心技术 – 产品创新与现代产品创新体系的关系

从产业发展角度看，区域产业发展靠两种创新驱动力；一是产品体系创新驱动力；二是核心技术 – 产品创新驱动力。沿着产业生命周期观察，首先是产品体系创新驱动区域产业发展。硅谷半导体产业发展就是一个典型例子。仙童公司裂变为 8 家半导体公司，这些裂变的公司分别着眼于技术型产品创新、产业关联产品创新，构建了硅谷微电子产品体系创新的基本架构。在此基础上，服务产品创新、信息产品公司相继建立，进一步完善产品体系创新体系，同时，半导体产品制造业细分为设计、研发、技术咨询、信息服务、加工制造、市场推广、品牌塑造等产业。硅谷产品体系创新驱动硅谷产业发展，体系创新如图 3-3 所示。

---

① Brady 和 Davies 的 *Policies for a complex product system* 一文转引陈劲和桂彬旺著《复杂产品系统创新》一书。

第三章 核心技术–产品创新驱动战略

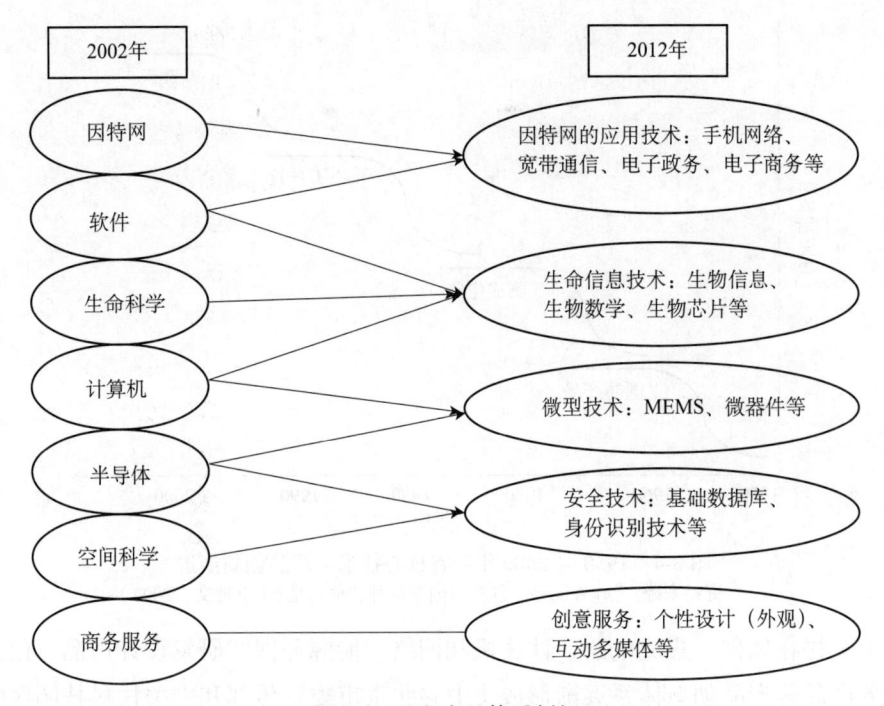

2002年：因特网、软件、生命科学、计算机、半导体、空间科学、商务服务

2012年：
- 因特网的应用技术：手机网络、宽带通信、电子政务、电子商务等
- 生命信息技术：生物信息、生物数学、生物芯片等
- 微型技术：MEMS、微器件等
- 安全技术：基础数据库、身份识别技术等
- 创意服务：个性设计（外观）、互动多媒体等

图 3-3　硅谷产品体系创新

其次，核心技术–产品创新逐渐统率和引领产品体系创新。在硅谷计算机产品链上，CPU产品、Windows系统等核心技术产品居于主导和统领地位。比如，计算机系统更新换代就是由 Intel 公司的 CPU 产品系统和 Windows 系统创新驱动完成的。在硅谷产业创新历史中，晶体管技术产品、集成电路技术产品、个人计算机技术产品及因特网技术产品分别为硅谷产业发展的每个发展阶段的核心技术产品。这种核心技术–产品创新统率和引领硅谷产品体系创新，驱动硅谷新兴产业发展。可以见得，硅谷的核心技术–产品创新是硅谷现代产业体系发展的支点。硅谷核心技术–产品创新演化如图 3-4 所示。

硅谷产业发展是产品体系创新与核心技术–产品创新动态均衡驱动发展的典型案例。这个例子还是区域发展高科技产业的典型案例。这个案例说明：产品体系创新中必须包含核心技术–产品创新，核心技术–产品创新统率和引领产品体系创新，二者总是处于动态均衡状态。作为发展中国家，我国区域现代产业发展首先是构建现代产品创新体系，然后适时发展核心技术–产品创新。比如，1988～2008 年，北京中关村的高新技术产业发展主要表现为构建现代产品创新体系，如 20 世纪 90 年代，计算机产品、软件产品、网络产品创新体系构建；"十五"和"十一五"期间，通信产品、服务产品创新体系发展起来。北

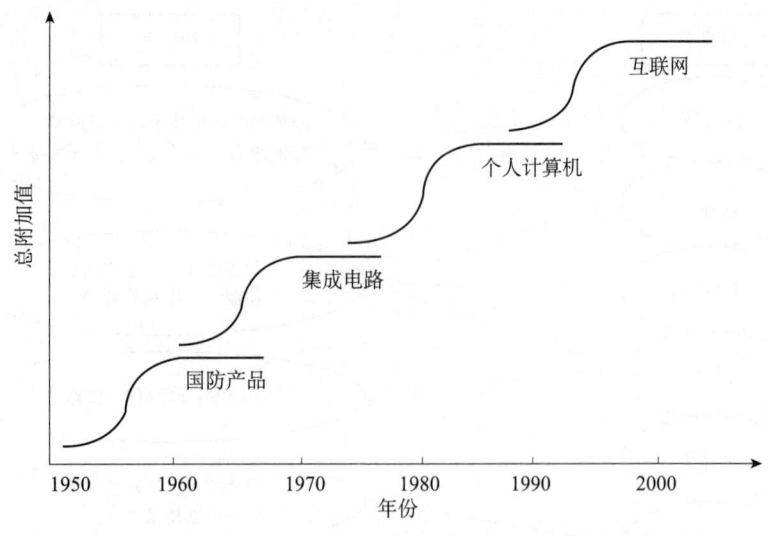

图 3-4　1950 ~ 2000 年硅谷核心技术 – 产品创新演进
资料来源：《硅谷优势：创新与创业精神的栖息地》（李钟文，2002）

京中关村在软件、集成电路、计算机和网络、能源环保、研发设计产品、信息服务产品等产品创新体系逐渐形成（中共北京市委宣传部和中关村科技园区管理委员会，2008）。驱动北京中关村产业发展的产品创新体系格局已经形成。与此同时，积极探索核心技术 – 产品创新，如龙芯、星光、曙光超级计算机、汉字激光照排、中文搜索引擎技术、TD-SCDMA 标准等重大技术和产品创新（中关村科技园区管委会，2009）。这表明，发展中国家要实施核心技术 – 产品创新驱动战略必须先构建现代产品创新体系，制定产品创新体系战略。如果没有发达的现代产品创新体系，核心技术 – 产品创新战略就难以成功。绵阳高新区数字视听产业发展就是一个典型例子。2004 年以后，绵阳高新区 PDP 模组核心技术 – 产品创新启动，经过 8 年，PDP 模组核心技术 – 产品创新没有实现根本突破，其原因在于没有一个强大的产品创新体系支撑。

第三节　区域核心技术 – 产品创新价值与创新竞争优势

一　新产品价值链

每一个区域的新产品价值活动都包括了区域的新产品价值创造的基本活动和支撑活动。区域新产品价值创造的基本活动包括企业创新活动、企业创新体系与结构、企业创新战略与企业创新管理。区域新产品价值创造的支撑活动包括科研机构、大学、中介服务机构从事的新产品价值创新与服务活动及政府采购活动。所有这些活动构成了区域新产品价值链（图 3-5）。

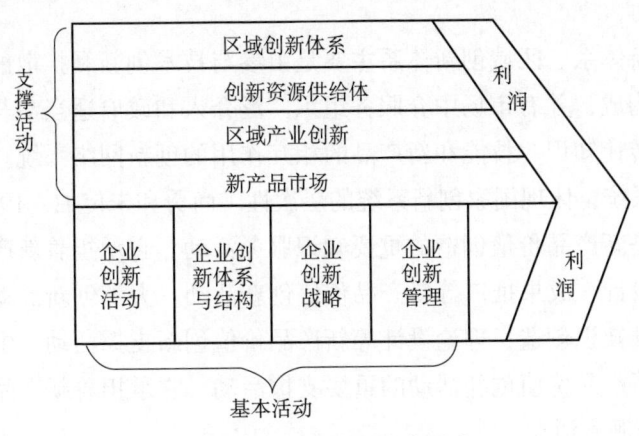

图 3-5　区域新产品价值活动

图 3-5 表明，一个区域新产品价值链与另一个竞争区域新产品价值链之间的差异是区域产业创新竞争优势差异的一个关键来源。区域内每一个新产品价值活动都使用了区域创新体系投入、创新资源供给、地方产业创新体系和新产品市场的支撑。每一种新产品价值活动都使用和创造新产品价值服务信息。

区域内新产品价值活动可以分为两大类：基本活动和支撑活动。基本活动如图 3-5 底部所示，是涉及新产品价值创造各个环节的各种活动。任何区域新产品价值创造的基本活动都可划分为这四类活动。支撑活动是支持基本活动，并通过区域创新体系、创新资源供给、地方产业创新体系及新产品市场都与各种具体的基本活动相联系，并支撑着整个新产品价值链。

因此，新产品价值活动是区域内新产品创新竞争优势的各种相互分离活动的组成。每一种新产品价值活动与经济绩效结合是如何进行的，将决定一个区域在核心技术－产品创新方面竞争能力的高低。每一种新产品价值活动的进行也将决定它对客户价值和创新型企业利润的贡献。与竞争区域的价值链比较，它揭示了决定区域产业创新竞争优势的差异所在。

基本新产品价值活动解释。企业创新活动是新产品价值创造的根本活动。它承担着新产品创意、设计、开发、生产制造、物流、市场和销售等各种价值创新活动。企业创新体系与结构是新产品价值创造的组织运行与变革活动。企业创新战略活动是新产品价值创造的最高决策与执行活动。企业创新管理活动是新产品价值创造的资源效率活动。

支撑新产品价值活动解释。在任何区域内新产品价值创造都需要的支撑活动如图 3-5 上部所示。每种支撑活动可根据新产品的具体情况划分为若干显著不同的价值活动。

区域创新体系。区域创新体系主要是由参与技术创新和扩散的企业、大学和研究机构构成,并有市场中介服务组织广泛介入和政府适当参与的一个为创造、储备和转让知识、技能和新产品的相互作用的创新网络系统。它是国家创新系统的子系统,体现国家创新系统的层次性(尚勇和朱传伯,1999)。科研机构创新活动是新产品价值创造的重要知识服务活动。它承担着新产品应用知识创造、方案设计、成果推广等新产品价值创新活动。大学创新活动是新产品价值创造的基础知识创造、理论设计等新产品价值创新支撑活动。中介机构创新服务活动是新产品价值创新活动的重要支撑活动。它承担着新产品价值创造各个环节的创新服务活动。

政府采购活动是指购买用于新产品价值链各种投入的活动。政府采购需要设计一套科学合理的采购制度体系、采购信息系统。政府采购往往遍及所有新产品,如政府办公设备、办公软件、汽车等。一次特定的政府采购活动通常与一项具体的新产品价值活动或其支撑活动直接相关。政府采购成本对政府来说可能是很小的,因而对政府影响甚微。但是,对新产品成本和创新型企业来说有很大的影响。比如,某省政府采购办公软件对于区域内办公软件价值有着极大的影响。政府采购目标是支持创新或是降低成本或者二者兼顾,采购规则是否系统、科学和完整都对新产品价值活动有直接影响。

新产品价值创造的政策支撑体系。新产品价值创造的政策支撑体系包括政府的创新服务安排、政府财税和金融政策、政府科技计划、社会科技信息服务系统等。新产品价值创造的政策支撑体系对新产品价值链形成起着推动作用。新产品价值创造的政策支撑体系是区域产业创新竞争优势的重要来源。

创新资源供给与管理体系。创新资源供给与管理体系包括风险资本供给与管理体系和创新人力资源供给与管理体系两部分。风险资本资源是新产品价值创造的直接影响因素,因为风险资本要求较高的风险补偿。风险资本供给越充足,就越能支持企业创新活动,风险资本供给体系越健全和越有效率,就越能满足企业创新活动的资本需求;风险资本管理水平越高,风险资本管理体系效率越高,风险资本的投资成本就越低,可以增加新产品的价值。风险资本供给与管理体系在宏观面上指风险资本进入、退出的监管体系和市场体系,涉及环节众多。风险资本供给与管理体系在微观面上指风险投资商的风险融资体系与风险识别、预警和控制体系。美国硅谷就是一个风险资本供给与管理体系效率很高的区域,在这个区域,新产品价值创造需求得到了充分支撑。创新型人力资源是新产品价值创造的直接决定因素,因为任何新产品价值都来源于创新型人力资源的创新劳动贡献。创新型人力资源供给体系就是满足企业创新需求的多层次、有效率地完整创新人力资源市场体系,包括核心人力资源市场与辅助人力资源市场。在核心人力资源市场体系中包括专业人力资源市场体系和经理人市场体系。创新型人力资源管理体系是人力资源招聘、雇佣、培训、开发和报酬等各种活动规划、组织、控制和政策激励的体制与机制的总称。创新型人力资源市场体系及其管理体系是新产品价值创造的直接支撑体系。创新型人力资源激励机制直接影响着新产品价值创造活动。

区域产业创新体系。区域产业创新体系指的是依据产业生命周期构造的新兴产业创新、优势产业创新、主导产业创新和衰退产业创新的循环与升级体系或者说由 A-U 曲线揭示的产品创新、知识与技术创新、市场创新和管理创新的循环与升级体系或者说沿价值链的空间分布构造的产品加工集群、产品研发集群和产品创新集群构的循环与升级体系。区域产业创新体系是区域产品价值链的产业创新环境体系,决定了区域产品价值链的宽度和深度。

区域产业网络体系是指直接支撑新产品开发的制造业网络体系。区域产业网络体系可能在新产品价值创造活动中提供关联产品价值、提供技术、供给等信息服务价值等。大多数新产品都需配套产业提供前向或后向关联配套的产品制造与服务能力。因此,新产品价值创造需要相关门类产业支撑。越是复杂的新产品价值创造活动,越是要求种类非常广泛的制造业与服务业支撑。比如,电脑产品、汽车产品这类终端产品价值创造活动常常要求数十个产业部门支撑。中间关联产品价值创造活动因现代专业分工深化、制造工序分化独立成一个产业部门而要求各个专业化制造部门支撑,形成了一个中间关联产品供应价值链。某个区域产业网络体系发达程度对新产品价值创造有着直接关键的影响。一个很发达的地方产业网络体系降低了新产品原料采购成本、新产品设计成本、新产品加工成本,同时,改进新产品品质,能够为客户带来更大、更多的价值。比如,东莞的电脑零配件产业网络体系对于电脑产品价值起着积极作用;温州打火机网络产业体系也是这样一个典型例子。

二 区域新产品价值链确定

我们假定所有新产品都是技术产品。新产品在技术层面上有普通技术产品或功能改进型新产品、技术型新产品和核心技术新产品,普通技术产品或功能改进型新产品指通过引进技术生产线生产适合于国内市场消费者特点的产品。比如,我国在20世纪80年代引进彩电生产线生产适合于我国消费者的新产品。这种新产品的新颖性在于产品外观或新加某个功能。技术型新产品指根据国内市场变化特点和消费者需求的特点而融合了新技术的新产品或实现了新技术产业化的新产品。技术型新产品包括终端技术型新产品、中间技术型新产品。

新产品在市场层面上有区域型新产品、国内型新产品和国际型新产品。区域型新产品指在某个区域内新出现的产品,国内新产品指在国内首次出现的新产品,国际新产品指在国际上首次出现的新产品。

新产品在产品流程上有设计型新产品、加工型新产品和营销型新产品。设计型新产品指产品理念、创新、图纸、初试与中试类新产品。加工型新产品指新产品处在加工制造阶段的产品形态。加工型新产品包括中间型新产品、终端型新产品。营销型新产品指新产品处在市场阶段的产品形态。在这个阶段,营销型新产品包括新产品服务、品牌等形态。

核心技术新产品是国际性新产品、关键共性技术产品、自主知识产权技术新产品、品牌型新产品。

新产品的价值可以定义为

$$y = p \times q \tag{3-1}$$

其中,y表示新产品的价值,p表示新产品的价格,q表示新产品数量。

假设新产品的创新价值与市场范围对称,假设新产品的区域市场需求量为Q_R,新产品的国内市场需求量为Q_D,新产品的国际市场需求量为Q_I。那么我们可用数学方式表述区域性新产品价值(y_R)、国内型新产品价值(y_D)和国际型新产品价值(y_I)。

$$y_R = p \times Q_R \tag{3-2}$$

$$y_D = p \times Q_D \tag{3-3}$$

$$y_I = p \times Q_I \tag{3-4}$$

假设新产品创新价值主要由技术价值决定,并且与市场范围对称。我们即可假设功能型新产品价值对称区域型新产品价值,技术型新产品价值对称国内型新产品价值,核心技术产品价值对称国际型新产品价值。在实际生活中,在市场属于卖方市场阶段，这个假设是不成立的。这里做这种假设仅是为了说明新产品价值链的简洁性。

假设新产品创新价值创造活动分为新产品创意、设计和开发活动价值、新产品加工价值和新产品市场营销品牌价值。那么可用数学公式计算新产品创新、设计和开发活动价值（y_{RD}），新产品加工价值（y_M），新产品营销品牌价值（y_T）。

$$y_{RD} = s_{RD} \times p \tag{3-5}$$

$$y_M = s_M \times p \tag{3-6}$$

$$y_T = s_T \times p \tag{3-7}$$

其中，s_{RD}表示研发产品价值占整个新产品价值的份额，s_M表示新产品加工价值占整个新产品价值的份额，s_T表示新产品营销品牌价值占整个新产品价值的份额。

区域新产品价值可用如下公式表示

$$Y_R = \sum_{i=1}^{n}(y_i + y_j + y_z) \tag{3-8}$$

其中，$i \neq j \neq z$, $i=1, 2, 3, \cdots, n$; $j=1, 2, 3, \cdots, n$; $z=1, 2, 3, \cdots, n$。

假设i表示区域型新产品，j表示国内型新产品，z表示国际型新产品，则区域新产品价值公式（3-8）有三种含义：①某个区域当且仅当只有区域型新产品价值或者当且仅当只有国内型新产品价值或者当且仅当只有国际型新产品价值；②某个区域有任意两两组合的新产品价值；③某个区域有所有新产品价值，但其中任意一种新产品价值占主导地位，因而可称为区域主导型的区域新产品价值或者国内主导型区域新产品价值或国际主导型区域新产品价值。在实践中，②③两种情况较为普遍。

同样，假设i表示适用型新产品价值或功能型新产品值，j表示技术型新产品价值，z表示核心技术产品新产品价值，则区域型新产品价值公式（3-8）有三种含义：①某个区域当且仅当只有适用型新产品价值或当且仅当只有技术型新产品价值或者当且仅当只有核心技术产品新产品值；②某个区域新产品价值是任意两两组合的新产品价值；③某个区域新产品价值或是区域主导型或是国内主导型或是国际主导型新产品价值。在实践中，②③两种情况较为普遍。

还有，假设i表示研发型新产品价值，j表示加工型新产品价值，z表示营销型新产品价值，则区域新产品价值公式（3-8）有三种含义：①区域新产品价值当且仅当是其中任意一种新产品价值；②区域新产品价值当且仅当是其中任意两两组合；③区域新产品价值是其中任意一种主导型新产品价值。

关于新产品价值的上述分析见图 3-6。

```
核心技术新产品                              核心技术新产品
国际市场型新产品                            国际市场型新产品
研发型新产品                                营销品牌型新产品

技术型新产品                                技术型新产品
国内市场型新产品                            国内市场型新产品
研发型新产品                                营销品牌型新产品


        研发型新产品        区域型市场新产品        营销品牌型新产品
                           加工型新产品
                           适用型新产品
```

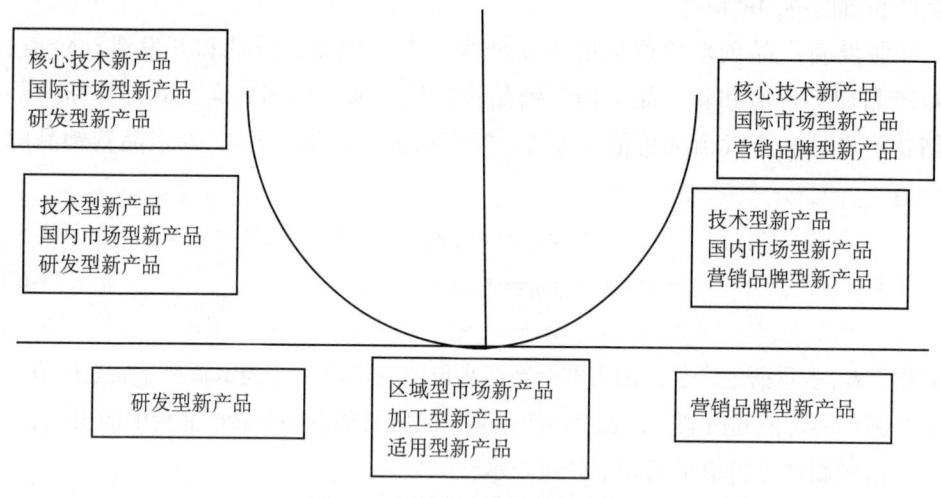

图 3-6　区域新产品价值链确定

图 3-6 说明，某个区域新产品价值取决于新产品的技术价值、新产品市场、产品价值流程的位置。区域新产品价值链由区域市场型新产品价值、加工型新产品价值、适用型新产品价值构成，则区域新产品价值份额最小，区域新产品价值链由技术型新产品价值、国内市场型新产品价值和营销品牌型新产品价值、研发型新产品价值构成，则区域新产品价值份额大于前者，处于中端位置。区域新产品价值由核心技术新产品价值、国际市场型新产品价值、国际营销品牌型价值和国际研发型新产品价值构成，则区域新产品价值最高。

图 3-6 说明，区域新产品价值链可以定义产业升级，即产业升级指区域新产品价值链沿着区域型市场新产品、加工型新产品、适用型新产品价值链升级到国内市场型新产品、研发型新产品、技术型新产品价值链，最后升级到国际市场型新产品、核心技术新产品价值链。

新产品价值决定因素归根结底有两个：一个是技术价值量，一个是品牌价值量。新产品的技术价值量大小取决于创新劳动性质和数量。从现代技术创新分工专门化与合作规律看，任何新产品的技术价值都凝聚了新产品价值创造的基本活动，这些价值活动本身的水平与质量及其它们之间合作的水平与质量都对新产品的技术价值量有着决定性影响。同时，任何新产品的技术价值量又都受到其支撑活动的影响。新产品价值创造的基本活动与支撑活动的协调对称关系会导致新产品技术价值最大化。区域内新产品价值链内部的协调对称关系形成持久的区域产业创新竞争优势。

区域内新产品价值创造活动与区域外新产品价值创造活动的关系可以称为新产品价值纵向关系。这种纵向关系已经是国际国内的普遍现象。比如说，新产品研发战略联盟、新产品研发网络的国际化。区域新产品价值创造活动的纵向关系宽度、深度、高度都可增强区域产业创新竞争优势。

新产品的品牌价值量取决于客户市场的需求规模经济性。区域内品牌、国内品牌和国际品牌的价值量依次由小到大，充分体现了客户对新产品品质、文化、价值的认同。客户价值链是描述终端产品用户、中间产品用户价值活动的关系。一般来说，终端产品用户常指政府和家庭。大家很易认可政府客户价值链对新产品价值创造的示范作用，家庭客户价值链是否对新产品价值创造起着作用呢？现代市场营销理论告诉我们，品牌是新产品价值差异化的象征，它代表了客户对不同新产品价值的理解、认同。品牌圈定了客户界限。换个角度看，品牌也是对客户价值成功发掘的标识。

国内国际品牌价值与新产品技术性质有明显对称性。核心技术产品价值是区域新产品价值创造水平的代表。核心技术产品的技术价值是多专业、多种创新劳动高度集聚，作为突破性技术代表，区域的核心技术产品代表了区域拥有产业技术核心创新竞争优势。核心技术产品具有国内国际品牌价值。它与国际品牌有着内在一致性。核心技术产品的需求规模经济特征与国际品牌的代表的国际市场规模经济性是完全一致的。核心技术产品战略创造了创新竞争优势。

三 创新竞争景框与新产品价值链

波特（1997）提出了竞争景框影响竞争优势的命题。根据这个思想，我们认为，创新竞争的竞争景框影响新产品价值链。我们接受了波特关于地理景框和产业景框的术语。不过，我们把地理景框定义为新产品创新区域，产业景框定义为战略关联产业或者说产业生命周期不同的产业。

新产品地理景框有三种形式：新产品创新的理想区域、新产品创新的次优区域、新产品创新的普通区域。新产品价值创造活动在理想区域可获得理想的创新竞争优势，新产品价值创造活动在次优区域可取得较满意的创新竞争优势，新产品价值创造活动在普通区域却难以获得创新竞争优势。核心技术－产品创新竞争优势至少是在新产品价值创造的次优区域形成的，但是，新产品价值创造的次优区域却不必然有核心技术－产品创新竞争优势。关键的问题是，次优区域是否选择核心技术－产品创新竞争战略。比如说，我国国家级高新技术产业开发区发展了近二十年，但绝大多数都没有形成区域产业创新竞争优势。原因就是，我国所有高新技术产业开发区的基本战略是成本优先战略、产品创新战略，而不是核心技术－产品创新战略。

产业景框描述了战略关联性产业的相互关系或处于不同生命周期阶段的产业之间的相互关系。产业景框架对新产品价值链有着直接深刻的影响。对于一个区域来说，战略关联性产业的相互协调关系对于新产品价值创造有着直接影响。尤其是，成长性产业、主导产业部门新产品价值链对整个区域产业创新竞争优势至关重要。如果成长性产业、主导产业部门新产品价值链是以核心技术产品为中心形成的新产品价值链，那么区域产业创新竞争优势强大且可持续；如果成长性产业、主导产业部门新产品价值链不是以核心技术产品为中心的新产品价值链，那么区域产业创新竞争优势就是不可持续的。比如，我国青岛地区形成了以核心技术产品为中心的家用电子信息产品价值链，在全球金融危机时期，表现出了强劲的、可持续的区域产业创新竞争优势。我国东部沿海大部分地区的产业都未形成以核心技术产品为中心的新产品价值链，在全球金融危机时期，表现出了特弱的、不可持续的区域产业创新竞争优势，或者说，区域产业创新竞争劣势。

支柱产业和衰退产业新产品价值链对增强区域产业创新竞争优势有着重要补充作用。支柱产业大量应用现代产业技术再造新产业技术，形成新的核心技术产品，那么必将成为区域产业创新竞争优势重要组成部分。比如，装备制造业运用现代产业技术形成了现代先进的装备制造业，其新产品价值链就增强了地区的产业创新竞争优势。衰退产业新产品价值链延伸了衰退产业，对于地区产业创新竞争优势来说起到了补充作用。

根据创新竞争景框理念，区域产业创新竞争优势有三种类型：一类是区域型产业创新竞争优势；一类是国内型产业创新竞争优势；另一类是国际型产业创新竞争优势。创新竞争景框为我们辩识区域产业创新竞争优势提供了一个很好的分析工具。把地理景框与产业景框结合起来，我们就能确定区域产业创新竞争优势在新产品价值链上的表现。

如果某个区域是理想区域，则区域产业创新竞争优势必然表现为区域核心技术－产品创新优势。并且这种创新竞争优势不仅是某一类产业，而且是产业生命周期各个阶段的核心技术－产品创新价值链形成的竞争优势。此外，围绕产业核心技术产品形成了区域可持续技术型产品创新竞争优势、国内国际品牌型新产品创新竞争优势，这种创新竞争优势属于国际产业创新竞争优势。

如果某个区域是次优区域，则区域产业创新竞争优势必然表现为：或者整个区域形成了技术型新产品创新竞争优势但缺乏核心技术－产品创新竞争优势；或者区域内某个阶段的产业形成了围绕核心技术产品的技术型新产品价值链和创新竞争优势，这个产业就是该区域的特色优势产业；或者区域内某两个阶段的产业形成了以核心技术－产品创新为中心的区域技术型新产品价值链和创新竞争优势；或者在区域内特定产业的多个细分产业形成了拥有核心技术－产品创新的技术型新产品价值链和创新竞争优势。总之，这种区域产业创新竞争优势极为复杂。

如果某个区域是普通创新区域，则区域产业创新竞争必然表现为适用型新产品主导的区域产业创新竞争优势。

区域新产品价值链使我们认识到，区域产业创新竞争优势可分为三个层次：第一个层次是普通区域内适用型新产品主导的区域产业创新竞争优势；第二个层次是次优创新区域内技术型产品主导的区域产业创新竞争优势；第三个层次是理想区域内核心技术产品主导的区域产业创新竞争优势。区域产业创新竞争优势演变规律就是沿着第一层次区域产业创新竞争优势向第二层次区域产业创新竞争优势发展最后达到第三层次。第三层次的区域创新竞争优势是全球化时代和创新竞争时代区域创新竞争优势的标志。因此，全球化时代的区域产业自主创新战略必然表现为区域核心技术－产品创新竞争优势战略。

四 区域产业技术创新演化

（一）区域产业技术创新由模仿创新向产品创新、技术创新、核心技术－产品创新演化

一般而言，区域产业技术创新最初建立在产品的简单模仿基础之上，随着产业内市场竞争的加剧，为了获取竞争优势，一些具备一定基础的企业开始进行技术创新或核心技术创新。在国际经济领域内，发展中国家为了促进本国企业形成技术创新的能力，往往对市场竞争进行干预。我国家电业的产品－技术发展历程便是市场竞争的结果。在20世纪80~90年代，我国家电企业是弱势创新竞争者，它们选择了产品创新战略。产品创新战略在本质上是外围创新，它的易于模仿性和低成本特点使得参与者众多，形成了充分创新竞争市场，并淘汰了弱势创新竞争者，保留了努力创新竞争者、渴望创新竞争者和满意创新竞

争者。在 21 世纪初期，我国家电企业逐步选择了技术创新战略。技术创新战略在本质上是技术范式和技术轨道创新，它不易于模仿，创新成本很高，创新风险很高。这个特点使得企业创新者参与少，形成了垄断竞争市场。这是一个满意竞争者、渴望竞争者及他们之间的创新竞争。同样，自 2003 年以后，我国家电企业逐步走上了核心技术－产品创新道路。选择核心技术－产品创新战略的创新竞争者，如海尔、海信和长虹等，都集中于核心技术及其产品创新竞争。

（二）从消化吸收、引进再创新到集成创新、原始创新的演化

从技术创新活动的属性来看，消化吸引、引进再创新是低层次的创新，它对应着企业的模仿创新或产品的简单创新活动，一般只是对引进的技术或产品做市场适应性的变革，它是企业自主创新的起点。而集成创新是指把各个已有的技术单项有机地组合起来，融会贯通而构成一种新产品或新的技术，它不仅需要企业掌握相应的单项产品或技术，还需要企业能够掌握产品或技术之间的内在知识联系。集成创新最典型的例子是复印机的出现，在施乐公司发明复印机之前，几乎所有相关的技术都是已知的，却从来没人想到要把这些技术从不同领域整合在一起形成新的产品与技术。而原始创新对企业的技术研发能力提出了更高的要求，一方面进行创新的企业积累了大量的技术或产品创新知识，较好地把握了产业技术发展的趋势和方向；另一方面进行创新的企业还需要有抵御产品或技术创新活动中所面临的各种风险的能力。因此，从技术创新活动的属性来看，区域内的企业创新能力决定了区域产业技术所在的演化阶段及整个演化进程。实践中，日本汽车、电子等产业的自主创新能力的发展正体现了这一演化模式的路径。早在 20 世纪五六十年代，日本汽车、电子产业的自主创新能力仍然较弱，但这些产业内的核心企业就非常注意利用各种可能机会从事研发和创新活动。日本企业每引进一项技术，总要花费更多的精力和物力进行消化、吸收。它们不仅要完全学会和掌握这项技术，而且要以这项技术为基础，通过创新，研究开发出拥有自主知识产权的专利技术。以本田公司为例，20 世纪 50 年代初期，本田摩托车在欧美国家消费者的心目中也是劣质产品。但该公司创始人本田宗一郎从德国购买了摩托车和技术，并以此为基础进行技术研究和创新，结果生产出世界上享有盛名的高质量摩托车。由于该公司十分注重研发和自主创新，不断推出新技术、新产品，受到消费者的青睐，事业得到飞跃发展，现在已经成了以汽车为主打产品的大型跨国公司。正是许多类似的企业推动了日本汽车、电子产业等的自主创新能力的迅速提高。

（三）从传统产业技术创新到信息产业技术创新、绿色产业技术创新

在许多区域经济的发展进程中，传统产业起到了重要的作用。然而传统产业的发展往往以高投入、高能耗、高污染、低附加值为特征，这使得传统产业的发展方式受到资源、环境等的约束，传统产业技术创新无法改变传统产业的特征。信息产业技术创新、绿色产业技术创新则改变了传统产业的"三高一低"的特征，前者强调通过信息技术的渗透与使用，通过提高社会生产和消费活动的自动化、智能化水平和现代化管理水平，降低社会资源的投入，提高产业的产出水平，进而提高社会资源的利用效率。后者强调了通过新能源、新材料等的开发和应用，降低社会生产和消费活动对生态环境的负面影响。从区域经济的可持续发展来看，信息产业技术创新和绿色产业创新代表了区域产业技术创新发展的最终方向，利用信息技术和绿色技术对传统产业进行改造是这一技术创新演化路径的具体表现。

第四节 区域核心技术–产品创新战略选择

核心技术–产品创新战略是区域产业创新竞争优势演化的自然历史过程。核心技术–产品创新战略的结果是形成核心技术–产品创新竞争优势。优势创新区域和强势创新选择核心技术–产品创新战略是历史的必然。

一 普通创新区域要培育核心技术–产品创新的基础

普通创新区域，在实证分析文献中，通常指绝大部分的西部省份，如新疆、甘肃、青海、西藏、云南、贵州、宁夏等。普通创新区域的特点是：①以研究型大学为代表的知识创新体系薄弱；②以研发机构为代表的产业技术创新体系不健全、力量弱小；③以企业为代表的产业创新体系弱小，并且为企业创新提供科技服务的创新体系弱小；④地方产业创新支撑体系弱小；⑤高级创新要素稀缺；⑥市场需求规模小。这些特点在区域全社会研发强度上表现为，全社会研发支出占区域 GDP 的比重低于 1%。

普通创新区域现代产业体系构建面临着传统产业向现代产业转型升级、构建现代工业体系的艰巨任务，同时还面临着新兴产业发展的挑战。总体上看，普通创新区域的现代产业发展任务是，构建现代产品创新体系，培育现代产业的核心技术–产品创新基础，选择传统优势产业构建现代产品创新体系，驱动

现代产业体系构建。

新疆培育现代产业的核心技术－产品创新实践是一个值得研究的案例。新疆是"一带一路"战略的核心区，"一黑一白"是新疆传统优势产业。"十一五"期间，新疆选择传统优势农业为切入点，通过产品创新，驱动果蔬、棉花等传统优势农业向现代生态农业转型升级。其中，新疆番茄产业已形成了从种植、生产加工、番茄产品到包装、品牌的完整的现代产业价值链（陈兵，2011）。库尔勒香梨形成了品牌（祁世梅，关志强，2014）。新疆番茄产业和棉花出口量表现稳定上升势态，显示了较强国际竞争力（图3-7）。

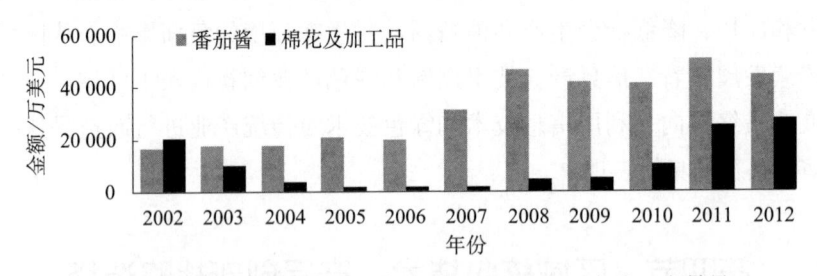

图3-7 新疆番茄酱、棉花及加工品2002～2012年出口贸易量

从新疆经验看，普通创新区域不具备在现代产业中全面执行核心技术－产品创新战略的现实条件。但是普通创新区域的优势特色产业仍可以核心技术－产品创新导向驱动优势特色产业向现代产业转型和升级。

在普通创新区域，区域产业的技术产品政策目标有两个方面：一个方面是衰退产业的核心技术产品与新技术结合，推动衰退产业的核心技术－产品创新再造；另一个方面是着力构造新产品价值链的基本活动，尤其是企业创新活动，培育企业的产品创新能力。功能型新产品或适用型新产品应当是这类区域产业的技术产品政策的重点，这个政策应当尽可能地缩短区域产业的功能型新产品创新能力周期，大力推动区域新产品价值链由功能型新产品价值链升级到技术型新产品价值链。

普通创新区域应当制定以培育核心技术－产品创新为导向的现代产品创新战略措施。①构建现代产品创新体系；②借鉴深圳经验，立足于互联网构建面向全球的、开放式创新体系；③着力于增强特色产业核心技术－产品创新优势，加大特色产业的基础研究投入，增强特色产业的知识创新优势；④培育和增强优势企业的创新能力，引导优势企业积极加入协同创新体系；⑤构建政府现代财政科技服务体系，提高政府创新服务能力和效率；⑥构建区域内的科技协同

（三）从传统产业技术创新到信息产业技术创新、绿色产业技术创新

在许多区域经济的发展进程中，传统产业起到了重要的作用。然而传统产业的发展往往以高投入、高能耗、高污染、低附加值为特征，这使得传统产业的发展方式受到资源、环境等的约束，传统产业技术创新无法改变传统产业的特征。信息产业技术创新、绿色产业技术创新则改变了传统产业的"三高一低"的特征，前者强调通过信息技术的渗透与使用，通过提高社会生产和消费活动的自动化、智能化水平和现代化管理水平，降低社会资源的投入，提高产业的产出水平，进而提高社会资源的利用效率。后者强调了通过新能源、新材料等的开发和应用，降低社会生产和消费活动对生态环境的负面影响。从区域经济的可持续发展来看，信息产业技术创新和绿色产业创新代表了区域产业技术创新发展的最终方向，利用信息技术和绿色技术对传统产业进行改造是这一技术创新演化路径的具体表现。

第四节　区域核心技术－产品创新战略选择

核心技术－产品创新战略是区域产业创新竞争优势演化的自然历史过程。核心技术－产品创新战略的结果是形成核心技术－产品创新竞争优势。优势创新区域和强势创新选择核心技术－产品创新战略是历史的必然。

一　普通创新区域要培育核心技术－产品创新的基础

普通创新区域，在实证分析文献中，通常指绝大部分的西部省份，如新疆、甘肃、青海、西藏、云南、贵州、宁夏等。普通创新区域的特点是：①以研究型大学为代表的知识创新体系薄弱；②以研发机构为代表的产业技术创新体系不健全、力量弱小；③以企业为代表的产业创新体系弱小，并且为企业创新提供科技服务的创新体系弱小；④地方产业创新支撑体系弱小；⑤高级创新要素稀缺；⑥市场需求规模小。这些特点在区域全社会研发强度上表现为，全社会研发支出占区域 GDP 的比重低于 1%。

普通创新区域现代产业体系构建面临着传统产业向现代产业转型升级、构建现代工业体系的艰巨任务，同时还面临着新兴产业发展的挑战。总体上看，普通创新区域的现代产业发展任务是，构建现代产品创新体系，培育现代产业的核心技术－产品创新基础，选择传统优势产业构建现代产品创新体系，驱动

现代产业体系构建。

新疆培育现代产业的核心技术-产品创新实践是一个值得研究的案例。新疆是"一带一路"战略的核心区,"一黑一白"是新疆传统优势产业。"十一五"期间,新疆选择传统优势农业为切入点,通过产品创新,驱动果蔬、棉花等传统优势农业向现代生态农业转型升级。其中,新疆番茄产业已形成了从种植、生产加工、番茄产品到包装、品牌的完整的现代产业价值链(陈兵,2011)。库尔勒香梨形成了品牌(祁世梅,关志强,2014)。新疆番茄产业和棉花出口量表现稳定上升势态,显示了较强国际竞争力(图3-7)。

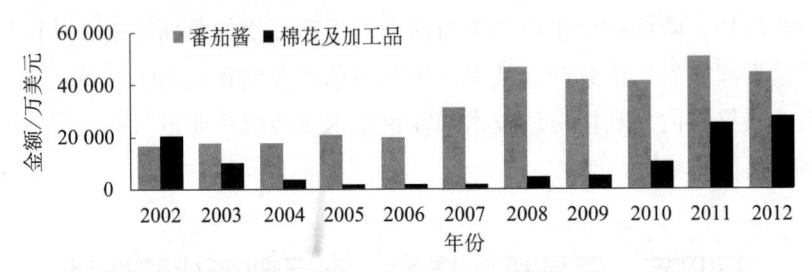

图3-7 新疆番茄酱、棉花及加工品2002~2012年出口贸易量

从新疆经验看,普通创新区域不具备在现代产业中全面执行核心技术-产品创新战略的现实条件。但是普通创新区域的优势特色产业仍可以核心技术-产品创新导向驱动优势特色产业向现代产业转型和升级。

在普通创新区域,区域产业的技术产品政策目标有两个方面:一个方面是衰退产业的核心技术产品与新技术结合,推动衰退产业的核心技术-产品创新再造;另一个方面是着力构造新产品价值链的基本活动,尤其是企业创新活动,培育企业的产品创新能力。功能型新产品或适用型新产品应当是这类区域产业的技术产品政策的重点,这个政策应当尽可能地缩短区域产业的功能型新产品创新能力周期,大力推动区域新产品价值链由功能型新产品价值链升级到技术型新产品价值链。

普通创新区域应当制定以培育核心技术-产品创新为导向的现代产品创新战略措施。①构建现代产品创新体系;②借鉴深圳经验,立足于互联网构建面向全球的、开放式创新体系;③着力于增强特色产业核心技术-产品创新优势,加大特色产业的基础研究投入,增强特色产业的知识创新优势;④培育和增强优势企业的创新能力,引导优势企业积极加入协同创新体系;⑤构建政府现代财政科技服务体系,提高政府创新服务能力和效率;⑥构建区域内的科技协同创新体系，利用国家战略，构建跨区科技合作平台；⑦构建科技资源集聚体系，广泛吸引国内外科技人才。

二 优势创新区域选择核心技术－产品创新战略是可能的

优势创新区域，在实证分析文献中，通常是指有较为完备的区域创新体系和较强的区域创新能力。在优势创新区域，全社会研发支出占区域GDP的比重为1%~2%。优势创新区域包括天津、辽宁、浙江、福建、山东、湖北、四川、陕西等省市。优势创新区域的特点是：①以研究型大学为代表的知识创新体系较为完整，知识创新能力较强；②以研究院所为代表的技术创新体系较为完整，技术创新能力较强；③以企业为代表的产业创新体系较为完整，产业创新能力较强，同时，拥有较为完善的科技服务业体系；④区域产业创新支撑体系优势明显；⑤高级创新要素禀赋较好；⑥市场需求规模较大。

四川省历来重视现代产业的核心技术－产品创新体系构建。早在20世纪80年代，就根据国家重大新产品项目开始制定四川重大新产品技术试行办法。自2003年，四川建设了装备制造业八大重点产品链。"十二五"期间，四川装备制造业发展规划明确指出，四川装备制造业要构建并发展九大重点产品链。它们是：清洁高效发电设备产品链、重型机械及容器产品链、工程施工机械产品链、轨道交通装备产品链、石油天然气钻采输送及矿山装备产品链、节能环保装备产品链、航空航天装备产品链、智能制造装备产品链、民生用机械设备产品链。除装备制造业外，四川其余六大优势产业都形成了比较完整的重点产品链和关键技术链。其中，电子信息产业已形成集成电路、软件、数字视听及数字媒体、网络及通信产品以及军事电子产品链；油气化工重点产品链、钒钛钢铁及稀土重点产品链都相继形成链系；汽车重点产品链的框架初步形成。《四川省"十二五"战略性新兴产业发展规划》指出，到2015年，突破60项以上的关键核心技术，开发形成拥有自主知识产权、成长潜力大、综合效益好的100个以上重点产品。

四川省以核心技术产品为牵引的产业创新战略成效显著。首先，四川省产业创新能力显著提高。2011~2013年，四川规模以上工业企业的专利申请受理量分别为5919件、13443件、15713件。其中，规模以上工业企业的发明专利申请受理量分别为2483件、4316件、5666件。规模以上工业企业拥有的有效发明专利数分别为5618件、6591件、9043件。规模以上工业企业的新产品销售收入不断增长。2011~2013 年，规模以上工业企业的新产品销售收入分别为 2100.3174 亿元、2095.9773 亿元、2495.8761 亿元。规模以上工业企业的新产品出口销售收入分别为 123.3514 亿元、150.4602 亿元、203.5726 亿元。[①]2010 年新增专利实施项目 4129 项，新增产值 735.67 亿元；2011 年新增专利实施项目 4255 项，新增产值 866.49 亿元；2012 年新增专利实施项目 5487 项。[②]其次，现代核心技术－产品创新体系构建驱动了四川省现代产业发展。2014 年，全省第一产业增加值 3531.1 亿元，增长 3.8%；第二产业增加值 14 519.4 亿元，增长 9.3%；第三产业增加值 10 486.2 亿元，增长 8.8%（熊建中，2015）。2009~2012 年，四川三次产业比例分别是 15.8 : 47.4 : 36.8，14.7 : 50.7 : 34.6，14.2 : 52.4 : 33.4，13.8 : 52.8 : 33.4[③]，形成了第二产业主导型产业结构。四川省正处于加速构建工业品主导型的现代产业体系。最后，核心技术－产品创新战略工程实施引导四川省优势产业的核心技术逐步取得突破。比如，火力发电设备、水电发电设备、生物医药产品、航空设备等先进制造业核心技术实现突破。

四川省的经验表明，优势创新区域应当立足于优势产业选择核心技术－产品创新战略。同时，应当积极推动优势产业创新由产品创新体系向技术创新体系升级。优势创新区域的某个产业或某几个产业有形成核心技术－产品创新竞争优势的基础，因而这些特定产业的核心技术－产品创新应当是区域产业创新政策的重点。比如，安徽的发动机产品应当是安徽汽车产业创新政策的重点，四川的 PDP 产品应当是四川家用电子信息产业创新政策的重点。在这里，关键的问题是，我们应当从区域新产品价值链和创新竞争优势角度选择产业的核心技术产品。其选择的结果是，不仅有成长性、主导产业的核心技术产品还有支柱产业的核心技术产品，并且能更准确地在优势区域的成长性、主导产业中选择更具有成长性产业的核心技术产品。

优势创新区域的核心技术－产品创新政策应当成为优势创新区域的新产品政策的核心和灵魂。过去，优势创新区域都有新产品政策。比如，重庆市于 2006 年发布了《重庆市 2006 年－2010 年企业新产品开发扶持政策实施办法》。四川省的科技工程计划规定指出：四川省科技支撑新型工业化的新产品关键是，攻克关键核心技术、突破共性技术、提高骨干企业自主创新能力。但是，这些新产品政策更重视产品市场导向，而对产品技术导向重视不够。尤其是对核心

---

① 数据来源：中华人民共和国统计局，中国政府门户网站数据。
② 数据来源：2010~2012 年四川省国民经济和社会发展的统计公报。
③ 数据来源：2010~2012 年四川省国民经济和社会发展的统计公报。

技术导向重视不够。优势创新区域的新产品政策应当明确产品技术导向与产品市场导向同等重要,以核心技术为中心梳理新产品政策,推动新产品政策由市场导向向技术导向与市场导向并重转变,构建优势创新区域的现代优势产业核心技术–产品创新体系,增强优势产业的核心技术–产品创新优势,培育新兴产业的核心技术–产品创新优势。

为了实现优势产业、支柱产业和新兴产业的核心技术–产品创新战略,次优优势创新区域应当制定如下战略举措:①增强优势产业、支柱产业的基础研究战略,提升优势产业、支柱产业、战略新兴产业的知识创新优势。②按照现代新产品体系逻辑,构建或完善优势产业、支柱产业和战略新兴产业的核心技术–产品创新平台体系。③增强优势产业、支柱产业的创新型企业集团创新体系竞争优势,构建优势产业、支柱产业和战略性新兴产业的中小创新型企业协同创新平台体系。④构建互联网技术、智能制造技术、低碳技术、环保技术、新能源技术的新技术扩散体系,促进传统产业广泛采用新技术,提升传统产业的核心技术–产品创新能力。⑤以全面深化改革为契机,构建基于市场的科技管理体制机制,提高支撑协同创新的科技体制和机制效率,大力发展科技资源市场体系。

三 强势创新区域应全面实施核心技术–产品创新战略

强势创新区域,在实证文献中,通常指发达的区域创新体系和强大的区域创新能力。在强势创新区域,全社会研发投入占区域 GDP 的比重大于或等于 2.5%。按此标准,强势创新区域通常指北京、江苏、上海和深圳。强势创新区域的特点是:①世界级的知识创新体系或研究型大学体系;②世界级的技术创新体系;③世界级的产业创新体系;④世界级的区域产业创新支撑体系;⑤世界级的高级创新要素禀赋;⑥世界级的市场需求规模。其中,创新企业有明确的核心技术–产品创新战略是最根本的特点。

深圳在 2005 年以前全面完成了现代产品创新体系构建,2005 年以后,深圳由现代产品创新体系向现代技术创新体系转变,涌现了华为、中兴通讯等一批有明确核心技术–产品创新战略的创新企业。深圳的现代产品创新体系建设成效显著。

按照科技部的统计标准,高新技术产业产值和拥有自主知识产权的高新技术产品产值是衡量高新技术产业创新竞争优势的基本指标。2005 年以来,深圳高新技术产业产值和拥有自主知识产权的高新技术产品产值都保持高速增长（表3-2）。

表3-2　2005~2013年深圳市高新技术产品产值情况

年份	高新技术产品产值/亿元	具有知识产权的高新技术产品产值/亿元	占比/%
2005	4 885.26	2 824.17	57.81
2006	6 309.66	3 653.29	57.90
2007	7 598.76	4 454.39	58.62
2008	8 710.95	5 148.17	59.10
2009	8 507.81	5 062.1	59.50
2010	10 176.19	6 115.89	60.10
2011	11 875.6	7 220.36	60.80
2012	12 938.82	7 888.41	60.97
2013	14 133	8 649	61.20

资料来源：《深圳统计年鉴》.http://www.sztj.gov.cn/xxgk/tjsj/tjnj

深圳高新技术产品出口竞争力显著增强。2011~2013年，深圳高新技术产品出口额分别为1248亿美元、1412.17亿元、1690.18亿元，比上年增长14.8%、13.2%、19.7%。[①]

深圳经验表明，强势创新区域应当全面实施核心技术－产品创新战略。全面实施核心技术－产品创新战略的关键要点是：①企业可持续研发投入和以专利合作协定（PCT）为特征的核心技术专利不断涌现；②正确认识与科学定位基础研究与核心技术－产品创新的关系；③正确认识与科学定位创新企业之间的关系，明确领军企业和中小型创新企业在核心技术－产品创新战略中的地位和作用；④正确认识与科学定位不同产业创新关系，构建传统产业创新、先进制造业创新与高新技术产业创新有机统一、相互支撑的区域现代产业创新体系。

强势创新区域的核心技术－产品创新政策的重点是：以PCT专利为导向、提高企业原始创新能力的现代产品创新政策体系。上海市制定了专利产品创新政策。它们是：《关于进一步加强本市知识产权工作若干意见》（沪府发[2003]48号）、《上海市专利新产品认定实施办法》（沪府办发[2004]50号）、上海市财政厅发布2005年1号文件《关于落实上海市专利新产品研发资助政策的实施意见》。区域核心技术－产品创新政策的重点转向了自主知识产权、关键核心技术创新。1996年8月30日，深圳市发布《深圳市重点新产品享受财政优惠政策实施办法》并于2000年修订。广东省1996年粤科字发5号文件（新产品税收优

---

① 数据来源：深圳市统计局.深圳市2011~2013年国民经济和社会发展统计公报。

惠政策）对享受新产品税收优惠政策的新产品做了更为详细的规定。规定列出了符合广东省产业政策和科技政策的新产品。显然，20 世纪 90 年代国家核心技术－产品创新政策更加重视知识产权，突出了自主知识产权政策导向，突出了市场需求政策导向。当前，面对新一轮制造业的挑战，全面提升我国制造业创新竞争力要求，推动我国由制造业大国向制造业强国升级的战略需求，强势区域的核心技术－产品创新政策必须转变到以鼓励原始创新、掌控核心技术、拥有 PCT 专利为特征的现代产品创新政策。

从理论上讲，我国强势创新区域的产业创新重点与目标应当定位于构造一个完整的核心技术－产品创新价值链，这里的完整性是指新兴产业－成长性产业－主导产业－支柱产业－衰退产业的核心技术－产品创新价值链。强势创新区域有形成全面综合的核心技术－产品创新竞争优势的基础，因而这些区域的核心技术－产品创新政策目标和重点应当根据战略产业关联性、地方产业网络体系、创新资源集聚特点、需求规模性要求着力构造成长性产业和主导产业的核心技术－产品创新价值链、支柱产业的核心技术－产品创新价值链，形成新兴产业的核心技术－产品创新竞争优势，增强和巩固地方网络产业体系的创新竞争优势，打造国际型的区域产业创新竞争优势。

为了有效地执行强势创新区域的核心技术－产品创新战略目标，应当采取如下战略措施：①制定基础研究战略，引领技术前沿；②构建知识平台、技术平台、产品平台相结合的综合性、基础性、标准化的创新平台体系；③做强核心创新型企业，激活小微企业创新，发展创新型科技小微企业；④广泛应用新一代互联网技术，构建开放式协同创新体系；⑤加快政府简政放权步伐、构建公平、公正、公开的创新资源配置制度体系。

第四章 创新型企业战略

创新型企业是区域产业创新的主体，一个产业中的区域创新型企业竞争力对于区域产业创新或区域新兴产业发展有关键作用。一方面，创新型企业是区域核心技术-产品创新的直接组织者；另一方面，创新型企业又是区域产业创新的核心力量。因此，区域创新型企业战略是区域产业创新战略的基本战略。区域创新型企业战略研究的问题如下：创新型企业战略问题提出、区域创新型企业价值链、不同创新区域的创新型企业战略与政策。

第一节 创新型企业战略问题提出

为什么研究创新型企业问题，创新型企业战略问题是如何提出的，创新型企业战略研究有何意义等，这是本节要讨论的问题。

一 创新型企业战略问题的提出

什么是创新型企业？在理论上没有一个统一定义。从管理学上看，创新型企业有研发能力强、从事基础研究、执行专利战略等十大特征（文章代，侯书森，1999）。从经济学上看，创新型企业是以高技术知识的创新收益生产为基本职能的各知识要素所有权的合约安排（邓金堂，2003）。从政策操作上看，2006年4月科技部、国务院国有资产监督管理委员会（简称国资委）、中华全国总工会发布的《关于开展创新型企业试点工作的通知》给出的创新型企业的定义，即创新型企业是在技术创新、品牌创新、体制机制创新、经营管理创新、理念和文化创新等方面成效突出的企业。

综合经济学与管理学观点，创新型企业具有如下特点：①创新型企业的企业剩余更突出了新知识的经济价值；②创新型企业的知识结构更加显示了核心专有技术知识的稀缺性特征；③核心专有投资知识仍是创新型企业知识结构中不可或缺的要素；④普通专业化技术知识的创新收益权得到确认；⑤创新型企业的所有权合约结构是一种混合型结构，即个人的私人专有投资知识、管理知识及技术知识的所有权共同构成了企业的产权结构。在创新型企业发展的不同阶段，主导企业控制权的知识要素所有者是不同的。但是，技术知识所有权是核心。

创新型企业是企业家组织创新要素从事新知识产品的生产函数。我们用柯布－道格拉斯函数表示

$$Y = A(H^\alpha, C^\beta) \qquad (4\text{-}1)$$

其中，Y 表示新知识产品，A 表示创新系数，H 表示创新型人力资本，C 表示研发投入资本或风险资本。α 表示每单位人力资本的创新产出，β 表示每单位研究资本的创新产出。

中国创新型企业发展报告编委会（2011）做的实证研究报告表明，我国创新型企业具有如下特征：①创新型人力资本是创新型企业的核心；②持续的研发投入是创新型企业的投融资特征；③知识生产率较高是创新型企业的产出特征；④创新型企业建立了较为完整的创新激励体系和产学研结合的研发体系；⑤兼收宽容的创新文化氛围和理念是创新型企业的内生特性。

从理论上把创新型企业视为一个战略源于佩鲁增长极理论。佩鲁认为，创新型企业主导的产业部门在地理空间集聚形成增长极。在当代，创新型企业成为一个区域战略问题，而其却是硅谷高新技术产业崛起的产物。布鲁斯·努斯鲍姆（2005）指出，20世纪末期，创新成为硅谷企业竞争的基本战略，创新型企业取代生产型企业、经营型企业和质量型企业而成为主要的企业组织形式。创新型企业成长阶段具有产品创新、技术创新、管理创新特征。当代国际性大公司或跨国公司都是综合性、创新型企业。

2006年，科技部、国资委和中华全国总工会联合实施"技术创新引导工程"。《中国创新型企业发展报告2011》指出：截至2010年，中国国家级创新型企业试点企业累计550家，累计认定的创新型企业有365家，全国省级创新试点企业累计6000余家。其中，江苏、四川、福建、山东、上海、浙江、北京7省市选择确定的创新型试点企业超过300家，分别达到1048家、866家、441家、357家、335家、309家、305家；安徽、广东、重庆、湖北、黑龙江、河南、江西、云南、辽宁、吉林、河北11个省市的试点企业也超过100家。试点企业超过100家的省份共有18个。2010年年底，省级命名的创新型企业达2086家。创新型企业越多的区域其产业创新能力越强。创新型企业在现代产业体系构建和发展中战略作用初步显现。

"十五"初期,我国创新型企业极其少见。浙江大学创新与发展研究中心调查数据显示,在被调查的100余家我国大中型企业中,创新型企业仅占6.5%(郑刚,2006)。我国的创新型企业不仅数量少,而且我国企业创新的缺陷非常突出:注重模仿、缺乏技术创新能力,创新型企业的核心技术–产品创新能力更弱。显然,我国的创新型企业已成为创新型国家战略和区域创新战略的最关键、最突出问题。党的十八大报告提出要实施创新驱动战略。自此,创新型企业问题由企业管理创新视角转换到国家战略高度,并成为构建现代区域产业体系的主体。创新型企业研究由企业创新管理提升到区域创新、产业创新和现代区域产业发展的战略研究高度。

二 研究创新型企业战略的意义

波特指出,产业创新能力是产业的核心竞争力。企业战略和结构是钻石模型的基本要素。到经济创新驱动阶段,创新成为企业的基本竞争战略。创新能力是企业核心竞争力。普拉哈拉德和哈梅尔等学者明确地提出,产业创新战略是企业最高级的竞争战略。长期以来,学者们的思想受限于此,没有对波特的国家竞争优势理论包含的国家或区域创新型企业的战略地位给予足够的重视。对创新型国家战略研究着眼于国家创新体系或区域创新体系,而忽视了创新型企业优势已成为国家或区域创新竞争战略的基石问题。因此,从区域视角研究创新型企业战略问题对于完善区域竞争优势理论具有重要意义。

构建现代产业体系,发展现代产业,必须有足够多和足够强的创新型企业。我国传统劳动密集型产业、资本密集型产业和技术密集型产业总体上处于全球产业价值链低端。要想提升这些产业在全球价值链的地位,实现《中国制造2025》的战略目标,就必须加速推进传统产业与信息技术、循环技术、低碳技术的融合。我国规模以上大中型工业企业仅有30%是创新型企业,这必然制约着中国成为制造业强国的战略目标的实现。产业经济学家已经认同创新是现代产业的实质,但是,创新型企业在构建和发展现代产业体系中是否具有战略地位,却仍然是一个争议性问题。因此,创新型企业战略研究,对于这个问题的理论研究和政策制定具有重要意义。

三 创新型企业对区域现代产业构建与发展的作用

"产业发展是以价值发展为其实质,以主导产业群为其载体,以经济长波为其形式的产业的一个内生提高过程。"(胡建绩,2008)创新型企业创造了现代产业价值。据调查,生产一部32GB的iPhone 4S产品的成本为220美元,生产一部16GB的iPhone 4S产品的成本为170美元,生产一部8GB的iPhone 4产品的成本为140美元。美国市场研究公司Asymco的研究表明,人工成本仅为iPhone售价的2%~5%,一部iPhone产品人工成本约为12.5美元。扣除iPhone成本,每部iPhone产品大约为苹果公司创造650美元的利润,据估计其毛利润率约为55%。[①] 这些数据表明:在iPhone产品中,苹果公司的创新价值是产品增加值的主要部分。制造iPhone产品的加工企业创造了产品增加值的微小部分。

iPhone产品由苹果公司研发,富士康公司加工制造,众多物流公司运输、储存,卖场公司销售给消费者,一部iPhone产品就是一个产业链。我们清楚地看到,苹果公司在iPhone产业链中居统治地位,因为苹果公司研发了iPhone产品,创造了产业增加值,其他服务公司和商业销售公司分享了iPhone产品的增加值。富士康公司的大规模劳动力要素投入同样创造了苹果的增加值,但相比于苹果公司的研发创造价值就很少了。服务型公司通过服务创新可以分得更多的iPhone产品增加值。

根据芮明杰和张琰(2009)的研究,iPhone产品可分为方案设计企业、操作系统开发企业、芯片开发企业、元器件供应企业、智能手机制造企业、移动运营服务企业、应用及增值服务企业。一部iPhone产品就是一个模块化网络状产业链体系。每个功能模块都有大量的企业,这些企业繁衍发展,形成一个独立的子产业。

在iPhone产业链上,知识是关键的资源,谁掌握技术标准、谁的技术领先,谁就能在产业链中获得主导地位。苹果公司是iPhone产品技术标准制定者,拥有比其他公司更强的、更大的技术优势,控制着iPhone产品的知识产权,因而苹果公司是综合的技术集成供应商。每个功能模块有大量的专业独立技术供应商,在功能模块上的技术供应商如果成为iPhone产品功能模块的技术标准制定者,拥有领先的技术,控制iPhone产品功能模块的知识产权,那么在这个功能

---

① 数据来源:凤凰网,2013-02-23,AppleInsider网站报道。

模块上该技术供应商就居主导地位。例如，操作系统功能模块，就有 Android 系统、Linux 系统等众多的操作系统。目前，谷歌公司的操作系统就是操作系统产品市场的主流产品。以此类推，方案设计模块、芯片开发模块、元器件供应模块、智能手机制造模块、移动运营服务模块、应用及增值服务模块都有核心的独立技术和服务供应商。

iPhone 产品的技术集成供应商、功能模块技术集成与服务供应商在创新过程中的协同或形成产业联盟对 iPhone 产品价值创造、iPhone 产业发展具有决定性作用。技术供应商之间的创新协同决定了 iPhone 产品价值，技术供应商与加工制造商之间协同增加了 iPhone 产品的增加值，技术供应商、加工制造商与移动运营商、服务商之间协同实现着 iPhone 产品的价值。

在 iPhone 产业链上，首先是各功能模块的技术供应商的独立创新。各功能模块技术供应商的独立创新导致模块的功能增强、手机种类的多样化和价格下降。同时，加剧市场竞争。其次，各功能模块之间通过知识共享与合作，实现功能模块之间的协同创新。这种协同创新不仅仅指技术领域还包括服务领域。可见，在现代产业发展过程中，不是一个创新型企业在创造产业价值，而是不同创新型企业的协同或联盟共同创造着产业价值。

在区域现代产业体系构建与发展中，创新型企业发展状况对区域传统产业转型升级、高新技术产业由低端向中高端发展都具有决定性作用。比如，绍兴的纺织产业得益于绍兴的纺织企业成功实现向创新型企业转型（王尉东，2007）。经过十年的发展，德阳装备制造业由资本密集型产业向技术密集型产业成功转型，由低端装备制造业向高端装备制造业成功转型，都得益于以中国二重、东方电气等为代表的机械制造企业成功转型为创新型企业（郑晓幸等，2000）。安徽芜湖是一个汽车产业发展滞后的地区，由于奇瑞公司始终以创新驱动公司发展，经过发动机技术创新战略、整车产品创新战略、产品正向开发战略，成功地开辟了芜湖汽车产业新时代，构建了芜湖现代汽车产业体系。浙江义乌小商品产业享誉世界，归因于义乌一大批产品研发、设计、专业化加工的中小型创新企业的发展。中国电子信息产业发展研究院和赛迪顾问有限公司（2012）详尽地描述了创新型企业在战略性新兴产业发展中的决定性作用。深圳高新技术产业升级得益于深圳创新型企业体系逐步形成。正因为有了烽火通信、长飞光纤、光谷激光、华工激光、楚天激光、迪源光电、武汉新芯、武汉天马等一大批创新型企业，才有了"光谷"年产值过千亿元的新兴的光电子产业。中国"电谷"是因为有了英利集团、中航惠腾公司、天威公司、风帆集团等多家重点创新型企业才形成了风力发电装备、光伏发电装备、输变电装备、新型储能装备、高效节能装备及电力自动化装备六大新兴产业。江苏宜兴是有了日中环保技术转移中心、德中环保技术转移中心、江苏一环集团、日立环保、江苏博大等一批创新型企业才有了环保产业兴起和发展。阿里巴巴、淘宝等一大批电子商务创新型企业造就了杭州电子商务产业。2011年上半年,杭州电子商务企业实现了电子商务平台交易额3918.20亿元。

创新型企业决定了区域现代产业竞争力。这表现在:首先,创新型企业对区域现代产业发展成本的影响。① 假设一个产业部门由一个创新型企业构成,那么产业增长率取决于创新型企业的交易成本、产业协调成本。创新型企业成本取决于创新成功率。创新成功率是创新交易成本、产业协调成本的函数。一个不断成功的创新型企业,其创新交易成本、产业协调成本在不断降低。在区域中,某一个产业部门有不断成功的创新型企业,那么该区域产业发展成本就会不断降低,区域产业发展效率就会不断提高;反之反是。假设一个产业部门由两个或两个以上的创新型企业构成,那么产业增长率取决于创新型企业之间的创新竞争与协作成本。如果创新型企业之间展开了创新竞争,那么产业部门之间交易成本和协调成本都会降低;如果创新型企业之间形成了创新合作,那么产业部门之间交易成本、协调成本同样会降低;如果创新型企业之间没有创新竞争与合作,那么产业部门之间交易成本和效率就较高。传统产业部门升级、新兴产业部门增长的成本完全取决于创新型企业增长。对于传统产业部门升级来说,创新型企业不断成功创新是降低产业转型和升级成本的关键。任何一个区域传统产业升级速度和效率都取决于创新型企业创新成功率和创新型企业增长率。

其次,创新型企业刻画区域现代产业组织竞争优势。随着现代知识分工和专业化发展,企业内部流程分工外化为独立的专业化企业,出现了垂直分离浪潮,形成了服务外包市场、模块化企业组织、网络组织、企业联盟。这些现代产业组织形成的原因可能是多种多样的,相关的理论研究并没有达成共识。有的学者认为,制度、技术、新兴市场、交易成本是影响垂直分离水平的关键因素;还有些学者主张,知识专业化、市场规模、开放度是影响产业组织垂直分离程度的更关键因素。②

现代区域产业组织竞争优势表现为创新型企业竞争优势或以创新型企业竞

---

① 胡建绩在《产业发展学》第六章中详细解释了产业发展的"耦合成本"。
② 戴魁早在《垂直分离、技术创新和生产率增长》一书中有系统解释。

争优势为主要特征的产业组织竞争优势。美国硅谷的产业组织竞争优势就是大量的创新型企业不断涌现，具有产业创新能力的综合性创新型企业和知识专业化创新型企业协调发展。北京中关村是中国最好的高新技术产业开发区和自主创新示范区，就在于它有创新型企业竞争优势。

最后，创新型企业促进区域现代产业融合、集聚与转移。创新型企业是现代产业融合的主要推动力量。创新型企业的知识和技术创新，推动了新技术的产生和扩散。创新型企业开发新需求，推动产业融合。创新型企业推动知识分工，促进新兴产业融合。核心创新型企业吸引专业化创新企业向同一空间集聚，形成产业创新网络。创新型企业的空间集聚，一方面受到当地知识生产部门（如大学、研究机构）的约束；另一方面又带动了大学和研究机构的知识创新。这样，就形成了基于产业集聚的区域产学研合作创新网络。从创新型企业角度看，创新型企业把劳动密集型加工环节外包给具有劳动力成本优势的企业，或者把创新竞争优势较小的产品卖掉。创新型企业是产业转移的载体和微观基础。

第二节　创新型企业：一个产业组织创新视角

一　组织创新的定义

组织的创新是什么？创新管理学家对此做了广泛的全面研究（戴魁早，2011；王华等，2009）。本书的定义是，组织创新就是组织转换，包括组织形态转换和新形态组织产生和发展。产业组织创新就是企业组织形态转换、市场结构形态转换和介于企业与市场之间的新组织形态发展。从历史来看，产业组织创新还是传统产业组织向现代产业组织转型或现代产业组织发展。区域产业组织创新是区域特性与产业特性相互影响和相互作用导致某个区域内的某个产业的企业组织形态转换、市场结构形态转换及两者间的新组织形态发展。区域产业组织创新的历史纵向性指的是产业的历史纵向性、企业制度的历史纵向性和企业组织结构的历史纵向性。从产业生产组织角度观察，我们看到，产业生产组织始于包买商，历经手工工场、工厂，发展到纵向一体化企业与网络式生产组织。从产业交换与流通组织角度观察，产业交换与流通组织始于小商店，历经百货店、连锁店，发展到超市、网购。市场结构经历了完全竞争市场、完全垄断市场及不完全竞争市场结构（胡建绩，2008）。

现代产业组织可以粗略地定义为发端于20世纪70~80年代并流行于20世纪90年代中期的模块化网络生产组织。大型企业组织呈模块化特征是传统产业组织在20世纪90年代中期的显著特点（罗珉，2005）。马歇尔提出了规模经济和内部经济概念，解释了大企业集团成为传统产业组织主流形态的原因和机理。但是，马歇尔的规模经济与内部经济有着不可克服的内在冲突。威廉姆森在科斯交易成本基础上提出资产专用性理论解释垂直一体化组织形成机理。胡绩伟（2008）认为，价值发展是决定产业生产组织演变的根本原因。

● 创新型企业：产业组织创新的新形态

产业组织创新，从纵向历史角度看，就是区域传统产业组织向区域现代产业组织转型。Greenwood 和 Hinings 认为，组织转型是现有组织模板（organizational templates/archetypes）转向另一个组织模板（Greenwood and Hinings，1996），而所谓"组织模板"是一个反映单一解释构架的结构和制度体系（Greenwood and Hinings，1993），或者说是一个关于应该是什么的价值和观念体系（Greenwood and Hinings，1988）。究竟是大企业拥有创新优势还是小企业拥有创新优势？据企业组织自然演化或渐进式演进理论分析，大企业拥有承担创新风险和获取垄断创新利润的能力。一大批学者完全同意熊彼特大企业创新论的观点。经过充分争论，资本技术密集型产业内大企业创新论成为共识。跨国公司是传统产业组织的最高级形态。区域传统产业组织创新突出表现在跨国公司组织创新上。作为创新组织，跨国公司研发体系随着经济与金融全球化、区域一体化、生产网络国际化、信息网络化发展，这种发展经历了国内特征研发体系、技术驱动研发体系、市场需求驱动研发体系、全球研发网络体系阶段（祝影，2007）。当前，世界500强的跨国公司掌控了全球90%的技术和75%的技术贸易，垄断创新利润成为跨国公司的主要利润来源。

20世纪90年代以来，大规模定制成为现代生产的特点，产业竞争由传统竞争转向了现代竞争。派恩（2000）概括了现代竞争特点（表4-1）。

表 4-1　大规模定制时代的竞争特点

基于时间的竞争	精益生产
产品品种急剧增加	周期缩短
及时生产	全面质量管理
区域经营	层次扁平化
持续改进	计算机集成制造
产品生命周期缩短	过程重组
市场驱动的质量	服务重要性提高
全球化	分化的市场
网络组织	快速响应
微型市场	柔性制造系统
定制化的组织	数据资源经营

资料来源：转引自胡建绩（2008）。

表 4-1描述了大规模定制时代现代产业组织的生产组织特点、市场和技术特点、分工与协调特点和效率来源特点。现代产业组织表现为模块化网络组织、虚拟一体化、研发联盟、制造外包、特许权安排、分包制和集群等形态。产业经济学家对现代产业组织的称谓多种多样。比如说，垂直分离、剥离、非本地化、价值链切割、垂直专业化。模块化网络组织促进了联合研发，国际外包激励了企业创新。高技术产业创新风险大、研发周期缩短、研发投入大，中小企业承担风险能力弱、研发融资难、创新资源不足。模块化创新网络平台有效地解决了中小企业面临的创新难题。计算机产业、电子信息服务业的模块化创新网络是其产业组织创新的根本特点。除了 DVD、计算机、手机、数码相机等信息家电产品之外，飞机、卫星、火箭等航空航天产品，都是模块化生产网络完成生产、模块化研发网络完成产品创新。在现代产业组织，模块化生产网络和模块化创新网络形态多样。比如，中小企业，以及 IBM、Intel、微软等跨国公司构建的全球研发网络。

三 区域产业组织创新演化

区域产业组织创新演化包括区域传统产业组织创新演化和区域现代产业组织创新演化。区域现代产业组织创新取决于区域特点和现代产业创新传统特点。硅谷现代信息技术产业组织创新系统地诠释了区域现代产业组织创新特点。硅谷的区域特点是：斯坦福大学的产业创新传统构建了大学与中小创业企业合作创新传统，仙童半导体公司裂变而产生了创业企业科技创新合作传统，创业企业创造了长期激励的股权文化。信息技术产业科技创业企业集聚形成了模块化网络。硅谷的区域特点与信息技术产业特点结合形成的硅谷信息技术产业创新的显著特征是：专业化供应商和服务公司组成了一个庞大、功能齐全、有效率的创新网络（萨克森宁，1999）。

我国区域产业组织创新随着传统计划经济体制向社会主义市场经济体制转型而全面展开，主要表现在：20世纪80年代的国营工厂组织向行政性企业集团转型；20世纪90年代的行政性企业集团向传统产业企业集团转型。20世纪80~90年代，浙江、江苏、广东等地的劳动密集型产业的产业组织创新丰富多彩、各有特色：家族企业兴起并发展成为传统产业企业集团是浙江的产业生产组织创新特色；农村集体企业、乡镇企业兴起并向传统产业企业集团发展是江苏苏南地区的产业组织创新特色；"三来一补"的港资、台资、外资等三资企业是深圳等经济特区的产业组织创新的鲜明特点。军工厂向民用企业转型是四川、重庆和贵州等省市装备制造、家电等产业的产业组织创新特色。"抓大放小"战略导致的国有中小企业向民营企业转型是东北等国有经济重镇的产业组织创新特点。同时，"抓大放小"战略使得我国石化、钢铁、汽车等产业部门集中地区的产业组织创新有着明显的福特制生产组织特征（张红光，2012）。总的说来，福特制生产组织模式是我国改革开放三十多年来区域传统产业组织创新的基本特征（蒋满元，唐玉斌，2009）。

21世纪以后，随着科学发展观的深入贯彻和创新型国家战略启动与推进，我国区域传统产业组织创新进入了创新型企业建设的新时期。

我国区域传统产业组织迈向创新型产业组织的路径是：20世纪80~90年代，在国营企业组织体系改革中，研究机构与国营工厂合并建立初步的产品开发体系，进入"十五"期间，逐步建立技术研发体系，从"十一五"开始逐步建立创新型产业开发体系。海尔、海信、长虹、创维、TCL等我国家电企业集团的产业组织创新是我国各个区域传统产业组织创新的缩影。在我国区域传统产业组织创新过程中，跨国公司、合资企业、合作企业对我国区域传统产业组织迈向创新型产业组织既有抑制效应又有示范效应。这在我国各个区域的汽车产业组织创新实践中表现得尤其明显。"十五"期末，"大中型企业研发机构数量较少，以企业为主体、政府为主导的产学研结合的创新体系尚未完全形成"。在27万家规模以上工业企业中，仅有25%左右的企业有研发机构（沈家文，2008）。"十一五"期末，我国各个区域内的汽车产业企业由产品开发体系向技术研发体系转型，创新型企业初成雏形。

中关村科技园区是我国最强势的创新型科技园区、中国首家自主创新示范区。中关村科技园区的现代产业组织创新引人瞩目。科技部火炬高技术产业开发中心和北京市长城企业战略研究所（2007）概括了中关村产业组织创新措施。第一，中关村科技园区借鉴硅谷的基本经验，通过设立留学生创业园区，大力发展具有高成长特征的高科技中小企业或称为瞪羚企业。瞪羚企业是产业从形成期到成长期的主要产业创新组织。据2004年《德勤亚太区高科技高成长500强》企业报告，中国有90家企业入选，其中有32家来自中关村。2004年，中关村瞪羚企业数量超过1000家。可见，瞪羚企业代表着新兴产业创新的新兴力量。第二，中关村科技园区大力发展为小微企业服务的孵化器，为成长性企业服务的现代企业加速器。孵化器是实施创业孵化功能的产业组织，其表现形态有企业创新中心、科技园、高新技术创业服务中心、大学科技园、创业园。清华科学园是中关村科技园区唯一一家国家A级大学科技园。现代企业加速器是为瞪羚企业提供综合服务的产业组织。它具有鲜明的整合资源、市场化和网络化、专业化和知识性的特征。第三，大力发展风险资本。风险资本是支撑现代产业创新的新型金融产业组织。美国硅谷拥有世界最发达的、最高效的风险投资产业体系。英国、以色列同样建立了卓有成效的风险产业投资体系。我国借鉴美、英等世界各国的风险投资产业发展经验，经过10年的努力，建立了完整的风险投资与资本市场体系。中关村股份代办转让系统是中关村科技园区的风险资本市场体系。第四，中关村高科技园区力促高科技大公司发展。高科技大公司是强势创新区域高科技产业创新的核心力量。硅谷有惠普、Intel、微软等跨国公司。中关村科技园区贯彻落实科技企业并购政策推动了京东方、联想、北大方正等大公司发展。第五，中关村高科技园区大力发展产业集群。中国高新区是中国具有代表性的创新区域，高新区的产业集群是各区域的现代产业组织创新形态。上海的集成电路产业集群、深圳的电子信息产业集群、长春的汽车及零部件产业集群、西安的通信及软件产业集群、成都的生物医药产业集群、杭州的通信设备产业集群、武汉的光电子产业集群、天津的绿色能源产业集群凸显了各区域现代产业组织创新特征。中关村软件产业集群是北京最鲜明的现代产业组织创新。产业联盟是促进产业集群发展的重要产业组织。研发联盟、生产联盟、市场联盟、创新联盟都是产业联盟的类型。中关村在2002年成立首家产业联盟——TD-SCDMA产业联盟，到2006年年底已有20多家产业联盟成立。中关村产业联盟促进了产业创新和合作创新。与全国其他各区域产业联盟不同，中关村产业联盟形式多样，由市场导向、企业主导，治理方式多样、管理形式灵活和创新（陈小洪等，2007）。制度创新是高新区产业创新的重要驱动轮。

优势区域的现代产业组织创新突出了优势产业特征。江苏苏南地区现代产业组织创新同样体现于通信等现代高新技术产业特点。我国中西部地区的优势区域产业组织创新也各有其特点，如成都生物医药产业组织创新、西安通信设备与软件产业组织创新。产业集群分为创新型集群和运营型集群（王益民，宋琰纹，2007），其中，前者指一系列导致新市场机会辨识与确认、新技术开发及新产品设计等的价值活动在某一特定区位的聚集，后者指生产装配企业与其供应商在特定地理区位的聚集。我国东部沿海地区的产业集群绝大多数都可归结为运营型产业集群。优势区域产业的现代产业组织创新不仅体现在产业集群、产业联盟方面，而且更主要体现在创新型产业集群方面。产业集群发展必然由运营型集群向创新型集群演化。

特色区域的现代产业组织创新体现了特色优势产业特征。绵阳高新区是特色创新区域，军民融合产业是其特色产业。军民融合产业组织发展是绵阳高新区现代产业组织创新的突出特征。比如，绵阳高新区拥有长虹、九洲等100亿元级的军民融合企业，不仅大企业的创新驱动了绵阳高新区军民融合产业创新与发展，而且还有一系列军民融合型高新技术中小企业发展。军民融合型产学研创新联盟是绵阳现代产业组织创新的中间组织和载体。在绵阳军民融合产业发展过程中，第九工程研究院、827空气动力研究中心、绵阳工业研究院、西南科技大学与长虹、九洲等组建了产学研创新联盟。绵阳高新区构建了以长虹为代表的跨国研发网络体系，构建了以长虹、九洲为代表的军民融合企业创新体系。事实上，中西部绝大多数的特色区域都根据各自特色优势产业发展现代产业组织。中小企业创新能力弱，中小企业创新联盟发展不充分是特色区域现代产业组织创新面临的突出挑战。

第三节　区域企业创新价值链与创新型企业优势

价值链（value chain）是最初由美国哈佛大学波特在《竞争优势》一书中提出的战略分析框架。波特认为，任何企业的价值链都由一系列相互联系而又相分裂的创新价值的作业构成，包括产品的设计、生产、营销和分销等。随后，价值链工具不断扩展、外化并成为应用十分广泛的分析工具。我们运用价值链分析工具考察创新型企业优势。

一 区域企业创新价值链

随着产品创意、设计、研制、制造、市场等内在作业流程分工外化成为独立的企业并形成产业，波特的企业价值链因而外化为企业创新价值链和创新型企业价值链（图 4-1、图 4-2）。企业创新价值链就是关键零部件企业创新与其上下游关联企业的创新关系或者是创新型企业与非创新型企业的价值定位关系。

图 4-1　企业创新价值链

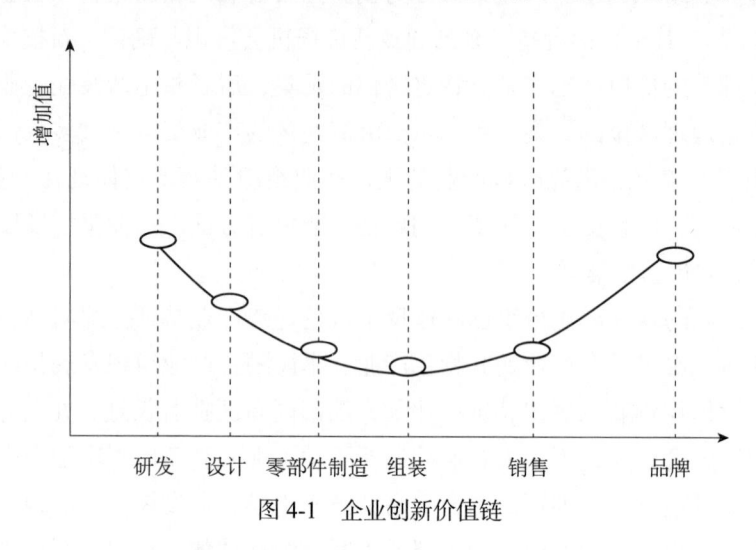

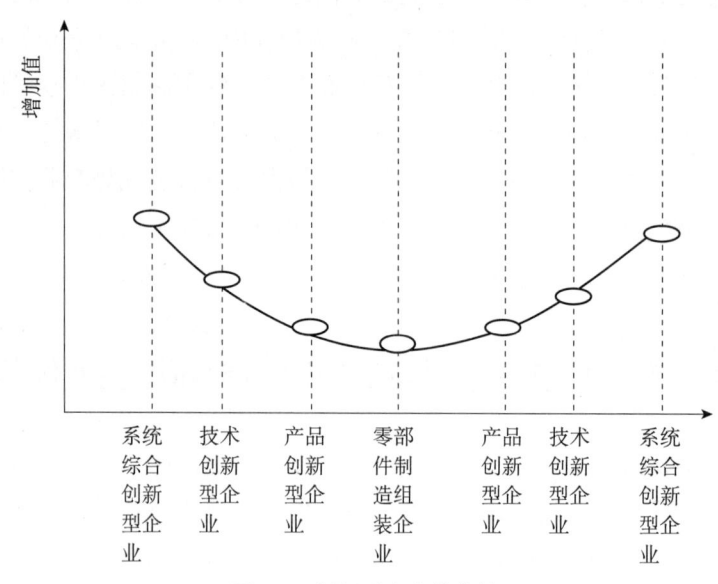

图 4-2　创新型企业价值链

图 4-1 表明，企业内部作业程序分工独立演进到各自独立成企业之间的合作关系。研发、设计、销售和品牌处于产品创新的关键环节，其增加值较高。零部件制造、组装增加值较低。从世界范围看，创新型企业控制了研发、设计、销售和品牌四个增加值高的环节，零部件制造、组装环节全部外包或转移到劳动力比较优势的国家和地区。例如，汽车设计、软件设计流程分工深化，某些不具有比较优势且非关键模块设计外包，形成了意大利的汽车设计产业和印度的软件服务业。研发企业创新、设计企业创新、零部件制造企业和组装企业工艺创新、销售企业创新和品牌企业创新演绎了企业创新价值的分配关系。

图 4-2 表明，沿着产品创新、技术创新、市场创新描述产品组装企业、产品创新型企业、技术创新型企业、系统综合创新型企业的价值链关系。产品组装企业即指专职承担产品零部件制造组装企业，产品创新型企业指以产品功能改进为创新目标的企业，技术创新型企业指专职于新技术创新的企业，系统综合创新型企业指在技术、产品、管理、市场、品牌等方面综合创新的企业。其中，产品组装加工企业的增加值最低，产品创新型企业的增加值较产品组装企业的增加值有所增加，技术创新型企业的增加值较高，系统综合创新型企业的增加值最高。

各种不同的创新型企业对区域创新体系要求不同。我们认为，系统综合创新型企业要求理想创新区域或准理想创新区域，而技术创新型企业或产品创新型企业要求次优创新区域，零部件制造和组装企业要求普通区域。观察世界各国的电子信息产业、汽车产业的创新型企业集聚和演进历史，我们发现，电子信息产业、汽车产业的研发设计企业都集聚于适合其生存的比较理想的创新区域（如美国硅谷、底特律等），电子信息零部件制造企业、汽车零部件制造企业则集聚于普通区域（如中国东莞等沿海地区）。在这些集聚区域，大企业或综合创新型或核心创新型企业是区域创新型企业价值链中的领导者，其他配套类创新型企业随着综合型创新企业迁移而发生迁移。因此，区域创新型企业价值链是区域内系统综合类创新型企业与配套创新型企业的价值关联系统。

创新型企业的空间转移通常是一种产业横向转移，即产业高端领域的全球布局，并由核心领域对多区域进行整合。这种转移由系统综合类创新型企业主导，并缘于其创新竞争战略需求。

二 创新型企业优势

企业竞争优势理论经历了成本优势、资源优势、市场垄断优势、技术优势、专利优势、管理优势、创新优势等发展阶段。

19世纪，企业的主要任务是生产产品。价格竞争是企业竞争的主要策略。生产成本对价格具有决定性影响：生产成本越低，对价格竞争越有利。生产成本优势代表了生产经营型企业竞争优势。英国著名经济学家大卫·李嘉图在研究国际竞争时提出了比较成本优势理论。至今，比较成本优势仍是企业竞争优势的基本内容。

随着生产集中度提高，垄断竞争市场形成，垄断、寡头竞争式样出现，不完全竞争市场是市场的基本形态。这种不完全竞争市场表现为：产品和生产要素市场不完全；由规模经济导致的市场不完全；由政府干预经济导致的市场不完全；由税赋和关税导致的市场不完全。垄断企业控制了原材料生产、市场，垄断优势成了企业追求的目标。但是，垄断损害了公平竞争，降低了资源配置效率，减少了消费者效用。随着世界各国反垄断法的相继制定和实施，垄断优势的内涵保留了技术垄断优势、规模竞争优势，并由国内扩散到国外。美国经济学家海默分析公司海外投资动因时指出，技术垄断优势、规模竞争优势是美国企业海外投资的根本原因。跨国公司的垄断优势包括两类：一类是包括生产技术、管理与组织技能和销售技能等一切无形资产在内的知识资产优势；一类是由于企业规模大而产生的规模经济优势。

20世纪60年代以后，国际经济一体化发展到生产投资国际化阶段，东欧国家社会主义体系崩溃，中国改革开放，全球经济进入了全球市场化阶段，北美自由贸易区协议签署、欧盟经济区发展标志着区域经济一体化加速发展。专利、品牌成了公司跨国竞争的基本优势。如何保护专利和品牌以获得最大利润，市场交易不是一种有效的手段。科斯理论的解释是，在市场上进行某种类型的交易需要支付一定的成本。这种成本包括：寻找合适的贸易价格成本；在合同中规定双方权利和义务的成本；接受合同的风险成本；对市场贸易所支付的交易成本等。知识产品市场交易成本高于企业内部管理成本，知识产品市场交易不利于保护企业竞争优势。英国里丁大学学者巴克莱（P. J. Buckley）、卡森（M. Casson）等学者在科斯理论基础上提出了市场内部化理论。其基本观点是，知识产品包括专利、专有技术、商标、行销技巧、管理才能及人员培训等，其交易市场的不完全性表现在：在寡占的情况下，买卖双方比较集中，很难进行议价交易；不存在期货市场时，买卖双方难以签订期限长短不同的期货合同；不存在差别定价市场；知识产品价格缺乏可比性；新产品从研发到产销所需时间较长。因此，市场内部化是保护企业知识产品竞争优势的有效机制或制度安排。

对于跨国竞争优势的理解，英国经济学家邓宁（J. H. Dunning）认为，上述观点都有不足之处，跨国公司的优势应当包括企业所有权优势（ownership specific advantage）、内部化优势（internalization advantage）和区位优势（location specific advantage）。企业所有权优势指一国企业拥有或能够得到别国企业没有或难以得到的生产要素禀赋（自然资源、资金、技术和劳动力）、产品的生产工艺、发明创造能力、专利、商标、管理技能等。邓宁认为，所有权优势有三类：①由于规模、垄断、资源的获得能力等所产生的优势，如接近原料或产品市场、生产规模、寡占某种无形资产等；②子公司与其他企业相比可以得到母公司的某些资源的优势，如较廉价的投入物、市场情报、管理经验、研发成果等；③由于企业的跨国性所产生的所有权优势。

内部化优势是指企业为避免不完全市场带来的影响而把企业的优势保持在企业内部。邓宁认为，市场的不完全性包括两方面内容：一是结构性的不完全性，这主要是由对竞争限制引起的；二是认识不完全性，这主要是由于产品或劳务的市场信息难以获得，或者需要花很大代价获取。

区位优势指A国比B国能为外国厂商在该国投资设厂提供更有利的条件。区位优势包括各种自然资源、劳动力、制度因素、产业结构因素、市场规模因素、税收和补贴、进口限制、交通运输成本等。

从国际投资专家对企业跨国竞争优势的概括和总结可以看出：在跨国公司的竞争优势中，知识产品优势是不可或缺的，知识产品内部化是保护知识产品优势的基本战略。值得注意的是，国际投资专家对跨国公司竞争优势的解读突出强调了静态性、资源性等特征。从创新型企业角度看，跨国公司具有创新资源优势，也就是知识产品资源优势。

战略管理学专家认为，企业的竞争优势不仅仅在于创新资源优势，更在于创造、管理创新资源的能力优势。制度经济学家威廉姆森的专有性资产理论、波特的竞争优势理论、普拉哈拉德和海默尔的核心能力理论等都解释了创新竞争优势。现代企业是专业知识融合而形成的团体经济组织。一个人投入一个团队所需要的专业知识，形成一个团队所需要的专业能力，就形成了一个人的专有知识，这种专有知识在脱离这个特有团队后就会极大损害它的价值。一个企业是由很多人的专有知识融合形成的企业专用资产，这种资产不能复制、不能分解、不能模仿，被制度经济学家称为威廉姆森的专有知识、核心竞争力理论的核心能力。现代企业归核以后演变为专业化企业或专业化企业的联盟。无论什么样的现代企业形式，都必须向消费者提供品质优良的产品。波特把现代企业竞争优势概括为成本优势、创新优势和特色优势，具有这些优势的现代企业才可能持续发展。这里的问题是，必须区分专业化企业的专业核心创新优势和系统集成企业的综合创新竞争优势。前者是基础，后者是融合。单一专业核心创新优势来源于单一专业核心创新能力，系统集成企业的综合创新能力造就综合创新优势。单一专业核心能力做到低成本创新，系统集成企业的综合创新能力实现创新规模经济。

专业化企业因其单一专业核心创新优势难以做大，高度专业化的现代科技型企业大都是中小企业，这在IT产业中是极其普遍的现象。印度软件外包服务业、中国宁波纽扣加工业、意大利的设计服务业和汽车零部件制造业都体现了这种专业化企业特点。随着产业裂变，逐渐形成了细分产业，如意大利的汽车设计服务业、新兴的动漫产业等，都是高度专业化创新竞争的结果。在这些产业中，创新型企业的创新优势是归核的特色创新优势。系统综合集成企业因其综合创新优势通常都实现创新规模经济，如IBM公司、Intel公司、微软公司等。汽车产业的系统集成企业，如通用汽车、丰田汽车公司等都具有综合创新优势。我国201家创新型企业都是大中型企业。试点的中央企业全部为大型企业，绝大部分试点企业资产规模都在10亿元以上，试点企业普遍经济效益较好。在创新型企业中，如华为、海尔、联想、奇瑞等都具有了较强的综合创新优势。

创新型企业优势发展沿着单一专业化创新特色优势向系统集成综合创新优势演变。无论何种样式的创新型企业在创新价值链中的位置循着产品创新、技术创新、核心技术－产品创新和系统综合创新提升。具有产品创新优势的企业、具有技术创新优势的企业、具有核心技术－产品创新的企业和具有综合创新优势的企业，形成了如图4-2所示的创新型企业价值链。

创新区域有三大类型，即强势创新区域、优势创新区域和普通创新区域。强势创新区域的创新型企业优势表现在：创新型企业集聚优势突出、层次丰富、结构合理、价值链完整、网络体系形成。创新型企业集聚优势突出是指理想创新区域集聚了数量众多的创新型企业。比如，美国硅谷集聚了IT产业的60%以上的创新型企业。创新型企业层次丰富是指理想区域同一产业中既有产品创新型企业、技术创新型企业、核心技术－产品创新型企业等专业化创新型企业，又有系统集成的创新型企业。创新型企业结构合理是指理想创新区域同一产业中既有大型的、核心的、全球型创新型企业，又有中小型专业创新型企业，二者的比例关系协调。创新型企业的价值链是指理想创新区域的同一产业内的创新型企业之间形成了产业分工合理的，上、中、下游创新型企业相互协调的价值链。系统集成的综合创新型企业主导了创新型企业价值链，配套创新型企业支撑了综合创新型企业发展。创新型企业网络体系形成指的是理想创新区域的创新型企业不仅在纵向上形成了价值链，而且在相关产业上形成了创新型企业价值链的相互协调关系及其与学校、研究机构合作的网络关系。美国硅谷、北京中关村的创新型企业优势就是典型案例。

优势创新区域的创新型企业优势表现在：或者是创新型企业集聚优势突出，或者是层次丰富，或者是其他某个方面。我国中关村集聚了全国前两批201家创新型企业的56家，占了近40%。我国台湾新竹工业园区的创新型企业集聚优势突出表现在中小创新型企业集聚优势，层次上缺乏核心技术－产品创新型企业或综合创新型企业，结构上有大型创新型企业与中小创新型企业比例失衡特征，价值链不完整。印度班加罗尔的创新型企业集聚优势突出表现在软件设计企业众多，软件服务型企业价值链完整，产学研体系完整。我国东部地区的高新技术产业区如上海、杭州等地的创新型企业优势或者表现在大型创新型企业优势，或者表现在产品创新型企业优势，或者表现在某个产业内的创新型企业价值链完整等。

普通创新型区域的创新型企业优势表现在：或者只有大型创新型企业，或者只有小型企业，或者仅有产品创新型企业，或者仅有小量的创新型企业集聚。我国西部地区的绝大多数高新区的创新型企业优势具有上述特征。

综上所述，区域创新型企业优势可分为普通区域创新型企业优势、次优区域创新型企业优势和理想区域创新型企业优势三类，这三类区域创新型企业优势构成了低、中、高三个层次（图4-3）。因此，区域创新型企业建设目标应当从本区域出发，推动区域创新型企业优势沿着普通区域创新型企业优势经次优区域创新型企业优势到理想区域创新型企业优势发展。在实践中，北京中关村创新型企业优势的建设目标是拥有硅谷的创新型企业优势，我国西部地区高新区创新型企业优势的建设目标是拥有北京中关村那样的创新型企业优势。

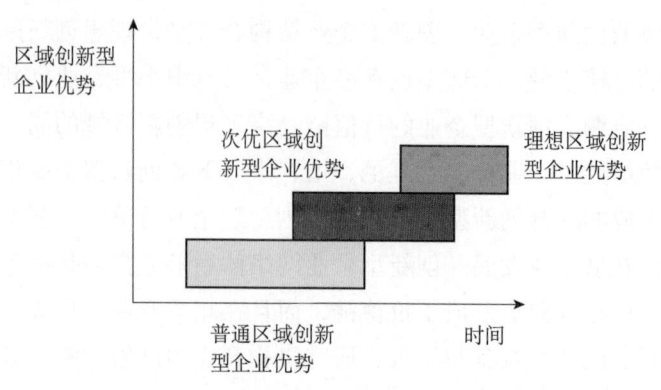

图 4-3　不同创新区域的创新型企业优势

三　创新型企业竞争与合作关系

　　竞争经历了对抗性竞争、合作性竞争和超合作性竞争三个阶段。对抗性竞争是竞争的初级阶段，主要手段有资源竞争、价格竞争和市场竞争，一方吞掉另一方是竞争的结果。合作性竞争是实力相当的竞争对手合作获取资源、市场和利润的竞争。战略结盟是合作性竞争的基本形式，共同发展愿景是合作性竞争的动力，合作性竞争参与方一旦取得优势就可能消解合作。超合作竞争是竞争的高级阶段，创新是超合作竞争的基本战略，共同发展是超合作竞争的出发点和归宿。创新型企业的竞争是超合作性竞争，即通过发明创造、科学发现和企业知识融合开发新需求的竞争。产品创新、技术创新、管理创新、制度创新是创新型企业竞争的基本策略。

　　产品创新需要企业与客户的长期沟通，企业通过对客户需求的跟踪，辨识客户需求，引导客户参与产品开发，开发满足客户需求的产品。企业在不断的产品创新过程中积累了产品开发的新知识、新经验，形成了产品创新的新机制和新管理体制。这些产品创新的新知识累积性增长就是企业产品创新能力形成、巩固、增强的过程。企业产品创新竞争的结果就是具有更强产品创新能力的企业取得更多的利润、更大的市场份额，反之反是。20 世纪 90 年代，我国家电企业的竞争胜利者长虹、海尔等就是产品创新竞争的胜利者。

　　技术创新需要企业熟练地认识到基础科学发现、技术发明及其市场开发的知识和技巧。产品创新技巧和经验是技术创新的基础，科学发现、技术发明、专利管理是技术创新的核心。高校专家、技术工程师的相互交流、合作是技术创新的加速器。企业技术中心是技术创新的载体和平台，企业技术研发网络是技术创新合作平台。企业通过技术创新不断完善技术创新平台、集聚创新人才、吸纳各种创新资源，形成技术创新体系、管理体制、合作机制，从而积累技术创新能力。企业技术创新竞争的结果就是具有更强技术创新能力的企业有更高的新知识生产率、新产品利润率、更大的新产品市场份额，反之反是。21世纪初的十年，家电业竞争的胜利者海信就是技术创新竞争的胜利者。

核心技术－产品创新竞争既是产品创新竞争又是技术创新竞争。核心技术－产品创新竞争是高端创新竞争。产品创新知识、技术创新知识是核心技术－产品创新竞争的基础。核心技术、关键零部件产品、系统集成、专利、品牌和标准是核心技术－产品创新竞争的主要内容和重点。管理体制创新、激励制度创新是核心技术－产品创新的根本推动力。企业家是核心技术－产品创新的直接推动力量。核心技术－产品创新是多学科知识、多专业、多企业的系统集成。因此，核心技术－产品创新具有产业创新性质，是产业创新的关键。核心技术－产品创新经验和知识累积形成了企业核心创新能力。通过主持和参与核心技术－产品创新竞争，企业核心创新能力不断增强，并逐步占据创新竞争高端。中国汽车产业竞争正上演这种创新竞争。中系汽车企业如奇瑞、吉利、比亚迪等汽车企业在国际金融危机以后走上了核心技术－产品创新竞争之路。比如，奇瑞宣称掌握了发动机、底盘、变速箱和整车的核心技术；比亚迪在新能源汽车的关键部件电池技术方面取得了技术突破，占领了电动汽车竞争的制高点。

各创新竞争阶段都有各自的创新竞争特点。在产品创新竞争阶段，创新型企业的创新竞争重在产品创新能力；在技术创新竞争阶段，创新型企业的创新竞争重在技术创新能力；在核心技术－产品创新竞争阶段，创新型企业的创新竞争重在核心技术创新能力、品牌创造能力、专利管理能力、标准控制能力。当前，我国创新竞争正在由产品创新竞争向技术创新竞争升级，少数企业、少数行业向核心技术－产品创新竞争阶段迈进。总体上看，技术创新竞争是我国创新型企业竞争的基本特点。

创新竞争需要创新合作。全球化加速了竞争国际化，日常生活用品、资本品的竞争都是世界各国企业的竞争领域。国际竞争、跨国竞争突显了竞争各方的优势。跨国公司有知识所有权优势、内部化优势，本土企业有市场优势、文化优势。跨国公司与本土企业优势结合是产品创新成功的保证。因此，创新合作是跨国公司与本土企业产品创新的基本式样。例如，中国三大国有汽车集团与德国大众汽车公司、日本丰田汽车公司、广州本田汽车公司合作，成功开发了适合于中国市场的汽车产品。在国际金融危机期间，中国市场成了跨国车企利润增长的主要来源。信息化加快了知识和产品创新步伐。在 IT 产业中，摩尔定律揭示 IT 产品的创新周期为 18 个月，而在其他产业中，产品创新周期通常为 3~5 年。新产品、新知识生产率大幅度提高，任何企业仅凭自己的创新资源难以及时开发出个性化、批量化的市场需求。因此，创新型企业合作或企业创新合作是创新竞争的基本式样。美国 IT 产业、我国汽车产业的创新型企业开展了内容丰富、层次多级、形式多样的创新合作。创新合作是当代创新竞争的普遍形式。创新合作是我国创新型企业迅速提高自主创新能力的必然选择。

创新型企业之间的竞争与合作是衡量创新区域好与不好及其程度的标识。在理想的创新区域，创新型企业之间的竞争与合作始终处于均衡状态。创新型企业之间的竞争是公平竞争，创新竞争不会破坏创新合作。创新型企业之间的合作促进创新充分竞争。萨克森宁（1999）指出，"即使在强大的竞争压力下，内在的忠诚及对优势技术的共同协议也把本行业的成员们团结起来。本区的公司都在竞争市场份额和技术领导地位，同时它们又都依赖这个地区独树一帜的合作实现。'硅谷悖论'在于竞争需要不断创新，而创新反过来又需要公司间的合作"。在次优创新区域，创新型企业之间的竞争与合作处于不均衡状态。创新竞争常常破坏创新合作，创新合作效率始终不高，创新合作常常受到机会主义行为破坏。创新合作效果不尽如人意。我国新近发展起来的很多产业联盟、创新联盟形同虚设。创新型企业之间常常又特别渴望合作。在普通创新区域，创新型企业之间多数情况是竞争，合作是零散的、随机发生的行为。

比如，发展战略性新兴产业就需要中小创新型企业和核心创新型企业协同。前文已指出，在流动性阶段，中小创新型企业是新兴产业创新的主力军，因此必须要创造良好的创新创业企业生长环境；在过渡阶段，核心创新型企业是新兴产业创新领导力量，必须要发展创新型企业集团；在专业化阶段，战略性新兴产业的创新主力是模块化创新网络组织。但是各国不同产业却有各自的组织特点。日本为解决新兴产业发展问题，引进了合同公司（limited liability company，LLC）和有限责任事业组合（limited liability partnership，LLP）制度（平力群，2010）。新兴产业市场结构演变轨迹是（吴照云，余焕新，2008）：同一产业中核心技术链环节的导入期较长，并形成高集中度的垄断市场结构；而非核心技术链环节则越过导入期直接进入成长期，并形成分散竞争的市场结构，但二者殊途同归——向寡头垄断的市场结构演进。

第四节　区域创新型企业战略选择

根据区域创新型企业价值链理论，普通创新区域、优势创新区域和强势创新区域的现代产业发展要求选择不同的创新型企业战略。区域的创新型企业战略有创新区域、产业性质和创新竞争三个维度。这三个维度变化形成多种区域创新型企业战略。

一　普通创新区域的创新型企业战略

普通创新区域、产业性质和创新竞争三个维度组合形成的区域创新型企业战略组合有：①普通创新区域、传统产业与成本竞争（低创新竞争）组合；②普通创新区域、高技术产业与成本竞争（低创新竞争）组合；③普通创新区域、战略性新兴产业与成本竞争（低创新竞争）组合；④普通创新区域、传统产业与创新竞争组合；⑤普通创新区域、高新技术产业与创新竞争组合；⑥普通创新区域、战略性新兴产业与创新竞争组合。其中，①②③组合是普通创新区域现代产业发展的低成本战略，即过去三十年主流的招商引资战略。这种战略组合形成了制造企业或运作型企业战略。④⑤⑥三种组合生成了普通创新区域现代产业创新型企业驱动战略。普通创新区域的传统产业创新型企业驱动战略应当是首要战略目标。因为普通创新区域的传统产业拥有优势企业，着力于这些优势企业创新能力培育，促进信息技术、智能技术和绿色环保技术在传统产业的广泛而大规模地应用。从区域创新型企业价值链上看，普通创新区域的现代产业创新型企业驱动战略应当是产品创新型企业的低成本创新优势战略和现代加工制造业的域外先进企业投资战略。普通创新区域的高技术产业创新型企业驱动战略和普通创新区域的战略性新兴产业的创新型企业驱动战略都应当谨慎。

模仿型产业技术创新战略是指企业自己不进行新技术研究与开发，而是靠购买技术专利进行仿制，步人后尘。采用这种战略，投资相对较少，获得技术的速度也较快，比较适合于那些初始技术开发力量薄弱而制造能力相对较强的企业。普通创新区域（如我国中西部地区）的不少企业采用了模仿型产业技术创新战略。通过技术引进、消化和吸收，成功地开发出了自己的新技术和新产品，推动了企业的发展。在普通创新型区域，绝大多数产业的创新型企业都选择了产业技术模仿战略，仅有特色优势产业的创新型企业选择了产业技术跟随战略。在普通创新区域的少数产业或少数产业的某一环节的少数创新型企业才可选择产业技术领先创新战略。在实践上，普通创新区域，如新疆的高新技术产业实施创新型企业战略在性质上是产品创新类的创新型企业发展，新疆的新能源产业的创新型企业战略亦是如此。

普通创新区域基本上不利于新兴产业发展。在普通创新区域，创新竞争势微，创新文化特弱，创新激励体系没有建立起来，因此创新型企业难以进入新兴产业。在我国西部地区或东北地区的资源型产业都属于衰退型产业，这些产业的创新型企业要进入新兴产业，最优选择是通过资源的整合、转移、置换开发出新的满足市场需求的产品，实现产业转型，从而培育出新产业。比如，大规模地应用循环经济技术、低碳产业技术改造传统资源采掘技术，形成新兴产业。

在普通创新区域，创新型企业的产业整合着眼于完善市场体系，力求实现如下战略目标：①从市场结构上看，产业整合使原来纵向一体化的市场结构逐渐转变为横向的市场结构；②从市场行为方面看，企业间容易形成合作竞争和标准竞争；③实现产业价值链的高端化、产业收益最大化、产业技术专利化、专利技术标准化。

二 优势创新区域的创新型企业战略

优势创新区域、产业性质和创新竞争三个维度组合形成了可能的区域创新型企业战略：①优势创新区域、传统产业与成本竞争（低创新竞争）组合；②优势创新区域、高技术产业与成本竞争组合；③优势创新区域、战略性新兴产业与成本竞争组合；④优势创新区域、传统产业与创新竞争组合；⑤优势创新区域、高技术产业与创新竞争组合；⑥优势创新区域、战略性新兴产业与创新竞争组合。

其中，①②③三种组合形成了优势创新区域的现代产业的低成本驱动战略组合。从创新角度看，这种低成本驱动战略表现为创新型企业的技术追随战略，原因在于优势创新区域具有满足技术追随战略的条件：①创新区位拥有一些高端创新资源；②地方的优势产业或支柱产业的产业支撑体系完整；③市场需求规模效应难以完全消减创新成本；④创新型企业的战略竞争仍处于较低层次和水平的创新竞争阶段，创新合作成本和风险很高；⑤核心创新型企业产业技术领先的创新能力不足；⑥中小创新型企业数量不足、风险资本企业数不多、产业咨询服务体系有明显缺陷；⑦产业激励体系不完整，比如说，制度激励体系就有缺陷。

④⑤⑥三种组合形成了优势创新区域的高新技术产业的创新型企业战略组合，包括优势创新区域的传统产业的创新型企业驱动战略、优势创新区域的高技术产业的创新型企业驱动战略和战略性新兴产业的创新型企业驱动战略。优势创新区域的传统产业是其支柱产业。在优势创新区域的支柱产业内有一批技术创新型企业。因此，应当做强技术创新型企业优势，提高创新能力，推动优势创新区域的创新型企业与现代新技术深度融合，即传统技术、信息技术、生态技术的深度融合，形成新的企业创新竞争优势，如汽车企业、钢铁企业、矿山企业等。优势创新区域的高技术产业有一批产品创新型企业，应当推动这些企业升级为技术创新型企业。优势创新区域的战略性新兴产业的科技型小微企业拥有比较优势，应当选择优势区域内拥有基础研究支撑的科技型小微企业作为发展重点，以此推动本区域的战略性新兴产业发展。简言之，优势创新区域的现代产业的创新型企业驱动战略应当是：传统支柱产业的技术创新型企业战略＋高技术产业的技术创新型企业战略＋基础研究型战略性新兴产业的小微创新型企业战略。

次优创新区域同样有利于新兴产业发展。在次优创新区域，创新竞争处于新兴产业价值链某一环节，创新型企业进入新兴产业有较多困难，如在这一产业领域中创新竞争激烈、创新周期短、新产品市场规模效应不足等。通过政策补贴、税收减免等措施可以促进创新型企业选择新兴产业战略。

在优势创新区域，核心创新型企业通过并购新兴技术企业，加速与传统产业技术的融合，通过整合区域内外的创新资源，使企业主动进行替代性或互补性融合，以增强产业的核心竞争力。

三 强势创新区域的创新型企业战略

强势创新区域、产业性质和创新竞争三个维度形成了可能的区域创新型企业战略组合。①强势创新区域、传统产业与成本竞争组合；②强势创新区域、高技术产业与成本竞争组合；③强势创新区域、战略性新兴产业与成本竞争组合；④强势创新区域、传统产业与创新竞争组合；⑤强势创新区域、高技术产业与创新竞争组合；⑥强势创新区域、战略性新兴产业与创新竞争组合。

其中，①②③三种组合是强势创新区域的低成本创新战略组合。强势创新区域因其投资区域优势使现代制造业发展取得了举世瞩目的成就，珠三角和长三角的现代加工制造业发展成就就是范例。④⑤⑥三种组合是强势创新区域的现代产业的创新型企业驱动发展战略，包括强势创新区域的传统产业的创新型企业战略、强势创新区域的高技术产业的创新型企业驱动战略和强势创新区域的战略性新兴产业的创新型企业驱动战略。由于强势创新区域的综合创新优势、创新型企业强大的核心竞争力，强势创新区域的现代产业发展应当实施大中小、各类创新型企业协同发展战略。其中，强势创新区域的现代产业发展应当重点放在高技术高端产业和高端战略性新兴产业。因此，其创新型企业发展应当是重中之重。

在强势创新区域，创新型企业可选择主导型或引领型产业技术创新战略。因为强势创新区域满足主导型产业技术创新战略要求：①创新区位具有足够的高端创新资源；②地方产业支撑体系完整；③市场需求规模效应等于创新成本；④创新型企业战略竞争达到了创新竞争水平；⑤核心创新型企业拥有产业技术领先创新战略综合能力；⑥足够多的中小创新型企业体系、足够多的风险投资资本量、非常完整的产业咨询服务体系；⑦有效的产业领先技术创新战略激励体系，这种激励体系包括制度激励体系、产权激励体系、税收激励体系。从理论上讲，在一个理想创新区域内，创新型企业是可以选择产业领先技术创新战略的。从实践看，美国硅谷逐步成为全世界最优的创新区位，基本满足了创新型企业在信息技术产业选择领先战略的条件。因此，美国硅谷的核心创新型企业独自追求产业领先技术创新战略，而其他中小创新型企业则通过产业创新联盟或产学研创新联盟追求产业领先技术创新战略。

在传统产业中，产业整合一般与产业生命周期关系密切，多发生在市场增长缓慢、产品趋于成熟的行业。在新兴产业中，产业整合一般与创新周期关系密切，多发生在创新活跃的区域和产业。在理想创新区域，核心创新型企业为了扩大创新竞争优势常常通过并购新技术企业、有发展前景的技术创业企业建构产业创新价值链。

理想创新区域是孕育新兴产业的温床。在理想创新区域中，大量中小创新型企业涌现，导致新兴产业技术取得突破、新兴产业不断产生，战略性新兴产业也应运而生。创新型企业易于进入新兴产业，那些对突破性技术比较敏感的企业易于成长为核心创新型企业。比如，美国的Intel公司、微软公司分别成长为半导体行业和操作系统行业的核心创新型企业。

随着创新区位由普通创新区域升级到次优创新区域和理想创新区域，产业竞争性质由对抗性竞争向合作型竞争、创新竞争转化，地方优势产业支撑体系不断完善，创新型企业的技术创新战略随之调整，创新型企业也必须要准确把握这种变化，创新型企业才可持续发展。例如，无锡的小天鹅公司于20世纪80年代初引进日本松下公司技术生产全自动洗衣机，在积累生产经验和赢得利润的同时，也逐步提高了自身的研究与开发水平，走过了模仿型产业创新战略阶段。20世纪90年代，江苏创新区位开始变化，洗衣机产业竞争性质发生变化，地方优势产业体系开始形成，小天鹅公司开始独立开发菱形立体水流技术洗衣机、模糊控制洗衣机等新技术、新产品，获得了很大的成功，从而成为中国洗衣机行业的"领头羊"。海尔集团公司经历了类似的创新历程，随着创新竞争全球化，海尔在洗衣机核心技术–产品创新方面取得了巨大成功，成为洗衣机产业的技术领先者。

第五节　区域创新型企业发展政策

一　区域创新型企业发展政策演进

区域创新型企业政策实际上是我国科技政策与区域实际情况相结合的产物。我国各个省（自治区、直辖市）为了贯彻国家科技政策，相继制定了各省（自治区、直辖市）的科技政策。截至2015年，区域创新型企业政策主要表现是区域创新型企业的技术中心政策、科技人员创业政策、创新型企业政策和创新创业政策。

区域创新型企业技术中心政策包括促进研究所与企业相结合的政策、企业研发中心政策。简单地说，促进研究所与企业相结合政策就是建立技术市场的政策。技术市场政策难以解决技术产品定价问题、技术知识的公共物品性质和正外部溢出效应问题以及我国《专利法》执行不够严格问题。技术交易的困难与技术知识的非竞争性有关。这就要求政府应着眼于组织重构，建立技术研发中心，鼓励企业内部化的研发活动。

企业建立研发中心，使研发部门与生产、财务部门一样成为企业的基本职能部门。这种研发内部化方案缩短了委托代理链，生产、研发和销售各部门之间的横向沟通和联系变得更加迅速了。但是，通过兼并合作建立企业研发中心政策效果不尽如人意，企业兼并研究所的进程缓慢，其原因是：①国有大中型企业往往享有较强的垄断力量，技术进步的动力不强；②科研院所的整体研究能力不强，企业希望接受和吸纳的只是那些科技开发能力较强的科学家和工程师，而不希望接纳冗余人员。

随后几年，政府采取了鼓励企业自建研发中心的政策。企业自建研发中心有如下优势：①可以仅仅招聘它们需要的技术人员，规避其他冗余人员；②有利于集中剩余控制权。企业自建研发中心的政策取得了显著效果，经过6年时间，国有大中型企业基本上建立了自己的研发中心。

为了充分利用高校和研究所的科技人员，促进我国高新技术产业发展。自1986年以来，我国政府就相继制定和出台了鼓励科研人员科技创业的政策。当时，科研人员创业政策俗称"下海"政策。1986年3月，邓小平批示"863计划"，从此中国的高技术研究发展进入了一个新阶段。在此后的半年时间里，中共中央、国务院组织200多位专家，研究部署高技术发展的战略，经过三轮极为严格的科学和技术论证后，中共中央、国务院批准了《高技术研究发展计划（863计划）纲要》。

区域创新型企业试点的政策及其实施情况。2006年1月，根据国科发政字〔2006〕31号文件，科技部、国资委、中华全国总工会（以下简称三部门）发布"技术创新引导工程"实施方案。2006年4月，三部门根据"技术创新引导工程"中的总体部署，决定开展创新型企业试点工作，制定并发布了创新型企业试点工作实施方案。紧接着，四川、江苏、河南、湖南、陕西、江西等省都相继制定了本省的创新型企业试点工作实施方案。国务院、各试点省（自治区、直辖市）为创新型企业试点而专门制定的其他相关配套政策。

2013年以来，我国政府力推大众创新，万众创业。截至2015年，政府相继推出工商注册、小微企业基金、股权、专利等一系列小微创新企业发展政策。

二 区域创新型企业发展政策目标

国家创新型企业发展的政策目标是：增强自主创新能力，培育核心创新型企业，带动产业核心竞争力提升。区域创新型企业政策目标：①增强本区域自主创新能力，培育本区域的核心创新型企业，引领本区域产业核心竞争力提升；②创新区域差异性导致不同创新区域发展不同的创新型企业，建构创新型企业体系。

我国绝大多数区域都是普通创新区域，这些区域创新型企业发展政策目标应当是：在某一个特色优势产业或支柱产业中培育核心创新型企业，以核心创新型企业带动中小创新型企业发展。次优创新区域的创新型企业发展政策目标应当是：在至少一个优势产业中或主导产业中培育核心创新型企业与中小创新型企业协调发展格局；或者是核心创新型企业集群；或者是中小创新型企业集群。一个理想的创新区域的创新型企业发展目标就是：核心创新型企业与中小创新型企业发展并重，综合创新型企业与专门化创新型企业并重，传统产业的创新型企业与新兴产业的创新型企业并重，产品创新型企业、技术创新型企业、核心技术–产品创新型企业并重。

三 区域创新型企业发展政策重点

普通创新区域在创新区位方面较差，主要表现在：创新资源集聚能力弱、创新型企业少、创新区域内的产业体系不健全、市场体系不发达、政府服务能力弱。

普通创新区域的产业特征具有鲜明的地方特征。我国西部绝大多数区域的产业特征表现为资源型产业、传统采掘业。这些产业普遍存在散、乱、差的问题，产业集中度低。山西煤炭工业、内蒙古稀土工业等就是比较典型的例子。

随着环保问题日益突出，资源型产业发展迫切需要企业在清洁技术、节能技术、环保技术方面的创新。普通创新区域的企业普遍缺乏技术创新的内生动力。同时，普通创新区域的企业的技术创新能力普遍较弱。

普通创新区域的创新型企业战略政策应当是：①制定更具吸引力的人才、资本、土地、税收政策体系，建设有效率的政府行政服务体系，建设便捷的基础设施体系，建设公平、公正、公开的市场体系；②抓住产业转移的历史机遇，构建现代产品链、技术链和地方产业体系；③构建现代产品创新体系及其政策体系；④建设产品创新型企业集聚区、开放区；⑤做强传统优势产业如资源型产业、支柱产业的重点创新型企业；⑥抓住大众创业万众创新政策的历史机遇，大力发展小微创新型企业。

优势创新区域在创新区位上与强势创新区位有较大差距，这种差距体现在：①创新资源集聚能力弱于强势创新区位；②创新的制度环境还有很多不完善的地方，如知识产权制度贯彻落实情况不好；③创新竞争文化体系较弱。

优势创新区域在优势产业、主导产业方面有较大差异，集中体现在产业核心竞争力的差异上。例如，四川和天津、辽宁、浙江、湖北等省市同属优势创新区域，但这些区域的优势产业竞争力同强势创新区域有较大差异。即便某些产业同属这些区域的优势产业，但其竞争力的差异也很大，创新竞争优势各有特点。例如，湖北的装备制造业重点在船泊制造业，四川装备制造业重点在大型发电成套设备制造业。

优势创新区域的创新型企业战略政策应当是：①做大做强优势产业的核心创新型企业；②大力发展优势产业的专门化创新型企业；③推动产品创新型企业升级为技术创新型企业，提升传统产业的创新型企业技术创新能力，做强高技术产业的创新型企业的创新竞争力；④构建优势产业的创新型企业价值链；⑤发展服务于优势产业创新的服务业体系；⑥完善优势产业的创新联盟政策；⑦继续完善包括风险资本在内的各种创新投融资体系；服务于中小创新型企业；⑧完善地方政府自主创新产品采购政策；⑨发展有基础研究支撑的战略性新兴产业的科技型小微企业；⑩增强创新区域竞争力。

强势创新区域的创新区位目标是建设成世界一流的创新区域。比如，北京中关村科技园区的创新区位目标就是建设像美国硅谷一样的创新园区。强势创新区域初步集聚了全面、多层次、高端的创新资源，并形成了各种所有制创新型企业、多层次创新型企业、创新型企业竞争与合作并按价值链分工原则定位的创新型企业体系。强势创新区域的创新型企业体系存在的突出问题是：①核心技术－产品创新类创新型企业较少，产品创新型企业较多，二者比例关系不合理；②具有综合持续创新竞争优势的创新型企业较少；③创新竞争服务体系效率和效能不尽如人意；④新兴产业的创新型企业发展不足。

强势创新区域的创新型企业战略政策应当是：①大力发展技术型创新型企业、核心技术创新型企业和综合持续创新竞争优势的创新型企业，促进高技术产业的技术创新型企业升级为核心技术－产品创新导向的创新型企业；②发展战略性新兴产业的企业协同创新体系；③发展跨国公司级创新型企业；④发展新兴产业的创新型企业；⑤完善创新竞争服务体系，构建世界一流的创新型企业栖息地。

其中，创新企业栖息地政策应当着力：①创新垄断与创新扩散政策并重。当前，一方面应当全面落实知识产权战略，加强知识产权保护，鼓励重大发明专利，另一方面应当全面推动高校和研究所的专利转化，加速创新扩散，进一步完善技术创新创业政策。②坚决贯彻落实反不正当竞争法，建设公平竞争的秩序。当前，应当着力解决中小创新型企业面对不公平竞争环境。这里特别要防止国有企业垄断创新资源，促进创新资源在国有企业与其他所有制企业之间合理配置。③总结多年来对核心管理人员和核心技术人员的股票期权及职工持股计划激励实践经验，制定专门的法律法规，构建完善的创新激励体系。④构建开放与合作的创新竞争文化体系。我国文化传统缺陷不利于开放与合作。近年来，强势创新区域的创新竞争文化体系有了开放与合作的因素，但还不巩固。因此还要从创新竞争文化各个环节着手，发展创新竞争文化。

第五章 现代产业创新体系战略

区域现代产业创新体系问题对区域现代产业发展影响极大，完整的区域现代产业创新体系是区域现代产业持续发展的驱动力。本章首先讨论区域产业创新体系战略问题的提出和意义，然后研究创新竞争优势与区域产业创新价值链体系，最后探讨不同创新区域的现代产业创新体系战略及其战略目标和重点。

第一节 区域现代产业创新体系战略问题的提出

一 区域产业创新体系源起、演变和界定

（一）创新体系概念界定

迄今，众多的创新体系研究文献似乎都认为给出一个最为抽象的、普适度更高的创新体系概念是不值得的。从阿伯纳西和厄特拜克的视角看，创新体系是创新资源组织、创新过程组织、创新过程持续的体系。它包括创新主体组织体系、创新方法和工具组织体系、创新活动对象组织体系。投入与产出的关系是创新体系最简单、最直接的经济关系。创新过程组织体系是最受学者关注的研究领域。技术创新过程模型就是有关创新过程组织体系的描述，学术界相继提出了科学研究驱动的技术供给驱动模型、市场驱动模型、技术供给与市场需求互动模型、一体化创新体系模型和网络创新体系模型。创新过程持续体系描述了创新生命周期各个阶段的动态演进关系，包括产品创新、工艺创新、市场创新、组织创新和管理创新前后继起的动态演进关系。创新过程持续体系实质上是产业创新体系。此外，创新体系还可从创新主体组织体系、创新方法和工具组织体系等角度研究。区域、产业及国家的创新方法与工具体系是指其创新战略、规划和创新政策体系。

国家创新体系、区域创新体系、产业创新体系和企业创新体系是创新体系的四个层次。国家创新体系定义为"公共和私人部门中的机构网络，其活动和相互

作用，激发、引入、改变和扩散着新技术"（Freeman，1987；顾新，2005）。概括起来，国家创新体系的内涵是：①国家创新体系是"创造、储存和转移知识、技能和新技术的相互联系的机构系统"（OECD，1997）；②国家创新体系的各创新机构互动关系；③国家创新体系的核心是互动性学习与知识生产增长。

区域创新体系（Cooke，1992，2002）主要是由在地理上相互分工与关联的生产企业、研究机构和高等教育机构等构成的区域性组织体系，这种体系支持并产生创新。区域创新体系由两个子系统构成：知识应用和开发子系统、知识产生和扩散子系统。前者是由产业企业与客户、契约构成的垂直网络，产业企业与合作者、竞争者构成的水平网络。

随后，国内外学者对区域创新体系做了系统深入的研究。国内学者多数比较认同区域创新体系是一网络性的创新体系，它是国家创新体系的一个部分（顾新，2005；尚勇，朱传伯，1999）。区域创新体系可分类三类（Asheim and Isaken，2002）：第一类是本地根植性的区域创新体系，第二类是区域网络式创新体系，第三类是区域性国家创新体系。

（二）产业创新体系概念界定、特点

1. 产业创新体系有广义与狭义之分

本书从广义与狭义两个角度解读产业创新体系概念，广义上包括产业技术创新体系，狭义上指的是产业部门创新体系（sectoral system of innovation）。

产业技术创新体系常指知识创新、技术创新及其相互联结的创新体系（He，1998）。知识创新是技术创新的源头，技术创新也是一个独立的创新体系。知识创新与技术创新相结合构成了完整的创新体系。产业创新体系的突出特点是内生的、自主的，这种内生的、自主的创新体系分为传统产业技术创新体系和新兴产业技术创新体系。

产业部门创新体系是Malerba和Breschi等（2004，2005）提出的，其意是，一群为了创造、采用和使用属于某一产业的技术或产品而进行市场和非市场交互作用的不同的个人、组织和机构组成的系统。

2. 产业创新体系的层次性特点

按地理边界分类，产业部门创新体系有区域产业创新体系、国家产业创新体系和国际产业创新体系（刘建兵，柳卸林，2004）。"从创新对象看，区域产业创新体系主要由产业组织创新、产业结构创新、产业技术创新和管理创新四部分组成。其中，组织创新是先导，结构创新是核心，技术创新是关键，管理创新是保证。"（张璞，2003）其中，胡树华和张朝元（1999）在《从国际产业整合的趋势看我国产业结构的战略性改组》一文中定义了国家产业创新体系。他们指出："提高产业的技术创新能力，构筑有利于科技与经济结合，适应市场经济的新的国家产业创新体系。"

国家产业创新体系包括三层含义：第一，国家产业创新体系的目标是提高国家产业技术创新能力；第二，国家产业创新体系的基础是社会主义市场体系；第三，国家产业创新体系要解决的核心问题是科技与经济的结合问题。胡树华（2000）关于国家汽车创新工程的解释完整地诠释了国家产业创新体系概念。他说："国家汽车创新工程，就是围绕中国汽车的技术创新、产业创新，由国务院直接领导组织官产学研大联合，通过强有力资金支持和科学的组织管理，网罗全国的科技力量和有效资源，协作攻关、重点突破，以抢占新一代汽车技术制高点，抓住新一轮世界汽车工业发展主动权。它是一项跨部门、跨地区的全国科技大联合、产业大联合、技术大突破、产业大发展的系统工程。这将是我国继'两弹一星'之后，又一开创新时代的世纪工程。"作为国家创新体系的核心内容，国家产业创新体系应当包括国家产业创新机制，国家产业创新战略。安维复（2000）系统地论述了国家产业创新机制和国家产业创新战略，突出强调了国家科技计划在国家产业创新战略中的指导作用，即国家科技计划应当在"真正解决战略产业的选择、扶植—两个重点产业问题上发挥作用"。

3. 产业创新体系是一个新兴产业体系形成和发展概念

新兴产业主要是指由于新的消费需求出现或技术创新或相对成本关系变动等因素影响而形成新的产业。首先，新兴产业之间的技术联结方式和经济联结方式形成了上游产业、中游产业和下游产业之间的产业链关系，从而形成纵向新兴产业体系。其次，新兴产业横向产业关系是新兴产业体系的另一内容。再次，产业创新体系还有产业结构创新体系，包括产业组织创新、产业结构创新、产业技术创新和产业管理创新四大创新体系。最后，产业制度创新体系。产业制度是产业内企业行为规则和企业之间组织行为规则或组织的总称。产业组织理论认为，产业制度就是企业行为规则和市场结构关系的总称，包括生产型企业、交易型企业、垄断集团、产业集聚或产业集群以及各种类型的联盟等。

4. 战略性新兴产业发展成为产业创新体系研究的新前沿

自2008年国际金融危机以来，战略性新兴产业研究逐渐成为一个热点问题，并生产了一批研究文献。概括起来，有五个方面问题受到了学术界的重视。

（1）从新兴产业与战略产业关系角度、技术与产业生命周期角度界定战略性新兴产业概念、特点。战略性新兴产业是指新兴科学技术及其革命引致的对一国经济发展具有先导性、支柱性和带动性的新兴产业，这个产业具有全新社会形态、全新经济形态、全新技术形态、全新组织形态的产业群或产业集群（宋河发等，2011；黄南，2008；姜江，2010；李晓华，吕铁，2010；胡振华等，2011）。总体上看，战略性新兴产业不仅具有新兴产业的创新性、高风险性、高投入性、高回报性、动态性和集群网络特征（王新新，2011；刘志阳，程海狮，2010；乔晓楠，李宏生，2011），同时还具有战略性、不确定性、正外部性和复杂性特征。

（2）从多角度全面阐释战略性新兴产业产生的原因与形成机制。首先，从技术经济学看，战略性新兴产业形成在本质上是新技术经济范式形成过程（朱瑞博，2010）。其次，立足于产业经济学观察和思考，战略性新兴产业形成过程就是新兴产业组织制度形成过程（平力群，2010），即基于核心技术链条的垄断市场结构和非核心技术产业链条的分散竞争市场结构（吴照云，余焕新，2008）。最后，战略性新兴产业发展模式问题也必受到关注（林学军，2012）。

（3）十分重视战略性新兴产业选择、培育与政策问题的研究。战略性新兴产业选择标准一直是政策制定者和研究者关注的基础问题。从产业经济学看，很多学者都注意到了罗斯托标准、赫希曼－希克斯标准。有些学者研究了战略性新兴产业的选择方法和区域差异性对战略性新兴产业选择的影响（高友才，向倩，2010；程宇，肖文涛，2012）；还有学者研究了战略性新兴产业的培育与支撑体系问题（李桢，刘名远，2012）。这些研究都相应提出了战略性新兴产业选择标准、培育方法等值得重视的政策建议。

（4）战略性新兴产业创新研究还是粗线条式的。战略性新兴产业可能存在新的技术轨道[①]，关键核心技术是战略性新兴产业创新的关键环节（温家宝，2009），自主创新是发展战略性新兴产业的关键，要解决战略性新兴产业的关键核心技术问题必须大力推进战略性新兴产业自主创新（陈柳欣，2011；邓龙安，2011）。战略性新兴产业创新系统是自主创新的基础，知识基础与技术体系是战略性新兴产业创新系统的基本特征（欧雅捷，林迎星，2010），运用战略性新兴产业技术链可以识别战略性新兴产业自主创新机会窗口，应当重视战略性新兴产业创新绩效评价指标体系构建（陆国庆，2011；张良桥等，2010；郝明丽，2011）。在全球价值链视野下，创新要素集聚是引起战略性新兴产业创新绩效差异的关键因素（吴福象，王新新，2011）。此外，区域战略性新兴产业发展问题

---

① 吴贵生，2010年第七届中国技术管理（MOT）学术年会演讲。

也有初步探讨(何花,2010;蒋清风,2010;刘铁,王九云,2012;方儒林等,2011;陶武先,2011;胡志伟,2011;薛艳杰,2011;刘嘉宁,2011)。

(三)区域产业创新体系概念和特点

1. 区域产业创新体系概念

什么是区域产业创新体系?学者之间并没有达成共识。有的学者认为,区域产业创新体系与区域创新体系、产业创新体系没有区别。比如,万迪昉等(2001)认为:"地区创新体系是地区内各有关部门和机构相互作用而形成的推动创新的网络,产业创新体系由建立在地区创新体系基础上治理结构与运行机制有机融合而成的,地区创新体系与产业创新体系没有严格的划分界限,对于创新主体企业来说,两者通过互补共同形成了企业创新的制度环境。"有的学者并不认可这一观点,并试图建构区域产业创新体系。比如,张璞(2003)认为:"从创新对象看,区域产业创新体系主要由产业组织创新、产业结构创新、产业技术创新和管理创新四部分组成。其中,组织创新是先导,结构创新是核心,技术创新是关键,管理创新是保证。"有的学者(周桂荣,徐作君,2007)应用产业创新体系研究了天津滨海新区的现代产业创新体系、西部重工业创新体系(洪名勇,董藩,2003)、东北的产业创新体系(王伟光等,2007)。

多数学者认为,区域产业创新体系与区域创新体系有着十分明显的区别(图5-1)。

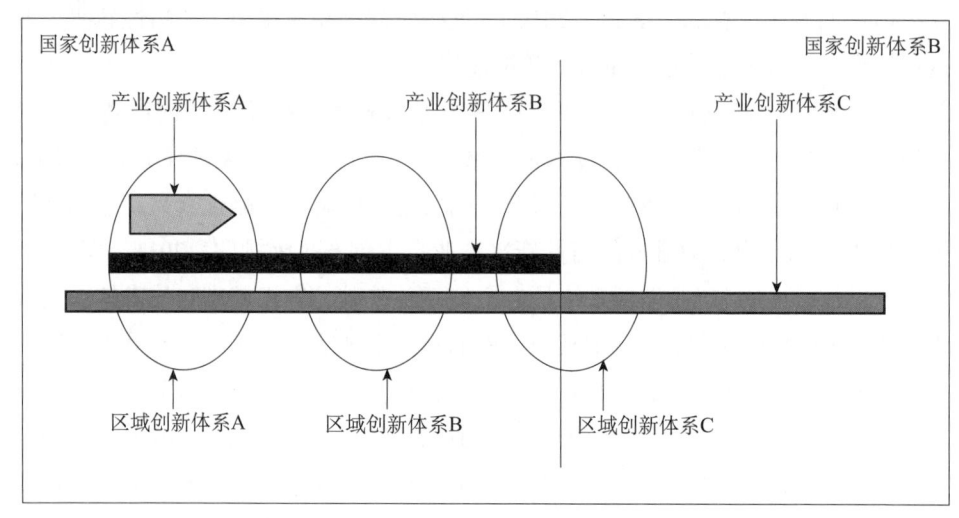

图5-1 国家、区域和产业创新体系的系统边界
资料来源:刘建兵和柳卸林(2009)

我们认为，区域产业创新体系是指给定区域内某一产业内部创新型企业之间及其与非创新型企业之间、不同产业创新之间、区域内产业与区域外产业的创新联结有机体系，包括区域特有的产业创新体系，两个或两个以上创新区域共有的产业创新体系，两国或两国以上的产业创新体系。区域产业自主创新体系则强调了区域产业通过拥有自主知识产权的独特的核心技术，以及在此基础上实现新产品的价值的过程，其结果表现为区域产业中拥有自主知识产权的技术、产品和品牌等。

区域产业技术创新体系通常是传统产业技术创新体系、新兴产业技术创新体系及其有机结合。区域产业技术创新体系驱动区域现代产业技术体系的形成和发展。

区域产业部门创新体系是指区域传统产业升级、新兴产业发展和产业结构创新体系。区域传统产业创新体系、区域新兴产业创新体系和区域产业结构创新体系形成与发展过程就是区域现代产业体系构建过程。

区域内产业按知识模块化分工形成了纵向和横向的产业创新体系。区域新兴产业创新体系表现为不同产业因为形成了新的共同技术基础而不断融合形成新产业形态，即产业融合形成新兴产业。

2. 区域产业创新体系的中介性质

区域产业创新体系的中介性质是指区域产业体系大于企业创新体系而小于国家创新体系的中观产业创新特征，它是联结企业创新体系和国家创新体系的桥梁。罗积争和吴解生（2005）明确指出：产业创新是企业创新到国家创新的桥梁。产业创新的桥梁功能不仅可从产业创新体系角度表现出来还可从创新能力角度观察。有些学者（薛风平，2007）已注意到区域产业创新能力在企业层次的产业创新能力和国家产业创新能力的桥梁功能。"创新能力分微观、中观、宏观三个层次。微观层次是企业创新能力；宏观层次是国家创新能力；中观层次是产业创新能力和区域创新能力。"

首先，企业创新体系包括研究与发展、生产制造、市场营销界面系统、企业家精神、研发体系、资金供应、创新文化、企业制度、创新管理工具、教育培训和人力资源等要素（许庆瑞，2000）。区域产业创新体系是区域的产业内企业创新体系有机融合，创新型企业之间的创新竞争与创新合作、协同的关系形成区域产业创新体系的基本情形。其次，区域产业创新体系是国家创新体系的具体化。任何国家创新体系都必须具体化为区域产业创新体系，而区域产业创新体系又是国家产业创新体系的一部分。区域产业创新体系是国家产业创新布局的具体化。比如，我国发展战略性新兴产业，就要根据创新区域的知识创新优势和技术分工合理布局。[①] 最后，管顺丰在其博士论文中系统地研究了区域产业创新系统与国家产业创新系统和企业产业创新系统的关系，通过图形和表格刻画了三者的区别和联系（管顺丰，2005）。根据管顺丰的观点，区域产业创新体系与国家产业创新体系和企业的产业创新体系唯一的区别仅在于范围、层次的区别。

3. 区域产业创新体系特征

区域产业创新体系还具有区际分工、产业部门、产业创新体系特征。区域产业技术创新体系区际分工就是不同创新区域间的知识创新体系、技术创新体系的区域分工、同一产业部门创新体系的区际分工。不同区域、不同产业间的新产业分工与协同关系就是区域新产业布局。不同区域、不同产业间的新产业分工取决于地方产业对新产业的支撑和发展新产业的要素基础与要素集聚能力。产业部门特征有产业技术特征和产业周期特征。产业技术特征要求区域产业创新体系需具备某种产业基础知识和技术体系。产业周期特征要求区域产业创新需遵循产业演化规律。区域产业创新体系具有产业创新体系特征，主要表现在：企业技术创新体系和创新服务体系，产业内部与产业间的协同创新体系，区域内产业与区域外产业的技术创新扩散系统。

二 区域现代产业创新体系问题是一个战略问题

弗里曼和库克在研究日美欧发达国家和地区的国家竞争战略时发现，国家创新体系、区域创新体系是现代区域竞争的根本优势，它是国家创新战略。新熊彼特学派的研究已经包含了区域现代产业创新体系战略理念。

"十五"期间，我国开始构建区域创新体系；"十一五"期间，我国明确提出要发展现代产业，并构建产学研技术创新体系。这表明，我国已有了现代产业技术创新体系概念。随着党的十八大报告明确提出要构建现代产业体系，现代产业创新体系由现代产业技术创新体系演变为更为全面的现代产业创新体系。现代产业创新体系问题成为我国的现代产业竞争和发展的战略问题。

[①] 中国战略性新兴产业形成区域产业创新格局。各个区域的优势产业创新突出。中国电子信息产业发展研究院和赛迪顾问股份有限公司对我国战略性新兴产业发展和创新做了系统研究，详见《中国战略性新兴产业发展及应用实践》第1～10章。

"十一五"期间,我国紧紧围绕现代产业技术创新体系即产学研相结合的技术创新体系发展产业联盟、创新联盟,推进现代农业、新型工业化、高新技术产业的创新体系发展。技术创新试点工程省份的实践表明,区域现代产业创新体系已取得了进展。比如,产学研相结合的技术创新体系不断发展,各类产业创新都普遍建立了产业技术联盟、产业创新联盟、产学研用协同创新体系。自主创新示范区由北京中关村自主创新示范区,扩展到湖北东湖自主创新示范区、上海张江自主创新示范区、深圳创新示范区、江苏江南自主创新区。这些举措有力地促进了区域现代产业创新体系发展,但是我国现代产业创新体系仍然不完整、不健全,各个区域现代产业创新体系发展参差不齐。东部的现代产业创新体系发展较快,而中西部的现代产业创新体系发展缓慢。大中小微型创新企业协同创新体系发展缓慢是区域现代产业创新体系中最突出的问题。

三 区域现代产业创新体系战略研究的意义

区域现代产业创新体系战略研究旨在解决不同区域如何实施产业创新驱动发展战略问题。张耀辉(2010)有关现代产业体系的定义表明,现代产业体系的核心问题是产业创新体系问题。研究现代产业创新体系战略问题就抓住了现代产业体系构建和发展的关键。

长期以来,西方学术界有关现代产业创新体系的研究限于产业技术创新体系的研究,形成了非常丰富的现代产业技术创新体系的理论成果。同时,他们深入地研究了企业创新战略、区域创新战略和国家创新战略,形成了经典的创新体系战略理论。较少学者研究了产业创新体系的战略问题。因此,区域现代产业创新体系战略研究会从我国最新的、丰富的实践经验中得到发展。

区域现代产业创新体系战略研究促进现代产业发展理论研究。"现代产业体系"是中国语境下的一个新概念,这个词较早现于 2007 年中央一号文件,在经济学理论体系中没有"现代产业体系"这个专有的理论概念。党的十七大报告首次明确提出发展现代产业体系观点。近年来,产业经济学界对现代产业体系的基本理论问题进行了较为系统的理论探讨。但是,当前的研究没有立足于创新驱动战略研究。区域现代产业创新体系战略研究对推动现代产业组织理论、现代产业发展理论、现代产业结构理论都有积极作用。

现代产业技术创新体系驱动我国技术发展的机理是什么?区域新兴产业技术如何驱动新兴产业发展?区域技术融合如何驱动区域现代产业发展?区域传

统产业创新体系和新兴产业创新体系又是如何推动现代产业体系构建的？产业制度创新体系如何支撑区域产业创新体系？等等，对这些问题的研究将丰富产业创新战略理论。

第二节　现代产业创新体系：一个产业结构创新演化视角

从区域产业创新的对象来看，区域产业创新体系主要包括了区域产业结构创新、区域产业组织创新、区域产业技术创新。本节着重叙述区域产业结构创新体系演化

一　产业结构创新的界定

产业结构创新就是指传统产业结构向现代产业结构转型和升级。其内涵有：劳动密集型产业结构高级化，资本技术密集型产业结构知识化，新兴产业结构逐步形成。产业转移、主导产业转换和新兴产业发展是区域产业结构创新的基本路径（盛世豪，朱家良，2003；盛世豪，2003；谢植雄，2003；赵君丽，2011）。主导产业转换是区域产业结构创新的根本路径，包括主导产业部门替代和扩散。技术创新是主导产业转换的动力。熊彼特率先以创新解释主导产业转换。他认为，在新兴主导产业部门形成过程中，创新竞争代替了价格竞争，技术创新部门首先获得了创新收益，随着创新扩散，技术创新部门的创新收益减弱或被新的创新部门替代。这种不连续的创新破坏导致主导产业转换。熊彼特的继任者新熊彼特学派提出了技术范式和技术轨道，解释了技术创新引致主导产业转换的内在机理。在新制度经济学家看来，技术创新驱动主导产业部门转换是一种表象。制度创新是主导产业部门转换的内在动力，因为制度安排对科技创新激励是有差异的。新兴产业发展主要是新兴主导产业发展，是主导产业转换的本质内容。现代产业发展史表明，纺纱机和蒸汽机技术发明引发了近代冶金、机械、交通运输等主导产业代替传统的主导产业部门即纺织产业部门。能源技术革命导致了重化工业部门取代冶金、机械等产业成为新兴的主导产业部门。电子技术、原子能技术、新兴材料技术等现代技术革命使得电子计算机工业、电视机产业、航空航天产业成为新兴主导产业部门（胡建绩，2008）。当前，新兴主导产业部门正在显现。比如，互联网产业、高端装备制造业、航空航天、海洋产业、生物医药产业、物联网产业、环保产业等成为潜在的新兴主

导产业部门。

以主导产业部门为标志的产业结构称为创新型产业结构。全面观察当代国内外创新型产业结构后发现,创新型产业结构在空间上表现为模仿型产业结构、产品创新型产业结构、技术创新型产业结构、核心技术创新型产业结构并存。模仿型产业结构、产品创新型产业结构都是初级创新型产业结构,技术创新型产业结构就是中级创新型产业结构,核心技术创新型产业结构是高级创新型产业结构。强势创新区域产业结构是高级创新型产业结构,如硅谷产业结构,优势创新区域的产业结构是技术创新型产业结构,如台湾新竹产业结构、北京中关村产业结构、上海张江科技园产业结构等。弱势创新区域或普通区域产业结构常常是模仿型产业结构、产品创新型产业结构。

二 区域产业结构创新的演化

(一)普通创新区域产业结构创新演进路径

普通创新区域产业结构创新演化路径是:由加工产业结构依次向模仿型产业结构、产品创新型产业结构、技术创新型产业结构、核心技术创新型产业结构演化。即在区域产业的发展初级阶段,往往通过加工环节获取较低的利润,同时也进行生产工艺和技术的积累,随后产业内的一些有一定技术基础的企业开始进行模仿创新,这是区域产业创新发展的初级阶段,这一阶段的企业并没有摆脱对产业内技术领先者的产品依附,即仅做产品加工、产品模仿。随着企业对产业内领先企业的产品功能及其实现技术认识的不断深化,区域产业创新的第二个阶段就会形成,此时的领先企业将会在产品的差异化方面进行创新,具体包括产品的外观、功能、品牌等,在实行产品创新的过程中,会为实现产品差异化的技术创新奠定良好的基础和提供创新激励。随着分工的不断深化,一些产品研发实力较强的创新企业逐渐累积更多的创新优势,形成了正向的产品和技术创新体系,对产品的核心技术进行创新,正向开发拥有核心技术的产品,从而形成核心技术创新型的产业结构。以我国彩电业创新为例,其在一些地区的发展总体上经历了以上的演化历程,即由20世纪80年代的加工装配到模仿创新,然后到20世纪90年代的产品创新和技术创新,进入21世纪后,我国一些主要的彩电生产企业(如长虹、海信等)开始实施核心技术-产品创新战略。

普通创新区域产业结构创新演化路径还表现为:由加工型产业结构向品牌营销型产业结构或研发型产业结构演化,以及特色优势产业结构和核心产业结构的形成。在一些区域的产业发展中,最初依靠劳动力或自然资源的成本优势,通过加工生产获得生产利润。随着企业对自身在产业价值链位置的不满,以及企业对产品市场资源(如销售渠道、产业信息等)占有量的不断增加,企业便会向品牌营销、产品技术研发等方向投入更多的资源,从而形成品牌营销型产业结构或研发型产业结构,使企业的创新活动重点由产品的加工生产转向产品品牌和技术等知识产权的拥有。我国浙江、福建等地的纺织服装业、鞋革业的发展很好地体现了这一演化路径。在这些产业的发展初期,大多数企业从事加工贸易,为海外企业进行贴牌生产;随着对海外市场渠道及市场信息的大量掌握,一些企业开始发展自主品牌的产品,或注重产品技术的研发,并将原有的生产加工业务逐步外包或转移到内地其他更具有劳动力资源优势的地区。

区域特色优势产业和核心产业结构的形成是一个演化过程,这一过程中也表现为产业结构创新的演化。区域特色产业的形成往往依赖于一定的自然资源条件,特色产业向特色优势产业的演化过程中,则需要形成新的市场竞争优势,如品牌、技术等。同时,一个区域的核心产业结构的形成也需要大量的产业创新资源。在区域特色优势产业结构和核心产业结构的形成初期,区域产业的创新资源和市场竞争优势比较有限,随着区域特色优势产业结构和核心产业结构的形成,区域产业创新资源将会不断积聚,区域产业市场竞争优势也将得到不断加强。以四川德阳的装备制造产业为例,这一生产基地的形成有其深刻的历史背景及自然地理条件。20世纪90年代中期以来,随着国内能源产业的扩张,发电设备的市场需求迅速增长,德阳市抓住这一历史机遇,通过国际合作、产学研合作、国内大中小企业合作等,促进了装备制造业这一区域特色优势产业结构和核心产业结构的形成,一些核心企业的技术创新和产品创新取得了重要的进展,并为新能源装备的技术与产品研发奠定了良好的基础。

(二)优势创新区域产业结构创新演化路径

优势创新区域产业结构创新演化路径是:始于优势产业,业内领先企业率先发起技术创新,推动新技术扩散,广泛应用新技术,促进传统技术升级,使传统主导产业部门成为区域创新最活跃的产业部门。同时,高新技术产业由加工型产业部门向研发型产业部门升级。比如,我国长三角、珠三角等优势创新区域通过三十年的发展,形成了一些在国际上颇有竞争优势的电子信息产品制造业部门,但这些产业部门都属于加工型产业部门。在这些产业部门内,业已形成了领先企业,如深圳的华为公司、中兴公司等。这些公司率先在业内发起技术创新、广泛应用新技术，推动新技术扩散，促进了电子通信产业部门由加工型产业部门向技术创新型产业部门转型。我国优势区域产业结构创新演化路径不仅依赖于技术创新，更依赖于制度创新。很多研究已揭示了深圳、杭州、上海、武汉、成都、西安等优势创新区域的产业结构创新都依赖于地方产业政策安排激励。例如，深圳市政府在 2005 年就出台了国内首部促进高新技术产业结构升级的产业创新条例。

（三）强势创新区域产业结构创新演化路径

强势创新区域产业结构创新演化路径是：大力发展新兴产业技术，壮大新兴产业企业，推进产业创新合作平台，构建公平竞争环境，保护知识产权，动用一切政策工具促进创新扩散，重点发展战略性新兴产业部门。北京中关村科技园区、武汉东湖高新区、上海张江高新区、深圳高新区、成都高新区、西安高新区六大世界一流科技园建设区的产业结构创新实践充分体现了强势创新区域产业结构创新演化规律。

第三节 创新竞争优势与区域产业创新价值链体系

一 创新竞争优势界定

产业竞争优势是指一国或区域的产业在其发展各个阶段和时期为市场所创造的超过竞争者更多价值的能力。产业竞争优势内涵、来源和本质构成了产业竞争优势理论的基本内容。赵玉林等学者系统地概括了产业竞争优势理论（赵玉林，2011）。比较优势是产业竞争优势的基础，产业竞争优势是某个区域或国家在产业发展某一阶段的优势。根据波特的解释，一个国家或区域不可能在所有产业领域都拥有竞争优势。产业竞争优势是企业竞争优势的集中体现。产业竞争优势应当是企业竞争优势的有机整合。比如，我国家电产业具有全球竞争优势，就在于中国彩电产业内海信、长虹、TCL 等五大企业集团具有竞争优势。"创新资源是指地区参与知识生产活动的要素禀赋，包括创新过程中的人力资源、知识、技能和机器设备等。"（陈菲琼，任森，2011）创新资源优势（中国科技发展战略研究小组，2009）可定义为某一国家或地区对另一国家或地区的创新资源的优势。创新资源优势是一存量优势概念。创新资源是一个国家或地区的高级生产要素。一个国家或地区拥有的创新资源越多，其知识生产成本就越低，其创新实力就越强。在国际创新竞争中，该国或该地区就拥有创新比较优势。无论是企业创新竞争优势，还是区域产业创新竞争优势，都离不开创新资源比较优势，尤其是关键资源优势。创新资源比较优势是创新竞争优势的基础。

企业能力是把创新资源比较优势转化为创新竞争优势的关键。企业能力包括科技能力、创新能力、制造能力、营销能力等。企业获得创新竞争优势就是必须有科技能力、创新能力。企业如要获得持续创新竞争优势，须满足如下条件：①企业拥有异质性资源；②企业异质性资源拥有李嘉图垄断租；③企业有价值的资源是不可完全模仿的，所谓不可完全模仿指的是企业拥有的知识资源、权利资源尤其是关键核心资源完全不能模仿或即使模仿也将付出高昂成本；④企业这些不可完全模仿的资源是不可替代的。

可见，创新竞争优势可定义为企业拥有具有创新垄断收益的创新资源和实现创新垄断收益的创新能力及其互动关系。

企业创新产出，如专利、品牌、新产品、新技术等，都是创新资源的函数。企业创新产出切实描述了企业创新竞争优势。依据新产品知识含量或知识创新难度，可用产品创新、技术集成创新、核心技术-产品创新刻画企业创新竞争优势。"产品创新""初级产品创新""低技术创新"三个词可通用，都描述的是产品局部功能、外观设计的创新，其特点是模仿创新，知识含量低、技术含量低、创新附加价值低。"中端或高端产品创新"刻画了一个全新的产品特征，这个中端或高端产品可能集成了众多成熟技术。这样的产品知识含量高、技术含量高、创新附加价值高，体现了技术集成创新。例如，苹果公司的 iPhone 产品就是一个典型例子。高端核心技术产品刻画了一个通用的、基础的、核心的、全新的技术产品。这个产品的知识最新、技术最新、创新附加值最高。比如，微软的 Window 操作系统和 Intel 公司的 CPU 系统，还有美国的特拉斯电动轿车，都体现了技术原始创新。产业创新是企业创新的最高境界，即企业完成了从产品创新、工艺创新、市场创新、组织创新和管理创新的全部过程，开拓了一个全新的产业。

▆ 区域产业创新价值链体系构建

（一）产业创新价值链：创新微笑曲线

在全球视野下，我们发现，产业创新价值体系包括高端产品创新价值、中端产品价值和低端产品价值，或者初级技术创新价值、中端技术创新价值和高端技术创新价值。发达国家的产业创新总是高端产品创新、高端技术创新，还有部分国家或地区的产业创新就位处中端产品创新与中端技术创新，发展中国家产业创新就是低端产品和低端技术创新。施振荣的"微笑曲线"描述了产业创新价值链（图5-2）。在这一模式下，处于价值链高端的从事产品研发设计或产品营销的企业创新活动的规模与强度均高于处于价值链低端的从事产品生产加工的企业，从某种意义上来讲，价值链低端的非创新型企业为价值链高端的创新型企业集中优势资源进行创新活动创造了条件，而缺乏创新能力的企业则通过产品的生产加工获得资本和累积产品技术知识经验。

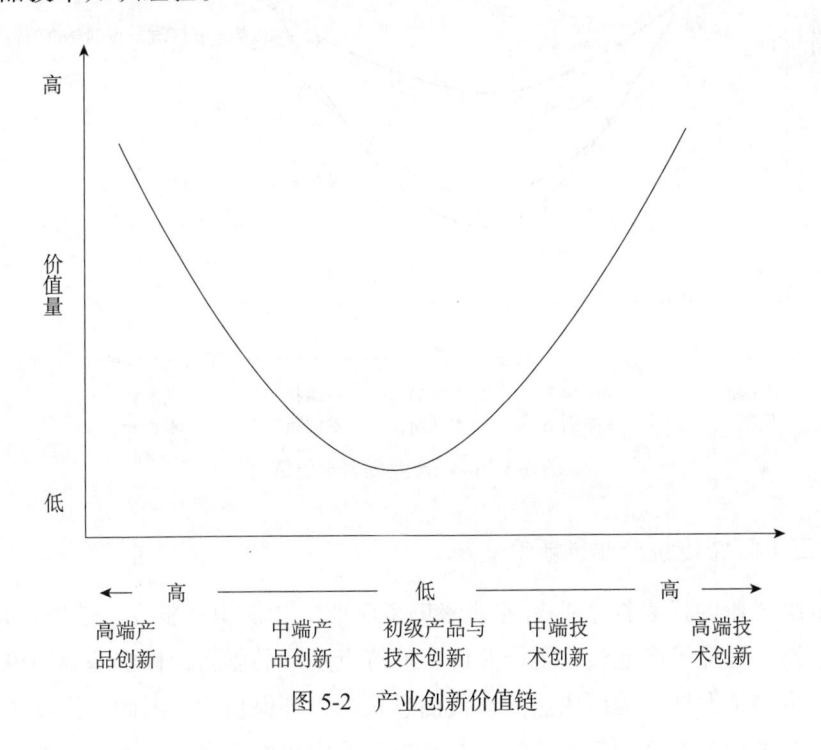

图 5-2 产业创新价值链

（二）区域产业创新价值链

普通创新区域的产业创新突出了低端或初级产品创新，或者说技术模仿创新。优势创新区域的产业创新突出了中端产品或中高端产品创新，这在技术上表现为中高端技术创新。理想创新区域或强势创新的产业创新是高端产品创新、高端技术创新。普通创新区域的产业创新、优势创新区域的产业创新和强势创新区域的产业创新在全球产业创新价值链上体现为产业创新价值链曲线陡峭程度不同。普通创新区域的产业创新价值链在全球产业创新价值链上的底部,并且形状陡峭。优势创新区域的产业创新价值链在全球产业创新价值链上的中部,且形状偏陡峭。强势创新区域的产业创新价值链在全球产业链上顶部,形状似平缓(图5-3)。

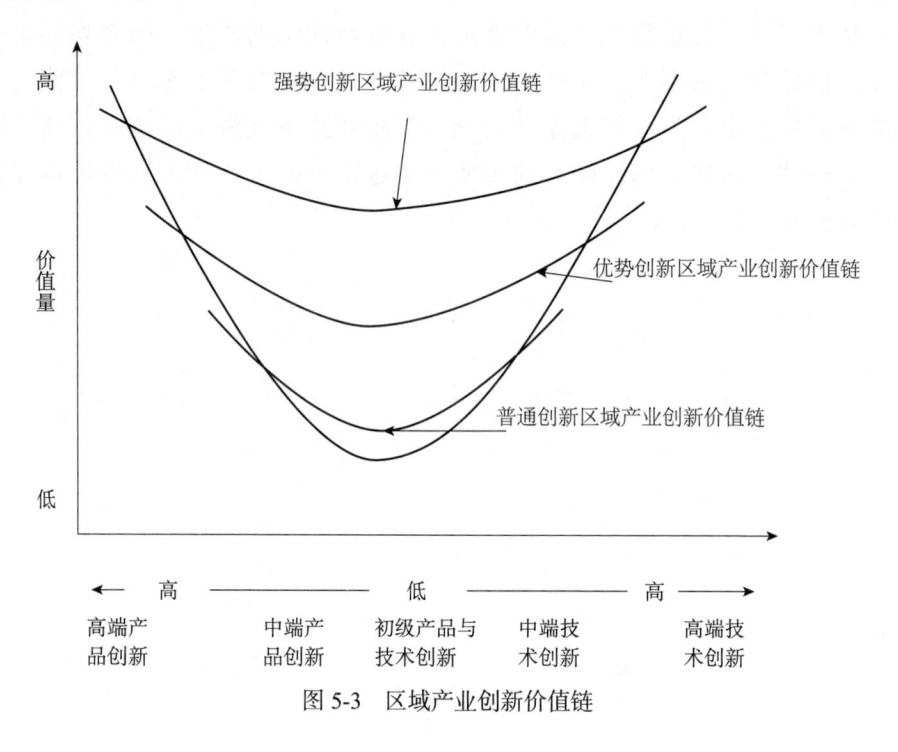

图 5-3 区域产业创新价值链

（三）区域传统产业创新价值链

传统产业的代表性产业是劳动密集型产业,如纺织、服装、鞋帽、领带、低压电器、陶瓷等产业。这类产业创新的特点是产品创新,科学基础知识含量不高,主要是大规模运用成熟的现代信息技术、环保技术。因此,传统产业创新价值链表现为产品创新价值链。在世界范围内仍然存在强势创新区域、优势创新区域和普通创新区域之分。在不同创新区域,传统产业创新价值链体现为高端产品创新价值链、中端产品创新价值和低端产品创新价值链,形状类似于区域产业创新价值链(图5-4)。

[图表:区域传统产业创新价值链,纵轴为价值量(高/低),横轴从左至右依次为:高端产品创新、中端产品创新、初级产品创新、中端产品创新、高端产品创新,标注三条曲线:强势创新区域产品创新价值链、优势创新区域产品创新价值链、普通创新区域产品创新价值链]

图 5-4 区域传统产业创新价值链

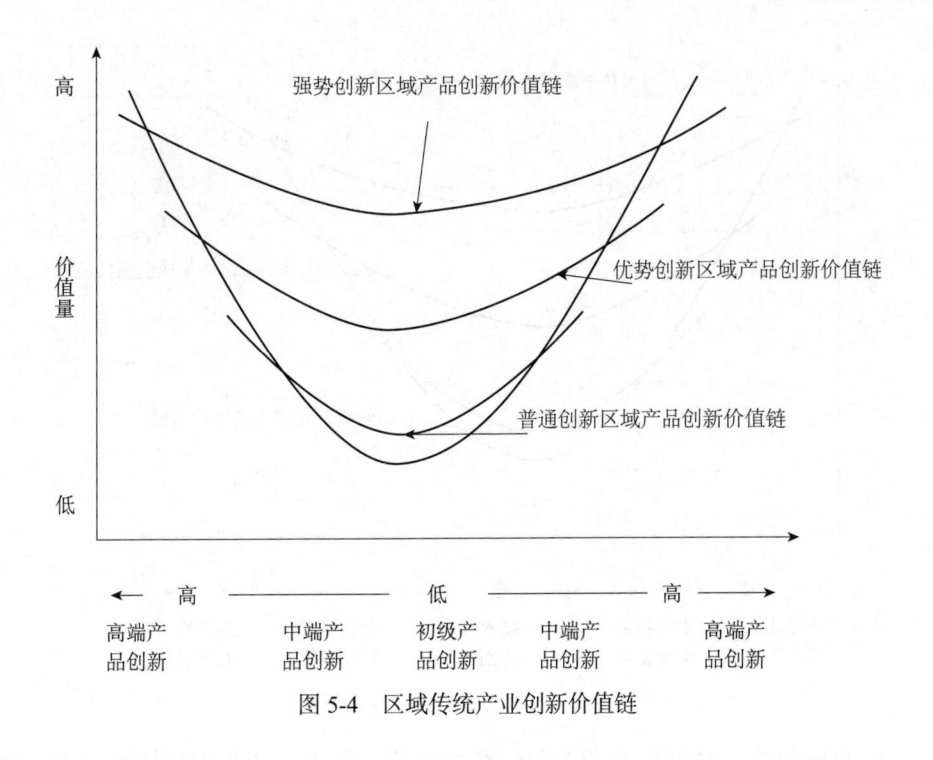

（四）区域现代产业创新价值链

现代产业的本质特征是技术创新，因而现代产业创新价值链体现为技术创新价值链。技术创新有三种形态：模仿创新、集成创新和原始创新。普通创新区域产业创新的特点是技术模仿创新，优势创新区域产业创新的特点是技术集成创新，强势创新区域产业创新的特点是原始创新。因此，区域现代产业创新价值链有三种形态：普通创新区域产业技术模仿价值链、优势创新区域产业技术集成创新价值链、强势创新区域产业技术原始创新价值链。其形态类似于区域现代产业创新价值链（图 5-5）。

三 区域产业创新体系是区域现代产业体系的竞争优势

在《竞争战略》《竞争优势》等经典著作中，波特指出，创新竞争优势是现代企业的核心竞争优势。普拉哈拉德（C. K. Prahalad）和加里·哈梅尔（G. Hamel）在《竞争大未来》一书中提出，产业创新能力是所有企业能力中最核心的高级核心能力。

图 5-5 区域现代产业创新价值链

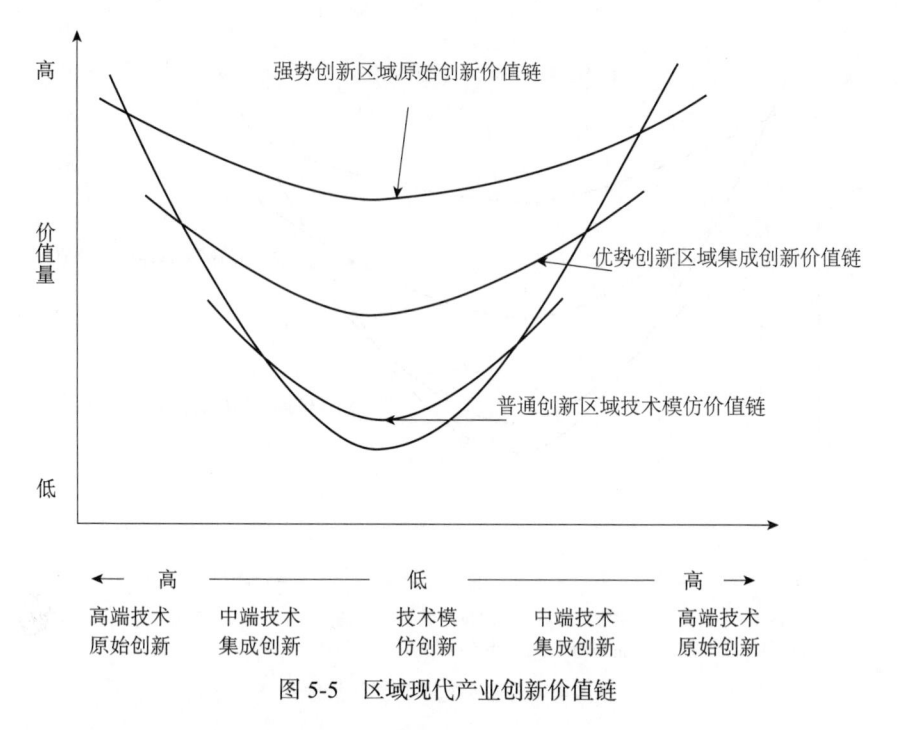

产业创新体系是现代产业竞争优势的本质。首先,产业创新体系促进劳动生产率提高。劳动生产率指在给定社会技术条件的单位时间的生产能力。单位时间的产出能力越高,劳动生产率就越高。在给定社会技术条件下,新技术创造、新的管理方式采用都会缩短劳动时间或增加产出。在一个产业中,率先采用技术发明,建立技术创新体系,生产新产品的企业会获得创新利润,在市场竞争中更有竞争优势。这表现为两个方面:在相同价格条件下,技术创新、管理创新会降低生产成本,形成低成本竞争优势;在相同成本条件下,技术创新、管理战略创新会形成产品与服务品质差异,形成差异化竞争优势。一个产业中技术创新扩散导致了劳动生产率全面提高。其次,产业创新体系驱动现代产业体系形成。传统产业体系升级是传统产业企业创新及广泛使用高新技术的过程从而导致传统产业技术体系向高端和先进的产业技术体系蜕变,同时传统产业体系向现代产业体系转换。新产业形成是指某一时期某国家或地区的企业技术创新引致的新产业。现代产业结构体系形成是通过产业创新驱动形成现代农业、现代制造业、现代服务业及其相结合的产业体系。

区域产业创新体系是区域产业的竞争优势来源。这种竞争优势的形成主要有以下两种途径。

第一，区域产业核心竞争优势。区域核心产业优势是指由于区域产业掌握了产业发展中的关键技术和产品，从而形成了产业发展的核心竞争优势。这些优势具体包括产业自主创新能力优势、区域产业品牌优势、区域创新型企业竞争优势、区域知识产权优势、区域产业技术标准优势等。

第二，区域产业特色优势，即区域产业在发展中，充分结合区域的特色资源所形成的市场竞争优势。这些优势具体包括创新资源的比较优势、区域特色产业的品牌优势、区域特色产业的创新优势等。

第四节　区域现代产业创新体系战略选择

根据区域产业创新价值链理论，区域现代产业创新体系战略应当是：①普通创新区域的现代产业创新体系战略；②优势创新区域的现代产业创新体系战略；③强势创新区域现代产业创新体系战略。

一　普通创新区域现代产业创新体系战略

普通创新区域的现代产业创新体系战略选择取决于普通创新区域、优势产业和创新优势三个维度组合。普通创新区域、优势产业和创新优势三个维度组合是：①普通创新区域、传统优势产业与产品创新优势组合；②普通创新区域、高技术优势产业与产品创新优势组合；③普通创新区域、战略性新兴产业与产品创新优势组合；④普通创新区域、传统优势产业与技术创新优势组合；⑤普通创新区域、高技术优势产业与技术创新优势组合；⑥普通创新区域、战略性新兴产业与技术创新优势组合；⑦普通创新区域、传统优势产业与核心技术－产品创新优势组合；⑧普通创新区域、高技术优势产业与核心技术－产品创新优势组合；⑨普通创新区域、战略性新兴优势产业与核心技术－产品创新优势组合。

普通创新区域的创新区位优势和地方传统产业优势决定了普通创新区域优势产业创新战略应当是传统优势产业创新驱动战略。普通创新区域的传统优势产业创新驱动战略的目标是：构建现代产品创新体系，广泛应用现代产业技术提升传统核心技术－产品创新体系能力，促进传统优势产业升级为创新性的、高端优势产业。简言之，就是制定并实施传统优势产业高端化创新升级战略。

其战略措施有：①构建传统优势产业的现代产品创新体系；②构建传统优势产业的核心技术–产品创新体系；③构建传统优势产业的创新型企业网络体系；④构建传统优势产业纵向一体化和横向模块化创新产业体系。劳动密集型产业创新政策目标就是发展创新性劳动密集型产业体系，即现代农业、创新性劳动密集型制造业、知识密集型服务业，逐步推进产品创新由低端向高端发展，大力发展创新型中小企业，建立健全产业创新平台，打造具有创新竞争优势的区域劳动密集型产业高端价值链，推动产业集群转型。我国西部地区应当率先构建基于创新的劳动密集型产业转移政策。

四川夹江的陶瓷产业创新就是从广东佛山引进新的陶瓷产品，从事逆向开发，推出满足四川乃至西南市场需求的新产品。通过逆向开发，构建产品开发体系，培养研发队伍，增强知识产权意识，加强专利保护。新产品替代战略要点是，选择新的劳动密集型产品替代原来的劳动密集型产品，或者是替代与原来的劳动密集型产品相关的新产品或新服务。对于我国许多资源型城市而言，大多属于普通创新区域，选择衰退关联产业是一个重要的发展战略，其中工业旅游的发展成为许多地区可以优先考虑的方向。国内外资源型城市转型的实践表明：在具备条件的地方，旅游业完全可以成为当地的新兴产业，甚至替代产业。河南省焦作市就为我们提供了很好的经验，河南省焦作市旅游产业改变了当地的形象，促进了服务业发展。在国外也有不少资源型城市通过发展旅游业成功转型的例子。

当前，西部绝大多数地区都是普通创新区域，传统农业、资源型工业和特色新兴产业是这些地区的优势产业。绝大多数西部地区构建现代产业创新体系应当从这些优势产业出发构建现代农业创新体系、资源型产业创新体系和特色产业创新体系。有色金属冶炼业、化学工业，包括石化、盐化和精细化工、机械工业等，都是西部地区的资本技术密集型产业。为促进这一层次产业部门的发展，西部地区资本技术密集型产业创新战略要点是：①坚定不移地引进、消化吸收再创新战略，不断加强新技术的积累和储备；②根据区域生态功能区定位，推动循环经济技术、清洁生产技术、节能技术与资本密集型产业技术融合，建设创新型企业集团战略，大力推进技术创新进程；③贯彻本区域重点产品创新专项工程，提高技术密集化程度；④加快信息技术、绿色技术、低碳技术和节能技术在资本技术密集型产业中的运用，促进新技术与传统技术融合，产品融合和业务融合，形成本区域资本密集型产业新的综合创新竞争优势，以创新型企业集团为中心建立健全资本密集型产业创新价值链，推动本区域资本密集型产业高端化。

目前，新疆就是典型的普通创新区域，其优势产业有棉花、果蔬、石油、风能等产业。"十一五"和"十二五"期间，新疆全力构建现代农业创新体系、现代石油产业创新体系和新能源产业创新体系，新疆现代产业体系构建步伐加快、现代产业发展绩效显著。

普通创新区域的高技术优势制造业的产品创新驱动战略。普通创新区域不具有技术创新优势，因此普通创新区域的高技术优势产业发展战略必然是依托产品创新优势发展高技术加工制造业。20世纪90年代的苏南地区就是一个普通创新区域，其通过引进跨国公司的高技术加工环节，培育本土的产品创新型企业，构建了本地区的高技术加工制造业。普通创新区域的高技术加工制造业的产品创新驱动战略的目标是：①构建现代高技术产业的产品创新体系；②培育高技术产品创新型企业体系；③发展高技术制造业产业供应链网络体系。其战略措施是：①引进外国技术装备和投资；②培育本土的产品创新体系。

20世纪80年代，深圳就是一个典型的普通创新区域，其产业优势是高新技术加工制造业，根据这个特点，深圳特区的产业创新体系战略就是高新技术加工制造产业创新体系战略。

深圳的高新技术加工产业发展在全国具有典型性（罗清和等，2007）。1979~1985年为深圳工业起步阶段。由于"三来一补"政策，深圳劳动密集型产业发展迅猛，奠定了深圳工业框架。1986~1990年，深圳形成了以电子、纺织、机械、石化、食品饮料等行业为主的现代化外向型工业。尤其是电子工业成为深圳的第一大支柱产业，其产业特点是后加工装配。1991~1995年，深圳以高新技术产业为龙头的工业结构初步形成，外向型工业主导地位进一步加强。深圳的高新技术产业体系含计算机及其软件、通信、微电子及新型元器件、机电一体化、新材料及新能源、生物工程、激光七大高新技术产业。1995年，高新技术产值占工业总产值的20.5%，深圳初步成为全国高新技术产业化基地。1996~2000年，高新技术产业工业主导地位日益加强，三大产业集群逐渐形成。这三大产业集群是：①电子信息产业集群，主要是集成电路、软件、计算机、网络通信、光电子和数字电视等；②新兴技术产业集群，主要是生物工程、新材料、光机电一体化等；③优势传统产业集群，主要是精密机械、高档钟表、高档服装、珠宝首饰、医药和家具等。2001~2005年，工业适度重型化、以高新技术支撑、以先进制造业为主导的新型工业日趋突出。2004年，深圳高新技术产业实现工业总产值3266.52亿元，比上年增长31.6%，占全市工业总产值51.1%。深圳高新技术产业成为深圳工业增长极。

普通创新区域战略性新兴产业的产品创新驱动战略。普通创新区域不具有战略性新兴产业的知识创新优势，因此普通创新区域一般来讲不选择发展战略性新兴产业。但是，根据本区域的创新优势和资源禀赋，可能具有发展战略性新兴产业的上游产业环境或中游环节或下游环节或据战略性新兴产业知识要求较低的环节选择产品创新战略（蒋清风，2010）。普通创新区域的战略性新兴产业的种子产品创新驱动战略指：一个新兴产品点产生一个新兴产业企业。普通创新区域培育战略性新兴产业的种子产品创新驱动战略点目标：①引进一个或两个战略性新兴产品项目；②培育一个或两个战略性新兴产业企业。对于普通创新区域而言，其可选择的就是区域特色新兴产业发展战略。以我国的清洁能源生产为例，内蒙古、甘肃、新疆等地是我国风力资源比较丰富的地区，然而这些地区的资金、人才等方面资源相对稀缺，但是这些区域可以基于其丰富的风力资源，大力发展清洁能源这一新兴产业。

二 优势创新区域现代产业创新体系战略

优势创新区域现代产业创新体系战略选择取决于优势创新区域、优势产业和创新优势三个维度组合。优势创新区域、优势产业和创新优势三个维度组合是：①优势创新区域、传统优势产业与产品创新优势组合；②优势创新区域、高技术优势产业与产品创新优势组合；③优势创新区域、战略性新兴产业与产品创新优势组合；④优势创新区域、传统优势产业与技术创新优势组合；⑤优势创新区域、高技术优势产业与技术创新优势组合；⑥优势创新区域、战略性新兴产业与技术创新优势组合；⑦优势创新区域、传统优势产业与核心技术－产品创新优势组合；⑧优势创新区域、高技术优势产业与核心技术－产品创新优势组合；⑨优势创新区域、战略性新兴优势产业与核心技术－产品创新优势组合。

优势创新区域的传统优势产业的高端技术创新驱动战略。一般情况下，优势创新区域的传统优势产业已形成了现代产品创新体系和技术创新体系。优势创新区域的创新区位优势突出，能够支持现代产业技术在传统优势产业的大规模应用。因此，优势创新区域的传统优势产业不再选择产品创新驱动战略，而是选择技术创新和核心技术－产品创新驱动战略。

优势创新区域创新性劳动密集型产业创新政策重点是：优先发展创新性劳动密集型制造业，全面制定落实创新型中小企业认定和管理办法，发展创新型中小企业，做强核心创新型企业，健全现有产业研发中心、产业研究院体系，制定创新性劳动密集型产业集群政策。

意大利劳动密集型产业创新体系发展经验为优势创新区域传统优势产业创新体系构建提供了很好的案例。

1. 实现高端产品创新战略

其战略举措就是：第一，对衰退产业进行信息化改造与创新。随着信息技术的发展，信息化成为当今世界经济社会发展的大趋势。推进衰退产业的信息化改造，应用信息技术促进传统产业优化升级，有条件的企业开展柔性制造、虚拟制造、敏捷生产等技术的应用示范；推广采用企业资源管理（ERP）、供应链管理（SCM）、客户关系管理（CRM）、柔性制造系统（FMS）、计算机集成制造（CIMS）等信息技术，实现衰退产业生产、管理、控制一体化，产销、经营、服务一体化，用信息技术重构过程管理、物流管理和资金管理，提高管理效率，降低运行成本，增强企业的市场竞争力。第二，对衰退产业进行绿化改造与创新，即利用新材料、新能源技术，对衰退产业进行改造，形成新的技术和产品，形成新的市场竞争能力。大力发展循环经济，借鉴新技术、新工艺，利用无毒无害的技术来替代一些传统的生产工艺，将传统产业进行绿色化提升，达到既创造经济价值，又创造社会效益的目标。

2. 实施创新型企业发展战略，发展创新型企业

在这一战略指导下，意大利地方政府制定了一系列促进企业创新的政策措施，促进劳动密集型企业积极投入新产品、新工艺开发，鼓励行业协会发挥协调作用。意大利政府从产业政策及制度方面激励衰退产业采用信息技术、绿色技术对传统生产方式进行改革，促进企业进行产品与技术信息化、绿色化的创新，进而促进衰退产业中创新型企业的形成。

3. 关联新产品或新服务发展战略

例如，利用衰退产业来发展旅游观光业是国外的成功经验之一。20世纪五六十年代，兴起于英国并影响整个欧洲的工业遗产保护运动，为工业旅游的发展奠定了社会基础。所谓工业遗产，是指具有历史价值、技术价值、社会意义、建筑或科研价值的工业文化遗存，包括建筑物和机械、车间、磨坊、工厂、矿山，以及相关的加工提炼场地，仓库和店铺，生产、传输和使用能源的场所，交通基础设施等。毫无疑问，一些衰退产业在发展工业旅游方面具有天然的资源优势，它为我国一些煤炭资源型区域经济的发展提供了可行的途径。

优势创新区域的传统优势产业的高端技术创新驱动战略目标是：推进传统

优势产业技术与信息技术、绿色技术、环保技术、低碳技术的深度融合，加速构建环保友好型、资源节约型的传统优势产业创新体系，加快发展高端的、创新的传统优势产业。其战略措施是：①构建传统优势产业的核心技术－产品创新体系，提升传统优势产业的核心技术－产品创新能力；②促进传统优势产业的企业创新体系建设，提高传统优势产业的企业创新能力；③做大做强传统优势产业的核心创新型企业，构建传统优势产业的创新型企业网络体系；④构建基于互联网的传统优势产业的纵向一体化和横向模块化产业创新体系；⑤建设一个公平、公开、公正的创新区域环境。对于优势创新区域而言，劳动密集型产业创新战略应当是中端产品创新、中端品牌创新和国际市场创新战略。

优势创新区域的资本密集型产业创新体系战略。对于优势创新区域而言，受限于一些创新资源的约束，往往采取或优势产业的核心产品－技术创新战略，或优势产业创新型企业发展战略，或特色优势产业发展战略。东北地区有装备、石化、钢铁、农产品深加工、医药等优势产业，推进这些优势产业创新体系是东北资本技术密集型产业创新的基本战略选择（王伟光等，2007）。四川装备制造业创新战略是另一案例。近10年来，四川省已经成为我国重大技术装备制造业三大基地之一，已形成了以中国二重、德阳东汽、四川宏华、眉山车辆厂等为核心企业的装备制造产业集群，产品和技术在国内外市场上具有较强的竞争能力。四川装备制造业产业创新体系战略的要点是：①坚定不移地实施重点技术产品的创新战略；②坚定不移地发展东方电气、中国二重等重点创新型企业集团的创新优势；③坚定不移地贯彻装备制造业等支柱产业的创新驱动战略；④坚定不移地推进德阳、成都、自贡等主要装备制造业区域集群化发展。优势创新区域资本密集型产业创新政策目标与重点就是突破优势产业、支柱产业的核心技术、关键零部件技术，加快提高创新型企业自主创新能力尤其是集成创新能力和原始创新能力，构建全球性的产业创新网络体系，构建本区域优势产业和支柱产业高端产业价值链，发展高端的优势产业和支柱产业。

重庆汽车产业创新就是这样的案例。汽车产业是重庆的支柱产业，重庆市政府制定了汽车产业振兴战略，这个战略的要点就是以长安汽车集团为核心的自主创新战略，力求在汽车产业的核心技术、关键零部件方面有所突破。吉林汽车产业是另一个案例。吉林汽车产业创新战略要点是：①适时从引进、消化和吸收再创新战略提升到技术集成创新战略，率先在高端产品平台技术上突破。②坚定不移地实施创新型企业集团战略，通过自主构建中国第一汽车工业集团的国际水准的创新体系和创新能力。③坚定不移地以"红旗"品牌为龙头构建核心技术-产品创新体系。研发投入强度率先达到5%,在新能源汽车核心技术、节能技术、汽车零部件核心技术、关键零部件技术率先突出,加强基础研究、平台研究,提升数字研发能力。④坚定不移地把汽车产业创新作为构建现代产业体系的核心创新战略。

优势创新区域的高技术优势产业的技术创新驱动战略。优势创新区域拥有一定的基础研究优势、技术开发优势和完整的地方产业体系,符合发展高技术产业的基础。过去三十年,我国优势创新区域已经形成了比较完备的高技术制造业,建立了高技术实验和产品开发体系,已有一批产品创新型企业。优势创新区域的高技术优势产业具备了技术创新驱动发展的基础,因此优势创新区域的高技术优势产业应当实施技术创新驱动发展战略。优势创新区域的高技术优势产业的技术创新驱动战略目标是:全面推进技术创新体系升级,全面发展技术创新型企业,全面构建高技术优势产业纵向一体化和模块化网络创新体系。其战略措施是:①制定高技术优势产业的技术创新规划,实施高技术优势产业的优势产品技术引领工程;②制定创新型企业发展规划,支持创新型企业升级战略;③全面构建高技术优势产业创新网络体系;④建设多样的高技术产业协同创新体系。

优势创新区域战略性新兴产业的创新型企业驱动发展战略。优势创新区域的知识创新优势为发展战略性新兴产业提供了知识基础。优势创新区域与强势创新区域存在区位差距,这要求优势创新区域的战略性新兴产业又要与强势创新区域的战略性新兴产业协同发展。因此,优势创新区域应当选择有知识创新优势的战略性新兴产业部门和构建产品创新驱动的战略性新兴产业部门。前者要求一大批核心技术-产品创新型小微企业,后者要求一批产品创新型企业。简言之,这就是优势创新区域的战略性新兴产业的创新型企业驱动发展战略。优势创新区域战略性新兴产业的创新型企业驱动发展战略目标是:培育战略性新兴产业创新竞争优势,构建战略性新兴产业体系。其战略措施是:①跨国公司引进战略;②激活万众创新,培育产品创新型企业和技术创新型企业;③构建高效率的、低成本的企业孵化中心、企业加速器;④大企业创新战略(张红光,2012;沈家文,2008);⑤建设多样的战略性新兴产业协同创新体系。

三 强势创新区域现代产业创新体系战略

强势创新区域现代产业创新体系战略选择取决于强势创新区域、优势产和创新优势三个维度组合,该三个维度组合是:①强势创新区域、传统优势产业与产品创新优势组合;②强势创新区域、高技术优势产业与产品创新优势组合;③强势创新区域、战略性新兴产业与产品创新优势组合;④强势创新区域、传统优势产业与技术创新优势组合;⑤强势创新区域、高技术优势产业与技术创新优势组合;⑥强势创新区域、战略性新兴产业与技术创新优势组合;⑦强势创新区域、传统优势产业与核心技术－产品创新优势组合;⑧强势创新区域、高技术优势产业与核心技术－产品创新优势组合;⑨强势创新区域、战略性新兴优势产业与核心技术－产品创新优势组合。

强势创新区域有最好的创新区位优势,应当加快传统产业转移,发展高端产业。对于强势创新区域而言,其在产业的技术创新和产品创新方面有着坚实的基础,同时还拥有丰富的创新资源。制定综合性创新竞争优势战略是比较合理的。所谓综合性创新竞争优势战略指协同实施优势产业和支柱产业的核心产品－技术创新战略、优势产业和支柱产业的创新型企业发展战略。其目的在于破解区域的核心技术、走出核心产品困境,形成综合性创新竞争优势,重点发展高技术产业和战略性新兴产业。强势创新区域的创新区位优势是知识创新、技术创新优势和产业创新优势等综合性创新优势,这为高端产业发展提供了强大的创新动力,因此强势创新区域的高技术优势产业和战略性新兴产业发展的创新驱动战略应当是全面创新驱动发展战略。

强势创新区域的高技术产业和战略性新兴产业的全面创新驱动发展战略目标是:构建原创性技术创新体系,形成创新型企业网络体系,发展高端产业创新网络体系。其战略措施是:制订基础研究工程计划和高技术战略工程计划,发展创新资源配置体系,建设世界一流的创新"栖息地",形成新兴产业的产品技术标准,形成新兴产业的核心技术和核心产品,拥有核心技术与核心产品的知识产权,均衡发展创新型企业,大力发展综合性的产业协同创新体系。

对于理想创新区域或强势创新区域而言,其在产业的技术创新和产品创新方面有着坚实的基础,同时还拥有丰富的创新资源。制定综合性创新竞争优势战略是比较合理的。所谓综合性创新竞争优势战略指协同实施优势产业和支柱产业的核心产品－技术创新战略、优势产业和支柱产业的创新型企业发展战略。其目的在于破解区域的核心技术、走出核心产品困境,形成综合性创新竞争优势。强势创新区域资本密集型产业创新政策与目标就是发展综合性创新竞争优势,提高高端产品、核心技术、关键零部件技术的研发、设计和创新能力,建设国际一流自主品牌,打造世界一流的创新型跨国公司。

理想创新区域或强势创新区域的战略性新兴产业创新战略应当选择新兴产业核心技术-产品创新战略、创新型企业均衡战略。首先，理想创新区域或强势创新区域具有实施上述战略的条件。新兴产业的核心技术-产品创新战略要点是：这一战略要求微观经济主体通过技术创新劳动、金融创新劳动和管理创新劳动等各种创新劳动，获取新兴产业核心技术产品的规模经济优势、标准技术优势、自主知识产权优势和边际成本优势。其具体措施包括：形成新兴产业的产品技术标准；形成新兴产业的核心技术和核心产品；拥有核心技术与核心产品的知识产权。在理想创新区域，汇集了极为丰富的大学和研究机构，这些研究机构创造出了世界一流的知识，为战略性新兴产业创新奠定了坚实的知识基础。同时，极为丰富的研究队伍是技术创业家的摇篮，技术创业家有肥沃的创新创业土壤；风险资本极为富裕，强劲地支持了创业企业成长；庞大的科技服务企业连接了科学研究与技术产业；创新文化和有效率的企业制度激励着创业和创新发展。其次，创新型企业均衡战略要点是：中小企业创新型企业战略和创新型企业集团战略是新兴产业创新两大主力，不应当忽视任何一方。在理想的创新区域，大学和企业集团衍生创新创业的能力极为强大，创新创业企业机制健全高效。一方面，市场需求激励企业发展新兴产业的相关技术与产品；另一方面，政府通过产业政策的调整、社会制度的创新来引导或激励企业进行新兴产业的技术或产品的创新。在市场的吸引和政府的推动下，随着新兴产业技术和产品的出现和发展，区域内新兴产业的创新型企业便会逐步形成。我国六大世界一流园区建设示范区应当选择核心技术-产品创新战略和创新型企业均衡发展战略。

上海临港产业区近年来的迅速发展便体现了理想创新区域新兴产业发展的战略要点，其发展既强调新兴产业核心技术-产品创新和新兴产业创新型企业的发展战略，也注重和区域特色新兴产业发展充分结合。临港产业区于2005年正式启动开发建设，到"十一五"期末，临港产业区完成产业项目、基础设施、社会事业等固定资产投资756亿元。以自主品牌和自主知识产权为主的新能源装备（核电、风电、绿色火电、特高压输配电）、大型船舶关键件、海洋工程装备是产业区重点发展的新兴战略产业。截至2011年，临港产业区已经诞生了多项"国内制造的世界一流"产品。在新能源装备领域，上海电气自主设计的百万千瓦级核电机组产能和市场已占全国半壁江山，国产化率100%的堆内构件和控制棒驱动机构件全国市场占有率达到100%。目前，国内最大的上海电气3.6兆瓦海上风电机舱已经研制下线，华锐风电正在研制世界最大的6兆瓦风电机舱。在海洋工程装备领域，外高桥造船海洋工程项目年产 2 座自升式钻井平台、2 座半潜式钻井平台、50 个上层建筑、1000 个特殊模块，其中半潜式平台是双井架、完全智能化钻井，属于国际第六代海上深水钻井平台，最大作业水深 3000 米，最大钻井深度 12 000 米，代表钻井平台的世界先进水平[①]。

第五节　现代产业协同创新战略

在国际上，生物医药产业、高端装备制造业、航天航空制造业等现代产业发展表明，产业协同创新是这些现代产业发展的驱动力。本节首先论述企业协同创新是产业协同创新的基础，其次分析产业协同创新激励机制，最后分析现代产业协同创新存在的问题与策略。

一　企业协同创新是产业协同创新的基础

企业协同创新有产品协同创新、要素协同创新等基本类型。产品协同创新和要素协同创新对于企业创新效率、创新成败起着关键作用。

1. 产品协同创新是企业协同创新的基本形态

产品协同创新又称为跨部门的协同创新。其意思是企业研发部门、市场部门、人力资源管理部门、财务管理部门等部门之间的协同创新。企业在新产品开发过程中，研发部门和营销部门是两个核心部门，两个部门的协同利益、协同成本对新产品开发成功有重要影响，通过精细管理可实现两大部门的协同创新（Wilson et al., 1995）。研发部门与营销部门之间的协同能力对企业新产品开发绩效有重要影响。协同技巧越高或协同能力越强，则协同的有形收益和无形收益都越大。协同经验越丰富，则协同技巧或协同能力越强（Simonin, 1997）。在企业创新活动中，部门参与积极性对创新成败至关重要。影响跨部门参与信息交换的数量和质量的主要因素有决策权集中度、制度规范性、信息可靠性、冒险行为激励、薪酬体系、跨部门关系质量。结论有二：①信息交换的正向影响归因于程序互动的正式制度、跨部门关系质量和合作-报酬结构因素；②跨部门信息交换的质量与数量受到缺乏信任的负面影响、互动报酬的正面影响和高质量的跨部门关系影响（Song et al., 1996）。

---

① 资料来源：上海临港产业区"十二五"发展战略性新兴产业. http://info.fire.hc360.com/2011/04/061444427047-2.shtml。

市场导向以及研发部门、制造部门和营销部门的跨部门整合使三类部门在变化度内的改进产品开发和产品开发绩效相互关联。市场导向和跨部门整合之间的正向影响由营销部门反映，与此同时，营销部门和制造部门可能反映市场导向和产品开发绩效之间的正相关关系。制造经理还反映了市场导向、产品开发和产品开发绩效之间的正向关系（Kahn，2001）。营销部门、制造部门和研发部门之间互动和协同正向影响产品开发绩效和产品管理绩效。协同比互动对产品绩效和产品管理绩效的影响更强。互动对产品开发绩效和产品管理绩效的影响不显著（Kahn，1996）。

2. 企业要素协同创新

技术、市场、战略、文化、组织、制度是企业协同创新的基本构成要素，技术与市场是协同创新的核心要素，战略、文化、制度、组织是协同创新的支撑要素。这些创新要素之间的全面协同程度受到企业特质的影响（许庆瑞等，2005）。战略因素、组织因素和支撑条件构成了协同创新的主要影响因素。这些因素相互作用形成三种协同效应：技术协同效应、生产协同效应和市场协同效应（陈劲等，2006）。

3. 我国企业协同创新的影响因素与协同创新模式选择

21世纪初期，我国大中型企业协同创新的前三位的影响因素是项目成员间的相互信任度、高层领导的重视程度、项目负责人的经验和协调能力（水常青等，2004）。中小企业协同创新的主要影响因素有：①新型产业集群内中小企业的网络关系要素影响企业协同创新最显著；②企业的资源要素，而企业能力要素影响不显著；③环境因素通过影响企业网络关系要素、资源要素以及能力要素间接地影响企业协同创新程度（项桂娥，王剑程，2014）。根据协同创新要素组合变化，协同创新模式有两要素协同创新模式（陈劲，王方瑞，2005）、三要素协同创新模式（饶扬德，唐喜林，2009）、多要素协同创新模式（郑刚，梁欣如，2006；郑刚等，2006；曲洪建，拓中，2013）。

二 产业协同创新需要设计有效率的激励机制

在物联网产业协同创新中，同样存在知识共享难题、道德风险和机会主义行为，因此需要设计、改进物联网协同创新的知识共享激励机制（Huang et al.，2014）。供应链是一个网络结构，在这个网络结构中，技术创新是一个复杂的、包含多种反馈回路的非线性系统。供应链的各种因素相互依赖，共同促进供应链协同技术创新。模型定义为供应链网络的参与者之间相互作用、相互依赖以及评估促进创新可选的工具（Chen et al.，2013）。

在协同创新活动中存在知识产权问题，其原因是，知识外溢、协同主体目标冲突、协同协议不完备性。契约型知识产权协议难以有效地解决协同创新中的知识产权问题，章程型知识产权归属模式可能是一种解决方案（李伟，董玉鹏，2014）。协同创新活动中产生的知识产权问题有知识产权共享问题、新生知识产权权益分配问题（张丽娜，谭章禄，2013；李玉璧，周永梅，2014）。知识产权归属是企业选择产学研协同创新路径的重要依据，企业参与产学研活动后创新能力的提升与占有知识产权而获得的市场超额收益最终决定产学研协同创新的路径选择与路径演进（王进富，兰岚，2013）。机会主义行为也是协同创新中存在的问题，需要建立有效的监督机制、利益分配机制、风险分摊机制，从制度上来防范机会主义行为（彭本红，周叶，2013）。企业协同创新惰性问题产生的原因是：企业领导人观念问题、龙头企业创新能力弱化、企业吸收能力较差、创新风险识别与判断能力较弱、企业间技术能力差距较大、员工工作惯性等（肖鹏，余少文，2013）。知识交换与共享受到协同创新网络参与者的关注（Ensign，1999）。影响知识交换的主要因素有经济因素、技术因素、组织因素、地理因素和社会因素。知识交换更为成功，则创新更易成功。

如何解决产业协同创新中存在的问题呢？在电脑游戏产业，有些电脑游戏公司向消费者开放一部分产权内容，允许"消费者——设计"[①]的、"消费者——执行"[②]的新产品开发。通过再授权这些新产品，电脑游戏公司成功地把电脑游戏设计的部分外包到数字消费者网络，由这个消费者网络开发。这降低了游戏开发风险，提高了电脑游戏公司绩效（Arakji and Lang，2007）。西班牙制造业的技术协同网络在实现产品创新较高的新颖性方面起着关键作用。创新新颖性的最积极的影响来自不同类型伙伴的协同网络（Nieto and Santamaria，2007）。

---

① "消费者——设计"一词是对苹果公司首创的消费者与公司研发活动融合的提炼。其意思是，消费者参与公司的产品设计活动，产生了很多方案。公司设计部门以此为基础从事产品设计，提出并优化设计方案。
② "消费者——执行"一词是消费者与公司研发活动融合的另一方面内容。其意指消费者对公司设计部门的产品设计方案、新产品样品直接体验和试用，找出样品的缺陷和优势。消费者就是公司研发的直接执行者。

三 我国现代产业协同创新存在的问题与策略

(一) 现代产业协同创新存在的问题

我国高技术产业的创新主体及外部创新环境各自的有序度虽然有一定增长，但是创新体系整体协调度较低，且伴有较大波动，创新主体正逐步成为整体创新体系演进的主要动力（顾菁，薛伟贤，2012）。我国产业高端化的协同创新网络和驱动机制尚不健全。Kalsaas（2013）研究了美国天然气钻井产业的协同创新问题。他发现，客户与供应商互动是这个行业协同创新的关键因素。影响客户与供应商协同创新的主要因素是公司早期阶段的供应商和合作伙伴提供的技能和技术。除此之外，其他因素还有：①灵活的、激励的、创造性组织，如加入集群的、乐于进入并具有恰当技巧的重要供应商和客户、易于获取非正式信息、思想并准备冒险的创业者和开发者；②技术资源因素，如未开发的美国钻井技术；③协同创新环境因素，如支持国内技术公司的挪威天然气和石油政策，临近研发实验室等；④偶然运气因素，如在正确时间处于正确的位置，并碰上的好运气。生物产业组织协同创新的基本方法就是组织学习网络方法，研发联盟、经验与管理公司的关系以及网络优势、成长率和公司活动组合联系促进创新（Powell and Smith-Doerr，1996）。但是，生物产业技术组织协同网络不断演化，早期公司进入者追随的商业战略被大学、研究机构、风险资本和小公司替代。当组织增加它们的协同活动和使它们关系多样化，具有多重的、独立路径特征的内在密切联系的分网络就形成了；反过来，这些结构因子影响有利于生物科学成员的选择和机会。因此，强化了依据与多个伙伴不同关系的依附逻辑（Powell and Owen-Smith，2005）。

(二) 我国现代产业链的伙伴协同创新策略

产业链的伙伴协同创新指的是产业链上游供应商、产业链下游的客户、销售商之间协同创新。产业链的伙伴协同创新在高技术产业、战略性新兴产业中表现为协同网络创新体系。

高端装备制造业的成长主要取决于企业、大学与政府之间三维螺旋式技术协同创新的合作博弈。一般情形下，政府通过协同规则保证大学与企业双方的合作博弈均衡（李坤等，2013）。因此，需要树立协同创新战略思路、构建完善的产学研创新联盟、提升技术引进消化吸收能力、构建投融资体系、创新政府支持与资源整合机制等，从而提升协同创新驱动产业高端化效能（刘英基，

2013）。

战略性新兴产业的协同创新包括战略协同、组织协同、资源协同和制度协同，战略性新兴业的协同创新能力包括资源整合能力、市场创新能力、技术创新能力和产业竞争能力。这四种能力沿创新周期逐渐依次形成（汪秀婷，2012）。战略性新兴产业在本质上是一个知识生产、知识交换关系构成的新兴产业。知识创新链的伙伴协同创新是战略性新兴产业协同创新战略选择。

战略性新兴产业的知识创新链的伙伴协同实现有如下可选路径：产品平台、公开技术标准接口、推广技术标准。提高战略性新兴产业的知识协同创新效率的方法有：构建知识创新链的共生创新系统、选择合适的合作伙伴、公平合理地分配利益、加强成员之间的信任等手段提高协同创新效率（吴绍波等，2014）。战略性新兴产业的协同创新策略制定受到协同创新预期收益、协同创新风险和协同创新知识位势等因素的影响，可以选择的策略有：①优化系统内共生单元生态位；②采取适宜协同创新共生模式；③培育有利于协同创新的共生环境（李煜华等，2013，2014）。还有学者研究了现代农业协同创新（郝世绵等，2014）和文化创意产业协同创新问题（郑志，冯益，2014）。

第六章 现代产业集群创新战略

现代产业集群创新战略是现代产业创新驱动的扩展战略。现代产业集群创新战略研究对于产业集群创新理论研究和实施创新驱动战略都具有重要意义。基于创新区域与现代产业集群类型结合可刻画不同创新区域现代产业集群创新价值链。区域现代产业集群创新价值链成为分析现代产业集群创新战略的基本工具。最后讨论了现代产业集群创新战略。

第一节 现代产业集群创新战略问题的提出

一 产业集群创新及其相关概念界定、特征

（一）产业集群及其相关概念

国内外学者对产业集群概念并没有取得共识，解释产业集群有经济地理学、社会学、制度经济学等多个角度（高怡冰，林平凡，2010）。"集群是特定产业中互相联系的公司或机构聚集在特定地理位置的一种现象。集群包括一连串上、中、下游产业以及其他企业或机构，这些产业、企业或机构对于竞争都很重要，它们包括了零件、设备、服务等特殊原料品的供应商以及特殊基础建设的提供者。集群通常会向下延伸到下游的通路和顾客上，也会延伸到互补性产品的制造商以及和本产业有关的技能、科技，或是共同原料等方面的公司上。另外，集群还包括了政府和其他机构：像大学、制定标准的机构、职业培练中心以及贸易组织等——以提供专业的训练、教育、资讯、研究以及技术支援。"（Porter，1998）简单地说，产业集群是指一大批各不相同的企业集中于某一特定地理区域经营相似或相近产品从而形成不同于市场和科层组织的生产和交换网络。产业集群共有属性有：地理集中、企业集中、生产与交换网络。从产业组织特征看，产业集群的组织特征（吴德进，2005）是：①一种介于企业与市场之间地方稠密企业网络组织；②实现节约交易费用和实现规模经济的柔性生产组织，产业集群分类标准多种多样；③产业集群是立体型复杂市场网络组织。

目前，产业集群有四类标准：第一类是经济活动的空间组织标准；第二类为产业性质；第三类是集群发育程度；第四类是集群来源。仅产业性质研究产业集群就有不同分类。比如，从产业演化角度，产业集群可分为传统产业集群与现代产业集群。此外，还可结合产业演化、产业体系、产业要素、产业网络复杂度划分产业集群。

传统产业集群就是简单劳动要素集聚的、低成本、低附加值产品生产的企业按照模块化分工与协作联系集聚于某一地域并构成的生产与市场网络。传统产业集群范围存在争论。比如，有学者（王缉慈，2011）认为，传统产业集群不包括重化工业产业集群。但本书认为，重化工业产业集群应属传统产业集群范围，这是由传统产业集群的产业性质、价值性质和技术方式决定的。传统产业特征（王缉慈，2001）是：①简单劳动要素集聚是传统产业集群的生产要素特征；②低成本生产是传统产业集群的生产特征；③低附加值生产是传统产业集群的产出特征；④传统产业集群是低端产业集群。马歇尔产业区在本质上是生产集群。我国珠三角地区的传统产业集群修正了马歇尔产业区特征。我们同意依据本地关联性和外贸依存度两个维度可以进一步对我国沿海地区的生产集群分类。我国沿海地区的生产集群可分为：高关联、高外向度生产集群，低关联、高外向度生产集群和低关联、低外向度生产集群（陈耀，冯超，2008）。传统产业集群的本质特点是低成本生产集群，即"生产装配企业与其供应商在特定地理区位的聚集"（王益民，宋琰纹，2007）。

现代产业集群是高级生产要素集聚、从事低成本生产、高附加值产品的研发和创造的创新型企业、大学、研究机构及相关知识服务组织遵循模块化生产网络规律集聚于某一地域构成了开放的、模块化、复杂的产业创新网络。现代产业集群的基本特征是：首先，高级生产要素大规模集聚是现代产业集群的生产要素特征（萨克森宁，1999）。其次，各类创新组织集聚是现代产业集群的组织要素集聚特征。现代产业集群有三种类型：创新性产业集群、技术创新型产业集群、新兴产业创新集群。创新性产业集群指具有产品创新能力的产业集群，包括创新性传统产业集群、高技术产品创新产业集群和新兴产业的产品创新产业集群。技术创新型产业集群指具有技术创新能力的产业集群，包括技术引进消化再创新技术能力的产业集群、集成创新能力的产业集群和具有基础技术、核心技术和高端技术及其产品创新能力的产业集群。新兴产业创新集群指的是新兴产业技术创新、新兴产品市场开发、新兴技术创业企业成长的产业集群。

(二) 产业集群创新及其相关概念

1. 产业集群创新语义学解释

"cluster innovate"词组的译文有多种译法，如"集群创新""集群式创新"。"innovative cluster"一词被译为"创新集群""创新性集群""创新型产业集群"。在学术界中，对译文的解释表达了各自的理解，差异较大。本书认为，从英文与中文学术术语译文的准确性角度讲，"cluster innovate"译成"集群创新"为妥，"innovative cluster"译成"创新集群"为宜。对集群创新的把握应当立足于总体视角（Lawson and Lorenz, 1999; Keeble and Wilkinson, 1999; Heidenreich, 2005; Tura and Harmaakorpi, 2005; 周泯非, 魏江, 2009; 陆根尧等, 2011）。集群创新是一种获得创新优势的创新组织形式。受 Brown 研究苏格兰创新集群成果启示（王福涛, 2009），本书将产业集群创新定义为：地理集中的组织机构是技术创新集聚向市场集中和产业集聚转化的过程（徐占忱, 何明升, 2005）。与产业集群创新密切相关的一个概念是创新集群，国内文献对此有系统的梳理和辨析。Rosenberg 早在 1976 年就提出"创新集群"概念，在英文中有两个词组：一个词组是"innovation clusters"，另一个词组是"cluster of innovative industries"。这两个词组在学术文献中都是指创新型产业集群。

2. 产业集群创新：一个独特创新系统（孙晓华, 原毅军, 2005）

产业集群创新系统分为创新型企业要素的核心层、创新环境要素构成的辅助层、结构创新要素构成的虚拟层，由此形成的系统结构不仅保持着产业集群创新的整体性，而且规定着内部创新要素之间在时空方面有机联系与相互作用的方式或顺序，反映了产业集聚创新能力的基本组成。可见，产业集群创新具有与单个企业创新完全不同的特点。

有的学者（赵忠华, 2009）立足于生态学、社会学、经济地理学观点把产业集群创新特点概括为互惠共生性、竞争协同性、根植性、知识资源互补性、创新组织开放性五个特点，这个概括与产业集群特征没有实质区别。产业集群创新的特征有：①多元创新组织不断集聚；②创新竞争与创新协同共存；③技术创新集聚力增强；④产业链、价值链和创新链"三链"耦合度不断收敛；⑤产业创新文化彰显。产业集群创新具有激励优势强、创新成本低、创新活动条件好的优势，其中，知识互动共享是产业集群创新的动力（陈守明, 2003）。协作创新机制和竞争型创新机制是产业集群创新机制的基本类型（岳芳敏, 2007）。

3. 产业集群创新类型

产业集群创新分类有多种分类方法：第一种分类方法是创新型企业规模；第二种分类方法是创新度；第三种分类方法是产业时代。

（1）大企业主导型创新产业集群与中小企业主导型创新产业集群。在创新集群中，有的产业集群是大企业主导型产业创新集群，而有的产业集群是中小企业主导的产业创新集群，有的产业集群却是大企业、中小企业共生的产业创新集群。胡昱和刘文俭在研究青岛家电产业发展模式时指出，青岛家电产业集群发展模式具有显著的大企业主导型集群创新模式特征。"由最初的组装和外围技术的加工，逐渐向核心部件和关键技术提升"的重点创新型企业带动的、上下游产业相关的、功能性企业随之集聚的产业集群创新模式（胡昱，刘文俭，2003）。台湾新竹工业园区的产业集群创新模式却是典型的中小企业主导的创新集群模式，陈晓红和解海涛（2006）提出了基于协同创新的中小企业创新体系观点解释中小企业主导的创新集群模式。

（2）创新性产业集群与创新型产业集群。Shantha Liyanage，Lourens Broersma，Isabel Bortagara，Hsien-Chun Meng，Kongrae Lee 等学者基本在国家创新体系意义上解释创新集群，把创新集群定义为简化的国家创新体系。这种认识延伸到国家高新区新定位时就把国家高新区重新定义为创新集群。王缉慈认为，这是对创新集群的误解。集群可以分为基于创新的集群和低成本的集群。低成本的集群是指其参与竞争的基础是低成本的；创新性集群或创新集群（innovative clusters）是区别于低成本的产业集群（或低端道路的产业集群）而言的，是指创新性的产业集群或基于创新的产业集群。王缉慈认为，"创新性集群"与"创新集群"是可以等同对待的。但实际上，二者是有区别的。

Rosenberg（1984）吸取了熊彼特创新集群观点把产业集群创新概括为 T 型产业创新集群和 M 型产业创新集群。T 型产业创新集群是指"当出现一项或少数几项可为大量的改进型创新提供基础的重大创新时所诱发的创新集群"。M 型产业创新集群是指"技术上无直接联系，仅由需求全面旺盛或其他有利条件共同刺激所引起的创新集群"。"T 型产业创新集群是基于技术关联基础的技术创新集群。从技术关联基础看有三种典型模式：基于技术轨道顺轨性技术创新集群、基于技术平台衍生性技术创新集群、基于技术关联的渗透性技术创新集群"（陆根尧，2011）。从技术关联度看，产业集群创新有三种类型（赵峰，魏成龙，2004）：部门关联型技术创新集群、技术联系型技术创新集群和松散型技术创新集群。这三种类型的创新集群具有不同的产业创新扩散式样。部门关联型技术创新集群是创新在一个产业部门内的创新扩散式样,技术联系型技术创新集群是不同部门之间的技术创新扩散式样,松散型技术创新集群是技术不相关产业部门之间技术创新扩散式样。

(3)传统产业集群创新与现代产业集群创新。传统产业集群创新主要指传统劳动密集型产业集群创新,包括产品创新模式、第三意大利产业区技术创新模式,其主要特点是对产品功能、外观样式改进,易于模仿,技术创新程度不高。因此,传统产业集群创新又可称为创新性传统产业集群或产品创新型产业集群,这与产业集群专家王缉慈所讲的创新性产业集群有区别。在王缉慈(2004)看来,创新性产业集群与创新型产业集群可通用。现代产业集群创新是指现代产业技术集聚向产业集聚和卖方市场集中的转化过程。现代产业集群创新是依据现代产业属性提出的集群创新概念。现代产业性质是指现代农业、工业与信息技术融合而成的新型工业和高新技术产业。国外学者广泛重视现代产业集群的创新研究。例如,Suma Athryer 对剑桥高科技产业群的变迁,Brown(2000)对苏格兰地区创新集群的发展做了实证研究,结果表明集群的成长往往是科学研究基础商业化转型的过程。OECD 在《创新集群:国家创新体系的推动力》研究报告中对现代产业集群重新的认定是,"信息与通信技术集群、多媒体集群、农产品生产集群、建筑业集群"。"在中国《国民经济行业分类与代码》中,这四个创新集群实际涵盖了电子业集群、有色金属业集群、化学业集群、种植业集群、饮食业集群、建筑业集群六个产业集群,覆盖率占产业集群亚类的 54.6%,其存在领域涉及制造业、建筑业、服务业。化学产业集群的外延与创新集群完全复合,电子产业集群、建筑产业集群的外延与创新集群的复合度也高达 70% 以上。"(王福涛,2009)王缉慈(2011)等研究了高技术产业创新集群、创意产业集群。综合上述研究成果,本书认为,现代产业集群是科技创新型产业集群。其创新特征是:现代科技创新集聚非常典型,模块分工条件下网络状产业链知识创新是其本质,由技术融合引致的产业融合是现代产业集群创新的基本形态。

二 现代产业集群创新是一个战略问题

20 世纪 90 年代末,OECD 政策制定者提出创新集群政策,其标志是,OECD 成员国于 1999 年发布了《集群:促进创新的动力》报告及 2001 年进一步推出《创新集群:国家创新体系的推动力》报告。2001 年,OECD、联合国工业发展组织（UNIDO）和法国国土规划与区域行动议会（DATAR）等国际组织对集群政策展开了激烈的争论。2013年，欧盟学者先后集聚丹麦、卢森堡和意大利摩德那大学就欧洲创新问题做了深入系统的讨论。2006年，欧洲再创新会议上欧洲企业与工业理事会明确提出了创新集群的政策。我国科技部紧紧跟踪国际产业政策、集群政策的变化，于2001年提出了培育创新集群政策。于2003年启动的国家中长期科技发展规划战略研究再次提出创新集群培育政策问题。2006年，提出创新型国家战略，科技部主管的国家高新区政策发生了重大变化，世界一流科技园区建设示范区、创新型科技园区和特色产业园区成为高新区的"新政"。创新型产业集群政策成为创新型科技园区的主要考核内容。这表明，创新集群业已成为国家创新战略政策工具。

自2008年以来，我国产能过剩现象日益突出，劳动力成本不断提高，东部生产型产业集群发展面临巨大挑战，东部地方生产型产业集群升级迫在眉睫。广东陶瓷产业集群、浙江绍兴纺织产业集群、江苏高技术加工产业集群率先向创新性产业集群转型和升级。2013年，这些生产型产业集群成功转型，这表明创新性产业集群是生产型产业集群发展的方向。深圳高科技加工制造业产业集群经过十年的努力成功转型为创新型产业集群，使深圳产业结构成功升级为现代高端产业结构。深圳经验表明，创新型产业集群对于现代产业体系构建和发展，现代产业结构创新，提高经济增长质量都是一个全局的、长期的、关键性问题。

当前，中国的现代产业发展面临着两大挑战：一是核心技术瓶颈，二是领军创新企业。解决核心技术瓶颈，需要企业、研究机构和大学的协同创新，需要各类企业的创新竞争。领军创新企业在企业创新竞争中成长，一个公平的产业创新竞争环境是领军创新企业成长的基础。华为技术公司能成为中国通信产业的领军创新企业，得益于该企业全面参与全球创新竞争，得益于其身处高新技术产业集群创新。微软公司、Intel公司等高技术产业领军企业的成长得益于硅谷的高新技术产业集群创新。可见，现代产业集群创新在破解中国现代产业发展瓶颈中既提供了一个创新环境又提供了一个创新平台。

硅谷高技术产业集群是典型的技术创新集群，其具有立体的创新网络特征。硅谷产业创新网络减少了创新成本、降低了创新风险、形成了综合创新优势的创新环境。从知识角度看，产业集群创新能力具有产业集群知识扩散能力、产业集群知识互补能力、产业集群知识渗透能力和产业集群知识搜索能力（周泯非，魏江，2009）。从新产业角度看，产业集群具有孕育新兴产业的能力。因此，现代产业集群创新在促进产业创新能力升级过程中起着关键作用，中小企业集群创新是现代产业集群创新的重要形态。中国台湾新竹产业集成电路产业集群发展经验表明，以专业化分工和协作为基础的同一产业或相关产业的中小企业，通过地理位置上的集中或靠近，产生创新集聚效应，从而获得创新优势（陆根尧等，2011）。区域现代产业集群创新在区域现代产业发展、经济结构调整、经济增长方式转变中具有的战略地位受到广泛认同。

创新型产业集群是应对德国、美国制造业升级挑战和实现《中国制造2025》目标的关键战略。钟书华（2008）认为："创新集群是由企业、研究机构、大学、风险投资机构、中介服务组织等构成，通过产业链、价值链和知识链形成战略联盟或各种合作，具有集聚经济和大量知识溢出特征的技术—经济网络。"其内涵是：第一，创新集群的构成要素是多元的，从事创新活动的参与者也是多元的；第二，创新集群的内部结构主要是创新活动参与者之间的战略联盟和合作关系；第三，创新集群的外部功能是一种通过自主创新，形成具有竞争优势的产业集群；第四，创新集群是一种创新系统或创新体系。由何传启编撰并于2015年发布的《中国工业现代化报告》指出，2010年我国工业劳动生产率约为美国的1/9，制造业劳动生产率为美国的1/8，人均制造业出口值为德国的1/11。该报告建议，启动"工业创新议程"，落实全面"创新驱动发展战略"。《工业创新议程》的关键战略举措是：组建"国家先进技术研究院"；制订"工业创新伙伴计划"，建设"智慧机器人工程"，成立国家中小企业服务局等。《工业创新议程》表明，各个区域要抓住新技术革命历史机遇，加快产业结构调整和升级，构建中高端产业体系，就必须制定创新型产业集群战略。

三 现代产业集群创新战略研究的意义

当前，东部经济发达地区的生产型集群正在向基于创新的产业集群转型（王缉慈，2004）。基于创新的产业集群包括创新性的传统产业集群和创新型的高新技术产业集群。创新性的传统产业集群对生产要素、市场需求、产业支撑体系和企业战略等因素的入门条件显著低于创新型产业集群的入门条件。这些入门条件是什么？各个区域生产型产业集群向基于创新的集群转型和升级的机理、路径等，都引起了学者的广泛关注。有关学术文献陆续发表。这些研究成果仅限于微观视角，从战略管理视角探讨现代产业集群创新战略演变机理、入门条件等文献并不多见，因此对现代产业集群创新战略研究在战略管理理论和创新战略理论研究上都有积极意义。

科技部有关创新型产业集群试点工作显著提速。无疑，第一批试点为发展创新型产业集群提供了经验。但是，有关创新型产业集群试点区域与创新型产业集群性质、目标的冲突已经初步显现。这说明，我们对创新型产业集群的发生、发展机理和发展规律的认识还很模糊。顺利地推进创新型产业集群发展需要我们深入研究创新型产业集群与创新区域的匹配性。现代产业集群创新战略研究对区域创新型产业集群实践提出的重大问题给予了及时回应。同时，这种回应对于不同创新区域制定和实施现代产业集群创新战略提供了理论依据。

第二节 现代产业集群创新：一个集群创新演化视角

区域现代产业集群创新理论沿着现代产业组织垂直分离与创新问题、模块化分工与模块创新、模块化产业价值链创新等内容演进。

一 现代产业组织垂直分离与创新问题

现代产业组织垂直分离是一种十分普遍和影响深远的产业组织创新。这种产业组织创新广泛发生于汽车、机械、电子、服装、计算机、家电产品、电子信息、航空航天、轨道交通、报业、银行、通信等产业部门。现代产业组织垂直分离深刻影响着企业组织运作、产业结构调整、经济发展方式转变、产业创新。20世纪90年代末21世纪初青木昌彦等发表的《模块时代：新产业结构本质》一书深刻地揭示了硅谷高技术产业生产组织结构创新。20世纪80年代开始，制造业出现了全球产业布局趋势，逐步形成了全球价值链或全球生产网络。制造业全球布局表现形式有两种：第一，"制造业公司掌握产品设计、关键技术、授权国外生产厂商按其要求生产产品，自己则在全球建立营销网络，进行产品的广告宣传与销售及提供售后服务"。第二，"制造业公司在全球范围内建立零部件的加工制造网络，自己负责产品的总装与营销"。"在全球化制造体系中，跨国公司依靠较强的核心能力，占据着价值链和产业链的上端，控制核心和高端产品、高附加值环节，借此大规模占领国外市场和获取高额利润。"前者为买方驱动生产网络，后者为生产者驱动生产网络（张其仔等，2008）。学术界对现代产业组织的垂直分离与创新做了大量、深入、系统的研究。这些研究的基本共识就是，现代产业内分工的形态是模块化分工，模块化分工要求专业化分工，模块化分工引致专业技术供应商独立创新及模块创新之间协同。这种创新既影响着市场结构又改变着市场绩效。现代产业集群在本质上是模块化集群，这种集群可能是全球空间配置，可能是某国内空间配置。核心创新型企业控制着模块化创新价值链条，独立的模块技术供应商既是模块化创新价值链条中的一个独立创新模块并相互竞争又是模块化创新价值链条上相互协同的创新组织（张其仔等，2008；戴魁早，2011）。戴魁早还深入地研究了垂直分离与技术创新的关系，构建了分析垂直分离影响因素模型、垂直分离影响技术创新投入与产出模型，运用实证研究工具检验了我国高技术产业垂直分离程度及其对技术创新的影响。其结论是，垂直分离对我国高技术产业的 R&D 投入的积极作用有一个临界值。垂直分离有利于提高高技术产业的技术创新效率假说得到了验证（戴魁早，2011）。

二 模块化分工、模块化创新与模块化产业集群问题

模块与模块化是两个不同的概念。"模块通常是指可组成系统的、具有某种确定独立功能的、具有接口结构的单元。"其特征是相对独立性、互换性和通用性。青木昌彦等学者对模块的定义得到广泛认同。在青木昌彦看来，"模块是指具有某种确定独立功能的半自律性的子系统，它可以通过标准的界面结构与其他功能的半自律性子系统按照一定规则相互联系而构成更加复杂的系统"。模块通常有标准模块和功能模块：标准模块是实现大规模定制的核心技术；功能模块是现有技术不成熟或满足客户特殊需求的模块（陈劲，桂旺彬，2007）。模块化定义争议较大，没有公认的定义。陈劲和桂彬旺列举了主要的国内外学者有关模块化的定义，并从复杂产品系统角度给出了模块化定义。本书认为，现代产业的绝大多数技术产品都可定义为复杂产品，因而本书引用他们的定义："模块化是指将复杂产品系统创新任务分解成相对简单的模块进行创新，最后按照界面标准集成为一个复杂产品系统的全过程。复杂产品系统的模块化使各个模块的创新活动能够独立进行，以提高复杂产品系统创新绩效的方法。模块化系统包括系统分解和系统集成。"（陈劲，桂旺彬，2007）模块化包括技术模块化、产品模块化和组织模块化。张其仔等学者把模块化类型分为青木型模块化、派恩型模块化：青木型模块化包括 IBM 型、丰田型和硅谷型三类子模块化；派恩型模块化包括共享构建模块化、互换构建模块化、"量体裁衣"式模块化、混合模块化、BUS 模块化、可组合模块化（张其仔等，2008）。

现代产业分工从专业化分工发展到模块化分工。青木昌彦和安藤晴彦（2003）认为，模块化分工有三个基本特征："一是模块本身可以是复杂的系统；二是不同模块之间的连接规则是进化的；三是模块的包裹化有利于整体系统的改进和创新。"模块化分工包含三层含义：第一，系统中的模块被独立地设计和生产，模块设计的独立性是模块化分工的主要优势；第二，各模块之间协调良好的运行；第三，系统可以运行相同的软件，可以添加新的模块，旧的系统升级可以不必替换原有的程序（芮明杰，张琰，2009）。传统专业化分工是指："基于线性生产工序、生产工艺的分工，其依据是产业链上技术的关联性和不可分割性。"模块化分工与专业化分工的区分有分工中的知识的独立性差异、效率导向差异和内生性增长机制不同。模块化分工的实质是知识的分工（芮明杰，张琰，2009）。

模块化分工引致模块化协作，形成模块化生产网络。"模块化生产网络（modular production network）作为以产品的可模块化为前提，通过编码化信息（codified information）的交流与传递，并利用契约，将生产和组装模块的企业连接起来所形成的开放式网络生产体系，正是适应于产业组织纵向分离后企业间广泛协作的最佳网络治理模式，从而成为产业组织形态演进的一种新趋向。"这种模块化生产网络系统不同于传统的生产方式之处在于："①模块化生产网络是一种灵活分散的开放式生产体系；②模块化生产网络是一种全球制造系统；③知识和信息成为最重要的生产要素；④模块供应商与系统集成商之间是一种新型的合作关系；⑤替代经济成为企业追求经济效益的重要手段。"模块化生产网络系统在市场结构、行为和运行绩效上有了不同于传统产业组织的市场结构、行为和绩效特征（柯颖，王述英，2007）。

陈劲和桂旺彬在系统地研究了海豹HP1600型产品创新、城市地铁交通控制系统创新、大型矿山车辆调度系统创新、GWM5000P无线传输通信系统创新等案例后概括出复杂产品系统模块化创新模式（图6-1）。

这种复杂产品系统模块化创新具有如下特征（陈劲，桂旺彬，2007）：模块化创新降低了复杂产品创新成本、满足了复杂产品用户定制化的需求；模块化创新降低了复杂产品创新的复杂性，提高了集成开发商的核心能力；模块化创新有助于技术与知识共享，降低复杂产品研发资源投入。由于模块化分工的本质是知识的分工，模块化创新优于非模块化创新的前述特征不仅在超级复杂产品系统创新中体现得很鲜明，而且在一般复杂产品创新中有同样的体现。模块化降低了对隐性知识的依赖，减少了学习成本，模块化削弱了知识复杂性，使突破性技术创新难度下降了，因而激进型、结构型创新更有可能。模块化创新还降低了技术创新活动面临的市场风险、技术风险、资金风险和组织风险。学者们把模块化创新归结为六种形式，即分离与替代、去除与增加、归纳与改变（张其仔等，2008）。

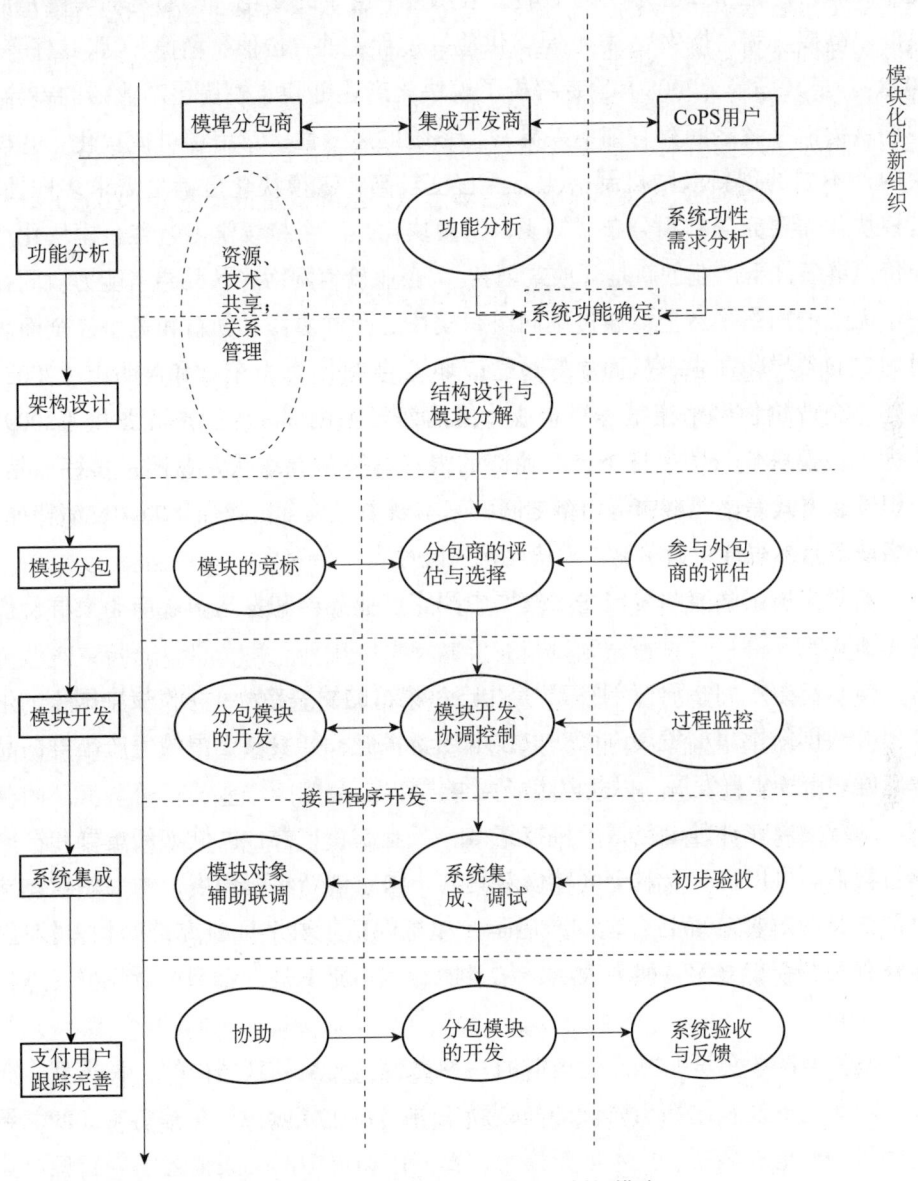

图 6-1　复杂产品系统模块化创新模式

三 模块化产业价值链与现代产业集群创新

产业链的定义有很多，有简有繁。总的来看，"产业链是指经济活动中，从事某一产业经济活动的企业之间分工角色不同，在上中下游之间形成的经济或技术关联，产业中产业结点的变动会影响整个链条的变化。产业链的关键是产品的'链接'和'衍生'，核心是'供应'过程中的'价值'增值"（张其仔等，2008）。张其仔等（2008）学者解析了模块化产业链和非模块化产业链的差异。他们认为，二者之间存有如下差异：①系统的可分性；②市场可模块化；③模块内外不同的创新激励机制；④灵活程度较高；⑤模块化可满足需求多样性；⑥模块化需要充分利用分布式知识；⑦模块化是一个持续学习过程。模块化产业价值链条件下产业创新是开放式创新。"企业价值网络将各种要素能力协同在一个无形的网络平台上，通过不同组织模块之间的协作、创新和竞争，全面满足用户的差异化需求，从而更好地适应环境的变化。"余东华和芮明杰（2005）构建了企业价值网络模型解释企业价值网络发生机理。芮明杰和张琰（2009）认为，在模块化分工条件下，产业链的根本特征是网络状产业链。其特点是，知识连接方式是产业链内部网络之间的基本联系，具有自我强化的正反馈特征，网络动态自组织性十分明显，模块化抗风险性也十分突出。

陆明祥根据微笑曲线描述了发展中国家产业集群和发达国家产业集群价值链（图6-2）。

图6-2表明，创新性产业集群是生产型集群的发展趋势：①发展中国家的生产集群向创新性集群发展，以获取技术创新优势；②发展中国的生产集群向品牌集群和市场集群发展，以获取市场竞争优势。

创新集群在外延上包括了科技集群、产业创新集群、区域创新集群和国家创新集群。可以说，立足于区域创新集群、国家创新集群角度，钟书华对创新集群含义的解释的确是合理的，但是，却与创新集群实证研究结论相差较远。国外有关创新集群实证研究表明，创新集群在本质上是创新型产业集群（王福涛，2009）。

创新型产业集群既是产业集群的一种类型，又是创新集群的一种类型，亦即是产业集群发展的高级阶段即是创新集群的产业化阶段。王福涛（2009）不仅使用产业地理集中、技术创新集聚、卖方市场集中的交集描述了创新型产业集群概念（图6-3），而且还描述了产业集群、创新集群与OECD国家创新集群的关系（图6-4）。

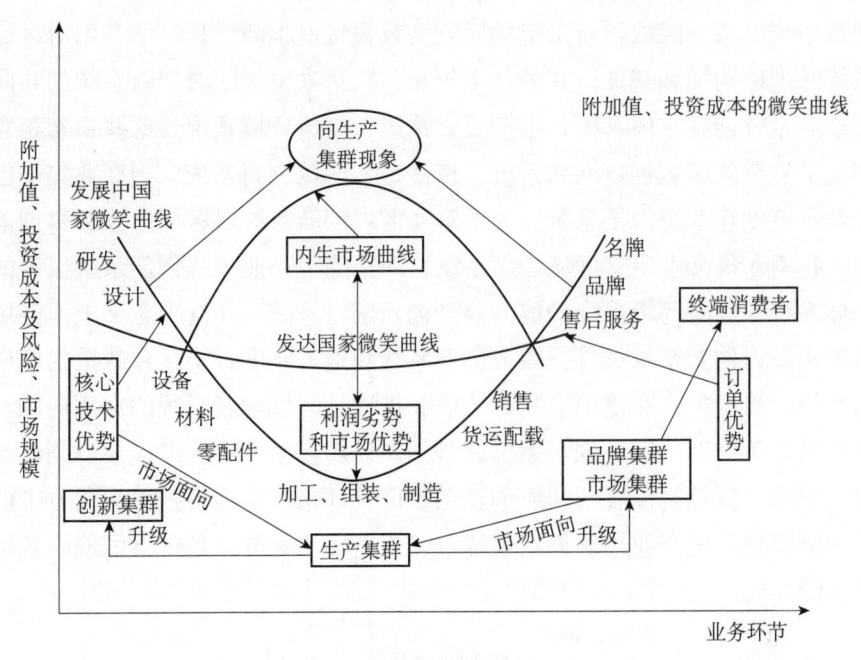

图 6-2　产业微笑曲线与产业集群
资料来源：陆明祥（2010）

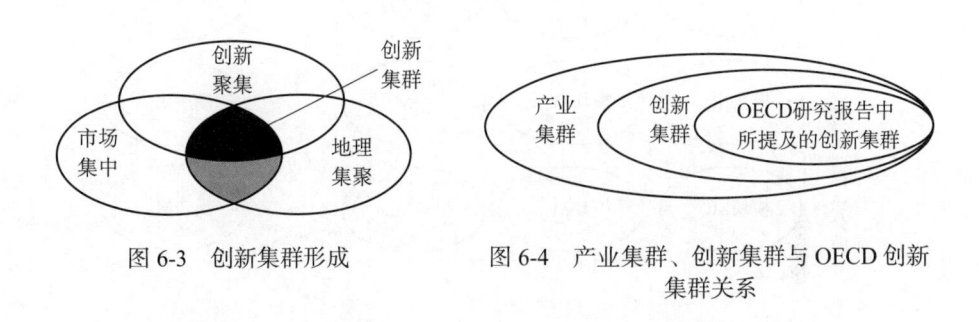

图 6-3　创新集群形成

图 6-4　产业集群、创新集群与 OECD 创新集群关系

第三节　区域产业集群创新价值链与优势

一　创新区域与产业性质是构建区域产业集群创新价值链的两个基本维度

本书第二章定义了创新区域，并把创新区域分为强势创新区域、优势创新区域和特色创新区域。区域创新系统揭示创新区域的创新优势。自库克提出区

域创新系统以来，区域创新系统的研究文献数量就不断增长，学者们对区域创新系统的理论构架和实证研究就从未停止。概括来说，区域创新系统的共同构成要素应当有创新主体系统、生产要素系统、创新环境系统。这些要素相互关系构成了复杂的区域创新网络系统。按此定义区域创新系统，则产业集群创新系统是区域创新系统的子系统。为了解释区域创新系统对区域产业集群创新的影响，我们在狭义上定义区域创新系统，即指除了产业集群创新系统以外的创新主体系统、创新环境系统构成的复杂创新网络系统。在这个意义上，区域创新系统是知识创新系统、科技服务创新系统和地方制度、文化和政策的构成的创新系统。知识生产和使用、知识传播和扩散是区域创新系统的本质内涵。从供给和需求角度看，区域创新系统就是知识创新供给系统。产业集群创新系统的定义很多，但总是没有与区域创新系统区分开来。本书根据模块化分工的网络产业链思想，把产业集群创新系统定义为由模块化分工条件下的网络状创新系统（图6-5）。

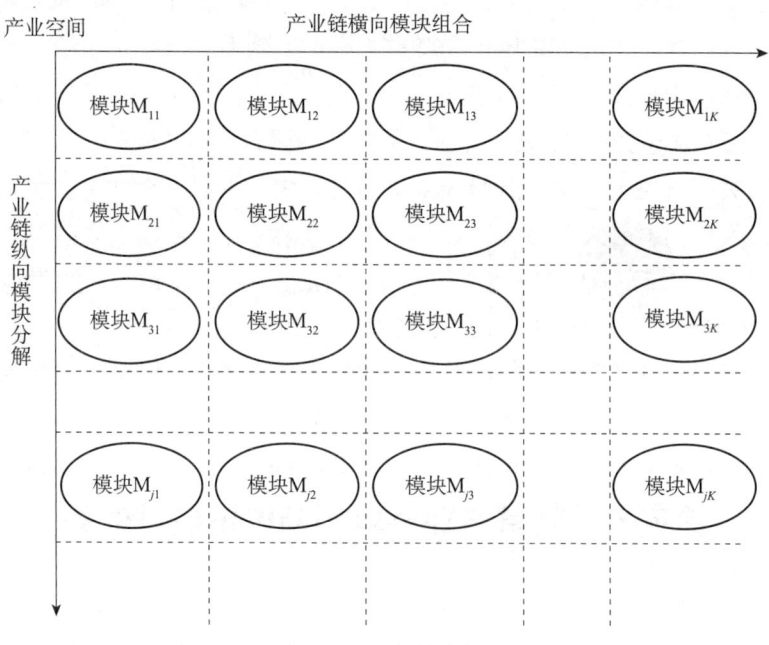

图 6-5　产业集群创新系统
资料来源：芮明杰和张琰（2009）

在这个定义中，我们看到，这是一个狭义的产业集群创新系统。从广义上讲，产业集群创新系统还应当包括科技服务业集群创新系统，如金融产业创新系统、科技检测服务系统、信息数据服务创新系统等。产业集群创新系统在本质上是产品、技术、市场、组织管理构成的模块化产业创新集成系统，其核心是技术创新系统。从供给与需求角度看，产业集群创新系统是技术创新系统。

比较区域创新系统和产业创新系统，我们发现，科技服务创新系统既属于区域创新系统又属于产业集群创新系统。区域创新系统与产业集群创新系统分别构成了知识创新的供给方与需求方，科技服务创新系统就是连接知识创新供给与需求的中介系统。

在普通创新区域情况下，如果同时存在产业集群产品创新系统、产业集群技术创新系统和产业集群知识创新系统，那么，产业集群创新系统对知识需求更为强烈，区域创新系统的知识创新供给能力的不足会对产业集群技术创新系统和知识创新系统有强大的抑制作用，但对产业集群的产品创新系统没有影响。

在优势创新区域情况下，如果同时存在产业集群产品创新系统、产业集群技术系统和产业集群知识创新系统，那么，区域创新系统的知识供给能力会抑制产业集群知识创新系统的发展，能对产业集群的产品创新系统和技术创新系统有促进作用。

在强势创新区域系统情况下，区域创新系统能满足任何产业集群的创新需求。

产业集群创新对区域创新的影响视产业性质而定。传统产业集群创新是产品创新系统，对区域创新系统影响力较小。现代产业集群创新是技术创新系统和知识创新系统，对区域创新系统形成、提升创新优势有较大影响和较高要求。

综上所述，我们构建区域产业集群创新价值链将遵循创新区域和产业性质两个维度。

二 区域传统产业集群创新价值链与优势

（一）创新区域再定义：来自传统产业与全球化两个维度

尽管本书第二章对创新区域做了清晰的界定，但是，本节仍需从传统产业与全球化视角进一步解释创新区域和创新区域分类。

意大利第三产业区是典型的传统产业集聚的强势创新区域。意大利第三产业有什么特点呢？根据王缉慈关于意大利第三产业区研究成果，我们对传统产业集聚的创新优势区域做如下描述：

（1）高端产品设计、高技术控制、高质量产品、低成本投入，弹性精专生产。

（2）专业化独立技术供应商和制造商。

（3）中小企业集聚区域。家族是其供应商、制造商和客商之间的主要纽带。

（4）高端客户构成了成规模的本地市场。

（5）成群的有创新精神的企业家管理着企业。

（6）广泛应用信息技术从事产品创新和工艺创新。

（7）有着完善的知识创造和传播系统。

（8）公平的创新竞争市场。

（9）地方政府职责和功能：建设产业创新的科技服务创新系统和知识创新系统，如银行体系、专业化学校、企业合作组织、专业协会。

陆明祥系统地研究了陶瓷产业集群区域分布情况。其研究结论是，广东佛山石湾和南庄区域为中国陶瓷第一镇，这是国内的强势创新区域。不过，从全球化视角看，广东佛山石湾和南庄就是优势创新区域。根据陆明祥的描述，我们把传统产业集聚的优势创新区域做如下描述：

（1）中端产品设计，中高质量产品，低成本生产，弹性专精生产。

（2）专业化制造商集聚，专业化技术供应商不断增加。

（3）中小企业集聚区域。家族是其供应商、制造商和客商之间的主要纽带。

（4）多样化中低端国内市场客户。

（5）成群的有创新精神的企业家管理着企业。

（6）从事模仿创新。

（7）有比较完善的知识传播系统。

（8）公平的竞争市场。

（9）发展型政府提供了良好的制度环境和产业政策。

传统产业集聚的普通创新区域是：

（1）低端产品制造，低成本生产。

（2）专业化制造商集聚。

（3）中小企业集聚区域，家族是其供应商、制造商和客商之间的主要纽带。

（4）中低端区域客户市场。

（5）有少量的创新精神的企业家管理着企业。

（6）模仿、跟踪、引进和制造新产品。

（7）极不完善和健全的知识传播系统。

（8）区域产品同质化竞争市场。

（9）发展型政府有较好的制度和政策供应能力。

（二）区域传统产业集群创新价值链研究进展

近年来，区域传统产业集群面临着深刻的危机，这就要求区域传统产业集群转型和升级。区域传统产业集群转型与区域传统产业集群升级是有区别和联系的两个概念。传统产业集群专家用全球生产网络和全球价值链两种研究框架描述了这些概念之间的内在逻辑关系（图6-6）。陆明祥运用产业微笑曲线分析了发展中国家产业集群价值链情况。他发现，不同国家的传统产业集群价值链的形状是不同的：发达国家的传统产业集群价值链要扁平很多；发展中国家的传统产业集群价值链要陡峭很多。其原因是，发达国家传统产业集群特点是高端产品设计、研发、市场渠道管理和品牌运作与品牌服务，而高端产品制造除大部分外包后有少量生产，其附加值很高。发展中国家传统产业集群特点是中低端产品制造生产，其附加值最低。国际陶瓷产业集群就是一个显著的例子。意大利、西班牙的瓷砖产业集群价值链曲线扁平，中国、巴西等发展中国家的瓷砖产业集群价值链曲线则陡峭（图6-7）。

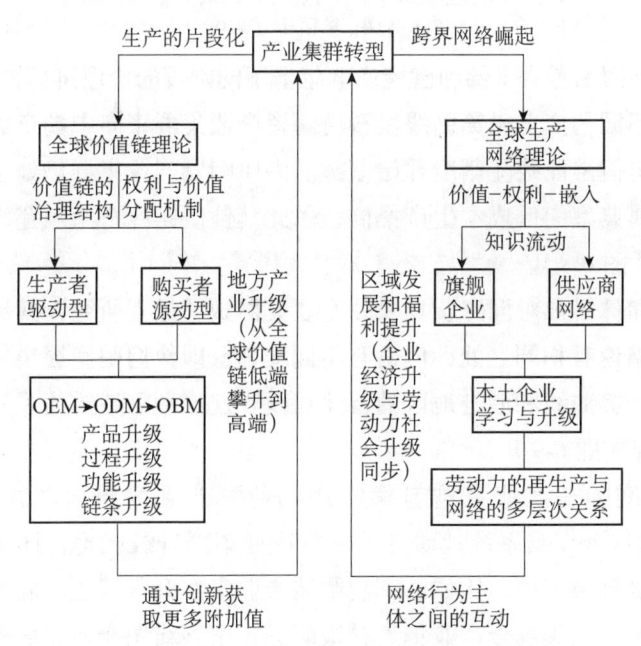

图6-6 产业集群转型与产业升级之间的逻辑关系

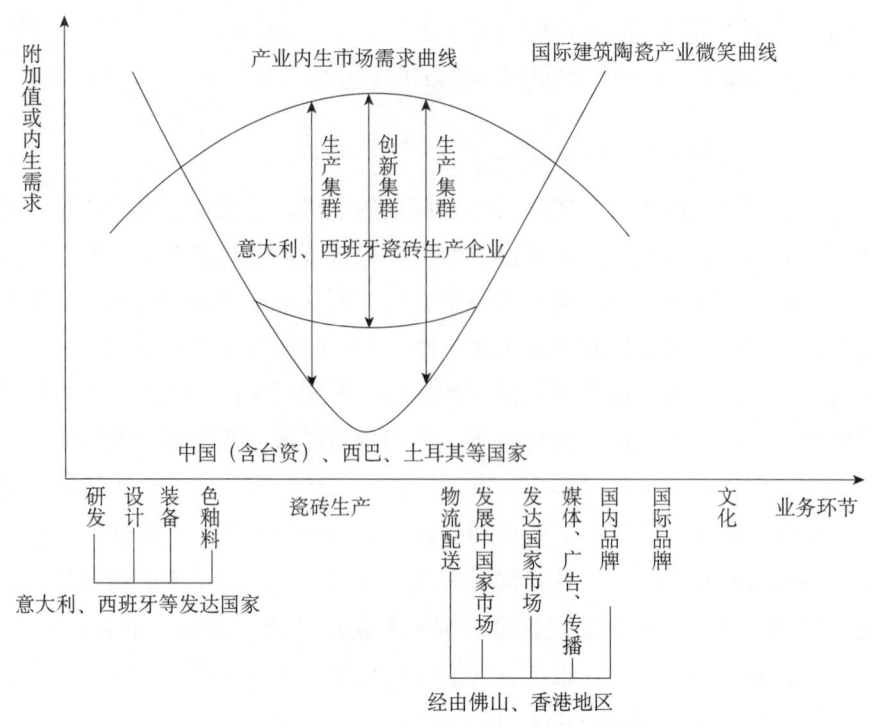

图 6-7　国际建筑陶瓷产业微笑曲线和国内外瓷砖集群
资料来源：陆明祥（2010）

陆明祥还详细考察了佛山陶瓷产业集群不同阶段的价值链，在石湾、南庄、东弹形成了不同的产业微笑曲线。石湾陶瓷产业集群正向中端产品创新阶段发展，其产业价值链曲线陡峭度开始下降。南庄陶瓷产业集群仍处于中低端产品生产阶段，属典型的低成本生产集群，因此其价值链比石湾陶瓷产业集群价值链曲线陡峭（图 6-8）。

高怡冰和林平凡对澄海玩具礼品产业集群做了深入研究，其研究结论与陆明祥的研究结论有相同之处，但也有不同之处，即他们明确提出了先进地区传统产业集群微笑曲线和后进地区的苦笑曲线。这更形象地描述了外源型生产集群价值链特点（图 6-9）。

全球价值链是产业集群专家常用的研究产业集群升级工具。王传宝（2010）运用这个工具系统地研究了地方产业集群升级机理，详尽考察了浙江传统产业集群升级问题。比如，宁波服装产业集群升级问题、温州打火机产业集群升级问题、永康五金产业集群升级问题、绍兴纺织产业集群升级问题。他的研究结论给我们的启示是：普通创新区域对传统产业集群升级有显著的抑制作用。同时，传统产业集群低端产品模仿创新特点也抑制了普通创新区域创新能力提高。

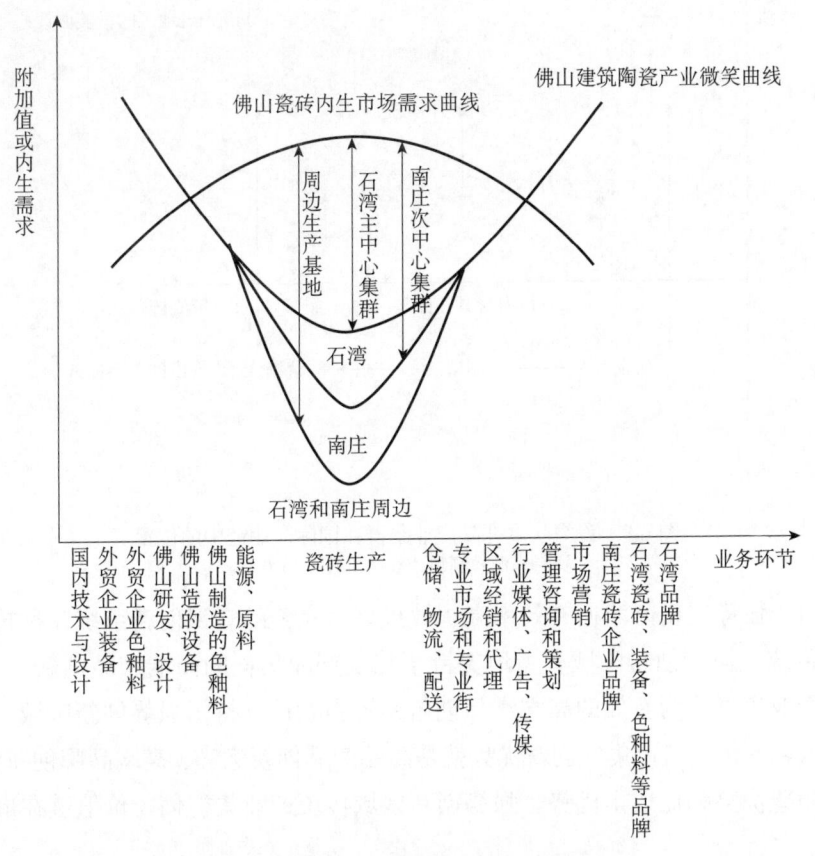

图 6-8　石湾、南庄陶瓷产业集群价值链

(三) 区域传统产业集群创新价值链

(1) 普通创新区域的知识创新系统较弱，产业生产网络系统发达，低成本优势显著，模仿新产品能力强，因此普通创新区域传统产业集群创新属于低端产品创新，在传统产业集群创新价值链中处于低端位置。普通创新区域传统产业集群创新价值链曲线最为陡峭。

(2) 优势创新区域拥有较好的知识创新系统，具备知识创造和使用能力，同时拥有相应的知识创新扩散系统，有效地促进了新的科技知识转化为产业创新能力，具备较强的中端产品创新能力。在区域传统产业集群创新价值链中处于中端位置，而优势区域传统产业集群创新价值链形状不如普通创新区域传统产业集群创新价值链陡峭，相对平缓。

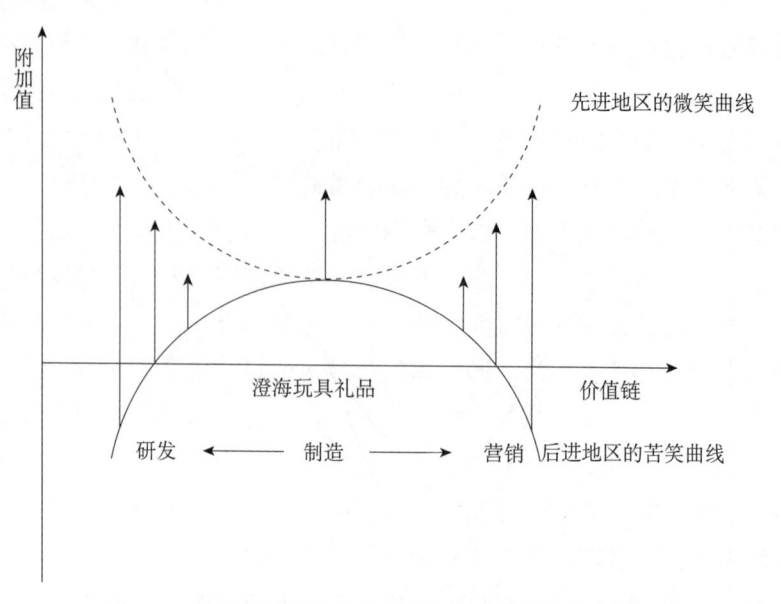

图 6-9　澄海玩具礼品产业集群在国际产业链中的位置
资料来源：高怡冰和林平凡（2010）

（3）强势创新区域拥有效率高、效果好、完善的知识创新系统、科技服务创新系统。强势创新区域有力地支持了传统产业集群的高端产品创新。同时，传统产业集群最为有效的高端产品创新系统强劲地支持了强势创新区域。强势创新区域的传统产业集群创新优势就是高端产品创新优势、高端品牌创新优势、高端制造优势和低成本优势。强势创新区域传统产业集群创新价值链在形状上扁平。

区域传统产业集群创新价值链就由不同创新区域传统产业集群创新价值链组成。图 6-10 描述了不同创新区域传统产业集群创新价值链及其在区域传统产业集群价值链中的位置。不同创新区域传统产业集群创新价值链直观描述了不同创新区域产业集群创新优势。总体来看，普通创新区域传统产业集群拥有低成本优势或模仿创新优势，优势创新区域传统产业集群拥有中端产品创新优势或初步的差异化竞争优势，强势创新区域传统产业集群拥有高端产品创新优势、高端品牌优势、全球市场渠道优势等综合竞争优势。在强势创新区域，传统产业与现代信息技术融合形成了现代产业，因而其传统产业集群已转换为现代产业集群，具有了现代产业集群的优势。在这里，我们具体描述中低端产品创新型传统产业集群的创新优势。

附加值

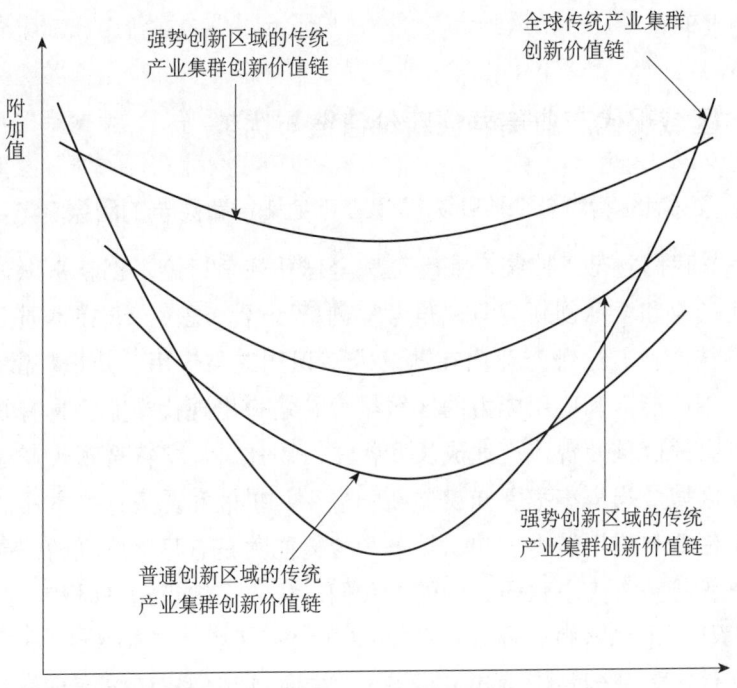

强势创新区域的传统产业集群创新价值链

全球传统产业集群创新价值链

强势创新区域的传统产业集群创新价值链

普通创新区域的传统产业集群创新价值链

高端产品创新　中端产品创新　低端产品创新　中端产品创新　高端产品创新

图 6-10　区域传统产业集群创新价值链

（1）能够对产品进行适度的创新，这些创新包括产品外观、颜色、款式、包装等，相比于加工运作型产业集群中的企业的产品，明显具备新产品功能创新竞争优势，如我国广东、浙江等地的一些产品创新型产业集群所生产的产品就体现了这一点。

（2）产业集群内的产品开发协作与分工的程度高于加工运作型产业集群，这主要表现为企业为了适应模仿创新活动的特征，集群建立了企业间更为紧密的产品开发协作与更为明晰的产品开发分工，一方面需要避免集群内企业间产品创新的无序竞争，另一方面需要提高集群内企业间的产品创新协作水平。例如，浙江温州的鞋革业协会曾制定行业准则，要求协会成员在一定的时间内不能模仿其他成员的创新产品，从而保护模仿创新者的收益，并激励成员进行不同内容的创新模仿。

（3）产品创新型产业集群会获得新产品的创新收益。产品创新使得集群内的企业产品拥有了初步的新产品市场竞争优势，保证了企业获得新产品创新收益，相比于更高层次的创新型产业集群，虽然其创新收益不高，但其所面临的创新风险也相对较低。产品创新型产业集群一般要求区域的产业制造加工能力有较高的水平。

三 区域现代产业集群创新价值链与优势

（一）创新区域概念：来自现代产业与全球创新竞争的观察

上一节我们立足于传统产业特征和全球化视角讨论了创新概念，本节我们从现代产业和全球创新竞争视角考察创新区域。现代产业在本质上是创新驱动的科技产业，这种产业内在地要求知识创造与应用、知识扩散和传播。具有知识创造能力和应用能力的区域孕育、培育出现代产业，具有知识扩散与传播能力的区域使现代产业成长和扩张。因此，界定符合现代产业发展要求的创新区域应当牢牢把握知识创新、应用、扩散和传播这一本质。不同区域的知识创造与应用能力、知识扩散和传播能力是有显著区别的，或者说其创新竞争优势是有大小强弱之别的。我们已进入了知识经济时代，产业区位由工业区位、市场区位、商业区位演变到创新区位。工业区位、市场区位、商业区位作为划分创新区域就不妥当了。工业区位回答的问题是企业选址的问题，市场区位回答的问题是企业销售渠道安排的问题，商业区位回答的是商业公司选址的问题。在知识经济时代，创新创业如何选址问题是以前区位理论难以回答的问题。创新创业区位揭示了知识经济时代的创新创业企业的选址问题。每一个国家或地区都有一个智力密集区，这个智力密集区吸引创新创业企业的能力是考量创新区域的关键因素。这些关键因素是构成创新区位的关键因素，也是区分创新区位的关键因素。在全球化时代，各个国家、地区、大学、研究机构、企业都迈入了创新竞争时代，因而各个国家、地区的创新区位是显著不同的。创新区位、产业区位、市场区位和商业区位共同形成了创新区域，创新区位是创新区域的关键和核心，创新区域的竞争优势取决于创新区位。创新区域的全球性质要求我们界定和分析创新区域应当立足于该创新区域在全球创新中的位置。

根据国内外著名学者关于硅谷、剑桥、印度孟买软件园及我国台湾新竹、北京中关村等创新区域的研究，我们把现代产业发展的创新区域分为强势创新区域、优势创新区域和特色创新区域。美国硅谷是世界公认的最强的现代高科技产业发展区域，以硅谷为典型案例界定强势创新区域应无可争议；北京中关村科技区是国际上著名的科技创新区，近年来的科技产业发展成绩举世瞩目，以北京中关村科技园为例定义优势创新区域亦应合理；四川绵阳科技城是国内著名的军民融合产业开发区，绵阳是位于西部内陆的中等城市；江苏苏州高新区是国内著名的高科技产业开发区，该区域位于东部发达经济区且以外资企业驱动高新技术加工制造业集群发展。以这些案例界定特色创新区域同样是科学的选择。

根据学者有关硅谷的研究成果，我们对强势创新区域做如下描述：

（1）强势创新区域是世界一流的知识创新区域，世界一流的大学、研究机构集聚。

（2）强势创新区域拥有世界最有效率的科技服务创新网络，这个科技服务创新网络包括专业科技服务创新区域、金融服务创新网络、其他生产性服务创新网络、非生产性服务创新网络。

（3）强势创新区域有最发达的非正式专业社群网络，如专业俱乐部、专业沙龙等。

（4）强势创新区域有最为有效的激励创新区域文化、区域制度，如包容失败、敢冒风险、乐于合作为特征的激励创新的区域文化、以股权分配为特征的激励制度。

（5）高效率的、最便利的公共服务设施，如公共交通体系、公共通信系统。

（6）国家高科技导向的军民融合体系，如健全、规范、有效的国防采购体系。

（7）开放发达的国际知识、技术、产业网络。大学的国际合作、企业跨国研发网络、科技园区的技术合作、产业联系。

（8）有效的政府公供服务产品供给体系，如政府产业政策、税收政策、创新政策等。

北京中关村科技园区的研究成果告诉我们，优势创新区域应当是这样的：

（1）优势创新区域是世界上有影响力的知识创新区域，国内一流大学和研究机构集聚。

（2）优势创新区域有较为健全科技服务创新网络，如比较发达的专业科技服务创新网络、发展迅猛的金融服务创新网络、增长势头良好的生产性科技服务创新网络、高效的非生产性服务网络。

（3）优势创新区域有较多的非正式专业社区网络。

（4）优势创新区域有不断改进的、完善的激励创新的区域文化、区域制度。

（5）优势创新区域有不断完善和改进的公共服务设施。

（6）优势创新区域有不断发展的国际的知识、技术、产业网络。

（7）不断健全的新产品政府采购服务体系。

（8）政府公共服务产品供给体系不断完善，供给能力不断提高。

根据我们对绵阳科技城、江苏苏州高新区的观察，特色创新区域应当具有如下特征：

（1）特色创新区域有较基础的知识供给体系，但知识创新能力不强，大学和科研机构集聚数量少。

（2）特色创新区域有某些科技创新服务网络，如基础的科技服务创新体系、初级的科技金融服务体系、初级的生产性服务创新体系和健全的非生产性服务体系。

（3）特色创新区域有较强的生产网络。

（4）特色创新区域有不断完善和改进的公共服务设施。

（5）特色创新区域有正在建设和发展中的国际的知识、技术、产业网络。

（6）特色创新区域有正在建设的新产品政府采购服务体系。

（7）特色创新区域有政府公共服务产品供给体系不断完善，供给能力不断提高。

（二）区域现代产业集群创新价值链与创新优势

区域现代产业集群创新价值链是由现代产业性质与全球创新竞争刻画的不同区域的现代产业集群创新价值链组成的。现代产业集群包括三类：一类是高技术产业集群；一类是传统工业与高新技术相结合而形成现代产业集群；一类是传统劳动密集型产业与高新技术相结合而形成的现代产业集群。高技术产业集群是技术知识密集型产业集群，是最典型的现代产业集群；转型产业集群代表着传统工业部门与现代高新技术相结合而形成的现代产业集群，是现代产业集群的重要组成部分；创新性传统劳动力密集型产业集群属于低技术密集型产业集群。这三类现代产业集群的技术创新差异很大，因此具有不同的产业集群创新价值链。

1. 区域高技术产业集群创新价值链与优势

从模块化分工角度看，高新技术产业集群创新在研发模块、材料模块、加工组装模块、市场渠道模块和品牌模块有不同的附加值。研发模块、材料模块、市场渠道模块、品牌模块有高附加值，而加工组装模块附加值极低。高新技术产业集群创新价值在全球范围内形成了全球高新技术产业集群创新价值链。普通创新区域或特色产业创新区域的知识创造和应用能力较弱，特色产业产品创新能力较强，形成了高技术产业制造集群。普通创新区域或特色产业创新区域的高技术产业集群就处于全球高技术产业集群创新价值链的低端，其产业集群创新价值链形状较最为陡峭。我国绝大多数高新区的高新技术产业集群创新价值链都属于这种情况。优势创新区域有较强的知识创造和应用能力、知识扩散和传播能力，某些高技术产业的技术创新能力较强。绝大多数情况下，优势创新区域的高技术产业技术创新能力都是集成创新能力。优势创新区域的知识创新优势对高技术产业集群的技术集成创新能力有较强的支撑，还对高技术产业集群个别环节的技术原始创新能力有较强的支撑，在全球高技术产业集群创新价值链上处于中高端位置。强势创新区域有全球最强的知识创造和应用能力、知识扩散和传播能力。在强势创新区域中，高技术产业集群拥有核心技术产品的原始创新能力和网络状综合技术创新链能力，在全球高技术产业集群创新价值链上处于高端位置（图6-11）。

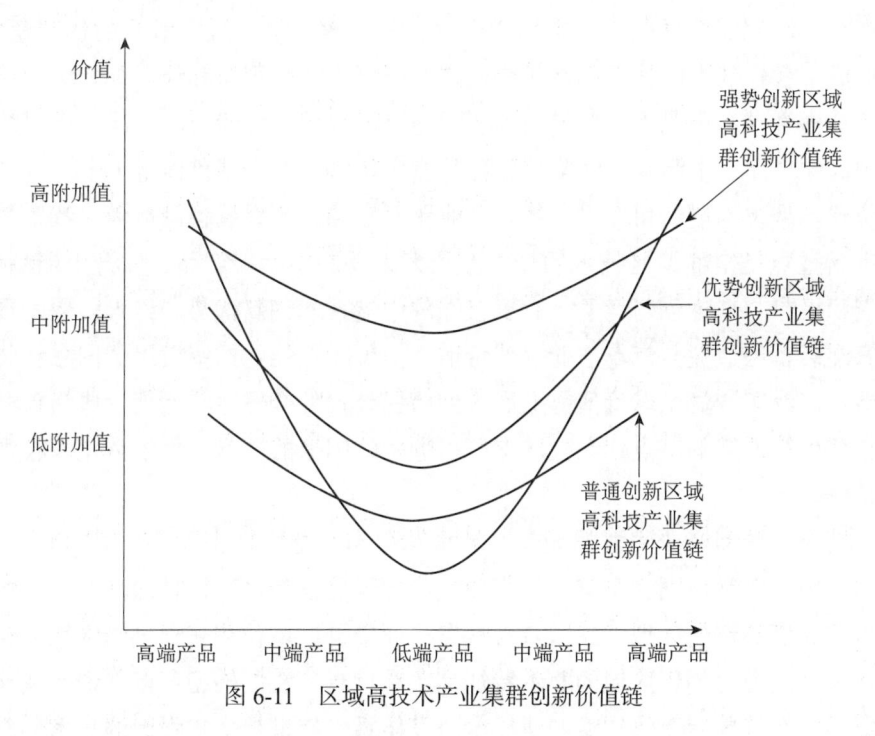

图6-11　区域高技术产业集群创新价值链

2. 区域转型产业集群创新价值链

党的十八报告提出，传统工业与高新技术尤其是信息技术融合形成的新型工业是现代产业的重要组成部分，如汽车产业部门、能源工业部门、冶金工业部门、装备制造工业部门、建筑工业部门等。这些产业部门的特点是：①传统技术成熟，能耗高，资源消耗大，污染大，劳动生产率低；②高新技术尤其是信息技术、新能源技术、节能技术、循环经济技术正大规模地运用于这些产业部门。这些产业部门面临着产业转型和升级，我们称这些运用高新技术的产业部门或新型工业化部门为转型产业部门。装备制造业、汽车产业是转型产业部门资本和技术最为密集型的产业部门，它们是传统产业技术部门的典型。国内外形成了具有典型代表性转型产业集群，转型产业集群全球价值链业已形成，创新是转型产业集群升级的共同特征。我们根据装备制造、汽车产业集群研究转型产业集群创新价值链。

首先，装备制造业产业集群、汽车产业集群已形成了全球空间布局。德国、美国、日本等发达国家拥有装备制造业、汽车产业的核心技术，控制着高端产品，拥有高端品牌，在全球价值链上居于高端。从技术创新角度看，德国、美国、日本等发达国家在装备制造业、汽车产业的创新重点是核心产业技术、高端产品、高端品牌的创新，它们之间的竞争代表了全球最高水平的创新竞争，并形成了各自的高端技术创新优势。东亚新兴工业化国家和地区如韩国、我国台湾地区在装备制造和汽车产业形成了技术创新能力，拥有大量的专利技术，在中高端产品、中高端品牌都有较强的竞争优势，在全球价值链上上升到了中端位置。从技术创新角度看，新兴工业化国家和地区在装备制造业、汽车产业的创新重点是全面追赶技术领先国家、大力发展中高端产品、提升中端品牌，它们积极参与全球创新竞争，有了较强的中端技术创新优势。绝大多数发展中国家在装备制造业与汽车产业全球价值链上位于低端。这些发展中国家在装备制造业、汽车产业全球价值链上嵌入到跨国公司的全球生产网络，成为跨国公司全球生产网络的节点；在技术上，引进发达国家的技术，处于消化吸收再创新阶段。

其次，转型产业集群的创新区域全球分布。德国斯图加特、美国底特律、日本丰田市等都可列为全球汽车产业集群的强势创新区域，韩国汽车产业集群可以视为优势创新区域，我国六大汽车产业集群区域位列普通创新区域。转型产业集群的强势创新区域的基本特征是：有世界一流的转型产业知识创造和应用能力，有世界一流的转型产业技术研发体系，有世界上最强大的技术创新能力。转型产业集群的优势创新区域的基本特征是：已形成了转型产业知识创造和应用体系和能力，已形成了高水平转型产业技术研发体系，有较强大的技术创新能力。转型产业集群的普通创新区域的基本特征是：正在构建转型产业知识创造和应用体系与能力，正在构建高水平的转型产业技术研发体系，有初步的技术创新能力。

最后，不同创新区域的转型产业集群创新价值链。强势创新区域转型产业集群创新价值链位于转型产业全球创新价值链的高端，强势创新区域强大的创新资源集聚能力、创造能力使传统加工制造业快速向研发、设计、市场营销和渠道、品牌环节移动，因此其附加值曲线呈现加速上移趋势。比如，北京中关村的高科技加工制造业、上海张江科技园区的高科技加工制造业集群转型升级就具有这种特征，我们可用加速度曲线描述。强势创新区域转型产业集群创新价值链整体加速上移过程平稳。优势创新区域转型产业集群创新价值链位于全球创新价值链的中端，优势创新区域的创新资源呈现不均衡的产业特征和区位特征，其速度曲线呈多次波动上移形状，波幅大小取决于优势创新区域的创新区位优势和转型产业集群创新优势的双重叠加。普通创新区域转型产业集群创新价值链位于全球创新价值链的低端，普通创新区域的创新区位优势不明显，创新资源集聚能力较弱，没有完整的产业创新价值链，其曲线在施振荣微笑曲线底端缓慢上移爬行。比如，东莞加工制造产业集群、浙江传统劳动密集型产业集群都长期处于产业集群创新价值链低端就是典型例子（图6-12）。

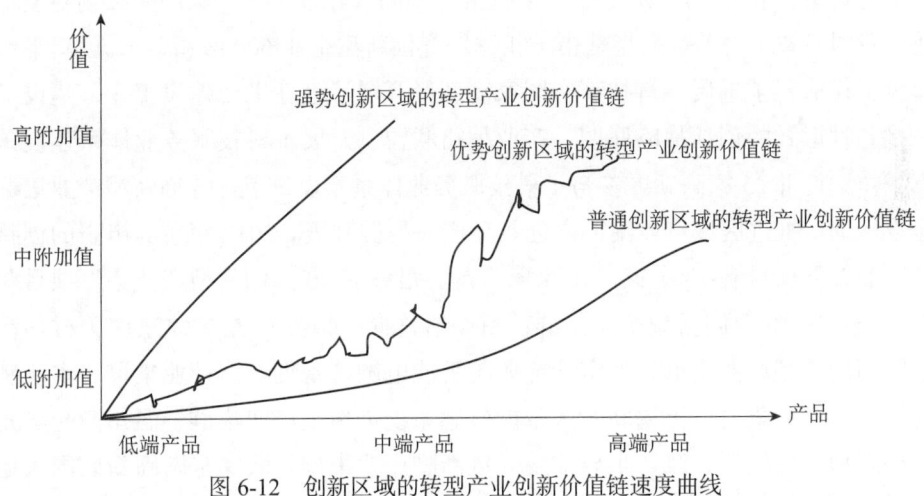

图 6-12 创新区域的转型产业创新价值链速度曲线

（三）产业集群创新优势

高技术产业集群、转型产业集群、创新性劳动密集型产业集群各有自己的创新优势。高技术产业集群的创新优势集中表现为先进知识创新优势、先进技术创新优势、先进高端制造业优势，以及这些创新优势高度协同而形成的综合竞争优势。转型产业集群的创新优势集中表现为产业技术融合优势。无论何种现代产业集群都具有产业集群共同的创新优势，即技术创新效率优势、组织协同创新优势、集体学习能力优势（吴友军，2010）、交易成本优势。

第四节　区域现代产业集群创新战略选择

区域产业集群创新战略选择在理论上应当遵循创新区域、产业集群创新价值链和创新优势组合做出选择。本节讨论普通创新区域的现代产业集群创新战略、优势创新区域的现代产业集群创新战略和强势创新区域的现代产业集群创新战略。

一　我国区域产业集群创新进展

"十一五"期间实施建设创新型国家战略，区域产业集群创新实践取得了如下进展：①国家制定技术创新引领工程，建设了一批创新型企业。自2007年首批创新型企业建设启动以来，"十一五"期间共建设了500家国家级创新型企业。我国各省（自治区、直辖市）相继培育创新型企业6000余家。②创新平台建设工作取得了进展。科技部在国家高新区开展了创新平台建设工作，建设了一批各种形式的创新战略联盟、产业战略联盟，开展了科技服务业体系建设试点工作。首批25家高新区参与了科技服务业体系建设试点。③创新型产业集群建设启动，推进区域产业集群向创新型产业集群升级。2012年参与申报的创新型产业集群项目有70余家，40余家入围，最终有10个创新型产业集群项目获准立项。这10个创新型产业集群项目（赵竹青，2015）是："北京中关村移动互联网创新型产业集群、保定新能源与智能电网装备创新型产业集群、本溪制药创新型产业集群、无锡高新区智能传感系统创新型产业集群、温州激光与光电创新型产业集群、潍坊半导体发光创新型产业集群、武汉东湖高新区国家地球空间信息及应用服务创新型产业集群、株洲轨道交通装备制造创新型产业集群、深圳高新区下一代互联网创新型产业集群及惠州云计算智能终端创新型产业集群。"④出台了一批与区域产业集群创新相关的政策。这些政策是：《国家中长期科学和技术发展规划纲要（2006—2020年）》《关于深化科技体制改革加快国家创新体系建设的意见》《"十二五"国家自主创新能力建设规划》《国务院关于进一步支持小型微型企业健康发展的意见》《国家重大科技专项政策》《十大产业振兴政策》《战略性新兴产业政策》,还有落实这些规划和政策的配套政策,如《创新型企业试点管理办法》《创新型产业集群试点管理办法》等。

我国区域产业集群创新实践中存在如下问题:①区域产业集群创新总体上处于产品创新型产业集群阶段。在这个阶段,区域产业集群内技术创新型企业少,绝大多数集群内企业没有研发能力,没有开展研发活动,产品创新的特点是产品外观和功能改进,在创新能力的企业,模仿创新是十分普遍的现象。②创新型企业繁衍能力弱,创新型企业数量少。北京中关村科技园是中国创新型企业衍生能力最强的高技术产业区,最新数据显示,近三年来,每年创新型企业衍生2000家,而硅谷每年衍生创新型企业20 000家。③知识创新机构集聚能力弱。在我国,北京中关村科技园、武汉光谷、上海张江科技园区、成都高新区、西安高新区、深圳高新区集聚了较多的大学和研究机构,它们是国内知识创新能力最强的区域,其他绝大多数高新区集聚大学、研究机构的能力都不强。有很多高新区只有象征性的大学和研究机构。④在国家高新区,知识创新机构与企业技术创新机构的合作互动较少,产业集群内的企业技术创新互动更少。⑤科技服务创新系统不发达是十分普遍的现象。⑥没有系统的产业集群创新政策。

二 普通创新区域现代产业集群创新战略分析

(一)普通创新区域现代产业集群创新战略选择方法

普通创新区域、产业集群创新与创新优势组合:①普通创新区域、传统产业集群创新与产品创新优势组合;②普通创新区域、传统产业集群创新与技术创新优势组合;③普通创新区域、传统产业集群创新与核心技术–产品创新优势组合;④普通创新区域、高技术产业集群创新与产品创新优势组合;⑤普通创新区域、高技术产业集群创新与技术创新优势组合;⑥普通创新区域、高技术产业集群创新与核心技术–产品创新优势组合;⑦普通创新区域、战略性新兴产业集群创新与产品创新优势组合;⑧普通创新区域、战略性新兴产业集群创新与技术创新优势组合;⑨普通创新区域、战略性新兴产业集群创新与核心技术–产品创新优势组合。

普通创新区域形成了传统产业集群创新,并拥有产品创新优势。比如,浙江温州、宁波、绍兴等地传统劳动密集型产业集群。普通创新区域形成了传统产业集群创新,并拥有技术优势,如西部某些省份的钢铁、冶金、水泥等产业集群。因此,普通创新区域的现代产业发展的集群创新驱动战略应当有产品创新集群和技术创新集群创新驱动战略。普通创新区域的传统产业集群基本上是创新性劳动密集型产业集群,这种产业集群产品创新升级战略是,由低端产品创新,经中端产品创新向高端产品创新战略发展。

一般而言,普通创新区域只是在特定时期、特定产业、特定产品具有次优创新区域的特征。与此对应的,普通区域的创新型产业集群最佳选择是模仿创新型、技术引进型产业创新集群战略。一方面,模仿创新型、技术引进型产业创新集群战略对于产业集群的门槛条件要求较低,其创新活动的规模和创新内容往往也容易实现。另一方面,这一产业集群发展战略也使得它与一般的产业集群区别开来,形成相对的市场竞争优势,并能为产业集群向产品和技术的深度创新提供基础。

以特定产业或产品为主的模仿创新型、技术引进型产业集群战略。这里的特定产业主要包括区域的特色优势产业,特定产品往往指带有区域资源特色的产品,它们大多建立在区域的禀赋优势或区位优势基础之上。例如,在我国浙江沿海地区形成的模仿创新型产业集群,其产业大多集中于劳动密集型产业,整体上看,这些产业集群的形成依赖于浙江的区位优势与国内劳动力资源优势,前者主要包括:沿海地区更容易发展对外贸易;沿海地区的企业家创新意识和市场意识更强;沿海地区的市场信息和技术信息更为丰富;遍布全球的浙江商业网络等。技术引进型产业集群战略要求普通创新区域的产业已具有一定的技术吸收能力,否则容易陷入引进—落后—引进的困境。如同模仿创新型产业集群一样,技术引进型产业集群战略从根本上说也是一种过渡性战略,如果不能实现产业集群创新能力的提高和产品与技术深度创新的实现,这类创新型产业集群最终仍会因为禀赋优势或区位优势的不复存在而衰落甚至消亡。

当前,东部沿海地方的劳动密集型产业集群正紧紧围绕提升产品质量,开发中端产品,培育中档品牌而努力。比如,浙江永康休闲车产业集群围绕休闲车产品开发和创新,提升休闲车产品质量,培育休闲车产品品牌。东阳磁性材料产业集群围绕磁性材料产品上档次、上品牌从事创新工作。广东佛山的瓷砖产业集群以开发中档瓷砖产品为中心,着力提升瓷砖品牌。

产品创新型产业集群是普通创新区域资本密集型产业集群创新战略的首要选择。模仿创新是产业集群创新技术周期的第一阶段。在第一阶段，产业集群主要属于产品创新型产业集群，产业集群的创新活动明显强于加工运作型产业集群，其创新的内容主要集中于产品的一些外在特征，这从根本上决定了产品创新型产业集群的短暂性，它没有为产业集群形成稳定的市场竞争力，外部的竞争者很容易进行产品模仿。另外，产品创新型产业集群的优势更多地体现在产业内企业间的有序竞争，从而对集群外部的竞争对手形成整体的竞争优势，然而这种有序竞争的格局往往依赖于集群内部成员间强有力的协调制度，随着成员间个体力量的相对变化，很容易对原有的协调制度形成冲击，并导致产品创新型产业集群的演化。普通创新区域具有支撑产品创新型产业集群的知识基础。20世纪90年代至2010年，我国绝大多数区域的资本密集型产业集群创新都处于这个阶段。比如，四川德阳的装备制造产业集群创新通过技术引进、消化吸收再创新实现了成套装备产品由技术模仿到技术创新的升级；德阳临近成都，有吸纳成都高校知识扩散和传播的能力；东方电气总部设于成都高新区。这样，东方电气与四川大学、电子科技大学、西南交通大学等四川省著名大学及在成都的研究机构有可能建立紧密的合作互动关系。四川省建设的先进装备制造产业联盟成为德阳装备制造产业集群与成都的大学、科学研究机构之间的中介转换机构。德阳市装备制造产业集群却没有高度发达和完备的装备科技服务创新体系，这极大地限制了德阳装备制造产业集群向技术创新型产业集群发展。德阳装备制造产业集群的核心创新型企业，如东方电气、中国二重的技术创新网络体系并没有扩展为整个装备产业集群的创新网络体系。这两个因素使得德阳市装备产业集群向技术创新型产业集群升级还有很长的路要走。

（二）普通创新区域现代产业集群创新战略目标

普通创新区域的优势就是构建了完整的劳动密集型产业集群产品创新体系，其劣势就是区域的知识创新体系不发达，科技服务创新体系不健全。东部沿海地区的劳动密集型产业集群所处区域都属于普通创新区域。意大利劳动密集型产业集群和苏州昆山的自行车产业集群成功转型例子说明，应当制定创新性劳动密集型产业集群创新战略。普通创新区域的劳动密集型产业集群创新战略目标应当是提升普通区域的知识创造能力和应用系统水平，遵守产品创新演化规律，不断提升产品档次和产品品牌。

普通创新区域的传统劳动密集型产业集群创新战略目标是：发展产品创新

型产业集群，推动低成本的劳动密集型产业集群转型为创新性劳动密集型产业集群。普通创新区域的资本密集型产业集群创新战略目标是：发展技术创新型产业集群，推动现代技术广泛应用于资本技术密集型产业，重塑资本技术密集型产业的核心竞争优势；建设环境友好型、资源节约型资本密集型产业集群，使资本密集型产业转型升级为现代产业。

普通创新区域缺乏科学研究机构体系，难以支撑高技术产业集群和战略性新兴产业集群的技术创新活动，因此普通创新区域的高新技术产业集群创新战略目标是：利用产业转移机遇，构建高新技术产业集群，发展现代产业。普通创新区域的高新技术产业集群创新战略措施是：提高普通创新区域体系的创新资源集聚能力；抓住产业转移机遇，大力发展高新技术制造业；发展基于互联网的科技服务网络体系，完善招商引资政策体系，按照负面清单管理、责任清单管理、权力清单管理原则构建地方政府现代网络服务体系。当前，应充分利用国家高技术产业开发区政策，加快建设特色优势科技产业园区。

（三）普通创新区域现代产业集群创新战略重点

普通创新区域的创新性劳动密集型产业集群知识创新体系和知识资产保护体制与机制。普通创新区域的突出问题就是知识创新组织集聚度不高。比如，大学尤其是满足产业部门发展的科学知识创新组织数量少，知识创新能力较弱。通常只有 1 所教学型大学或教学研究型大学、2~3 所应用型大学等位于区域内。区域内产业集群研发体系不健全，模仿和不遵守知识产权法律法规成为一种常见现象。因此，区域政府政策重点应当是：建构旨在促进产业部门新的科学知识向产业部门转移的政府知识专利库机制。这个专利库机制的内容是：采购产业部门基础技术专利；构建专利许可费转移支付机制；提供专利使用服务供应平台；建设高效率、多样化、多层次的区域产业研究中心。区域产业研究中心运行必须是及时、专业、全方位地满足产业集群研发需求，因此高效率是区域产业研究中心运行的基本要求。产业集群有产业多样性特征，这种多样性要求建设专门化的区域产业研发中心。产业集群有共性技术研发、专业研发之分，这就要求构建多性化、多层次的研发体系。创新型企业是普通创新区域产业集群知识创造者、知识吸收者、知识采用者、知识扩散者。创新型企业研发体系在普通创新区域产业集群中是一个关键节点，政府应当支持创新型企业研发体系升级和提高开放度。知识资产保护体制和机制有三个层面：国家知识产权法、区域知识产权保护执行体制和机制及产业集群知识资产保护体制和机制。国家知识产权法和区域知识产权保护执行体制和机制都相继制定、实施及完善。但产业集群知识资产保护体制和机制却不完善。浙江地区休闲车产业集群等劳动密集型产业集群探索了产业集群知识资产保护体制和机制。魏江等（2010）学者总结这些产业集群知识资产保护实践，概括出了四种产业集群知识资产保护机制，即基于龙头企业治理的知识资产保护模式、基于行业协会治理知识资产保护模式、基于交叉许可联盟知识资产保护模式、基于共同治理知识资产保护模式。

普通创新区域的科技服务创新网络体系建设重点。普通创新区域发展阶段性与特色产业集群发展阶段性决定了科技服务创新网络体系建设的重点。2007年4月4日，科技部印发了《国家高新技术产业开发区"十一五"发展规划纲要》。在该纲要中，科技部明确了国家高新区必须建设成创新区域，特色产业创新区域是其中一类创新区域。截至2015年年底，我国有130家国家高新区，除前25家高新区外，其余高新区都是将建设特色产业创新区域。在"十一五"期间，这些特色产业创新区域建设工作取得了如下进展：建成了适合于特色产业制造集群的公共服务平台体系。这种公共服务平台体系就是高新区生产力服务中心、高新区孵化中心、高新区人才培训和服务中心。同时，还建成了产业创新公共服务平台体系，如产业测试中心、产业检验检测中心等。宁波高新区、绵阳高新区、济宁高新区、潍坊高新区、渭南高新区、宝鸡高新区等特色产业创新区域的特色产业研发体系形成，其表现是：大企业研发体系健全和高效。绵阳高新区形成了以长虹公司、九洲公司为核心的军民融合产业研发体系。特色产业创新建设区域有如下问题：支持特色产业集群创新的研发、设计、服务外包、科技金融、信息与咨询等科技服务创新产业发展缓慢，园区内专业人才服务体系不健全、专业服务效率不高，公共服务平台效率不能满足特色产业发展需求。特色产业园区科技创新服务体系建设的重点是：促进支持特色产业集群创新的研发、设计、服务外包、科技金融、信息与咨询等服务产业发展；提高大企业的创新创业服务企业的衍生能力；健全和提高园区专业人才服务体系与效率；遵循产业微笑曲线发展科技创新服务业；构建特色产业的科技金融服务体系；大力推动政府创新，提高园区政府公共服务效率。

（四）普通创新区域现代产业集群创新战略措施

普通创新区域的传统产业集群创新政策措施是：①建构旨在促进产业部门新的科学知识向产业部门转移的政府知识专利库机制、知识产权保护机制（魏江等，2010）；②建设高效率、多样化、多层次的协同型区域产业研究中心；③构建多层次、多样化的创新型企业研发网络体系。

构建普通创新区域的传统劳动密集型产业集群知识治理机制。在普通创新区域，传统劳动密集型产业集群创新治理必须着眼于创新文化、创新价值观培育，必须着眼创新体制和机制构建。传统劳动密集型产业集群的创新平台、知识资产保护就是其创新治理体制机制的组成部分；区域知识产权战略、规划、计划是普通创新区域劳动密集型产业集群创新体制的组成部分，区域知识产权保护体制不可或缺。

浙江绍兴现代纺织研究院和浙江织里童装科创中心是两个有效率的知识创新平台，龚丽敏等学者系统地研究了这两个案例。他们的研究结论是：浙江织里童装科创中心属地方政府主导的治理模式，浙江绍兴现代纺织研究院属混合治理模式。当集群规模越大、多样性程度越高、开放性程度越高且经历间断平衡的过程时，集群平台更倾向于采用混合式而非政府主导式治理模式。从知识创新平台战略定位看（龚丽敏等，2012），浙江绍兴现代纺织研究院所有功能活动均以创新为导向，且浙江绍兴现代纺织研究院除外，所有功能均具有专用性。织里科创中心的大部分行动具有通用性，且以创新为导向。"当集群的技术机会越多、技术独占性越高时，集群平台更倾向于创新体系导向而非生产体系导向。""政府主导的平台治理模式更倾向于通用性的功能定位，且以生产体系为主要导向、兼顾创新体系；而混合式的平台治理模式更倾向于专用性功能定位，且以创新体系为主要导向。"

永康休闲车产业集群、东阳磁性材料产业集群、海宁经编产业园在产业集群知识资产保护方面做了有价值的探索。魏江等（2010）学者运用产业集群的权威属性与网络特征研究了这些产业集群知识保护模式。他们认为，区域传统产业集群的知识资产保护模式有四种类型：基于龙头企业治理的知识资产保护模式、基于行业协会治理的知识资产保护模式、基于交叉许可联盟的知识资产保护模式、基于共同治理的知识资产保护模式。

普通创新区域现代产业集群的知识特征是创新区域的知识创新性低和产业集群产业知识实践性弱。我国中西部地区的国家高新区现代产业集群，如太原国家高新区煤化工产业集群就是这种情况。这表明，市场治理不适合于普通创新区域现代产业集群知识治理模式，而政府主导的治理模式比较适合。政府通过引进技术项目机制、产学平台机制、创新联盟机制，提升区域现代产业集群的知识实践性，同时，政府通过产业政策发展创新知识转换系统，如科技服务业、科技金融业、科技中介服务体系、其他生产性服务体系。我国绝大多数国家级高新区发展的第一阶段都属于这种情况。普通创新区域的现代产业集群创新治理随着特色产业的创新型企业成长，其治理模式会转变为地方政府与领先创新型企业合作的现代产业集群创新治理模式。在这种情况下，地方政府推动知识产权战略，领先创新型企业率先制定企业知识产权战略，领先创新型企业的知识资产保护要求其配套企业制定相应的知识产权战略，领先企业会和配套企业签订知识资产保护协议、专利许可协议、专利池等多种契约。

三 优势创新区域现代产业集群创新战略分析

（一）优势创新区域现代产业集群创新战略选择方法

优势创新区域、产业集群创新与创新优势组合：①优势创新区域、传统产业集群创新与产品创新优势组合；②优势创新区域、传统产业集群创新与技术创新优势组合；③优势创新区域、传统产业集群创新与核心技术－产品创新优势组合；④优势创新区域、高技术产业集群创新与产品创新优势组合；⑤优势创新区域、高技术产业集群创新与技术创新优势组合；⑥优势创新区域、高技术产业集群创新与核心技术－产品创新优势组合；⑦优势创新区域、战略性新兴产业集群创新与产品创新优势组合；⑧优势创新区域、战略性新兴产业集群创新与技术创新优势组合；⑨优势创新区域、战略性新兴产业集群创新与核心技术－产品创新优势组合。

优势创新区域的主要特征包括：某些创新型企业可以实现最小交易成本自由进入与退出，或在某些时候创新型企业可以实现最小交易成本自由进入与退出；创新风险配置机制能满足某些创新型企业的风险最小化要求或在某些时候满足创新型企业风险最小化需要；创新资源能够在任何时候满足某些创新型企业所从事的创新活动或在某些时候满足创新型企业所从事的创新活动需求；地方产业体系能满足部分创新型企业创新开发的需要；知识创新服务者能够在某些时候成为创新活动的源泉或能成为某些创新型企业创新活动的源泉。

优势创新区域处于三种创新区域类型的中间位置，相比于普通创新区域，具备较多的优势，优势创新区域具备了发展技术创新型产业集群的基本条件。在技术产业集群生命周期的第二、三阶段，技术产业集群是一种技术创新型产业集群，其创新内容主要针对产品的内在特征即产品所依赖的技术。这种技术有产品适用技术和产品新技术。同时，优势创新区域集中于发展优势产业部门的技术创新型产业集群。

发展技术创新型产业集群是优势创新区域现代产业集群创新升级战略。

（1）产业集群所拥有的创新资源相对有限，集群的创新活动被限制在优势产业范围内。由于优势创新区域在对资金、知识型人力资源的吸引方面低于理想创新区域，这使得优势区域的产业集群创新活动的层次和内容受到一定的限制。知识型人力资源的相对稀缺，导致优势创新区域的产业集群难以在多个产业内展开产品和技术的原始性创新。另外，还有区域内配套产业的发展基础、政策支持障碍、创新文化的局限等都会使优势区域的产业集群创新活动往往只能集中于区域之内。

（2）产业集群创新的主要内容是优势产业的核心产品和核心技术。相比于理想创新区域的产业集群，优势创新区域的产业集群所从事的核心产品和技术创新虽然也具备了一定的垄断特征，但往往局限于优势产业或优势产业的某一个或几个环节，即该产品或技术的创新或被限制于一定的应用领域，或被限制于一定的区域产品市场，或受更高层次的支撑技术的约束等，不如原始创新型产业集群的产品具有很强的通用性和普适性。然而，相比于普通创新区域的发展战略，优势创新区域的产业集群创新战略强调了通过区域自身的创新资源运用，来形成产品的内在竞争优势，在一定的区域内获得相对较稳定的创新收益。

当前，优势创新区域和技术产业创新体系都满足了技术创新型产业集群升级战略的条件。芜湖汽车产业集群就是一个典型的例子。芜湖创新区域临近合肥，有以合肥汽车工业大学等专业大学和研究机构的知识创新体系支撑，芜湖汽车产业集群的核心创新型企业奇瑞公司构建了先进的、国际化的产业技术研发体系，合肥汽车产业创新联盟推动了芜湖汽车产业集群与其他地区的汽车产业集群技术创新合作。艾瑞泽7产品的面世就是芜湖汽车产业集群由产品创新型产业集群向技术创新型产业集群转型的标志。

（二）优势创新区域现代产业集群创新战略目标

从发达国家经验看，优势创新区域的传统产业集群创新战略目标是：发展高端产品和技术创新集群。我国优势创新区域的传统产业集群创新战略目标应遵循区域产业集群创新价值链，发展中高端产品和技术产业集群。具体说，吸引大学和研究机构以构造知识创新体系，加快发展以核心创新型企业为中心的产业创新体系，全面提升产业集群的中端或中高端产品创新能力。这些地区传统产业集群创新转型的关键环节是：FDI导向型传统产业集群必须着力构建跨国公司与本地企业之间的发展联系,全力促进大学和研究机构与本地企业之间的研发合作关系,完善知识共性平台;本地企业主导的传统产业集群必须着力发展核心创新型企业的知识创造能力,构造核心创新型企业与分包配套企业之间的研发体系,促进产业集群研发体系建设。优势创新区域的传统产业集群创新战略措施是:梳理区域传统产业集群创新政策,着力解决区域传统产业集群存在的知识产权问题,创新机会主义问题,重塑区域传统产业集群政策,加速互联网与传统产业集群深度融合,构建基于互联网的资本密集型产业集群创新平台体系和协同创新体系。优势创新区域的高新技术产业集群创新战略目标是:充分发挥技术创新优势、发展创新型高新技术产业集群。其战略措施是:着力建设科技园区,构建基于互联网的高技术协同创新体系、新兴产品协同创新体系,发展科技型小微企业协同创新网络群,构建基于互联网的现代科技服务平台体系。

优势创新区域的优势就是已有了较强的知识创造和应用系统,优势产业集群的产业创新体系有创新竞争优势,其劣势就是科技服务创新体系不发达,产业支撑体系不强,优势创新区域的知识创新优势与产业创新体系高度不对称性。比如,本次列为创新型产业集群的保定、本溪、潍坊、温州等区域,在这些区域,各有特别竞争优势的产业研发体系,但都没有强有力的知识创新体系、科技服务创新体系。成都高新区有强有力的知识创新体系和电子信息产业创新体系,但科技服务创新体系却是弱竞争优势。因此,优势创新区域现代产业集群政策目标就是构建强大的科技服务创新体系。

(三)优势创新区域现代产业集群创新战略重点

优势创新区域的产业集群知识创新体系和知识保护政策。优势创新区域的特点是:研究型大学集聚、研究机构集聚都比较明显,知识创新体系比较健全,知识创新能力较强。优势产业集群有强劲的研发体系。优势创新区域的产业集群知识创新体系存在问题是,优势创新区域创造的新知识向优势产业部门转换机制和平台都缺乏效率,主要原因是科技创新服务体系不完善和创新创业企业衍生能力不强。苏州自行车业集群、合芜蚌汽车产业集群、长春汽车电子产业集群、上海汽车产业集群等优势产业集群就知识合作创新体系做了有益探索。这些探索给我们的政策以有益的启示。优势区域政府的产业集群知识创新体系政策重点应当是:加快发展科技创新服务体系,其中,中小企业科技金融服务体系应当优先发展;提升优势产业部门与本地研究型大学和科学研究机构的知识合作创新水平,建设合作创新项目库;促进优势产业集群内企业之间的发展联系,构建多层次的优势产业集群联合研发中心。优势产业集群的知识资产保护机制应当是多样化的知识资产保护机制。其中,特别要突出防止技术泄密,包括创新型企业与研究型大学、研究机构之间的知识资产保护机制;创新型核心企业与其他创新型企业之间的知识资产保护机制。比如,产业专利池机制和研究型大学、企业衍生能力促进政策。其中,产业专利池机制包括专利相互许可机制、专利费定价机制、专利评估机制、专利池机制。专利池机制包括核心企业的专利池机制和创新创业企业专利池机制。企业衍生能力促进政策有多种类型,如研究型大学、研究机构和创新型企业的企业衍生能力促进政策。

优势创新区域的科技服务创新网络体系建设重点。大连高新区、长春高新区、哈尔滨高新区、天津高新区、石家庄高新区、广州高新区、南京高新区、郑州高新区、长沙高新区、济南高新区、福州高新区、苏州高新区、常州高新区、无锡高新区、重庆高新区等一大批国家高新区迈入了建设创新型科技园区的新阶段。2009年,天津滨海高新区,广州高新区,苏州高新区,郑州高新区,宁波、无锡、苏州工业园等高新区率先相继启动了创新型科技园区建设工作。2007年,科技部《国家高新技术产业开发区"十一五"发展规划纲要》指出,"创新型科技园区,就是其经济发展主要依靠创新驱动的科技园区。要实现以创新为驱动的经济发展,就必须要有创新要素的富集;必须要有整合利用创新要素的方法与机制;必须要有能够高效收获创新价值的企业群体"。科技部火炬中心主任梁桂总结了创新型科技园区建设七大基本任务,发展科技服务创新网络体系被列为首要任务。这就是:"发展知识、技术和信息等组织和机构,发展风险资本和商业渠道,发现、培养和使用知识型、创新型人才。建设支撑创新发展的平台,搭建促进知识、资本和价值流动的网络,形成高效创新合作的机制和氛围,促进园区从个体化的项目创新进化为整体性的、并由园区社会系统所推动的组织创新。"(胡兰,2009)优势创新区域建设科技创新服务网络体系应当结合每个具体的高新区创新型科技园区建设定位和优势产业集群要求。天津高新区建设国家创新型科技园区的总体战略定位就是要发展成为支撑中国第三增长极的"创新极",发挥对滨海新区的"领航"作用。天津高新区的优势产业集群就是新能源产业集群,就是新能源、电池产业、先进制造业等产业集群。按照这两个要求,天津滨海新区的科技创新网络体系建设任务就是,整合区内外科研资源建设科技创新服务平台;创建一批为区内重点产业和特色产业发展服务的科技创新设计服务平台;支持专业化设置、产业化运作的检测、设计、技术信息、流程管理、质量控制等平台建设；建立科技、法律、政策、人才、市场、资金各类信息平台，建立"环渤海国际专利及知识产权检索中心""环渤海高新科技成果交易中心"等辅助性平台（刘颖，2008）。"广州高新区着力打造科技金融服务体系和科技研发服务体系"，"广州高新区科技服务体系建设着重突出企业信用体系平台、科技型中小企业自主创新能力提升平台、生物医药产业化服务平台、科技资源公共服务平台和广州高新区电子信息行业创新服务体系（行业创新驿站）等五大平台建设"（解佳涛，2012）。优势创新区域产业集群创新服务网络体系的重点应当是：紧紧围绕科技金融服务创新网络、优势产业的研发、设计网络体系、多层次的企业孵化器体系与企业加速器体系为重点不断健全优势创新区域的科技服务创新网络体系，提高科技服务创新效率。

（四）优势创新区域的现代产业集群创新战略措施

在优势创新区域，优势的传统劳动密集型产业集群创新治理核心任务是构造双边或多边知识治理机制。这包括两种情况：一种情况是领先创新型企业与模块化配套创新型企业之间的双边或多边知识治理机制；一种情况是领先创新型企业与领先的大学、科学研究机构之间的多边知识治理机制。

优势创新区域的现代产业集群知识特征是：或者是创新区域的知识创新性高和现代产业集群知识实践性弱，或者是创新区域的知识创新性低和现代产业集群知识实践性强。前者表明，优势创新区域集聚了大量的研究机构、大学，但现代产业集群研发体系弱。后者表明，优势创新区域集聚了大量的现代产业企业尤其是领先的创新型企业发展很好，优势产业创新体系构建完成，而缺少大学和研究机构。东部沿海地区的有些国家高新区产业集群就是这种情况，如河北保定的新能源与能源装备创新型产业集群。优势创新区域现代产业集群创新治理模式极其复杂，呈现多样性特征。但可以肯定的是，地方政府、领先型创新型企业在现代产业集群创新治理过程中都发挥着引导、带动作用。

四 强势创新区域现代产业集群创新战略分析

（一）强势创新区域的现代产业集群创新战略选择方法

强势创新区域、产业集群创新与创新优势组合：①强势创新区域、传统产业集群创新与产品创新优势组合；②强势创新区域、传统产业集群创新与技术创新优势组合；③强势创新区域、传统产业集群创新与核心技术-产品创新优势组合；④强势创新区域、高技术产业集群创新与产品创新优势组合；⑤强势创新区域、高技术产业集群创新与技术创新优势组合；⑥强势创新区域、高技术产业集群创新与核心技术－产品创新优势组合；⑦强势创新区域、战略性新兴产业集群创新与产品创新优势组合；⑧强势创新区域、战略性新兴产业集群创新与技术创新优势组合；⑨强势创新区域、战略性新兴产业集群创新与核心技术－产品创新优势组合。

本书第二章描述了理想创新区域或强势创新区域的基本特征，即创新型企业可以以最小交易成本自由进入与退出；创新风险配置最优化即创新型企业的创新风险最小化；创新资源总是能够满足创新型企业所从事的创新活动；地方产业体系总是能满足创新型企业创新开发的需要；知识创新服务者在任何时候都能成为创新活动的源泉。理想创新区域的这些特征决定了其产业集群发展战略主要集中于产业价值链的高端。我们称为核心技术产品、原始创新型高新技术产业集群战略。

（1）以产业核心产品和核心技术为创新内容的原始创新型产业集群发展战略。理想创新区域的主要优势之一是存在着一些拥有大量创新资源的企业，当这些企业以产业集群形式存在后，其创新活动的协同效应将会进一步地提高所有企业的创新能力。同时，由于产业集群，也导致了各种资源特别是资金和知识技术人力资源向理想创新区域的集中，这些都为理想区域的产业集群进行原始创新提供了坚实的基础。另外，较低的交易成本、产业集群内部企业间高度的分工与合作也降低了集群内的企业面临的原始创新风险。更为重要的是，原始创新能给产业集群内部成员带来高额的创新垄断收益，形成产业集群在全球范围内的市场竞争优势。

（2）以产品研发或产品营销等业务创新活动为主的研发型或品牌型产业集群。在理想创新区域，产业集群可以按其业务内容进行进一步的细分，特别是形成以产品研发为业务的原始创新。当然，产品和技术只是从供给的角度强调了企业创新活动的重要性，营销业务的创新同样重要，它强调了品牌对产业竞争优势的重要性。营销业务的创新还是一种新的商业盈利模式或商业理念，产业链中的营销活动从最终环节上实现了产业价值，并为整个产业的创新活动提供了市场基础。

强势创新区域的强大创新资源集聚能力、基础研究能力及完善的产业创新体系等优势要求强势创新区域加快传统产业转移，发展现代产业集群。因此强势创新区域现代产业发展的集群创新战略在本质上是创新型产业集群战略。高端技术创新型产业集群是迈向强势创新区域的产业集群创新战略选择。我国于2008年启动了建设世界六大科技园区工作。这六大科技园区是北京中关村科技园区、武汉光谷、张江科技园区、深川高新区、西安高新区、成都高新区。这些高新区都具备了支持建设高端技术创新型产业集群的强劲知识创新体系、产业创新体系、科技服务创新体系。

(二) 强势创新区域的现代产业集群创新战略目标

强势创新区域的现代产业集群创新战略目标是：加强综合创新优势建设，发展原始创新的、核心技术的高端创新型产业集群。这种高端创新型产业集群的主要标识是：世界一流的高技术产业集群和战略性新兴产业集群。这种高端创新型产业集群的创新网络特征是：以综合性创新优势为特征的创新型企业网络体系，以核心技术-产品创新为目标的现代产品创新网络体系，纵向、横向交错的立体型产业创新网络体系，立足于互联网的平台创新体系，构建多层次、立体网络型高技术产业和战略性新兴产业协同创新体系。

(三) 强势创新区域的现代产业集群创新战略措施

1. 迈向强势创新区域的产业集群知识创新体系和知识保护政策

北京中关村科技园区、武汉光谷自主创新示范区、上海张江科技园区、深圳高新区、西安高新区和成都高新区正在建设世界一流科技园区。这些园区都有密集的知识创新机构，形成了科技知识创新集群；它们集聚了一大批高新技术企业，形成了产业集群的研发体系。同硅谷、剑桥科学园、法国安提波利斯高科技园的差距在于：国内这些高科技园区知识创新体系的创新创业衍生能力不强，知识密集型产业集群的创新创业衍生能力也不强，这六大高新区的知识创新体系向知识密集型产业集群的研发体系转移新知识的体系发展不充分。某型号飞机MBD知识创新体系、技术研发体系、人才成长与激励体系高度融合造就了中国比肩国际一流的产业的航空产业集群创新体系（郑宇钧，崔斌峰，2013）。杭州是中国电子商务之都，其成功在于杭州电子商务产业集群的知识创新体系、产业集群服务与产品创新体系、产业人才体系三者的高度融合。创新集群政策应当高度融合（李顺才，王苏丹，2008）。这个案例的政策启示就是：迈向强势创新区域的产业集群创新政策的重点，即新知识是知识密集型产业集群的基础和源泉，有关创新集群的研究成果表明，知识集群是高技术产业集群的核心，必须建设世界一流的知识创新体系。新知识的应用和实践知识体系是知识密集型高技术产业集群的技术基础,有关发达国家的创新集群研究成果表明,世界强势创新区域的产业集群都有一流的研发体系,建设世界一流的知识密集型产业集群研发体系;知识密集型服务业是集群创新系统的创新桥梁(魏江,朱海燕,2007)。硅谷高新技术产业集群创新实践表明,具有强大吸引力和集聚力的创新创业体系既是新知识转换为产业实践知识的主力军,又是科技服务产业创新的主体,必须建设世界强大吸引力、集聚力的创新创业企业体系,建设世界一流的科技创新服务体系,建设世界级知识资产保护体制,这个知识资产保护体制和机制的核心就是既保护创新者获得垄断创新利润又促进知识高效扩散。最严格的核心技术专利保护与扩散是重点,建设核心技术专利采购与扩散体制和机制,建设知识密集型产业集群知识专利池、专利共享与相互许可系统。美国硅谷的知识密集型产业集群创新得益于创新型人才的高度集聚,这是学术界的共识。欧洲创新型产业集群创新成功得益于欧盟及各成员国有一套高效率的创新型人才成长和激励政策(朱滋婷,于丽英,2010)。因此,要建设具有强大吸引力的知识密集型产业集群人才成长、激励体系。

2. 强势创新区域的科技服务创新网络体系建设重点

强势创新区域及其知识密集型产业、战略性新兴产业是科技服务创新网络体系建设的重点。强势创新区域,在政策上宣示,就是世界一流科技园区。科技部火炬中心在《建设世界一流高科技园区行动方案》中写道:"世界一流高科技园区普遍具有四个特征,即是新兴产业和新业态的发源地,走向产业高端,引领世界的产业发展趋势;具有较强的内生增长机制,能培育出有国际竞争力的跨国大公司;聚集了大量高端要素和专业要素(集群);创造新时代前沿的模式、制度和文化。"2006年,我国选择中关村科技园区、张江高科技园区、深圳高新区、西安高新区、武汉东湖新技术开发区和成都高新区等作为建设世界一流高科技园区的试点和示范。世界一流科技园区建设示范区的优势是:健全的较高水平的知识创新体系已经形成,主导的、支柱性的知识密集型产业集群技术研发体系已经形成。世界一流科技园区建设示范区有了较明显的综合性创新竞争优势。但是,其存在的突出问题是,科技服务创新网络体系不完善。世界一流科技园区建设示范区的科技服务创新网络体系不完善的表现是:研发、设计、测试、策划、科技金融等服务产业发展滞后,研发能力、设计能力、测试能力、策划能力、科技金融服务能力等整个科技服务创新能力不强。《建设世界一流高科技园区行动方案》明确指出,"鼓励高新区、高等院校、科研院所、企业等多元主体创办各类专业孵化器。加强和完善孵化功能建设,重点强化创业辅导员、创业律师、创业会计师等抚育功能，在现有基础上进一步提高入孵企业数和企业毕业率"。"针对高成长企业需求，鼓励并扶持市场力量创办科技企业加速器，引进专业服务机构，以市场化手段为企业发展提供'三四五'框架服务。'三'指三类保障性服务，即开放和可快速拓展的空间、优质和配套的高增值服务以及优惠和快捷的政策服务；'四'指四个发展型平台，即专业化研发平台、市场网络平台、规模化融资平台和高端人力资源（HR）平台；'五'指五个延伸性服务，即提供全方位的商务服务、开拓性的展会服务、高层次财务法律服务、合作型咨询服务和定制的互动式交流服务等。要加强对园区内加速器发展的研究与规划，对专业服务公司提供政策性'后补贴'扶持，促进专业服务公司在初期有效需求相对不足的状况下提供高质量服务。"大力发展科技金融服务业，构建服务于创新创业企业的多层次科技金融服务创新体系。世界一流科技园区建设示范区应当"积极推动快速高成长性企业在'主板''中小企业板'上市融资"。"大力发展创业风险投资，满足企业快速成长的资金需求。大力发展专业中介服务，建立以创新创业服务为重点的专业服务体系。"

"中关村科技园区要进一步推动品牌中介服务机构和品牌行业协会的形成和发展，推动服务于技术转移的各类中介机构的发展。张江高科技园区要通过政府购买服务吸引行业协会与著名中介机构入驻园区，努力打造以'浦东创新港'为核心的创新服务集聚区，通过张江创新学院加速培养园区软件、集成电路、生物医药等创新人才，进一步强化对创业型中小企业和园区特色产业集群的支持。深圳高新区要进一步加强科技企业孵化器、科技企业加速器、专业园的产业空间和服务体系建设。武汉要进一步加强中介服务的国际化，构建适应园区发展、符合国际惯例、开放式的专业中介服务体系。西安要进一步推进企业诚信评价体系建设。成都高新区要充分利用国际资源，搭建国际交流与合作平台。"

3. 加快构建创新型产业集群政策体系

2013年3月，科技部发布《关于认定第一批创新型产业集群试点的通知》，首批10个创新型产业集群项目正式立项。这标志着我国制定了明确的创新区域的创新型产业集群政策。我国创新型产业集群政策特点是：第一，高新区是创新型产业集群政策发展的主体区域。特色产业园区、创新型科技园区和世界一流科技园区建设示范区发展创新型产业集群政策目标是不同的。创新型科技园区要形成1家以上国内领先的优势产业集群，其中有1家以上年销售收入超过100亿元的企业，或有2家以上超过50亿元的企业；世界一流科技园区建设示范区要发展高端优势产业集群。第二，创新型产业集群政策目标是培育高端优势产业，提高高科技产业创新竞争力。因此创新型产业集群政策实质上是产业发展政策。第三，首批创新集群试点的产业性质全部属于国家战略性新兴技术产业集群。我国创新型产业集群政策的特点表明，我国创新型产业集群政策有显著缺陷，这就是：不能适合于党的十八大报告关于转变经济发展方式、建设构建现代产业体系的要求，不符合全面贯彻创新驱动发展战略的政策要求。

创新型产业集群政策制定的视角和范围应当是现代产业体系和发展。首先，创新型产业集群政策制定的视角应当是现代产业体系和发展视角。党的十八大报告明确指出，转变经济发展方式，必须发展现代农业、推进工业和信息技术融合、发展高新技术产业和战略性新兴产业，构建现代产业体系，实施创新驱动发展战略。创新型产业集群政策不仅应当从创新驱动发展战略视角出发，而且还应当立足于现代产业体系构建和发展。创新驱动发展战略的内涵应当是：科技创新驱动高新技术产业和战略性新兴产业发展，工业与信息技术等高新技术融合形成创新驱动资本技术密集型制造业、服务业，广泛促进现代科技与农业融合，构建现代农业体系。这表明，现代产业体系构建和发展应当是创新型产业集群政策制定的出发点。其次，创新型产业集群政策范围应当扩展到现代产业集群范围。欧盟创新集群政策目标不仅有知识密集型产业集群而且还有传统劳动密集型产业集群，包括农业集群政策、建筑产业集群、瓷砖产业集群政策等。我国传统劳动密集型产业集群是三十年来经济发展的成果。传统劳动密集型产业集群与当代高新科学技术结合转变为创新性的现代产业集群，既是我国转变经济发展方式、调整经济结构、促进就业和稳定经济增长的要求，又是全面贯彻创新驱动发展战略的需要，因此借鉴欧盟创新集群政策关于发展传统劳动密集型产业集群的成功经验是必要的。我国创新型产业集群政策范围应当由高新技术产业集群、战略性新兴产业集群扩展到传统劳动密集型产业集群。创新型劳动密集型产业集群应当扩展到传统产业集群发展得好的区域，把这些区域定义为特色产业发展区域或普通创新区域。

创新型产业集群政策重点。首先，创新型知识密集型产业集群政策重点。我国创新型知识密集型产业集群突出分布于世界一流科技园区建设示范区和创新型科技园区，存在的共同问题是，创新集群衍生创新创业企业能力不强。北京中关村科技园区的创新创业企业衍生能力是2000家/年，而硅谷的创新创业企业衍生能力是20 000家/年。这说明，我国高新区与硅谷等强势创新区域的创新创业企业衍生能力有很大差距。在创新型科技园区和世界一流科技园区建设示范区，创新型知识密集型产业集群政策的重点应当是提升创新创业企业衍生能力。其次，创新性劳动密集型产业集群应当是创新型产业政策重点。创新性劳动密集型产业集群建设的主要任务是，提升核心创新型企业的创新竞争力、品牌竞争力，构建面向全球的企业研发网络体系，组织和带动产业集群研发体系建设，提升传统劳动密集型产业集群创新能力和产品品牌竞争力。再次，选择合理的创新型产业集群政策工具。创新型产业集群政策工具有研发补贴、产业政策和竞争政策。根据WTO有关条件，黄灯条款即非竞争性研发补贴条款。该条款内容是，政府对前竞争开发活动的补贴不得超过合理成本的50%。红灯条款或禁止条款即竞争性研发补贴，其内容是，对以出口绩效为条件和将进口替代作为条件而提供的补贴，我国政府研发补贴政策有的符合黄灯条款要求，有的被归为禁止条款，因此应当清理这些研发补贴政策。优化我国政府研发补贴政策，充分利用WTO黄灯条款。产业政策应当进一步完善，这部分内容就是制定创新性劳动密集型产业集群政策。当前，应当结合产业转移趋势，促进中西部地区创新性劳动密集型产业集群发展。地方政府应当根据创新驱动发展要求制定本地创新性劳动密集型产业集群专项政策。竞争政策是指导产业集群创新的重要政策工具，公平竞争政策是各国共识，政府创新型产业集群政策定位应当是促进产业集群公平竞争。促进公平竞争应当着力减少不当行政干预，充分发挥市场配置创新资源作用；反对滥用专利垄断权、市场垄断权，促进专利竞争市场发展。

4. 强势创新区域现代产业集群创新治理模式

知识密集型产业集群知识构成要素有科技知识要素、产业知识要素和以信用知识为核心的科技服务知识要素。知识密集型产业集群创新治理可以概括为旨在实现高端核心技术创新、高端产品、高端品牌和高附加值的各类创新主体创新活动关系有序、有效、持续和控制的体制和机制。在这个定义中，首先是现代产业集群创新主体关系。这种创新主体关系包括企业关系、大学和研究机构关系、科技服务主体关系及三者之间的合作关系。其中，企业关系、大学和研究机构关系、科技服务主体关系构成了核心的创新网络关系。在这种网络关系中，新的科学知识、信用知识、人力资本是核心问题。新的科学知识治理、信用知识治理、人力资本治理就成为现代产业集群创新治理的三个主要问题。人力资本治理机制已形成了长短激励结合、物质与精神激励结合等全方位的激励与约束相统一的治理机构。股权激励、期权激励是人力资本创新激励的主流激励机制。信用知识治理的主流模式是风险资本主导的有限合伙制，它有效解决了小微企业信用治理问题。在我国，中关村科技园区结合我国国情探讨了创新与信用有效结合问题，摸索出了一套卓有成效的创新创业治理体系。

　　新的科学知识治理是国内外知识密集型产业集群创新治理中最难以解决的长期问题。从国外看，专利池模式、专利联盟模式、专利许可模式在知识密集型产业集群创新治理中发挥着作用。国内外学者立足于不同视角研究了知识密集型产业集群知识治理模式。这些研究有关集群知识属性和组织属性概念都来源于企业知识属性和组织属性概念。如知识复杂度低而差异性大，则知识整合者治理模式是合适的；如知识复杂度高而差异小，则知识共同体治理模式是合适的（Grandori，2001）。知识组织属性影响知识治理模式选择：知识接受者的吸收能力和学习能力，知识供应商的独占性和控制能力都低时，专利许可模式和中期联盟模式是恰当的选择；知识接受者的吸收能力和学习能力不强，知识供应商的独占程度高时，则权益合资企业治理模式是合适的（Contractor and Ra，2002）。知识组织属性同样影响着创新集群知识治理模式选择。知识组织和谐度低，则共同体和任务治理模式都可能失败；知识特性、知识活动主体、知识活动环境对创新集群治理有不同影响。知识的隐性会影响到创新集群的知识治理诊断和评价，知识差异性和情境嵌入性会影响到创新集群知识传播和共享，知识公共物品属性会影响到创新集群创新动力。除知识属性外，知识活动主体动机和能力、知识活动环境都对创新集群治理有重要影响（薛晓梅、孙锐，2012）。有的学者提出了集群知识库和集群联盟库描述集群的知识属性和组织属性，据此研究了创新集群的知识治理机制，并提出了如下观点：第一，政府立足于公共秩序供给发起成立知识平台，企业参与知识平台建设，推动知识整合和知识螺旋演进，如中关村信用知识平台治理就是一个典型案例。第二，领先企业立足于市场秩序供给发起成立知识平台，其他企业和机构广泛参与平台建设，推动产业知识整合和知识螺旋演进，如杭州电子商务集群治理就是这样的例子。第三，创新集群组织类别极为复杂，但像研发中心、地区研究中心等各种形式的创新服务组织是创新集群的中介连接组织。各种研发机构、专业协会发挥促进创新集群合作研发的重要作用。集群规模、集群合作研发程度和难度对创新集群治理有着重要影响。硅谷创新集群治理模式与弗兰德斯创新集群治理模式是两种典型创新集群治理模式。第四，创新集群知识、组织与制度共生演化（丁魁礼，2009）。

　　强势创新区域的现代产业集群知识特征是：强势创新区域的知识创新性高，现代产业集群的产业实践性强。这表示，强势创新区域集聚了大量的研究机构和大学，同时拥有高效、健全的现代产业创新体系，并且二者有效互动。强势创新区域的知识密集型产业集群治理模式通常是多元协作型治理模式，这是一种高级产业集群治理模式。例如，英国剑桥工业园、中国台湾新竹科学园区，以及20世纪90年代以后的意大利产业区等世界一流的科技园区都采用这种治理模式。其特点是，不同类型治理主体，整合其各自治理功能的多元化、多中心治理模式。在强势创新区域，传统劳动密集型产业集群创新治理的核心是研发治理模式；其突出表现为，研发联盟、产业创新联盟的创新治理。北京中关村科技园区具有这种治理模式雏形或者说框架，在创新转换知识体系、产业创新体系完整性、立体性，以及大学和研究机构的企业衍生能力等多方面都与世界一流的创新区产业集群创新有着明显差距。

第七章　现代产业创新战略环境

环境的动态性、复杂性、差异性、生态性影响创新驱动发展战略。本章研究现代产业创新战略环境问题、核心技术－产品创新战略环境问题、创新型企业战略环境问题、产业创新体系战略环境问题和现代产业集群创新战略环境问题。我国应当完善强势创新区域、优势创新区域和普通创新区域的现代产业创新战略环境。

第一节　现代产业创新战略环境问题提出

一　现代产业创新战略环境含义

社会学极为重视环境研究，它们通常把环境视为其研究对象边界以外的所有事物。现代产业创新战略环境，按社会学的观点，是指现代产业创新战略边界以外的所有事物。从国家竞争视角看，现代产业创新战略环境应当是一国或区域的现代产业创新战略边界以外的所有事物。根据波特的钻石模型，我们可把现代产业创新战略环境定义为创新要素、现代产业创新的支撑体系、新产品需求和创新战略、创新结构、创新机遇和政府。

创新要素是现代产业创新战略的基本环境要素。创新要素包括高级人力资源要素和研发资本要素。从发达国家现代产业创新要素看，高级人力资源要素就是指受过高等教育的专业人才、工程师、知识资源。研发资本要素指的是投入研发活动的资金，包括企业利润转化研发投资、银行信贷、私募、风险投资和资本市场融资等。除此之外，研发资本要素还包括工程实验室、检验检测设备。

现代产业创新的支撑体系包括现代产业制造体系、现代产业制度体系、现代产业文化体系、现代产业政策体系。现代产业制造体系是现代产业创新的基础性支撑体系。一个国家或地区的现代产业创新战略是否可行，首先表现为这个国家和地区的现代产业制造体系是否健全、发达和有效率。现代产业制度体系是现代产业创新战略的制度基础,有什么样的产业创新战略,就应当有什么样的产业制度体系。比如,在2005年以前,我国产业发展战略是投资驱动战略,与此相应的制度体系就是政府主导型市场体制机制、国有企业垄断型市场竞争体制。到2006年,我国产业发展战略向创新驱动战略转型,与此相应的制度体系就应当是市场主导型体制机制。十八届三中全会通过的《中共中央关于全面深化改革若干重大问题的决定》明确指出,重新理清政府与市场的关系,市场在资源配置中起着决定性作用,更好地发挥政府的宏观调控作用。这表明,我国正在构建与现代产业创新战略相应的制度体系。现代产业文化体系是现代产业创新战略的隐性、持久支撑因素,创新价值观是现代产业文化体系的核心因素。现代产业政策体系指的是基于产业创新的财政政策、税收政策、金融政策、科技政策、产业政策等。

  新产品市场需求是现代产业创新战略的基本因素。新产品市场需求包括新产品客户群、新产品需求结构、新产品需求规模等因素。新产品客户群是衡量新产品市场需求的直接因子。一般情况下,一个国家或地区的新产品客户群越大,新产品市场需求规模就越大,现代产业创新战略就有更强劲的客户群支撑。新产品客户群规模主要受收入、多元开放文化等多种因素影响。给定人口基数,经济发展进入中高阶段,新产品客户群规模越大。人口基数规模越大,经济发展进入中高阶段后,新产品客户群规模越大。多元开放的文化理念对于新产品客户群有正面积极作用,越是多元的、开放的社会,新产品客户群规模就越大。新产品需求结构指的是功能型新产品、技术型新产品、高端新产品之间的需求比例关系。中低收入阶段,新产品需求结构主要表现为功能型新产品需求结构;中高收入阶段,新产品需求结构转向技术型新产品、高端新产品导向需求结构;高收入阶段,新产品需求结构转为服务创新需求结构。新产品需求规模是新产品需求的重要因素。一般情况下,新产品需求规模越大,产业创新动力越强。

  创新战略与创新结构是现代产业创新战略的直接影响因素。创新战略包括企业创新战略、关联产业创新战略,以及区域创新战略、国家创新战略。企业创新战略包括自主创新战略和模仿创新战略。企业选择何种创新战略直接影响现代产业创新战略,企业创新战略是现代产业创新战略的微观基础。关联产业创新战略制约着现代产业创新战略,比如,传统产业创新战略就是现代产业创新战略的关联创新战略。传统产业创新战略成为现代产业创新战略的直接环境因素,区域创新战略和国家创新战略是现代产业创新的宏观战略环境。

创新结构同样是现代产业创新战略的直接影响因素。创新结构指的是知识创新、技术创新和产业创新之间的内在比例关系。知识创新是技术创新的源泉，产业创新是技术创新的终端，技术创新是创新结构的核心。知识创新越强，技术创新就越强，产业创新也就越强，这是硅谷现代产业创新的基本经验。创新结构还指各类创新主体之间的关系，即企业、大学、研究机构和政府等各类创新主体之间的关系。大学是知识创新主体，企业和研究机构是技术创新主体，企业是产业创新主体，政府是公共服务创新主体。

创新机遇是现代产业创新战略的因素。创新机遇是各种创新要素、发展要素、竞争要素相互作用的结果。2006年至今，我国就进入了创新战略机遇期。首先，我国创新战略机遇期表现为自主创新战略机遇。粗放式经济发展模式、制造业低成本竞争因素逐步削弱，产业国际竞争力环境不利特征渐显，工业污染环境状况进一步恶化，发达国家创新资源寻求出路，国际创新合作成为潮流。这些因素相互激荡，产生了自主创新战略机遇期。2012年，中国经济进入新常态，投资驱动力和出口驱动力渐弱，劳动力优势进一步削弱，创新要素资源优势渐显等，国际经济复苏缓慢和复杂，创新驱动发展战略机遇期出现。2007年以来，我国提出了现代产业发展战略和构建现代产业体系战略，现代产业发展迈入了创新驱动战略机遇期。

从宏观面看，政府是现代产业创新战略的主体因素。政府公共服务能力和公共服务效率、政府廉洁程度、政府公共服务创新能力是影响现代产业创新战略的重要因素。政府公共服务能力和公共服务效率一直是现代经济发展的重要因素。政府公共服务能力越强，政府公共服务效率越高，现代经济发展越好。同样，政府的公共服务能力越强，政府公共服务创新效率越高，现代产业创新越充满活力，现代产业创新战略效果越好。

政府在产业创新中作用不可或缺，政府在钻石模型中与其他因素构成互动的关系。比如，政府与生产要素的关系，政府在教育方面投资可以增加高级生产要素和专业型生产要素，政府在自然资源使用方面严苛标准可以改善环境，节约资源，促进清洁生产技术、循环经济技术、环保技术的创新、扩散。政府关于企业的政策可能为企业提供一个有效率的公平的竞争平台。比如，政府执行反垄断政策效率高低对企业创新有不同作用，但政府过度保护专利可能阻碍创新。政府建构专利池政策既促进创新又促进扩散。政府采购政策在启动培育市场需求的作用不可或缺，有效的政府采购政策加速新产品市场国内需求形成，提高内需成长率。政府产业政策对本国或本区域产业体系竞争优势有极大的影响。颇受诟病的产业管制政策是一把双刃剑，这需要政府高超的产业平衡管理能力。

现代产业基础设施体系主要是指为企业创新提供服务支撑的区域基础性机构及其软、硬件条件，包括交通、通信、学校、生活服务、科技服务和其他生产服务等基础设施。首先，现代产业基础设施服务是交通、通信、学校和生活服务等基础设施服务体系。其次，现代产业创新基础设施服务是指科技服务基础设施体系，包括生产力促进中心、孵化器体系、加速器体系、信息服务平台、公共技术检验检测平台、技术交易市场、实验室体系。最后，现代产业风险预警管理体系。这个系统包括产业风险预警组织网络体系、产业风险预警的产业竞争情报系统、产业风险预警的政策响应系统、产业风险预警的企业响应系统和金融机构系统。

二 我国现代产业创新战略环境问题更加突出

自从我国提出自主创新战略以来，有关现代产业创新问题的研究就日趋活跃。近年来，随着我国经济发展进入新常态，现代产业创新战略的环境更加复杂和充满不确定性。首先，东部发达区域的现代产业创新战略环境面临着日益严峻的国际专利竞争环境；其次，中西部地区的现代产业创新战略环境面临着产业转移与创新的冲突、创新动力不足、创新要素供给不足、新产品市场需求制约、政府公共服务创新能力和创新效率约束；最后，发达国家经济复苏不确定性、跨国公司创新竞争、全球化冲突等诸多因素影响。

区域现代产业创新战略环境问题更为复杂和充满不确定性，极大地影响各区域制定现代产业创新战略的信心。比如，中西部地区的产业转移与创新冲突、生态环境约束、区际创新竞争约束都远强于东部地区，这极大地影响了中西部地区的现代产业创新战略制定和执行的信息。现代法治国家治理体系建设对于政府制定现代产业创新战略是一个硬约束。但是，我们对于现代法治国家治理体系与现代产业创新战略的关系认识还较粗浅。

三 现代产业创新战略环境问题研究的意义

现代产业创新战略环境问题的研究旨在研究影响现代产业创新的各种因素及其关系问题，从而构建一个良好的现代产业创新战略运营环境。现代产业创新环境与现代产业创新的关系可以概括为：一个良好的现代产业创新环境激励、支持、促进现代产业创新；一个不利的现代产业创新环境抑制、阻碍现代产业创新。

（一）良好的现代产业创新环境具有的特征

现代产业创新要求高效率的基础设施、健全的科技服务体系、配套的充满活力的产业体系、包容开放的文化。一个良好的现代产业创新环境拥有高效运作的、便捷的基础设施，如交通、通信等生产服务类基础设施，以及学校、商场等教育生活服务类基础设施。可以提供较低的创新创业企业交易成本、生活成本，吸引高级生产要素集聚。一个良好的现代产业创新环境拥有丰富的高级生产要素和专业型生产要素，为现代科技创新创业提供了强大的生产要素支撑体系，极大地降低了生产要素搜寻成本、交易成本。一个良好的现代产业创新环境集聚着数量庞大的创新型企业，这些企业之间的竞争与合作形成了集体学习的动力、合力，培养和提高了知识吸收能力、获得能力和创造能力。一个良好的区域现代产业创新环境拥有良好的市场条件，提供了潜力巨大的、高成长的新产品市场，为现代创新创业成长提供了市场动力，降低了创新创业的市场风险，提供了创新创业成长的市场条件。一个良好的区域现代产业创新环境拥有发达的、有效率的、有序的产业供应链网络。这为新兴产业成长提供了强大的产业支持。

（二）不利的现代产业创新环境具有的特征

一个不利的现代产业创新环境提供了低效、不便的基础设施，如交通、通信等生产服务类基础设施，以及学校、商场等教育生活服务类基础设施。提高了创新创业企业生产成本、贸易成本和生活成本，难以吸引高级生产要素和专业型生产要素集聚。一个不利的现代产业创新环境无法提供门类齐全的各类高级生产要素和专业型生产要素，极大地提高了生产要素搜索成本和交易成本。一个不利的现代产业创新环境只有数量不多的创新型企业，创新合作机会少，难以形成集体学习的动力、合力，极不利于创新型企业创新能力提高。一个不利的区域现代产业创新环境市场条件较差，比如，客户结构不合理，少量的高端客户、挑剔客户和时尚客户。大规模的普通客户对供应商提出提高产品品质的动力和降低创新风险的能力都有限。一个不利的区域现代产业创新环境没有发达高效的产业供应链网络，无法为新兴产业成长提供产业支撑体系。

第二节　现代产业创新战略环境：一个战略环境理论演化观点

一　战略与环境的一般分析

长期以来，战略管理学家极为重视企业战略问题研究，比如，Mintzberg（2007）认为，"环境是组织以外的所有事物"；Daft（2001）认为组织环境是存在于组织边界之外，并可能对组织的全部或部分产生影响的所有因素。不确定性是环境的基本特征。战略管理学者认为，不确定性的含义应当分为客观的不确定性和主观的不确定性。客观的不确定性指的是环境本身的属性，主观的不确定性指的是管理者感知的不确定性。Knight 关于不确定性的观点使环境的不确定性可以量化描述，这种可概率处理的不确定性即环境风险性质。环境不确定性源于人类在信息获取能力、计算能力以及认知能力三方面的不足（Lawrence and Lorsch, 1967; Duncan, 1972）。Duncan 认为，简单－复杂框架是感知环境不确定性的前提；而 Child 认为，静止－动态框架是分析感知环境不确定性的另一前提。除了这些角度外，我们还可从同质－差异、人造－绿色角度感知环境不确定性。根据简单－复杂维度，我们可以界定环境的复杂性，从静止－动态维度可描述环境的动态性，从同质－差异角度可定义环境的差异性，人造－绿色提供了观察环境生态性的认识角度。

现有理论成果是，根据简单－复杂、静止－动态角度对环境类型做了划分。环境类型有确定环境、奈特环境、沙克尔环境和风险环境（图7-1）。其中，确定环境是由有限、确定要素构成的环境状态且仅具有确定性特征；风险环境是在已知状态空间下具有稳定的概率关系的环境状态且具有一阶不确定性特征；奈特环境是在已知状态空间下且具有不稳定的概率关系的环境状态且具有二阶不确定性特征；沙克尔环境是在未知状态空间下的环境状态且具有三阶不确定性特征。

战略环境是指战略边界以外的若干要素构成的各子系统的集合。由于战略多样性，所以战略环境解释有明显的差异性。面对不同战略，其战略环境构成因素显然不同。各种不同战略环境应当都有宏观环境、区域环境、产业环境、市场环境。迄今为止，Miles 和 Snow 提出的防御者（defender）、分析者（analyzer）、前瞻者（prospector）和反应者（reactor）战略导向分类方法得到了广泛的证实（Miles and Snow, 1978）。根据这种分类方法，企业战略环境有防御者战略环境、分析者战略环境、前瞻者战略环境和反应者战略环境。

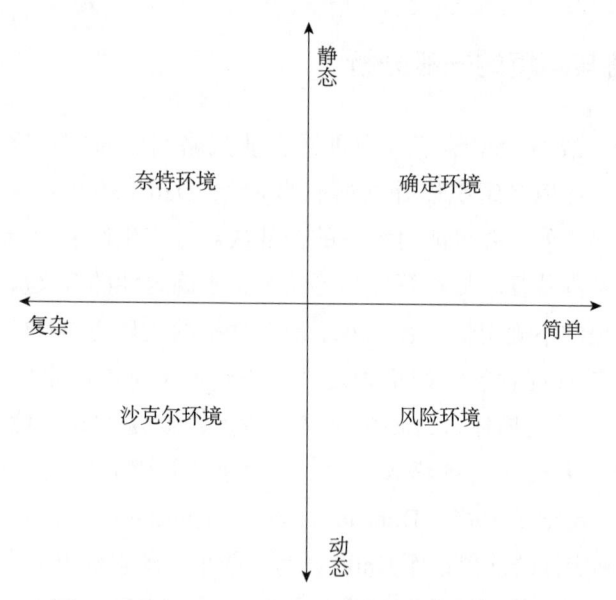

```
              静态
               │
    奈特环境    │    确定环境
               │
   复杂 ───────┼─────── 简单
               │
    沙克尔环境  │    风险环境
               │
              动态
```

图 7-1　基于 Duncan 框架的环境不确定性程度分类

二、企业战略与环境关系

企业的战略环境一直是影响企业领导者决策的重要因素。钱德勒（2002）指出环境、战略和组织结构之间的互动关联，认为企业战略应当适应环境变化满足市场需要，而组织结构又必须适应企业战略的要求。Ansoff（1965）认为企业的战略出发点是追求自身的生存和发展，战略行为是对其环境的适应过程以及由此而导致的企业内部结构化过程。赵锡斌（2004）认为："企业内部环境与外部环境之间、企业环境各构成要素之间以及企业与环境之间是一种相互依存、相互影响的动态、互动的关系。"由此可见，企业战略和环境之间存在着双向复杂的协同演进关系。

企业的宏观环境是指对所有企业的经营管理活动都会产生影响的环境方面的各种因素，其中政治法律环境（制度环境）和社会文化环境尤为重要。彭维刚（2007）在《全球企业战略》中提出，制度比背景条件更为重要，当企业尽力制定和执行战略并创造竞争优势时制度直接决定了企业要做什么样的决策。

企业所处的产业市场环境对企业战略具有不可忽视的影响。Andrews（1980）指出"战略是对公司实力和机会的匹配。这种匹配将一个公司定位于它所处的环境之中"。Andrews（1971）建立了著名的 SWOT 战略形成模型，全面分析公司的外部环境因素和内部环境因素，并要求企业通过这种模式，将企业目标、方针政策、经营活动和不确定的环境结合起来，从而使公司形成自己的特殊战略属性和竞争优势。

计划学派和设计学派都将市场环境、定位和内部资源能力视为战略的出发点。当环境发生变化时，分析具体的变化因素，在企业内外部之间实现良好的匹配。这个时期，战略受制于既定的产业结构，战略变革的空间非常小，仅限于企业内部的微观环境变革。环境是决定企业战略的主导力量，环境的特点决定着企业的组织设计以及资源配置，从而最终决定企业战略。上述经典战略理论派系都存在一个缺陷，就是忽视了对企业竞争环境的分析与选择，仅从现存的产业市场出发，要求企业适应已结构化的产业市场环境，这势必限制企业生存与发展的空间，导致企业被动地适应环境。

以波特为代表的定位学派将产业组织理论中的结构－行为－绩效（SCP）分析范式引入企业战略管理研究之中，提出以产业结构分析为基础的竞争战略理论。Porter（1988）认为，企业在考虑竞争战略时必须将企业与所处的环境相联系，而行业是企业经营的最直接的环境；每个产业的结构又决定了企业的竞争范围，从而决定了企业的潜在利润水平。因此，影响企业获取竞争优势的因素：一是企业所处产业的盈利能力，二是在产业内的相对竞争地位。企业可以采取成本领先战略、差别化战略或聚焦战略，以增强其在产业内的竞争地位。这样，分析的重点由一般的框架深入到与企业更加密切的外部产业环境的分析中，从而为企业的经营活动提供了有效的指导。与波特强调战略定位及企业的竞争优势主要来源于外部的不同，资源基础理论更为强调企业内部特有资源以及核心竞争力。该理论认为，持续的竞争优势来自内部的资源或者核心竞争力，企业应着手培育自己的核心能力，更好地适应环境的变化。

对于企业战略能影响环境持肯定态度的是战略选择理论。Child（1972）提出，企业不总是被动地适应环境，组织同时有机会和能力去重新塑造环境以满足其自身的目标。该理论认为组织战略对组织环境具有很大的影响力，企业可以考虑采用多种战略，通过与外部环境的相互影响来为组织谋求最有力的发展空间。Child 还指出，权变理论忽略了组织具有对改变或支配组织的人员的选择权。波特（1988）指出，竞争战略对产业吸引力的增减颇具影响力。与此同时，企业可以通过战略选择明显增强或削弱其在产业内的竞争地位。所以，竞争战略不仅对环境做出反应，而且试图根据企业的利润来塑造环境。可见，企业战略对企业环境具有改造作用。

20世纪80年代出现的资源学派将战略研究重点放在企业价值链的个别关键优势上,形成核心竞争力理论。20世纪80年代,库尔(K. Cool)和申德尔(Dan E. Schendal)通过对制药业若干企业的研究,进一步验证了企业的特殊能力是造成它们业绩差异的重要原因。

随着产业环境的日益动态化,企业之间、企业与环境之间以及不同层次的环境之间的边界变得模糊不清。哈梅尔和普拉哈拉德(1998)在《竞争大未来》中提出了环境的动荡与企业战略的内在关系。其战略逻辑是通过创新未来产业或改变现有产业结构来为企业寻求战略发展空间的,企业战略可以能动地改造企业环境。先前的一些流派中已经蕴涵了环境与战略互相影响的思想。Kauffman(1993)和Mckelvey(1999)认为应该根据时间条件具体分析环境与组织的关系,二者之间存在协同演进的关系。目前,环境与战略关系研究的两个前沿学派是组织理论与复杂理论。它们为环境与战略协同演进提供了必要的理论支撑和方法指引。

进入21世纪,企业战略管理的范式正在发生变化,一种新的"为未来而竞争"的战略观正在形成。这种新的战略观,就是以不断创造与把握不断出现的商机为核心,进而创造光辉未来的战略(哈梅尔,普拉哈拉德,1998)。总之,以全球化和技术变革为主要特征的环境变化,最终促使战略研究在环境和内容方面更趋向动态化发展,即不仅注重外部环境的不连续变化,而且注重企业远景、战略、组织能力和内部系统与过程等不同内容之间的相互联系和动态适应。

三 立足于企业创新研究区域创新环境

区域创新环境的概念,最初是由1985年成立的欧洲创新环境研究小组(GREMI)提出的。它们将创新环境定义为,在有限的区域内,主要的行为主体通过相互之间的协同作用和集体学习过程,而建立的非正式的复杂社会关系,这种关系提高了本地的创新能力。国内学术界对区域创新环境也有很多定义,这些定义有差别,说法不一。引用最多的是中国科技发展战略研究小组在《中国区域创新能力报告》中定义的区域创新环境。该报告认为,区域创新环境包括基础设施、市场需求、金融环境、劳动者素质、创业水平。国内部分学者在产业创新研究中直接把区域创新环境解读为产业创新环境。比如,邱成利(2002)研究了新兴产业成长的创新环境,他认为,新兴产业成长的创新环境是

"区域创新环境由若干子系统、创新基础（技术标准、数据库、信息网络、科技设施等）、创新资源（人才、知识、专利、信息、资金等）和制度环境（政策法规、管理体制、市场和服务等）构成；从创新的动态过程上看，区域创新环境由研究与开发、创新导引（创新计划与战略）、创新运行与调控（制度、规则和政策）、创新支撑与服务构成；从创新对象上看，区域创新环境由技术创新、制度创新、组织创新和管理创新等部分构成"。王缉慈（2001）研究了高技术产业发展的创新环境，她认为，区域创新环境是发展高技术产业所必需的社会文化环境，它是地方行为主体之间在长期正式或非正式的合作与交流的基础上所形成的相对稳定的系统。邵云飞等（2013）在研究中国医药制造业创新环境对区域技术创新绩效影响时直接使用了区域创新环境概念。把区域创新环境直接等同于产业创新环境有界定过宽之疑。陈涛等（2006）研究我国钢铁产业创新环境时指出："钢铁产业创新环境系统主要包含产业生产要素、市场需求条件、上下游及辅助性产业、行业竞争程度及企业战略等软硬环境条件。"孟微和钱省三（2005）研究印度软件产业时把高科技产业发展的环境定义为产业生态。高科技产业发展的产业生态环境就是："高科技产业的上中下游关系、高科技产业的附加价值链、高科技产业的密集度，以及高科技产业技术与商品化能力。"

综上所述，有关创新环境和战略环境的研究有两个特点：①立足于企业视角；②着力研究产业发展的创新环境。这些研究存在的不足是：①现代产业创新与战略相结合的视角受关注不够；②立足于政府视角分析现代产业创新战略环境还不充分。

第三节 现代产业创新战略环境分析

2010年以来，现代产业创新战略的宏观环境、区域环境都有了显著的变化。现代产业创新战略的宏观环境催生了更多的创新机会，不确定性更大，也更加复杂。现代产业创新战略的区域环境差异明显，强势创新区域、优势创新区域和普通创新区域各有其新的特点，改善现代产业创新战略环境是政府面临的更加突出的任务。

一 现代产业创新战略的宏观环境分析

（一）现代产业创新战略的宏观环境趋好与机会并存

首先，现代产业创新战略的创新要素环境趋好。近十年来，高等教育快速发展，形成了世界上规模最大的高级人力资本体系。1977~1998年累计有大学本科毕业生1355.6万人，1999~2014年累计有大学本科毕业生7940万人。扩招以来，累计培养了大约8000万大学本科毕业生，这是全球最庞大的高级人力资本资源库。这个规模的高级人力资本为区域产业创新提供了坚实的人才基础。其次，全球化深入发展，国际创新资源过剩，我国现代产业创新战略实施面临后发优势，这为我国吸纳国际高级创新人才，推进现代产业创新战略提供了历史性机会。再次，创新环境趋好还表现在现代制造业体系更加完善，"大众创新，万众创业"的政策环境正在形成，创新政策体系进一步完善。最后，企业研发体系加速形成、发展，企业研发强度逐步提高，这极大地增强了现代产业创新战略的基础。我国创新指数2012年比2005年提升了48%[1]，在全球40个国家中，中国科技创新能力在2013年排名19位[2]，在全球143个国家中，2014年国家创新能力提升到29名[3]。某些关键指标取得了突破。比如，企业研发支出占全社会研发支出的实际比例为76%，企业研发人员占全社会研发人员的比例为75%。2013年全社会研发支出达1.2万亿元，占GDP的2%。涌现了一批世界级的创新企业，如华为、联想、腾讯和阿里巴巴等。我国白色家电、电信系统设备制造、电子商务、高铁、特高压输变电等产业领域创新能力达到世界级水平，有的处于国际领先地位。

同时，多样化、个性化、超大规模的市场需求为产业创新战略提供了机会。2010年，我国人均国民收入为4400美元。2012年，我国人均国民收入为6100美元。2012年，全国城镇居民人均可支配收入中位数为21986元，农村居民人均纯收入中位数为7019元。我国已成为中等收入国家。据林毅夫预测，2020年我国人均国民收入将达到1.27万美元，我国将步入发达国家行列。收入变化引起了消费需求呈现新的特点：消费需求呈现多样化、高品质化、个性化趋势。客户的产品知识、技术知识和消费知识显著增长，客户维权能力不断提高。客

---

[1] 国家统计局社科文司、《中国创新指数（CII）研究》课题组编制并发布2005~2011年中国创新指数。
[2] 中国科学技术发展战略研究院发布《国家创新指数报告2013》。
[3] 世界知识产权组织（WIPO）和欧洲工商管理学院（INSEAD）联合发布《2014年全球创新指数研究报告》。

户对产品品质和服务越来越挑剔，挑剔客户群更快增长。根据康德拉季耶夫长波理论，当前，世界经济属于第五次长波，并处在第五次长波的第三次产业革命时期。第三次产业革命是以计算机、互联网技术、空间技术和生物工程技术的发明和应用为主要标志，涉及信息技术、新能源技术、新材料技术、生物技术、空间技术、海洋技术等多个领域产业革命（图7-2）。第三次产业革命将对完善国际产业体系、优化国际产业结构、转变生产方式和完善资源配置方式起到决定性作用。第三次产业革命带来了现代产业创新战略机遇期。

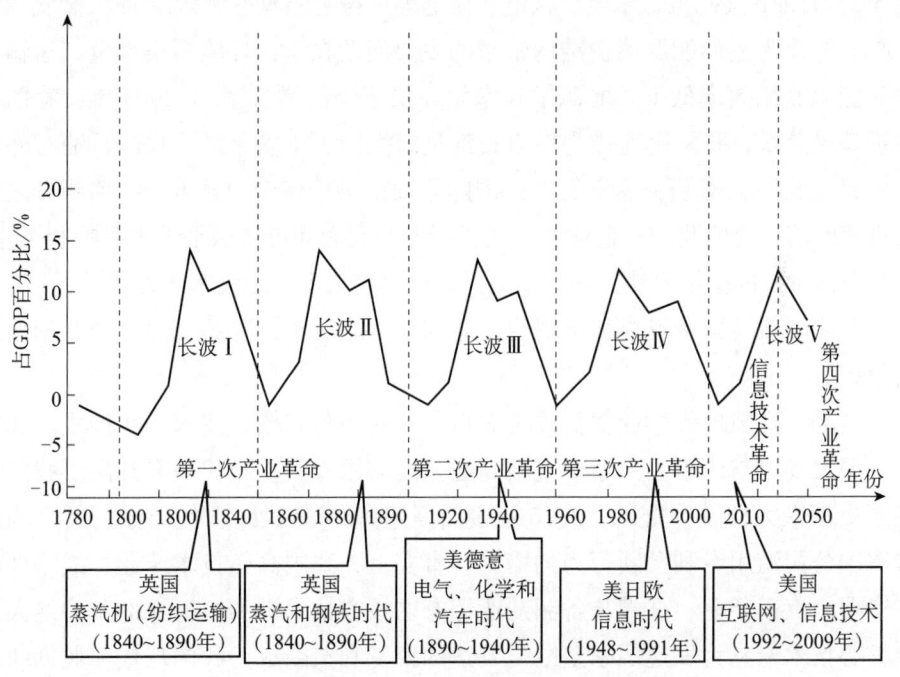

图 7-2　1780～2050年世界经济五个长周期演变

资料来源：董小君（2012）

（二）现代产业创新战略环境挑战更加严峻

首先，我国大学毕业生却存在不适应产业结构要求的问题。中美大学毕业生就业的产业部门比例分别是：农业部门大学毕业生就业比分别是：中国0.6%，美国24.6%；制造业部门大学毕业生就业比例分别是：中国10.3%，美国30.6%；交通业大学毕业生就业比例分别是：中国10.8%，美国27.1%；商贸业大学毕业生就业比例分别是：中国 11%，美国 28.6%。[①]我国高级技能人才供给不足现象更加严重。比如，"2011 年 1 月深圳缺工达 11.3 万人次。短缺的技术工种包括动漫设计、园林设计、家具设计、园艺技术工人、电子工程技术人员、标准化、计量、质量工程技术人员、保险业务人员、运输车辆装配工、机械设备维修工以及制版印刷人员等"（赵忠旋，关维惠，2011）。

　　长期以来，中国以煤为主的能源结构支撑了中国经济的高速增长。以煤为主的能源结构能效低、污染重。2007 年，我国煤炭消费量占总能源消费量的 69.5%，石油占 19.7%，水电、核电、风电等可再生能源占 7.3%，而天然气只占 3.5%。以煤为主的能源消费结构带来的主要问题在于：环境污染严重、运输紧张和能源利用效率低下。能源增长率始终快于经济增长率。[②]2003 年，我国石油进口量急增，我国迅速成为世界石油进口大国。十多年来，我国石油对外依存度超过 50%。有研究文献证实：国际原油市场价格变动显著，一路飙升之后又迅速回落，会给我国制造业及其次级行业的利润和价格水平带来影响和风险。国际原油价格的持续上涨无疑会给制造业企业带来更大的成本压力。

　　上述创新要素特点提高了现代产业创新战略成本，降低了现代产业创新战略效率。

　　其次，我国现代产业创新战略面临着专利垄断和核心技术垄断挑战。2015 年，国家发展与改革委员会对美国高通公司滥用专利垄断权一案开出了我国反垄断史上最大罚单（箫雨，2015）。这个案例仅仅是我国现代产业创新面临诸多跨国公司滥用专利垄断行为的缩影。事实上，我国高新技术产业、战略性新兴产业、汽车产业、高端装备制造业拥有的核心技术专利占极少部分，绝大多数核心技术专利为发达国家垄断。发达国家专利垄断成为我国现代产业创新战略突出环境特征。不仅美国、欧盟等发达国家和地区长期以来对我国发起专利诉讼，而且印度等金砖国家也使用专利工具对我国高新技术企业提起专利诉讼，比如，2015 年，印度对小米公司产品的专利诉讼。专利竞争成为我国现代产业创新战略实施面临的无法回避的创新竞争环境。同时，我国现代产业创新战略还面临着核心技术产品市场垄断挑战。比如，我国龙芯公司的 CPU 产品就面临着 Intel 公司的 CPU 市场垄断挑战。龙芯公司在 2015 年 6 月接受中

[①] 数据来源于鲁昕在 2014 年发展高层论坛上的发言。
[②] 据《2008 年中国统计年鉴》数据测算，1989 年、2003 年、2004 年、2005 年，能源增长速度分别达到 4.23%、15.28%、16.14% 和 10.56%，但经济增长速度仅为 4.1%、10.0%、10.1% 和 10.4%，这 4 年经济增长速度均落后于能源增长速度。GDP 能耗在三次产业结构上表现为，第一产业下降而第二、三产业高增长势态。其中，第二产业的能耗增长高企不下。

央电视台访问时说:"我们 CPU 也是可以做世界第一的,而且有,关键就是没人用,用户不用你。"这反映了后发国家现代产业创新面临市场垄断现象非常严重的现实。

最后,全球创新竞争加剧。美国在先进制造业、新能源产业等战略性新兴产业加大了研发力度。2011 年,美国研发投入达 4360 亿美元,占 GDP 的 2.8%,占全球研发投入比重超过 31%,美国研发投资量占世界第一位。其中 3/4 投向航天、医药、军工、合成生物、先进材料、快速成型技术等先进制造技术,在无线网络技术全覆盖、云计算、智能制造、页岩汽新能源技术等战略高技术掀起创新热潮(杨世伟,2013)(表 7-1)。

表 7-1　世界主要国家和地区研发投入强度　　　　(单位:%)

国家/地区	2010 年	2011 年	2012 年
美洲	37.8	36.9	36
美国	32.8	32	31.1
亚洲	34.3	35.5	36.7
日本	11.8	11.4	11.2
中国	12	13.1	14.2
印度	2.6	2.8	2.9
欧洲	24.8	24.5	24.1
其他	3	3.1	3.2

资料来源:2012 Global R & D Funding Forecast, Battelle, 2011

(三)我国现代产业创新战略环境复杂多变,不确定性突出

首先,我国发展战略由出口导向型战略转向创新驱动发展战略,经济发展进入新常态。出口导向型发展战略的缺陷非常明显,出口导向型经济发展战略的天生缺陷就是:一国发展是建立在减少他国市场份额基础上的。因此,出口导向型经济发展战略必然给我国经济发展带来诸多问题。比如,依赖国际市场、面临贸易保护主义壁垒、加剧产业结构失衡、区域发展不平衡加剧、收入分配不公(孔祥敏,2007)。为此,我国自"九五"时期以来,相继提出转变经济发展方式、新型工业化战略、自主创新战略和创新驱动发展战略(中共中央文献研究室,2006,2008;胡锦涛,2007;何树平,2012;武国友,2013)。

(1)2012 年以后,中国经济增速进入了 7% 区间,这标志着中国经济发展进入"新常态"[①]。这种"新常态"的特征是:中国经济进入中高增长速度是经济

[①] 习近平总书记于 2014 年 5 月在河南考察时提出从当前我国经济发展的阶段性特征出发,适应新常态。

发展进入新阶段的正常状态。2012 年、2013 年经济增长速度均为 7.7%，2014 年上半年为 7.4%（图 7-3）。

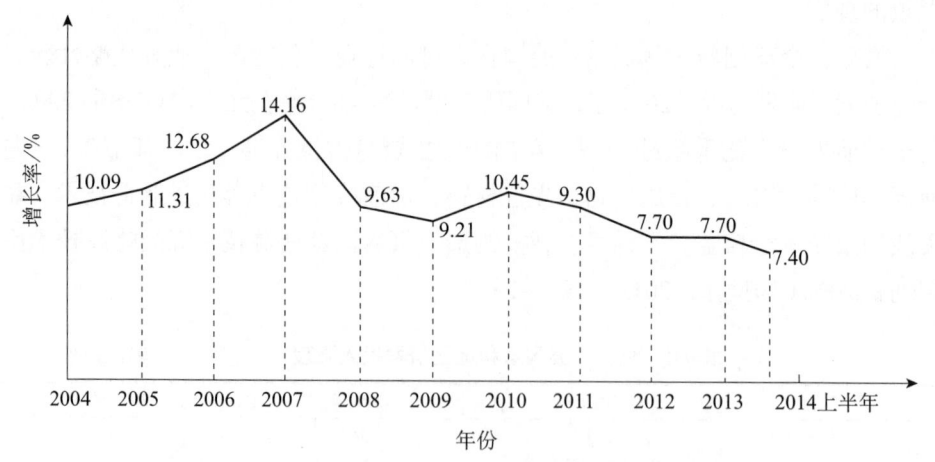

图 7-3　2004~2014 年中国经济增长速度图

资料来源：中国经济网依国家统计局网站数据整理，郑汉星制图

（2）中国经济结构正发生转折性变化。2013 年中国第二、三产业比重出现历史性变化，第三产业产值首次超过第二产业，达 46.1%，2014 年上半年，第三产业发展延续了上年势头，达 46.6%（图 7-4）。

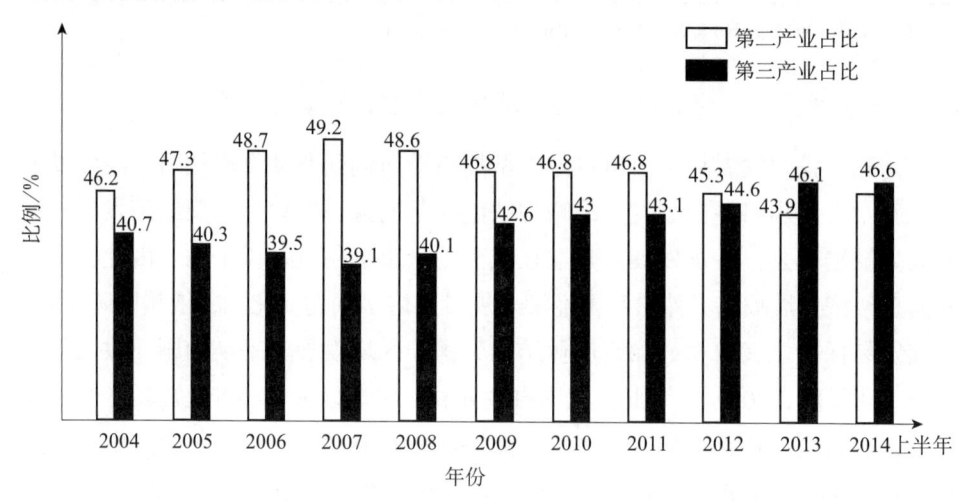

图 7-4　2004~2014 年中国第二、三产业比值图

资料来源：中国经济网依国家统计局网站数据整理，郑汉星制图

（3）消费需求首次超过投资需求成为中国经济增长的第一推动力，同时，中国经济运行步入到增速换挡期、转型阵痛期和改革攻坚期"三期"叠加状态。

2012年，消费对经济增长贡献率占比首次超过投资。2014年半年数据显示，最终消费对GDP增长贡献率达54.4%，投资为48.5%，而出口则为-2.9%。中国外贸出口增幅已从20%以上回落至5%~10%的增长区间（图7-5）。

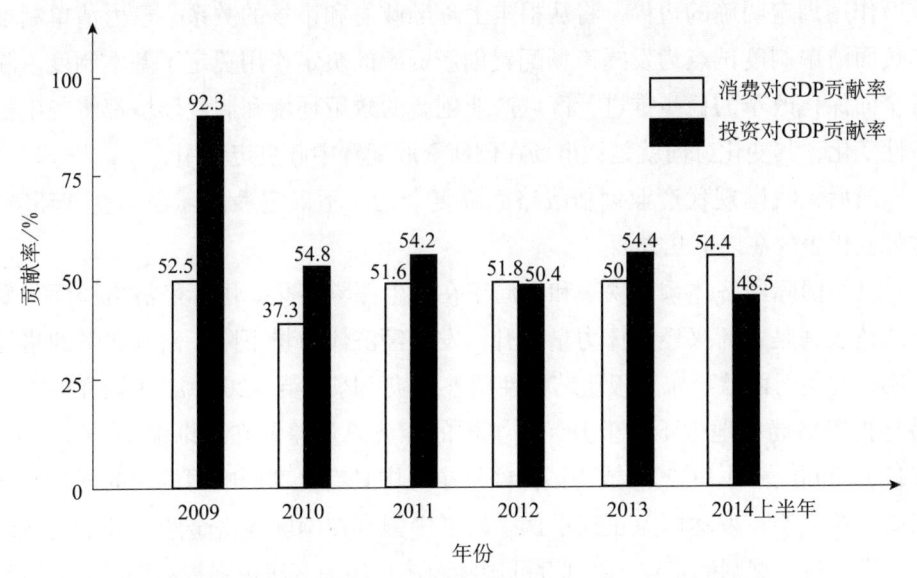

图7-5　2009~2014年中国消费/投资对GDP增长贡献图
资料来源：中国经济网依国家统计局网站数据整理，郑汉星制图

其次，我国现代产业创新战略的制度环境正在发生深刻变化。十八届三中全会通过了全面深化改革的决定，列出了15项60个领域的改革，核心是确立市场在资源配置中的决定作用，发挥好政府的作用。2014年1~7月，中央全面深化体制改革领导小组召开了七次会议，启动39项改革并出台了热点领域的改革方案：《关于十八届三中全会"决定"提出的立法工作方面要求和任务的研究意见》《关于经济体制和生态文明体制改革专项小组重大改革的汇报》《深化文化体制改革实施方案》《关于深化司法体制和社会体制改革的意见及贯彻实施分工方案》《深化财税体制改革总体方案》《关于进一步推进户籍制度改革的意见》《中央管理企业主要负责人薪酬制度改革方案》《关于合理确定并严格规范中央企业负责人履职待遇、业务支出的意见》《关于深化考试招生制度改革的实施意见》《关于推动传统媒体和新兴媒体融合发展的指导意见》《党的十八届三中全会重要改革举措实施规划（2014—2020年）》。

其中，户籍制度改革不仅打破了城乡樊篱，推倒了城乡隔离墙，而且为高级生产要素在城乡全面自由流动提供了制度保障。"全面实施注册资本登记制度改革"为创新创业者降低了制度准入成本,激发了他们的创新创业热情。累计取消了 600 项行政审批事项,加速行政审批体系改革,全面构建政府权力清单制度,积极开展负面清单管理试点。权力清单和负面清单的有机结合,为发挥政府作用划定明确的边界,将从根本上理顺政府和市场的关系,权力清单制度和负面清单制度试点为发挥市场配置创新资源的决定作用奠定了基本制度。随着全面深化改革的稳步推进,区域产业创新的政策环境和制度环境都将发生根本性变化,其变化方向就是:市场在创新资源配置中起决定作用。

最后,我国现代产业创新战略面临复杂的、不确定性国际经济复苏环境。这种变化表现在以下几方面。

(1)国际经济体系、秩序和格局正在发生深刻变化。国际经济格局深刻变化总体表现是,新兴经济体力量上升,发达经济体力量下降;南升北降的格局加剧;北美、西欧、东亚板块结构性调整加快(陈风英,2011)。中国在全球贸易与投资格局中地位不断上升,与美国的经济总量差距在逐渐缩小(宋国友,2011)。20 国集团(G20)成为国际经济事务中具有全球影响力的新的国际经济组织,这表明,发达国家正式承认了发展中国家在国际经济金融事务中的话语权、发言权、规则制定权。[①] 现存的国际经济秩序演变正由强权型秩序向多国互动协调民主型秩序演变(徐崇利,2012)。

(2)国际经济运行态势复杂性、不确定性、失衡更加突出。自 2008 年美国次贷危机爆发以来,国际经济增长跌到冰点,持续到 2009 年年底。2010 年,国际经济启动了复苏进程,并呈现复苏不稳定、新兴经济体复苏快于发达经济体的特点。

(3)国际经济摩擦更加频繁、冲突烈度升级。第一,后金融危机时代,发达经济体相继推出宽松货币政策,竞相压低本币汇率,汇率冲突一触即发。巴西财长吉多·曼特加甚至说,一场汇率大战已经爆发。国际金融市场产品价格差异性和错落性调节特点鲜明。黄金价格暴涨。2010 年,从每盎司 1095 美元猛涨到 1400 美元。石油价格水平平稳,维持在 70 美元/桶。国际汇率体系空前动荡(丁志杰、孙晓娟,2009)。第二,美国率先启动了国货法则,其他国家相继跟进,国际贸易保护主义持续升温。根据 WTO 统计,2008 年 10 月至 2009 年

[①] 20 国家集团演变:1999 年 9 月组成 20 国集团论坛,这 20 国集团即七国集团加上澳大利亚、欧盟和俄罗斯,再加上 10 个发展中国家(中国、印度、巴西、墨西哥、南非、韩国、印度尼西亚、沙特阿拉伯、土耳其和阿根廷)。为应对 2008 年国际金融危机,美国、英国邀请 G20 国家领导人相继在华盛顿、伦敦、匹兹堡召开全球金融经济峰会,在匹兹堡会议上发表的《领导人声明》首次明确指定,20 国集团成为国际经济合作的主要平台。

10月，新采取的贸易限制或救济措施最多时涉及世界货物贸易量的1%。中国遭受的贸易摩擦增多，已成为国际贸易保护主义的主要对象国和全球贸易摩擦的中心（杨益，2010）。通过产业创新应对国际贸易摩擦是根本的选择（黄晓凤，2011）。

（4）国际产业结构分裂与新变化。国际产业结构分裂指的是经常账户逆差国产业结构软化，服务业高度发达，而顺差国的产业结构硬化，制造业竞争优势比较突出（胡超，张捷，2011）。当代世界产业发展特征是："以石油等化石能源为基础的传统产业发展达到巅峰时期；以电子信息技术为代表的高技术产业发展处于高平台期；以金融为代表的现代服务业发展进入扩张期。体现时代特征的三类产业——传统产业（主要是工业）、高技术产业（包括工业和服务业）和金融服务业，成为经济增长的三大支柱，彼此相互渗透、相互依存。"（金碚，2010）各国应对国际金融危机的产业政策着力点就是回归制造业，如美国再制造业带动发达国家重振制造业。在国际金融危机期间，美国政府颁布了《复兴与再投资法案》《清洁能源与安全法案》《制造业促进法案》，制定了《"先进制造业伙伴"计划》《重振美国制造业框架》《先进制造业国家战略计划》，还实施了一系列税收优惠政策，颁布了《出口倍增计划》。英法等欧洲发达国家也相继制订了先进制造业计划和政策措施。

二 现代产业创新战略的区域环境分析

现代产业创新战略的区域环境差异明显，各有其显著特点。强势创新区域环境得到显著改善，但面临着强大的国际竞争挑战，优势创新区域环境面临着投资驱动与创新驱动冲突、创新资源竞争劣势等问题，普通创新区域环境最为恶劣。

（一）现代产业创新战略的强势创新区域环境

首先，改革并推进创新要素有序流动的制度体系建设取得进展。我国为推进人力资本有序流动做了大量人事管理体制改革。王海芸和温珂（2007）研究发现：北京、上海、深圳三市的人力资本体制改革正向纵深在推进，逐步向人力资本体制创新、机制创新和营造综合创新环境方面转变。薛丹丹等（2010）的研究结论是，中关村、上海、深圳等强势创新区域都非常重视利用人才政策引进、选拔、培养创新型和高端人才。人才引进政策基本侧重于留学归国以及各类高端人才的引进，通常采用了户籍、住房、购车、事业启动费、子女入学、生活安置以及配偶安置等多方面的举措来促进人才引进。深圳侧重于对创新创业人才的激励,激励机制相对灵活。在人才测评与评价政策、人才退出机制与政策方面,强势区域缺乏有效政策,还应进一步加强并落实。"十一五"期间,强势区域的资本市场体制和机制创新有序推进。在风险投资、担保、信用体系的构建上,中关村鼓励设立风险投资机构和信用担保机构,建立信用担保机构风险准备金制度和财政有限补偿担保代偿损失制度;上海重点放在信用体系的建立上,加强信用制度建设,完善个人和企业信用联合征信系统,建立科技企业、中介机构和个人的信用信息共享机制,创立适合科技型中小企业特点的信用评级体系,推进信用产品使用;深圳正在加快创业投资体系的建设步伐,并向着创新信用再担保体系方面努力。在资本市场方面,深圳证券交易所推出了创业板市场;北京启动了证券公司代办系统的股份转让系统,即新三板市场试点;上海加快了国际金融中心战略实施步伐,多层次资本市场建设取得了进展。但是,强势区域面向战略性新兴产业和中小企业发展的资本市场体系还不够完善,远不能满足战略性新兴产业和中小企业的创新过程所要求的投融资需求,因此在"十二五"期间,必须打通主板市场、创业板市场和新三板市场退出和进入通道,建立统一的资本市场体系。强势创新区域的资本市场体系还应当在产品创新、信息披露、机构监管等体制和机制创新方面着力,从而满足该区域创新型企业分散创新风险的要求(朱孟进,荆娴,2008)。强势创新区域在区际创新竞争中占据国内制高点。

但是,强势创新区域的环境"瓶颈"却难以应对国际创新竞争挑战。我国强势创新区域的产业创新战略面临深层次的制度"瓶颈"。比如,长期以来,资源价格体制存在的国有企业垄断定价问题扭曲了资源配置,并且不能反映市场供求变化情况;收入分配制度不健全更加突显,使得社会收入分配两极分化现象更加突出,致使全体人民不能分享经济发展成果;税收制度对个人创新激励效应不强;住房市场制度不健全,难以有效地在配置土地资源和住房资源过程中发挥决定性作用;医疗和养老制度不完善,难以有效地保护参保人的权益;知识产权制度激励创新的效应不显著。这些制度"瓶颈"极大地制约了创新和创新扩散、产学研合作、高端人力资源流动并向企业集聚。更为严重的是,这些制度没有成为原始创新、鼓励核心技术-产品创新的内生激励机制。

政府行政干预体制对企业原始创新的激励效应和激励效率都不尽如人意,因而必须推进政治体制改革。我国强势创新区域是建设创新型国家的先行区,产业创新依赖于制度创新,是这些区域的基本经验。汲取这些成功经验,深化体制改革,尤其是分配体制、社会保障体制改革,是这些强势创新区域推进核心技术-产品创新战略、创新型企业战略、优势产业创新战略等区域产业创新战略的强大制度推动力。

(二)优势创新区域面临发展动力冲突挑战

首先,优势创新区域的创新体系不及强势创新区域,在区际创新竞争中,处于不利地位。改革开放以来,人才东去现象持续存在且更加突出。优势创新区域的产业创新体系不健全、不发达、低效缺陷成为现代产业创新战略实施的不利环境。其次,优势创新区域的双重驱动力冲突成为优势创新区域现代产业创新战略的困境。一方面,优化产业结构,促进产业向中高端发展,必须要有强大的创新驱动力;另一方面,现代产业制造体系发展不充分,难以支撑现代产业创新战略。经济发展处于中低收入阶段的情景表明,投资驱动仍是优势创新区域产业发展的强大驱动力。承接产业转移,促进现代制造业发展仍是五年乃至更长时期的战略任务。优势创新区域不确定性、复杂性环境远超强势创新区域。再次,优势创新区域政府服务环境仍是现代产业创新战略的强大约束。最后,优势创新区域文化环境弱于强势创新区域。优势创新区域同强势创新区域的创新文化差距即在创新态度、创新意识、创新理念和创新价值等方面的差距。我国优势创新区域的创新文化建设体系表现出低层次、单一特点。

(三)普通创新区域环境最为恶劣

首先,现代制造业体系未建立起来,发展现代制造业仍然是普通创新区域的根本任务。其次,创新资源稀缺是普通创新区域的常态,这难以支撑现代产业创新战略。再次,地方市场需求规模小,客户要求不高,产业创新的需求动力不足。最后,创新意识淡薄。

三 现代产业创新战略环境改善对策

(一)现代产业创新战略环境改善的对策

必须健全和完善创新型人力资本风险分担体制和机制。首先,应当推进大学和研究机构的人力资源管理体制改革,促进大学和研究机构的人力资本有序流向企业;其次,应当完善企业的创新型人力资本激励体制和机制。在这方面,企业应当做好如下制度安排：①建构高端创新型人力资本激励制度；②构建创新型人力资本创新风险保障体制和机制；③构建高端创新型人力资本测评体系和退出机制（佟锐等，2008）。面对产业结构调整和升级，面对发展战略性新兴产业，必须深化国有大企业考核体系改革。创新转型、反垄断和保护消费者利益是大型国有企业激励体制改革的目标。发挥中小企业在原始创新方面的优势，就必须建立系统有效的中小企业创新保护体制和机制。进一步理顺产业创新合作联盟的机制，应当是强势区域产业创新制度体系建设的又一紧迫任务。强势区域的产业创新合作联盟发展很快，但产业创新合作联盟的体制机制不畅制约了区域产业创新发展。

现在，还需要进一步完善高级人力资本市场体系。具体说，应当按照区域产业自主创新战略要求及现有人力资本市场体系情况，有针对性地建立区域高级人力资本市场体系。其中，高级创新型人才市场体系、职业经理人人才市场体系都需要进一步完善。应当加强高级人力资本市场诚信体系、监管体系建设。

完善的资本市场体系是强势创新区域产业创新的资本市场制度支撑体系。当前，应当根据十八届三中全会决定精神，加快资本市场制度建设步伐。首先，修改和完善证券市场法律法规，科学界定证券监管机构与证券交易所的职能、权限，构建无缝的证券监管体系。其次，完善风险资本体制和机制。我国风险资本发展很快，但是风险资本的监管体制和机制却低效。这就有两个负面效应：①风险资本市场无序流动，风险资本不能流向最有前景的技术项目或原创性很高的高风险项目；②风险资本市场规模不足。因此，风险资本体制和机制创新的重点应当是：完善风险资本的市场配置机制，重点推进专业化风险资本体制机制建设。最后，率先探讨可复制可推广的债券市场监管体系，重点是地方政府债券市场监管体系，为大力发展地方政府债券市场奠定风险监管体制机制。

建立高效率的、开放的中介服务体系。一个有效的中介服务体系应当有四个特点：①是专业的服务机构体系；②是高效率的专业服务体系；③是专业机构完整的服务体系；④是有序竞争、开放合作的服务体系。我国强势创新区域的中介服务体系存在的问题是：①专业服务机构体系的专业水平不高；②专业机构的服务效率较低；③专业机构服务体系不完整；④专业服务机构之间存在无序恶性竞争、开放层次较低等问题（王涛，林耕，2004；李欣，邹礼瑞，2008）。

浙江经验表明，强势创新区域要积极发展各种形式的技术中介服务机构，促进科技成果的引进和转化,并采取有效措施加以规范。尤其是要加强对无形资产评估机构的管理,要求其按照所规定的评估程序、方法和手段对技术成果进行合理评估和综合量化,比较客观地分析评估科技人才和技术成果在企业增长中的贡献份额,为产学研合作以及高技术企业创业与发展提供高水平、专业化服务。此外,还要提高专利代理机构的整体水平,适应高技术企业和产业日益增加的对创新成果的知识产权保护和战略管理的需要。要提高专利代理人的素质,可按专业进行分类管理,定期进行资质审查,根据其业绩实行等级评定等。还要建立由政府、企业、科研院所和高校共同参与的知识产权保护网络,形成一种快速反应机制;要建立由政府、企业、科研院所和高校共同参与的知识产权信息共享平台;要建立由政府、企业、科研院所和高校共同参与的知识产权信息交流平台等(徐明华等,2007)。

(二)学习强势创新区域环境建设经验,完善优势创新区域环境

首先,推进区域证券交易所和零售市场建设,为优势创新区域的产业创新战略提供资本市场支持。我国优势区域的产业创新战略实施需要强有力的区域资本市场支持。长期以来,天津、湖北、成都、西安等区域在核心技术-产品创新领域取得突破较少,一个重要原因是,这些区域没有获得强有力的资本市场支持。这些区域没有区域证券交易所,没有零售证券交易市场或场外交易市场(OTC市场),因而风险资本缺乏退出通道。区域证券交易所和零售市场滞后,不仅延缓了全国多层次资本市场建设,更重要的是阻碍了调结构、转方式、促发展,即阻碍了这些区域的产业创新战略有效实施。因此,推进区域证券交易所和零售市场建设将极大地完善优势创新区域的产业创新战略体系。其次,高端人力资本体系是优势区域产业创新战略的首要人力资本支撑体系。当前,应当按市场配置原则、激励约束原则、自由流动原则建构高端人力资本体系。通过高端人力资本体系建设,推动高端技术创新人才向企业集聚,激励高端人力资本从事原始创新、核心技术-产品创新,壮大技术创业家和风险投资家队伍,完善职业经理人市场和管理(周万生,2008)。最后,积极构建优势区域技术创新体系。①发展创新主体多元化,构建和发展现代产业创新体系。当前,既要强调企业的主体地位,也要积极促进科研机构和其他组织参与,促进产学研协同创新体系。同时,既要发展领军创新企业,又要发展中小微创新企业,促进各类创新企业协同创新,构建产业创新价值链体系。②发展技术交易市场体系,促进技术交易运作市场化。技术的研究开发、转让和运用,都应在

统一的市场机制基础上展开。当前，应当加快构建各层次技术交易市场体系、各类技术专利交易市场体系。③创新方向集群化。优势创新区域的优势产业应当构建以核心技术－产品创新为导向的产业创新集群体系，同时，发展与之相关的产品创新集群、技术创新集群。

（三）普通创新区域环境适时升级。

立足特色建构普通创新区域的产业创新战略的支撑体系是必然选择。

在我国130个（截至2015年年底）国家级高新区中，绝大多数的中西部国家级高新区都属于普通创新区域，并且都是我国普通创新区域的代表。这些区域的特点是：集聚了当地的创新资源，拥有特色鲜明的产业。这些区域根据比较优势原则，通常把这些特色产业作为当地战略产业、支柱产业和优势产业。这些特色产业绝大多数是传统产业，如资源型产业、劳动密集型产业、机械制造业。绵阳国家高新区是罕有例外，因为绵阳国家高新区的产业是以军民融合为特征的数字视频产业。

传统产业面临着环境挑战。迎接环境挑战，必须运用循环经济思想、低碳经济思想，开发和运用清洁生产技术、低碳技术，大力发展环保节能产业，通过环保节能产业技术创新和扩散，带动传统产业技术改造，实现传统产业技术升级、结构调整。传统产业创新的关键有二：一是传统产业中的领头企业的产业创新作用；二是节能环保技术在传统产业中的应用。

基于普通创新区域的产业创新战略需要，其战略支撑体系目标在于：①构建发展节能环保产业的战略支撑体系；②构建节能环保技术与传统产业相结合的战略支撑体系。普通创新区域的产业创新战略支撑体系建构重点在于：①特色产业创新的人力资本体系；②特色产业的金融支撑体系；③特色产业创新的中介服务体系；④特色产业创新的财税体系。

创造有利于知识型企业家成长的制度环境，对于普通创新区域的产业创新战略支撑体系尤其重要和迫切。①逐步清除"官本位"思想；②完善企业家人力资本市场；③健全对企业家的激励机制；④建立健全对企业家的约束机制。

绵阳科技城是中国唯一一家科技工业城。绵阳拥有丰富的科技资源，世界著名的研究机构集聚于此，绵阳拥有完善的世界数字视听产业体系。绵阳科技城的产业特色为军民融合。立足于绵阳科技城的产业特色，绵阳科技城的产业创新体系是军民融合的数字视听产业创新体系。在这个产业创新体系中，拥有核心技术－产品创新优势、创新型企业优势、数字视听产业优势。

"十一五"和"十二五"期间，绵阳科技城围绕这个产业创新体系构建了初步的战略支撑体系。当前，主要任务是进一步完善这一战略支撑体系，主要战略措施如下：

（1）构建促进军民融合的产业创新人才体系。这个体系有两方面内容：①国防科技人力资源向创业人才转化的体系；②民用高科技人才向国防科技产业转化的人才体系。

（2）构建促进军民融合的产业创新资本体系。当前，绵阳科技城已建立了中小科技型企业创新创业基金和产业发展基金，但这仍不足以支持军民融合产业发展。构建并完善军民融合的产业创新的资本体系，要求首先必须推进国防科技产业融资平台市场化，其次要建构民用资本向军用资本转化的资本平台。

（3）构建军民融合产业技术创新平台，如国防科技实验室体系民用化、民用科技实验室体系国防化。

（4）构建军民融合产业中介服务体系。目前，绵阳科技城的产业服务体系仅限于民用且层次低、水平低。军民融合产业中介服务体系的特点是，既要为国防科技工业服务又要为民用产业服务，这就要求必须大力发展军民融合型中介服务机构。

第四节　构建支撑创新的各类创新区域现代治理体系

普通创新区域、优势创新区域、强势创新区域发展现代产业，都面临着制度约束和挑战，都需要依靠制度创新，构建支撑现代产业发展的区域现代治理体系。

一　构建各类区域的现代治理体系指导思想和目标

中国改革开放实践经验表明，每个改革阶段都有特定的制度建构指导思想和目标。20世纪80年代，十二届三中全会《关于经济体制改革决定》确立了构建区域制度创新体系的指导思想和目标，即发展有计划的商品经济体制，引入市场，减少指令性计划，增加指导性计划。"一个中心，两个基本点"就是20世纪80年代区域制度创新体系的指导思想。20世纪90年代，十四届三中全会

《中共中央关于建立社会主义市场体制若干问题的决定》确立了20世纪90年代区域制度创新的指导思想和目标，即建立社会主义市场经济体制，充分发挥市场在资源配置中的基础性作用和政府的调控作用。2013年，党的十八届三中全会《关于全面深化改革的若干重大问题的决定》确立当代区域制度创新的指导思想和目标，即建立国家现代治理体系，发挥市场在资源配置中的决定作用，更大程度地发挥政府作用。

从发展区域现代产业角度看，强势创新区域的现代产业发展需要率先构建完善的支撑创新驱动的区域制度体系，优势创新区域的优势产业发展特点需要构建与之相符的支撑创新驱动的区域制度体系，普通创新区域的特色产业发展特点需要构建与之相符的支撑创新驱动的制度体系。无论强势创新区域、优势创新区域还是普通创新区域在构建支撑创新驱动现代产业发展的制度体系都应当以三个坚持为指导思想，即坚持法治先行，坚持发挥市场在资源配置中的决定作用，坚持更大程度地发挥政府作用。

二 构建各类区域现代治理体系的重点

强势创新区域、优势创新区域和普通创新区域的现代产业发展有显著的差异性，这种差异性要求构建支撑创新的区域制度体系各有侧重。

强势创新区域支撑创新驱动的制度体系重点应当是，构建全面的、高效率的产业监管体系、政府诚信体系、企业诚信体系、个人诚信体系。首先，构建全面的、高效率的产业监管体系是支撑创新驱动现代产业发展的第一制度创新。全面的产业监管体系应当是能源与资源监管体系、产品质量监管体系、市场公平竞争秩序监管体系、社会责任监管体系。高效率的产业监管体系应当是监管过程是快速的、有效的预警、事件调查、处理和控制体系。其次，构建全面的、有效的社会责任与自然生态监管体系。社会责任监管体系和自然生态监管体系是现代产业发展的基础监管体系。失责无条件终生问责机制，这包括政府诚信监管体系、企业诚信监管体系、个人诚信监管体系。最后，构建法治监管体系。这包括立法监管体系、司法监管体系、执法监管体系。

优势创新区域支撑创新驱动的制度体系重点应当是，率先构建优势产业发展的创新驱动制度体系。优势产业发展的创新驱动制度体系应当是高效率的创新资源市场配置制度体系。首先，应当学习强势创新区域市场配置创新资源的制度体系，构造本区域的创新资源市场配置体制和机制。对于优势创新区域来说，要素市场发展不充分是普遍现象，应当加快构建高端人力资本市场制度体系、有特色的区域资本市场制度体系。其次，应当坚定不移地加快简政放权步伐，还权于市场，减少行政审批，建立高效、廉洁、法治的政府及服务于优势产业的监管体系。最后，应当率先构建政府诚信监管体系，引领区域社会诚信监管体系建设。

普通创新区域支撑创新驱动的制度体系的重点应当是，率先构建特色产业发展的创新驱动制度体系。特色产业发展的创新驱动制度体系应当是高效率地吸引创新资源向特色产业集中的市场配置制度体系。首先，应当学习强势创新区域市场配置创新资源的制度体系的经验，构建本区域的创新资源配置体制和机制。对于普通创新区域来说，要素市场发展不充分，有限创新资源配置严重扭曲，创新资源集聚力弱，这就要求率先在特色优势产业部门构建发挥市场决定资源配置的体制机制，建设高效率的特色产业要素市场体系、特色产品市场体系。其次，积极构建高效率的政府特色产业监管体系。产品质量监管体系、企业社会责任监管体系、政府诚信监管体系是重点。最后，有序地构建法治政府服务体系。

三 构建支撑创新驱动的区域现代治理体系的路径

支撑创新驱动的区域现代治理体系路径应当是坚决按照构建国家现代治理体系和提高现代治理能力的全面深化改革总目标要求，依法试点，结合经济发展和产业发展实际情况，确定优先改革方向、领域，重点在关键环节突破，有序推进。

十八届三中全会全面深化改革决定明确指出，国家现代治理体系和现代治理能力是全面深化改革的总目标。各类创新区域构建支撑创新驱动的区域现代治理体系必须坚决贯彻这个总目标，按照总目标要求，遵循治理结构体系、治理功能体系、治理制度体系、治理方法体系、治理体系的思路在政治治理、经济治理、社会治理领域构建一个纵横立体网络、合作协同、和谐有序的区域现代治理体系。这个区域现代治理体系包括地方政府治理、区域市场治理和区域社会治理三个次级治理体系。这个区域现代治理体系应当全面体现社会主义核心价值观，社会主义核心价值观应当是做好区域制度体系顶层设计的指导思想和价值原则导向。区域现代治理体系是中国特色社会主义制度在区域的体现。构建区域现代治理体系是区域制度创新。

依法试点是指各项体制改革试点必须于法有据，根据法律授权，开展制度创新。试点取得成功，再渐进展开，是我国改革开放三十多年体制改革的成功经验。过去，中国特色社会主义法律体系还未形成，试点常常在没有法律授权的情况下进行，因此试点无法可依，试点于法无据。学界称这种试点为先破后立。2010年，中国特色社会主义法律体系形成。因此，把顶层设计与试点相结合可保证制度创新更加科学合理，并减少行政违法现象。依法试点要求各个创新区域构建支撑创新驱动的区域现代治理体系，必须坚持顶层设计与试点要求相结合。

结合经济发展和产业发展实际情况是构建支撑创新驱动的区域现代治理体系的现实要求。党的十八大报告指出，经济发展仍然是党执政兴国的第一要务，改革是经济发展的根本动力。各个区域的经济发展和产业发展差别极大，各有特色。本着有利于本区域经济发展和产业发展的原则既是我国长期改革实践的基本经验又是改革的最终目标；本着经济发展、产业发展与制度相互促进设计本区域的体制改革目标，体制改革才能有效推进、有序展开，取得令全体人民满意的效果。

确定优先改革方向和领域是成功构建区域现代治理体系的关键。十八届三中全会全面深化改革决定共有336项改革。各个区域如何贯彻落实这些改革内容呢？吴敬琏认为，应当要选出那些最为重要的和关联性最强的少数改革项目，形成一个最小的一揽子改革。强势创新区域、优势创新区域、普通创新区域要详细研究哪些改革项目是本区域最为重要的、关联性强的少数改革项目，这些改革项目实施可以解决创新资源向本区域优势产业集聚、合理配置，促进本区域产业竞争力提高，增强本区域产业创新竞争优势。2013年以来的行政审批改革实践表明，行政审批改革、财税改革、土地改革应当是各个区域共同的优先改革方向。

关键环节率先突破是构建支撑创新驱动的区域现代治理体系的着力点和抓手。普通创新区域、优势创新区域和强势创新区域现代治理体系构建有不同的关键环节。牢牢抓住这些关键环节，各个创新区域的制度建构就可有效有力推进。从实践看，地方政府治理、区域市场治理是关键环节。构建责任清单制度、权力清单制度和负面清单制度是地方政府治理的关键环节。所有创新区域都应当积极探索，制定地方政府行政改革与地方政府治理体系建设方案。公平竞争、和谐有序的市场竞争环境是现代市场治理目标。强势创新区域和优势创新区域都存在着阻碍技术创新的不公平竞争环境，比如，跨国公司滥用专利垄断权、大企业侵害中小企业专利的问题。构建区域反垄断治理体体系是现代市场治理体系的关键环节。强势创新区域和优势创新区域应当积极探讨构建区域现代反垄断治理体系。

有序推进指的是制度创新成功经验在其他领域可复制、可推广。支撑创新驱动的现代治理体系既是一个系统又是一个制度创新链。这个区域现代治理体系内容是：首先，一个地方政府现代治理体系和制度创新链；其次，一个区域现代市场治理体系和制度创新链；最后，区域现代社会治理体系和制度创新链。我们应当系统地研究各类区域现代治理体系的创新链，把关键环节的治理创新成功经验沿着最紧密、最直接的治理创新链扩散。

第八章 四川现代产业创新战略案例

案例有两种类型：一种是探索性案例，另一种是验证性案例。本书选择验证性案例，目的是运用前面的理论观点考察普通创新区域、优势创新区域和强势创新区域的现代产业创新战略。鉴于数据可获得性和研究可行性，我们选择了优势创新区域现代产业创新驱动战略案例。本章研究四川现代产业创新战略案例；第九、十章分别研究四川电子信息产品制造业和装备制造业创新战略案例。后两个案例是由中国-加拿大政府合作项目——"西部自主创新战略"之子课题"四川电子信息与装备制造业自主创新战略"的研究成果改写而成的。这两个案例的成果最先发表于"中国西部区域自主创新战略研究"课题组编著的《中国区域自主创新研究报告（2008～2009）》。

四川是优势创新区域，四川现代产业发展的创新驱动战略深入实施取得了积极的进展，其中的经验值得总结。依托创新战略驱动四川现代产业发展，仍然面临诸多问题与挑战，如何进一步完善四川现代产业发展的创新驱动战略，是应当深入讨论的问题。本章首先分析选择四川作为分析样本或案例的理由；然后描述四川现代产业体系进展，总结四川现代产业发展的创新驱动战略绩效、经验与问题；最后讨论四川现代产业发展的创新驱动战略的目标与重点。

第一节 四川现代产业创新战略案例研究的理由

一 四川属于优势创新区域

四川是"一带一路战略"与"长江经济带战略"的战略创新区的枢纽。李建平等（2014）构建了宏观经济竞争力、产业经济竞争力、可持续发展竞争力、财政金融竞争力、知识经济竞争力、发展环境竞争力、政府作用竞争力、发展水平竞争、统筹协调竞争力共计9个二级指标、25个三级指标、210个四级指标组成的省域经济竞争力评价指标体系，运用这套指标体系对全国各个省（自治区、直辖市）的综合经济竞争力做了系统的评价，2012年四川省经济综合竞争力排名第10位，比2011年提升1位，分别领先重庆市8个名次、陕西省9个名次，是最有竞争力的西部省域经济。同时，亦领先河南省、湖北省、安徽省、湖南省等中部经济大省。

国务院在天府新区的批复中指出："努力把天府新区建设成为以现代制造业为主的国际化现代新区，打造成为内陆开放经济高地、宜业宜商宜居城市、现代高端产业集聚区、统筹城乡一体化发展示范区。"长江经济带战略提出以后，区域经济学家加快了长江上游经济区发展战略的研究（肖金成等，2013），成渝经济区战略的深入实施进一步把川渝经济区在全国经济发展中的份额由2012年的6.26%提高到2015年的7%（罗剑，2014）。"一带一路战略"为四川经济发展提供了更加广阔的市场，与此同时，四川对西南、长江上游的经济辐射力更加强劲。

创新区域是指创新在经济发展中起主导作用的区域（林迎星，2006）。从波特竞争模型出发，纪宝成和赵彦云（2008）以创新能力分析框架描述创新区域的定量特征。依据他们的实证结论，优势创新区域是指综合创新指数高于60的区域，天津、辽宁、浙江、福建、山东、湖北、四川、陕西属于优势创新区域。

优势创新区域的特色是：①在创新力视角下，浙江、山东的核心创新能力突出，湖北、陕西、四川和辽宁的基础创新力厚实，天津、福建的创新扩散力较强。②在区域创新网络活性体视角下，企业R&D支出占科研经费支出的比例依次为山东、浙江、天津、辽宁、湖北、四川和陕西。山东、福建、浙江、辽宁、天津的创新支出用于大中型企业，湖北、陕西、四川的大中型企业的占比低于全国平均水平。陕西较为突出的是研发支出主要集中于研究机构，而湖北和四川的研发支出是企业和研究机构并重。这表明，在绝大多数优势创新区域，企业是主要的创新活性体。③在创新外部环境视角下，天津的创新外部环境（创新文化支撑力、能源支撑力和体制机制支撑力）具有远高于其余七省市的优势，浙江和辽宁的创新文化环境具有优势，山东、陕西、湖北、四川、福建的创新环境优势主要体现于能源优势。在这些优势创新区域，共同的软肋是创新与经济增长互动性不强。此外，各自区域有自己的特有劣势：浙江、山东、天津和福建基础创新力较弱；湖北、陕西、四川、福建的核心创新力较弱，创新成果少并且市场化程度不高；湖北、陕西、四川的企业创新主体地位不够突出，所有优势区域在基础研究的投入不足；除天津外，创新环境亦是劣势。

如果从柳卸林等（2014）主编的《中国区域创新能力报告》看，优势创新区域范围就有不同了。比如，在2013年的《中国区域创新能力报告》中，浙江省、山东省、天津市、重庆市都跃升到领先区或强势创新区域。福建由2012年的16位上升到2013年10位，重庆市由2012年的13位跃升到2013年的8位，海南省由2012年的21位上升到2013年的17位，河北省由2012年的15位降到2013年的22位，辽宁省由2012年的8位降到2013年的11位，湖南省由2012年的10位降到2013年的13位，四川省由2012年的12位降到2013年的15位。这些波动不影响优势创新区域成员构成。2013年的优势创新区域有安徽、福建、辽宁、湖北、湖南、陕西、四川、河南。这里值得注意的是，四川在优势创新区域排名下跌的主要原因是企业创新能力下降，尤其是创新效率大幅度下降。

不过，从创新实力、创新潜力看，四川依然排全国第10名，多年来，都没有变化。这表明，四川在优势创新区域有比较优势。自2010年以后，规模以上企业的主营业务收入由500万元上调至2000万元。这可能缩小了四川规模以上企业统计，影响到了创新效率。

企业创新能力的波动性缘于创新风险。2011~2013年，除规模以上企业新产品销售收入指标外，其余指标都超过重庆、陕西，四川省的创新活跃程度、创新度都居于西部之首（表8-1~表8-5）。

表8-1　2011~2013年四川在西部地区规模以上工业企业
R&D人员全时当量中位置

（单位：人/年）

地区	2011年	2012年	2013年	地区	2011年	2012年	2013年
四川	36 839	50 533	58 148	西藏	22	78	81
重庆	943 975	31 577	36 605	甘肃	9 307	11 445	12 472
陕西	30 829	36 728	45 809	青海	1 833	2 020	2 039
云南	10 335	12 321	11 811	宁夏	3 967	4 196	4 817
贵州	9 564	12 135	16 049	新疆	6 723	6 202	6 668
广西	20 155	20 845	20 700	内蒙古	17 645	21 509	26 990

资料来源：依据中华人民共和国统计局网站公开资料整理

表 8-2　2011~2013 年四川在西部地区规模以上工业企业
R&D 经费中位置

（单位：万元）

地区	2011 年	2012 年	2013 年	地区	2011 年	2012 年	2013 年
四川	1 044 666	1 422 310	1 688 902	西藏	1 637	5 312	4 617
重庆	943 975	1 171 045	1 388 199	甘肃	2 579	337 785	400 743
陕西	966 768	1 192 770	1 401 480	青海	81 965	84 197	89 540
云南	299 279	384 430	454 278	宁夏	118 879	143 696	167 494
贵州	275 217	315 079	342 541	新疆	223 352	273 425	314 257
广西	586 791	702 225	817 063	内蒙古	701 635	858 477	1 004 406

资料来源：依据中华人民共和国统计局网站公开资料整理

表 8-3　2011~2013 年四川在西部地区规模以上工业企业
开发新产品经费中位置

（单位：万元）

地区	2011 年	2012 年	2013 年	地区	2011 年	2012 年	2013 年
四川	1 485 843	1 782 262	2 135 771	西藏	2 776	1 986	1 177
重庆	1 073 308	1 266 058	1 438 649	甘肃	273 986	350 314	403 460
陕西	1 065 457	1 285 251	1 799 803	青海	34 745	74 374	87 949
云南	390 303	396 302	496 845	宁夏	120 351	142 473	149 924
贵州	362 492	400 699	403 004	新疆	318 627	335 323	394 450
广西	740 604	771 269	849 395	内蒙古	534 739	529 251	619 217

资料来源：依据中华人民共和国统计局网站公开资料整理

表 8-4　2011~2013 年四川在西部地区规模以上工业企业
新产品销售收入中位置

（单位：万元）

地区	2011 年	2012 年	2013 年	地区	2011 年	2012 年	2013 年
四川	21 003 174	20 959 773	24 758 761	西藏	17 728	21 004	23 454
重庆	30 280 328	24 299 198	26 961 130	甘肃	5 026 884	5 954 233	6 185 275
陕西	9 657 071	8 715 851	10 154 791	青海	296	33	
云南	3 808 209	4 468 160	4 433 510	宁夏	1 385 912	1 856 287	2 796 416
贵州	4 442 117	3 832 764	3 683 200	新疆	2 561 510	2 760 241	3 533 318
广西	12 260 904	12 369 278	15 866 038	内蒙古	5 188 902	5 814 946	6 285 040

资料来源：依据中华人民共和国统计局网站公开资料整理

表 8-5　2011~2013 年四川在西部地区规模以上工业企业新产品出口销售收入中位置　　　　（单位：万元）

地区	2011 年	2012 年	2013 年	地区	2011 年	2012 年	2013 年
四川	1 233 514	1 504 602	2 035 726	西藏	119	260	141
重庆	3 928 448	1 561 072	1 344 651	甘肃	300 885	414 223	437 917
陕西	408 447	396 375	306 558	青海	86 513	103 773	125 430
云南	257 761	262 095	208 578	宁夏	196 998	406 269	362 083
贵州	308 647	354 056	365 375	新疆	83 385	77 284	196 748
广西	641 547	450 139	507 265	内蒙古	342 358	390 862	330 766

资料来源：依据中华人民共和国统计局网站公开资料整理

二 四川现代产业体系界定

"十五"期间和"十一五"期间的高新技术产业规划指出，要发展六大重点高新技术产业，它们是电子信息、先进制造、航空航天、新材料、生物医药及生物农业、核技术及新能源。四川"十二五"战略性新兴产业规划承继了"十一五"六大高新技术产业发展规划成果，构建了七大优势产业、六大高新技术产业、七大战略性新兴产业、五大高端成长性产业和五大服务性成长产业。

第二节　四川现代产业创新战略绩效、经验与问题

四川现代产业发展的创新驱动战略成效显著，有一些值得总结的经验和问题。四川现代产业发展的创新驱动战略在提高企业自主创新能力及其综合竞争力、现代产业创新能力等方面都有突出表现。四川现代产业发展的创新驱动战略存在的问题较为突出，如核心技术 - 产品创新战略、四川创新型企业优势战略等。

一 四川现代产业创新战略绩效

1. 四川现代产业的创新投入与产出持续提高

2013 年，开展 R&D 活动的规模以上工业企业法人单位 819 个，占全部规模以上工业企业法人单位的 6.3%。规模以上工业企业法人单位 R&D 人员折合全时当量 5.8 万人 / 年。四川规模以上工业企业 R&D 投入 184.73 亿元，占全省 R&D 经费投入比重的 46.2%，比 2011 年、2012 年分别提高 8.2 个和 2.4 个百分

点。2013 年，规模以上工业企业法人单位全年专利申请量 1.6 万件，其中发明专利申请 0.6 万件；发明专利申请所占比重为 36.1%。工业企业在科技创新驱动中的主体地位得到逐步提升。2013 年年末，全省共有规模以上高技术产业（制造业）企业法人单位 841 个，占规模以上制造业的比重为 7.6%。规模以上高新技术企业 R&D 经费投入强度为 1.2%，比规模以上制造业平均水平高 0.69 个百分点。规模以上高新技术企业发明专利申请 2000 件；发明专利申请所占比重为 38.6%，比规模以上制造业平均水平高 1.9 个百分点①。

2. 四川现代产业创新更趋活跃，创新质量不断

2011~2013 年，四川规模以上工业企业的专利申请受理量分别为 5919 件、13 443 件、15 713 件。其中，规模以上工业企业的发明专利申请受理量分别为 2483 件、4316 件、5666 件。规模以上工业企业拥有的有效发明专利数分别为 5618 件、6591 件、9043 件。规模以上工业企业的新产品销售收入不断增长。2011~2013 年，规模以上工业企业的新产品销售收入分别为 2100.3174 亿元、2095.9773 亿元、2495.8761 亿元。规模以上工业企业的新产品出口销售收入分别为 123.3514 亿元、150.4602 亿元、203.5726 亿元。②2010 年新增专利实施项目 4129 项，新增产值 735.67 亿元；2011 年新增专利实施项目 4255 项，新增产值 866.49 亿元；2012 年新增专利实施项目 5487 项。③

3. 产业创新组织体系不断完善，合作创新更趋活跃

上一节指出，创新型企业的研发组织体系不断健全和完善，国家级和省级研发机构不断增加。2014 年，全国国家级技术中心认定达 1098 家，四川省共 58 家被认定为国家级技术中心。2010 年，成都在西部已率先组建了新能源、新材料、汽车产业（技术）3 个研究院。截止到 2012 年 3 月，成都市共开放了食品与新材料、化学分析测试、药物评价、农产品质量与安全等 19 个重大产业平台，合同金额达 2275 万元，累计发放补贴 362 万元。2015 年全市还将增加 20 个重大技术平台。2010 年以来组建了产学研创新联盟 101 个。

4. 现代产业集群创新取得显著进展，电子信息产业集群表现抢眼

2010 年以来，四川增加了三个国家级高新技术产业开发区，天府新区上升为国家级新区。成都、绵阳、德阳、资阳、自贡、泸州等市充分利用产业转移机遇，相继在电子信息产业集群、装备制造产业集群、高新技术产业集群、战

---

① 数据来源：四川省统计局社科处．2015-2-25．四川省第三次全国经济普查数据。
② 数据来源：中华人民共和国统计局，中国政府门户网站。
③ 数据来源：2010~2012 年四川省国民经济和社会发展的统计公报。

略性新兴产业集群等方面加大了建设力度。四川装备制造业提升德阳重大技术装备制造基地竞争力，建设成、德、资、自、宜、泸装备制造产业带（包含沿江重型机械产业带）和成－绵航空航天和空管产业带的步伐明显加快，促进德阳经济开发区装备产业园、广汉石油钻采设备产业园区、泸州长江机械工业园区、资阳机车产业园、自贡板仓工业园、宜宾志诚机械装备产业园区六大装备制造产业园区建设。2013年，成都提出了工业"1313"发展战略，构建1个"层次分明、优势突出、生态高效"的现代工业产业体系，形成"突出发展、加快发展、优化发展"3个层级，重点推进13个产业发展。按照《成都工业"1313"发展战略（2014—2017年）实施计划》，电子信息产业作为突出发展层级的重点产业，将力争到2017年实现主营业务收入达到万亿元，其中过千亿元的产业集群将超过6个。富士康、天马、康宁、长虹OLED、TCL液晶电视生产线、中国建材液晶玻璃基板等电子信息产品制造巨头相继集聚成都高新区，推进了核心技术、整机生产、模组制造、原材料和配套器件等四川消费电子上下游产业链发展。2013年，成都电子信息产业集群产值达到了2610亿元，同比增长27.5%，占全市工业比重达到29.70%。2015年培育出一批具有核心竞争力的千亿元级、百亿元级、五十亿元级的电子信息产业大企业大集团。集群中的核心创新企业（如和芯微电子、中光电、盟宝等）相继攻克"高速串行接口IP核"、0.5毫米厚度液晶玻璃基板生产线项目的技术，打破了行业技术垄断。[①]

5. 环境友好型、资源节约型产业发展成效明显

2010年，安排工业节能专项资金8000万元，节能减排技术研发资金2300万元，全省382家企业完成了淘汰落后产能任务。2010年，安排环保专项资金8600万元，180家重点工业污染企业按期完成治理任务，工业污染治理项目183个。2011年，全省涉及19个行业266家企业，全面完成了淘汰落后产能目标任务；全年单位GDP能耗下降4.23%。2011年全年全省完成工业污染治理项目221个，完成投资1.2亿元；2012年全年扶持新能源、节能环保产业领域发展项目共计97个，支持资金5.8亿元，全年单位GDP能耗下降7.18%。开展工业污染治理项目203个，总投资18.2亿元，省级环保专项补助资金约1.2亿元，省政府限期治理的100户工业污染企业按期完成限期治理任务。[②]

[①] 数据来源：2014-8-28，成都重构电子信息产业世界格局 将实现中国西部首个万亿产业梦想，成都日报；2012-7-12，成都高新区发展策划局网站；2012-11-06，中国电子报；2013-1-30，金融投资报。
[②] 数据来源：2010~2012年四川省国民经济和社会发展的统计公报。

二 四川现代产业创新战略经验

1. 不断完善区域现代核心技术-产品创新体系

自20世纪80年代开始,根据国家技术引进政策,通过技术引进,构建了重点产品技术链,推动企业产品创新体系建设。2000年以来,建设了八大装备技术产品链,推动了四川省装备制造业的技术创新体系发展。"十五"期间和"十一五"期间的高新技术产业规划指出,要重点发展六大重点高新技术产业,它们是电子信息、先进制造、航空航天、新材料、生物医药及生物农业、核技术及新能源。在规划中,明确了要重点发展的技术产品链。

《四川省"十二五"战略性新兴产业发展规划》指出,到2015年,突破60项以上的关键核心技术,开发形成拥有自主知识产权、成长潜力大、综合效益好的100个以上重点产品,包括新一代信息技术重点产品链、新能源技术重点产品链、高端装备技术重点产品链、新材料技术重点产品链、生物医药技术重点产品链、节能环保技术重点产品链、新能源汽车技术重点产品链。2012年,公布了四川省2012年战略性新兴产业重点产品目录和60项关键核心技术攻关。2014年,四川通过五大高端成长型产业和五大新兴先导型服务业工作推进方案,该方案明确了核心技术-产品创新体系。

2. 积极主动参加国家技术创新引领工程,构建以创新型企业为核心的现代产业创新组织体系

发展创新型企业是国家技术创新引领工程的重要内容。企业技术研发体系是企业创新体系的核心。四川企业的创新动力不足,规模以上工业企业建有研究机构不足30%。四川作为技术引领工程试点省份,积极出台了一系列创新型企业建设办法,包括鼓励申报、组织评选、认定管理、创新评估等创新型企业建设管理办法。这项工作带动了四川企业技术创新。四川拥有的国家级创新型企业名列西部前列。

到2014年,四川有高新技术企业2200家、创新型企业1623家。[1]其中,2008~2012年国家级创新型企业试点企业累计21家,国家级创新型企业累计14家,领先于湖北、湖南、重庆、陕西等中西部省市(表8-6)。

---

[1] 数据来源:2015-03-04,四川构建全域创新全面创新格局 激活各类创新主体,光明日报。

表 8-6　2008~2012 年四川国家创新型企业和创新型企业试点企业　　（单位：家）

地区	创新型企业试点企业	创新型企业
四川	21	14
重庆	14	11
陕西	11	5
湖北	17	12
湖南	12	9

资料来源：中国创新型企业发展报告编委会（2012）

2014 年年底，四川省开展六批次省级创新型企业试点工作，全省拥有创新型企业 1623 家，其中国家创新型（试点）企业 26 家，省级试点企业 490 家，省级培育企业 1107 家。[①] 成都市于 2012 年开展了市级创新型企业试点工作，总计有市场创新型试点企业 20 家，培育企业 131 家。资阳、宜宾、广元、自贡、攀枝花、凉山等与四川省科技厅合作推进创新型企业建设。

四川省创新型企业发展促进了四川省企业增加创新投入，知识生产率提高，产业发展。

（1）四川省创新型企业促进了省内企业增加创新投入和四川省产业创新体系发展。2011 年四川省创新企业研发经费总支出为 96.2 亿元，占四川省全省研发经费支出 32.6%。同年，四川省创新型企业从事研发人员总数为 52 052 人，占全省研发人数的 25.5%。

创新型企业带动了研发体系建设。2011 年，四川省有国家级企业研发机构 43 个，省级企业研发机构 145 个，海外企业研发机构 5 个。四川省的创新型企业牵头组建创新联盟 61 个，参与创新联盟 55 个。

（2）四川省创新型企业的知识生产率显著提高，成为四川创新的主要源泉。2011 年，四川 412 家创新型（试点）企业的专利申请数为 7425 件，占全省专利申请数的 14.9%。其中，四川 412 家创新型（试点）企业的发明专利申请数为 2168 件，占全省发明专利数比为 18.3%。四川 412 家创新型企业的专利授权数为 2818 件，占全省专利授权件数比为 10%。四川 412 家创新型（试点）企业的发明专利授权件数为 662 件，占全省发明专利比为 20.2%。此外，四川省创新型企业主持国家技术标准 427 项，参与国家技术标准制定 386 项，主持行业标准为 193 项，参与行业标准 596 项。获得国家级科技奖项 5 项，省级科技奖励 38 项，国家级科技项目 31 项，省级科技项目 423 项。

[①] 数据来源：2015-01-08，我省创新型企业建设取得新进展，四川省科技厅网站。

（3）四川创新型企业提高了四川产业创新水平，促进了产业升级。据创新型企业发展委员会研究（2012年）：2011年，四川412家创新型（试点）企业的新产品销售收入为2676.6亿元。四川省创新型（试点）企业的资产总额为5902亿元，创新型（试点）企业的工业增加值总量为1631.7亿元，占全省工业增加值比为17.2%。四川创新型（试点）企业的主营业务收入为5132.5亿元，占全省工业企业主营业务收入比为17%。四川创新型（试点）企业纳税额为549.9亿元，占全省企业纳税额比为15.2%。四川省创新型（试点）企业的税后利润为387.7亿元，占全省工业税后净利润比19.7%。

四川创新型企业建设推动了装备、电子信息、生物医药、农业等优势产业的核心创新型企业发展。四川长虹电子集团有限公司、新希望集团有限公司成为2011年中国前100家跨国公司的创新型企业。四川长虹电子集团有限公司成为四川电子信息产业的核心创新型企业，新希望集团公司成为四川现代农业的核心创新型企业。此外，东方电气、中国二重分别成为四川装备制造业的核心创新型企业。攀枝花钢铁集团有限公司成为四川省冶金、钒钛产业的核心创新型企业。地奥医药集团公司成为四川生物医药产业的核心创新型企业。

四川创新型企业建设推动了企业做大规模，提升了企业综合竞争力。《2014中国500强企业发展报告》指出：2014年，新希望集团有限公司的营业收入达到778.9271亿元，排在农副食品及产品加工业首位，远远领先于第二、三名，具有综合竞争优势，四川农副食品及产品加工业的重要支柱和科技进步创新、产业优化升级的中坚力量。四川宜宾五粮液集团有限公司的营业收入为630.9445亿元，排全国第一名，在酿酒制造业具有显著竞争优势。四川省川威集团有限公司营业收入为475.2855亿元，通威集团有限公司的营业收入为461.1678亿元，东方电气营业收入为454.5393亿元。鸿富锦精密电子（成都）有限公司2012年以营业收入924.60亿元排四川通信设备及其他电子设备、元器件制造业的首位。2012年，四川长虹电子集团有限公司营业收入为523.34亿元，位居同行业第五位，2014年达到915.6167亿元，同样位于全国同行业第五位（李怀英，2014）。

3. 优势产业创新、产业融合与新兴产业发展成为四川现代产业创新驱动的突出特点

（1）四川传统优势产业体系发展。四川传统产业体系包括传统饮料食品、装备制造业、油气化工、钒钛钢铁等产业部门。按照工信部统计口径，2014年

我国饮料食品产业加快转型升级，全省饮料食品产业实现主营业务收入5880亿元，增长10.7%，占全省规模以上工业比重达16.7%；全省装备制造业实现主营业务收入5098.8亿元，增长12.2%，占全省规模以上工业比重达14.5%；成都、德阳、自贡三大基地占全省装备制造业比重达64.5%。全省汽车制造产业实现主营业务收入占全省规模以上工业比重达5.3%；油气化工、钒钛钢铁及稀土产业主营业务收入超过3000亿元。生产汽车整车80.7万辆，同比增长101.7%。①

（2）电子信息产业等高科技优势产业发展。2014年，全省有规模以上工业高新技术企业1779户，高新技术产业全年总产值突破1.2万亿元，达到12 230.5亿元，比上年增长18.3%。比2011年增长了1.6倍。高技术产业的从业人员为96.9万人，是2011年的1.3倍。②其中，2014年全省电子信息产业实现主营业务收入5722亿元，增长23%，占全省规模以上工业比重达16.2%。全省计算机产量达5916万台。

（3）战略性新兴产业发展。四川"十二五"规划定义了培育和发展六大战略性新兴产业。2014年加入了新能源汽车产业，演变为七大战略性新兴产业。这七大战略性新兴产业分别是：新一代信息技术产业、新能源产业、高端装备制造业、新材料产业、生物医药产业、节能环保产业和新能源汽车产业。四川省经信委网站公布数据显示，2013年四川省六大战略性新兴产业实现总产值5418.65亿元，同比增长20.5%，实现销售产值5296.88亿元，同比增长20.9%，较全部工业销售产值增速高10.9个百分点左右。其中，2013年新一代信息技术产业实现总产值2195.5亿元，同比增长36.8%，占新兴产业总量的40.5%；新材料产业成为又一个产值超千亿元的战略性新兴产业，实现总产值1092.66亿元，同比增长9%。除新能源产业小幅增长2.5%外，高端装备、生物医药产业增幅都达到20%以上。③在七大优势产业中，进一步推出页岩气、节能环保装备、信息安全、航空与燃机、新能源汽车等五大高端成长型产业和包括电子商务、现代物流、现代金融、科技服务、养老和保健五大新兴先导型服务业。④

---

① 数据来源：2014-03-08，2013年七大优势产业主营收入占规模以上工业八成，四川日报，科技统计中心。
② 数据来源：2014年高新技术产业统计简析，四川省科技厅。
③ 数据来源：2014-02-20，2013年四川六大战略性新兴产业实现总产值5418.65亿元，http://www.scol.com.cn，四川在线。
④ 数据来源：2014-10-14，四川通过五大高端成长型产业和五大新兴先导型服务业工作推进方案，四川日报。

第三节　四川现代产业创新驱动战略的问题

四川现代产业发展的创新驱动战略实践面临的问题是：四川装备制造业高端化面临着核心技术"瓶颈"，四川高新技术产业技术创新价值链体系升级缓慢，四川创新型企业的核心技术-产品创新能力较弱，四川优势产业创新价值链的创新缺陷显著，四川现代产业集群创新仍处于产品制造链阶段。

1. 四川装备制造业高端化面临着核心技术"瓶颈"及工业4.0的挑战

四川省装备制造业连续10年30%以上的高速增长，2012年进入了10%的新常态。"十五"和"十一五"期间，四川装备制造业奉行引进、吸收消化、再创新战略，推动四川装备制造业技术极大地缩短了与发达国家装备制造业技术差距，四川装备制造业技术创新能力极大地提高，构建了四川装备制造业产业技术创新体系。四川装备制造业与发达国家装备制造业在核心技术、高端技术、高附加值的关键零部件产品方面展开了创新竞争。智能制造、3D打印、互联网技术正在引发新一轮技术革命，全面推动制造业升级。发达国家明确提出再制造战略，如德国提出了工业4.0战略。争夺制造业制高点成为国际制造业竞争焦点。四川装备制造业不仅要面临着突破核心技术"瓶颈"，全面向制造业服务化转型，而且还要面对发达国家再制造，如工业4.0的巨大挑战。不管是核心技术"瓶颈"还是再制造战略的挑战。四川装备制造业面临的大考题目是：加速构建以技术集成创新能力、原始创新能力为核心的装备制造业产业创新体系，加速推进以技术引进、消化吸收、再创新为特征的四川装备制造业产业创新体系向以技术集成创新能力、原始创新能力为核心的装备制造业产业创新体系升级。

除了四川装备制造业外，其他传统优势产业面临着与装备制造业相似的大考。比如，四川家用电器制造业的产业创新体系升级挑战。长虹公司发起的家用电器制造业产业创新体系升级战略因PDP项目受挫面临严峻挑战。饮料食品加工制造业面临着食品安全、绿色食品技术引起的现代饮料食品创新体系的新挑战。

2. 四川高新技术产业技术创新价值链升级挑战

2014年，全省1779家高新技术企业的盈利成本逐步攀升，其中1591家实现盈利，亏损面10.6%，较2013年提高0.5个百分点；全年实现主营业务收入10 142.6亿元，同比增长5.5%；利润总额和应交增值税分别为465.0亿元和 295.3 亿元，分别同比下降 14.1% 和 6.2%。高新技术产业全年呈下降态势。电子信息产业是四川六大高新技术产业的龙头产业，对高新技术产业的贡献达 60%。先进制造业、航空航天业、新材料业、生物医药及生物农业、核技术及新能源业对四川高新技术产业发展的贡献总计占 40%。[①] 十年来，四川电子信息产业成为四川现代优势产业，并建立了电子信息产品创新体系。施振荣的产业微笑曲线表明，产品创新向技术创新转型升级是提升产业附加值的必然趋势。2004 年以来，四川电子信息产业步入了由产品创新体系向技术创新体系升级阶段，但是向技术创新体系升级缓慢。比如，成都的核心高新技术企业技术集成创新体系、原始创新体系还处于艰难的爬坡阶段；绵阳的核心高新技术企业四川长虹集团公司、四川九洲集团公司的产业技术升级转型仍处于十字路口；成都高新技术产业产值达到近 5000 亿元水平，但是其净利润率却不尽如人意；绵阳高新技术产业虽产值已达 1000 亿元规模，但提高产业附加值却步履维艰。

3. 四川企业的核心技术 – 产品创新能力与发达地区的核心技术产品 – 创新能力有较大差距。

发明专利是衡量创新型企业的核心技术 – 产品创新能力的基本指标。2011~2013 年，四川规模以上工业企业的发明专利申请呈增长态势，保持了西部第一位置，但是同东部的江苏、广东等省份的规模以上工业企业发明专利申请差距明显（表 8-7）。

表 8-7　2011~2013 年四川同东部地区规模以上工业企业
发明专利申请量比　　　　　　　　　　（单位：件）

地区	2011 年	2012 年	2013 年
四川	2 483	4 316	5 666
湖北	42 510	51 316	50 816
湖南	29 516	35 709	41 336
北京	6 997	10 318	9 240
上海	8 176	9 901	11 377
江苏	21 649	27 820	33 090
广东	36 053	44 200	47 213
天津	4 410	5 195	6 446

资料来源：中华人民共和国统计局，中国政府门户网站·国家数据

创新型企业拥有的发明专利代表了各省的企业的核心技术 – 创新能力水平。

[①] 数据来源：2015-02-05，2014 年高新技术产业统计简析，四川省科技厅计划处，科技统计中心。

2011年，四川省创新型企业的发明专利授权量与发达地区有显著差距（表8-8）。

表8-8　2011年四川同东部地区创新型企业发明专利授权量比　　（单位：件）

地区	发明专利申请量	发明专利授权量
四川	2 168	662
安徽	2 255	723
湖南	2 125	602
北京	4 426	1 831
上海	5 156	1 733
江苏	6 594	2 105
广东	12 915	7 354
浙江	3 101	1 021

资料来源：中国创新型企业发展报告编委会（2012）

四川省核心创新型企业的核心技术–产品创新能力与各自行业的核心技术创新型企业对比，其创新能力差距明显。比如，长虹集团公司与海尔集团公司、海信集团公司的核心技术–产品创新能力差距比较显著。在掌握的核心技术、发明专利、技术标准等方面都有比较大的差距。

4. 四川省优势产业创新价值链比较薄弱

比如，自2012年来，四川省政府意识到四川省装备制造业的产业创新价值链缺陷，加大了中小科技型企业的培育力度，组建了油气钻采产业联盟、输送装备产业联盟、燃气轮机产业联盟，加快了四川装备制造业的创新型企业的价值链构建。但是，四川装备制造业的创新型企业集团与中小创新型企业之间的产业创新价值链弱势短期内无法改变；电子信息产业的创新型企业集团与中小创新型企业之间的产业创新价值链弱势短期内同样无法改变。

5. 创新型产业集群是四川现代产业集群创新的短板

现代产业集群创新价值链由创新性劳动密集型产业集群和创新型产业集群组成。其中，创新型产业集群处于现代产业集群创新价值链高端。四川省的现代产业集群创新突出特征是：饮料食品产业集群创新和电子信息制造业集群创新都属于创新性劳动密集型产业集群，装备制造业产业集群创新的特征是产品创新集群或技术模仿创新。从总体上看，四川现代产业集群创新仍处于集群创新价值链低端。

第四节 四川现代产业创新驱动战略目标与重点

在理论上讲，四川现代产业发展应当包括四川现代农业、四川现代工业和四川服务业。四川工业在四川现代产业体系中占主导地位，起关键作用。因此我们仅限于考察四川现代工业发展的创新驱动战略目标与重点。四川现代产业发展的创新驱动战略目标是培育四川现代优势产业的核心技术－产品创新优势和创新型企业优势，带动四川现代产业体系向中高端升级，提升四川现代产业体系的核心竞争力。四川现代产业发展的创新驱动战略重点是，坚定不移地实施核心技术－产品创新导向的技术创新战略，做大做强核心创新型企业，大力发展科技型中小创新企业，构建饮料食品、装备等传统优势产业创新体系，推进六大优势高新技术产业创新体系由产品创新导向体系全面升级到技术创新导向体系，培育七大战略性新兴产业产品创新体系、五大高端高成长性产业技术创新体系、五大先导服务型产业创新体系。实施成绵德为核心的创新经济带战略，抓住天府新区机遇，把四川建设成为西部创新中心。

一 坚定不移地实施核心技术－产品创新战略

多年来，四川奉行核心技术－产品创新战略。从实践上看，四川更多地重在核心技术－产品创新战略和产品创新战略。对于核心技术－产品创新战略的理解并不准确。这主要表现在：①四川核心技术－产品创新战略的重心在：技术引进、消化吸收和再创新战略。事实上，核心技术－产品创新战略的精义在于集成创新和原始创新。②核心技术－产品创新战略与产品创新战略的关系理解不准确。产品创新战略，技术引进、消化吸收再创新战略是创新扩散战略，其要义在于快速抢占市场份额，获取创新利润。其条件是，新市场需求已经形成。核心技术－产品创新战略是以原始创新和集成创新为特征的高端创新战略。其要义在于创造新产品、新市场、新产业。其条件是，理论基础研究已经突破，技术应用基础研究已经成熟。多年来，四川企图以技术、引进消化再创新战略获得核心技术－产品创新突破，实现产业体系向高端产品体系升级战略目标，结果受挫。当前，我们应当使核心技术－产品创新战略归位，即以基础研究为特征的高端技术创新战略。在制定和执行四川"十三五"优势产业规划、优势高技术产业规划、战略性新兴产业规划、高端成长性产业规划和先导服务业规划时，必须准确理解核心技术－产品创新战略，切实把核心技术－产品创新战略由产品创新导向战略转变到集成创新和原始创新导向战略。成都高新区应当在电子信息产业、装备制造产业、文化创意产业等优势产业、高技术产业、战略性新兴产业和高端成长性产业和先导服务产业领域构建以集成创新、原始创新导向为特征的核心技术－产品创新价值链。其余四个国家级高新区应当构建以集成创新为导向重点核心技术－产品创新价值链。比如，绵阳高新区应当构建以集成创新为导向的家用电器核心技术－产品创新价值链。其余产业应当构建产品创新价值链。

二 增强创新型企业优势战略

创新型企业优势是区域创新竞争新优势。四川创新型企业战略初见成效。但是，四川创新型企业战略不完善，比如，创新型企业的核心优势、中小创新型企业优势及其区域创新型企业价值链优势都被忽略了。过去，我们重点关注的是创新型企业集团的规模经济优势、范围经济优势、产品创新体系优势。现在，我们应当转变到关注创新型企业集团的集成技术创新优势和原始创新优势，应当转变到中小型创新型企业优势，应当转变到区域创新型企业价值链优势。

在四川现代产业创新战略中，创新型企业集团优势由产品创新优势升级到集成技术创新优势、原始创新优势，就必须基于互联网平台构建开放式创新体系，实施开放式创新战略。就必须构建与中、小微创新型企业协同创新平台，就必须构建客户广泛参与、便捷参与、集团企业内部各个产业部门、产业部门内部各个子公司及总部营销部门、制造部门和研发部门协同创新的平台。

在四川现代产业创新战略中，中小创新型企业起着不可忽视的作用。中小创新型企业在推动技术集成创新和原始创新过程中，发挥着先锋官作用。同时，中小创新型企业在现代产品创新体系构建中发挥着主力军的作用。过去，四川中小创新型企业发展不充分，同发达地区比有较大差距。因此，必须大力发展中、小、微创新型企业。

在四川七大战略性新兴产业、五大高端成长性产业和五大先导服务业创新战略中，应当大力发展中小创新型企业，继续推进产业联盟、创新联盟建设，促进中小企业、高校、研究机构之间的协同创新，构建七大战略性新产业、五大高端成长性产业和五大先导服务业的创新型企业协同创新价值链。

三 构建现代产业创新体系战略

现代产业创新体系建构思路是：①按研发、设计、实验、工程试制、产品制造、市场营销和品牌等环节构建。电子信息技术产业创新体系的构建就是范例。②按模块化分工和产业纵向一体化思路形成模块化网络创新体系。通信设备、通信设备产业的产业创新体系建构就是范例。③高端复杂产业创新体系按复杂系统思路构建了全球网络创新体系，如轨道交通、航空、航天、海洋工程装备的产业创新体系就是典型例子。

四川传统产业创新体系应当按纵向一体化和开放思路构建产业创新体系。四川六大高新技术产业根据知识密集型产业特点应当充分遵循这些产业技术关联性原则构建纵向一体化和横向模块化相结合的网络创新体系。四川战略性新兴产业、五大高端成长性产业和五大先导服务产业应当构建基础研究引导、技术产业化主导的开放式、协同创新体系。

四 大力发展创新型产业集群

产业集群创新是区域现代产业创新的基本样态。传统产业集群创新是以产品为核心的创新集群。现代产业集群创新是以技术为核心的技术创新集群。创新型企业群是现代产业集群创新的突出特征。创新型产业集群是现代产业集群创新的高级形态。

四川现代产业发展的集群创新驱动战略目标就是，推动传统产业集群发展为创新性产业集群，高技术产业集群、战略性新兴产业集群、高端成长性产业集群和先导服务型产业集群都发展成创新型产业集群。饮料食品产业集群应当发展创新性产业集群，装备制造业应当发展成创新型产业集群。高技术产业集群应当发展成为创新型产业集群。战略性新兴产业集群应当发展以技术创新为导向的产业集群。高端成长性产业集群应当发展成以基础研究、集成创新、原始创新为导向的技术高端产业集群。先导服务型产业集群应当发展成以知识创新为特征服务创新产业集群。

五 完善优势创新区域体系

优势创新区域体系是现代产业创新的基础，创新创业的栖息地。优势创新区域体系战略目标是，立足于天府新区建设，把成都高新区建设为世界有影响力的创新中心，构建成都、绵阳、德阳创新经济带，提升四川创新区位优势。

2008年，成都高新区已列为国家建设的六大世界一流科技园区。2011年，成都被评为创新型城市。成都具备了建设世界有影响力的创新中心的基础。天府新区上升为国家级新区是推动成都建设有影响力的创新中心的新的历史机遇。著名咨询机构德勤公司发布《2015：最有机遇的城市》报告。该报告指出，成都是中国最有机遇的城市。据2014年国务院批复的《四川天府新区总体方案》指出，成都的定位是："十三五"期间，长江经济带战略深入推进，成都成为西部创新资源集聚高地、创新型企业集中高地，产城融合的高地。成都高新区通过建设世界上一流的互联网络体系，构建开放式、国际性的产业创新网络。

绵阳科技城是中国唯一的国家科技工业城。经过十年的建设，绵阳现代科技工业体系构建取得了极大进展，绵阳现代产业创新体系架构完成。绵阳已成为除成都外川内的产业创新中心。成都、绵阳、德阳是四川著名的高新技术产业经济带，集聚了四川60％的产业创新资源，拥有四川80％的科技创新实力。随着成都、绵阳、乐山城际动车开通，创新资源加速流动，这推动了区际创新扩散。因此构建成都、绵阳、德阳、乐山创新经济带的条件日渐成熟。四川应当制定"十三五"四川创新经济带战略。

近年来，四川创新区位在全国创新区位竞争中不断改善，创新区位优势不明显。2012全国及各地区科技进步监测结果显示，2011~2014年四川科技进步环境指数为45.41、42.66、48.62、55.25，全国排名分别为第22、20、16、13位，落后重庆3个位次，陕西6个位次。创新环境是企业和个人创新创业的栖息地。为此，应当加大创新环境的建设力度。四川的国家级高新区应当通过全面深化高新区的管理体制机制改革，构建创新型高新区的治理机制，提高高新区的环境竞争力。四川省级经济技术开发区应当按照国家级经济技术开发区标准建设产业创新区。力争使省级经济技术开发区成为优势创新区。其他各地市应当按普通创新区域标准，构建特色创新区域。

第九章　四川电子信息产品制造业产业创新战略[①]

电子信息产品制造业是四川的优势产业。2014年，四川电子信息产品制造业产值达1.2万亿元。四川电子信息产品制造业的创新战略是一个优势创新区域的优势产业创新战略案例。研究这个案例可解读四川电子信息产品制造业创新战略得失，提出进一步完善的产业创新战略方案。同时，该案例是现代产业创新战略理论在优势创新区域的运用。

第一节　四川电子信息产品制造业的概况

电子信息产品制造业是高新技术的代表性产业，其基础性、支柱性、渗透性、先导性等特征十分明显，对国民经济和社会发展起着极其重要的作用。电子信息产业是四川省的支柱产业之一。

根据《四川省第三次全国经济普查主要数据公报（第二号）》的资料，到2013年末，四川电子信息产品制造业共有企业956家，从业人员35万人。根据《四川统计年鉴2014》的数据，四川电子信息产品制造业规模以上企业306家，大中型企业108家。

2013年，四川规模以上电子信息产品制造企业的主营业务收入、出口交货值分别为3431亿元、2069亿元，与全国的总量93 202亿元、48 519亿元相比，确实还微不足道。而与广东、江苏、上海、山东这五个电子信息产品制造业发达的省市相比，还有较大差距。这四个省市电子信息产品制造企业的主营业务收入分别是四川的7.5倍、6.6倍、1.8倍、1.7倍。广东、江苏、上海的出口交货值分别是四川的7.9倍、5.8倍、2.1倍。具体数据见表9-1。

[①] 本章是对我们团队完成的中国－加拿大政府合作项目"西部自主创新战略"之子课题"四川电子信息制造业自主创新战略"的研究成果改写。这个案例的成果最先发表于"中国西部区域自主创新战略研究"课题组编著的《中国区域自主创新研究报告（2008~2009）》。详见《中国区域自主创新研究报告（2008~2009）》，北京：知识产权出版社，2009年，第11章。

表 9-1　全国电子信息产业制造业前十名（2013 年，规模以上）

地区	排名	企业数/个	主营业务收入/亿元	占全国的比重/%	出口交货值/亿元
全国	—	17 966	93 202	—	48 519
广东	1	4 949	25 898	27.79	16 338
江苏	2	3 869	22 578	24.22	12 009
上海	3	724	6 052	6.49	4 330
山东	4	1 118	5 905	6.34	1 505
浙江	5	1 925	3 612	3.88	1 376
四川	6	416	3 431	3.68	2 069
天津	7	425	3 321	3.56	1 542
福建	8	582	3 246	3.48	1 835
北京	9	410	2 785	2.99	1 097
河南	10	356	2 724	2.92	1 930

注：①《中国电子信息产业统计年鉴 2013》提供的是 2013 年的数据；
②《中国电子信息产业统计年鉴 2013》中，四川规模以上的企业数为 416 个，而《四川科技统计年鉴 2014》的数据为 309 个，《四川统计年鉴 2014》的数据为 306 个
资料来源：《中国电子信息产业统计年鉴 2013》，第 142 页

第二节　四川电子信息产品制造业自主创新优势与经验

一　较好的创新基础

四川省是我国电子信息产业布局的重点省份，电子信息产业是其优势产业更是其高新技术产业的核心和最具成长性的产业。产业布局相对集中，形成了以成都为支点，沿成（都）、绵（阳）、广（元）一线及成都、乐山、宜宾一线布局的电子信息产业，其中，成都、绵阳正在形成各自的产业集群特色，区域创新要素、创新企业、创新产品的集聚效应开始显现。

经过几十年的积累和发展，特别是改革开放以来，四川已形成集成电路、软件、数字视听及数字媒体、网络及通信产品，以及军事电子五大电子信息产业集群。2013 年，四川电子信息产业主要经济指标居全国第 6 位，位于中西部地区首位。

四川省建立了从原材料、元器件、整机设备到系统网络等专业门类比较齐全，具有一定规模和水平的比较完善的科研生产体系，在 IC 设计、信息安全、军事电子等领域具有全国领先的优势，拥有长虹、九洲、三零等

国家级创新试点企业、电子信息类企业 1000 余家；拥有四川大学、电子科技大学、中电 10 所、中电 29 所、中电 30 所、中科院成都光电所等一批实力雄厚的大院大所，技术创新资源富集；四川拥有国家软件产业基地、国家信息化安全成果产业化基地、国家集成电路设计成果产业化基地、863 软件专业孵化器、国家数字多媒体技术产业化基地等国家级信息技术创新平台；四川电子信息产业拥有国家级企业技术中心 4 家（长虹、九洲、国腾、前锋），国内外知名企业在川设立的研发中心不断增加，如摩托罗拉软件中心、微软技术中心、联想研究院等。四川省电子信息产品制造业拥有专职 R&D 人员 16 000 余人。

二　研发投入力度加大，创新绩效显著

最近几年，四川电子信息产品制造业各企业加大了技术研发和技术创新的投入，取得了明显的效果。

（一）2011~2013 年四川电子信息产品制造业自主创新情况

由表 9-2 可以看出，四川电子信息产品制造业 2013 年与 2012 年相比，各项指标都有较大幅度的增长。其中 R&D 人员数量、R&D 经费内部支出（主要包括政府资金和企业资金）、R&D 经费外部支出、R&D 项目数、有效发明专利数、新产品开发经费支出、新产品销售收入等指标都有较大幅度的增长。这些情况说明，国家和企业越来越认识到技术创新的重要性，愿意在人力、财力上加大投入；也说明四川电子信息产品制造业的技术创新的成效比较好。

表 9-2　2011~2013 年四川电子信息产业制造业 R&D 情况（规模以上）

指标	2011 年	2012 年	2013 年	2013 年相比 2012 年的增长率 /%
企业数 / 个	271	285	309	8.42
有 R&D 活动的企业 / 个	30	60	73	21.67
有科技机构的企业 / 个	47	45	51	13.33
R&D 人员合计 / 个	13 611	11 094	16 075	44.90
R&D 经费内部支出 / 万元	227 422	169 738	312 522	84.12
其中：政府资金 / 万元	37 031	22 459	34 737	54.67
企业资金 / 万元	189 990	139 966	277 768	98.38
R&D 经费外部支出 / 万元	8 150	9 031	13 457	49.01

续表

指标	2011 年	2012 年	2013 年	2013 年相比 2012 年的增长率 /%
R&D 项目数 / 项	2 041	2 585	2 929	13.31
专利申请数量 / 件	1 377	2 908	3 368	15.82
其中：发明专利 / 件	488	999	1 335	33.63
有效发明专利数 / 件	2 459	1 358	2 622	93.08
新产品开发项目数 / 项	3 435	3 674	4 591	24.96
新产品开发经费支出 / 万元	321 715	393 998	469 937	19.27
新产品销售收入 / 万元	5 070 061	4 599 555	5 411 254	17.65

注：从 2011 年起，纳入规模以上工业统计范围的工业企业起点标准从年主营业务收入 500 万元提高到 2000 万元，因此 2012 年的一些数据比 2011 年的数据要小。

资料来源：《四川科技统计年鉴》(2012~2014 年)

（二）重点创新型企业创新投入力度加大，核心技术－产品创新成效取得进展

长虹集团公司、九洲电器集团公司、国腾集团、前锋集团拥有国家级企业技术中心，长虹集团公司、九洲电器集团公司、国腾集团是科技部认定的创新试点企业。2012 年和 2013 年，长虹分别投入 8.87 亿和 10.24 亿元研发经费，分别占当年主营业务收入的 1.6% 和 1.74%。长虹自 2013 年发布以家庭互联网为核心的智能战略以来，毫无疑问一直处在行业的焦点——海尔、TCL、海信等传统家电企业都在公开场合认同长虹智能化转型战略的快速和明晰。TCL 多媒体副总裁杨斌曾公开表示，长虹是业界发布比较早的，基于 PC 互联网、移动互联网、家庭互联网的智能家居战略。2014 年上半年，长虹先后连续发布三款 CHiQ（启客）智能家电，即中国首款三网（电信网、广播电视网、互联网）融合智能电视——CHiQ 电视、搭载云图像识别技术的 CHiQ 冰箱、具备人体感知技术的 CHiQ 空调，这使得长虹成为中国传统制造业转型升级、探索智能化、联网化生存的一个典型代表。

从表 9-3 可以看出，长虹集团的技术创新成效在全国电子信息产品制造企业中列在第 8 位，虽然与华为、格力、海尔、联想等企业还有较大差距，但在整个西部的电子信息产业中，其创新投入和创新产出还是名列第一位的。

表 9-3 2014 年度中国制造科技创新专利榜　　　　（单位：件）

排名	企业	发明专利	实用新型	外观设计	总量
1	华为	20 496	495	406	41 813
2	中兴	15 048	1 795	796	32 649
5	格力	427	4 984	2 546	8 383
6	中芯国际	2 696	1 298	0	6 690
7	海尔	892	2 488	2 138	6 406
8	联想	1 823	1 014	353	4 874
9	京东方	637	2 659	225	4 160
13	长虹	340	841	1 426	2 943
15	TCL	612	570	145	1 927
17	美的	141	872	717	1 848
21	海信	236	467	502	1 434

资料来源：2014 年度《互联网周刊》中国制造科技创新专利榜

九洲集团在技术创新方面也不甘落后。从全国第一套全频道电视共用天线系统，到机顶盒及数字电视产品，多年保持行业第一；从试水物联网相关的 RFID 产业，到参与国标及国家行业标准的制定与修订。最近几年，九洲发展的新生动力来自两大战略性新兴产业：空管通航和北斗卫星导航。空管领域，2013 年 4 月，国家唯一的空管监视与通信系统工程中心正式落户九洲，九洲集团牵头先后成立四川省空管技术创新联盟和四川省空管系统产业联盟，目前，九洲已是国内最大的军、民用空管系统及二次雷达系统研制、生产及出口基地；北斗导航领域，2013 年 11 月，九洲牵头成立四川北斗导航产业联盟，2013 年 12 月，九洲正式启动了"九洲北斗新时空"智联工程，着力推动在智慧旅游、智能交通、公共安全、防灾减灾、精准应用及大众服务等六大行业的应用。目前已基本形成卫星导航接收机板卡、整机及设备、天线、软件和应用系统五大类 30 余种成熟产品，已成为北斗系统规范和行业标准的参与者和制定者。

另外，九洲集团的军工科研一样出色。在向技术高峰发起冲锋的路上，九洲人创造了无数军工领域的奇迹。2007 年九洲集团被国务院、中央军委联合授予某工程重大贡献奖，成为全国 370 余家地方军工企业中唯一获此殊荣的企业。2012 年 8 月，某工程实现我军装备历史上"四个第一"，填补了三项空白。

三 创新资源整合力度增强，创新网络建设提速

近几年，四川电子信息产品制造业以优势企业为主导，加大了对政府、企

业、科研院所、大专院校等各方面创新资源的整合力度，实行联合技术创新，促进科技成果转化，取得了明显的效果。比如，围绕"3C 战略"，长虹加大了 IC 技术、通信技术和网络技术等创新资源整合；专门成立的四川电子军工集团加速了军民两大部门创新资源整合；专业性创新联盟不断发展，加快了创新网络建设步伐。

2009 年 3 月，成都新一代移动通信产业技术创新联盟成立。由电子科技大学、新浪公司、华为成都研究所等 28 家成员单位组成的成都新一代移动通信产业技术创新联盟，主持制定了四川省首个光纤入户技术标准，2012 年，联盟成员单位承担国家自然科学基金项目达 17 项。

2011 年 5 月，中国的电视机行业三大巨头海信、TCL、长虹，强强联手，在深圳共同发起成立中国智能多媒体终端技术联盟。其主要目的就是期望站在产业的高度上建立起中国企业自己的技术标准，给消费者和开发者带来品牌和技术的保障。该联盟将主要开展几个方面的工作：智能电视应用程序商店技术标准；智能电视互联互通应用规范标准；智能电视操作系统技术规范标准。后续还将逐步制定智能手机、智能平板等各种智能多媒体终端技术标准。

2015 年 6 月，国家小家电产业技术创新战略联盟在东莞成立。国家小家电产业技术创新战略联盟是在科技部的倡议和支持下，由小家电产业骨干企业联合发起，其宗旨是通过资源整合、产学研合作、技术创新，推动我国高创新科技的发展。联盟将积极促进创新科技产品的产业化，推进产、学、研深度结合，增强企业自主创新能力，以产业标准为引导，建设技术研发平台和公共服务平台，加快形成技术领先、竞争力强的中国小家电创新科技产业集群。

四 以系统集成创新为主流的自主创新模式

长虹集团公司的创新实践代表了四川省电子信息产品制造业创新水平。长虹集团公司的创新路径演进代表了四川省电子信息产品制造业自主创新路径的演变，由 20 世纪 90 年代的二次创新演变为重视核心技术产品开发的集成创新。集成创新是四川电子信息产品制造业的主流自主创新模式，此外，走原始性创新道路开发核心技术产品也成为少数企业始终坚持的创新模式。

（一）二次创新模式

长虹集团公司等企业在 20 世纪 90 年代引进国际上先进成熟的技术设备或

产品，根据国内市场需求特征，从事产品外观和产品功能创新，从而降低创新成本，获取规模经济效益。二次创新模式的特点是产品外围创新。二次创新模式的缺陷是不改变技术轨道和技术范式，即不掌控核心技术及相关发明专利。随着竞争国际化程度的日益提高，二次创新模式给国内电子信息产品制造企业带来了生存危机。掌握核心技术、拥有核心技术专利、制定标准成为电子信息产品制造业创新的主要任务。

（二）创新实践经验：核心技术－产品创新＋系统集成创新模式

（1）核心技术－产品创新是创新战略的出发点和归宿。自长虹创新战略转型以来，核心技术产品始终是长虹创新活动的起点和终点。精显背投系列产品突破了东芝、索尼等日资企业的技术垄断；虹芯系列产品突破了集成电路技术系统集成难题；PDP项目标志着长虹集团公司掌握了等离子平板的核心技术。最近几年，长虹依托国家重大科技专项"核心电子器件、高端通用芯片及基础软件产品"（简称"核高基"专项），培育嵌入式软件设计、集成电路设计、工业设计、工程技术、变频技术、可靠性技术等六大核心技术能力，构建起面向市场与消费需求的智能化关键与核心技术的创新能力。集成电路SOC芯片代表了长虹公司在网络音视频多媒体集成电路核心技术上取得了突破。长虹在芯片领域的重大突破之一是应用于面板的逻辑控制芯片，即PDC，这款产品是长虹全资子公司虹微开发出来的，在提高彩电整机性能的同时还大大降低了生产成本。长虹主导的"轩辕TVOS"操作系统成为中国家电业在智能时代"破局"的关键一步，突破了外资企业对中国家电业长久以来的技术封锁。2014年上半年CHiQ电视、CHiQ冰箱、CHiQ空调的先后发布标志着长虹引领了智能家居的潮流。2015年3月，长虹CHiQ二代电视发布。2015年4月长虹发布全球首款物联网手机——长虹H1，该手机基于长虹全球独创且拥有70多项专利的IPP框架（个人集成网关），并整合了长虹云服务大数据处理平台及强大的智能终端阵营。

（2）坚持技术集成创新。当前，在通信、计算机、网络等电子信息技术相互融合发展的大趋势下，中国消费电子产业融合创新、发展的趋势越来越明显。通信产品、计算机产品、消费类电子产品都在从各自的技术角度向3C的融合发展，新产品不断涌现，消费电子产业的边界日益模糊，产品的门类五花八门，日益丰富。消费类电子的数字化、网络化、智能化，用于多媒体应用结合，已经成为当前我国信息家电发展的主流，内容更为丰富、品质更高的内容整合到多样化产品当中。硬件、软件、内容、服务等有机融合在一起。根据电子信息产品制造业技术发展趋势，长虹公司引领数字技术、显示技术、网络技术等诸多技术集成。精显背投系列产品是精显技术与传统 CRT 技术集成，ITV900 系列产品是集成电路技术、嵌入式软件技术、显示技术的集成。

（3）坚持全球研发资源集成。长虹集团公司先后在成都、深圳、北京、上海等地设立创研中心，为了整合国际资源，长虹与微软、东芝、飞利浦等一批跨国公司进行技术合作，建立了 14 家联合实验室，采用先进的开发设备，共同开发涉及产品的重大技术问题，已经形成以绵阳总部为中心的全球化创新网络。例如，PDP 项目集成了国内显示器龙头企业彩虹公司的研究力量和韩国 Sterope 公司的研发力量。2015 年 1 月，长虹公司《微通道管材与换热器制造技术及其应用》及《星地融合广域高精度位置服务关键技术》获得国家科学技术进步奖二等奖。

（4）坚持专利集成与提升品牌价值。随着 3C 融合趋势的加快，核心技术产品集成了众多的发明专利技术。通过标准战略，加快了专利技术集成步伐。长虹已经推出闪联电视、IPTV 机顶盒等各种标准产品。长虹公司通过收购战略，一举拥有了与 PDP 相关的专利及专利申请 353 项，其中 12 项属于 PDP 的核心专利。按照国际通行惯例，拥有某一产品核心专利的企业间形成了"专利俱乐部"，它们联合起来对其他企业收取专利费，而相互之间实行"专利交叉许可"，不再相互付费。这加快了关键核心技术产品专利的控制与整合。2013 年 3 月加西贝拉公司压缩机生产基地第一亿台压缩机在嘉兴成功下线。作为打破外资在超高效和变频压缩机垄断的拳头产品，该型号压缩机为长虹自主研发，拥有 20 多项自主知识产权的专利成果，具有节能、高效、环保、智能等特点，其中多款主流变频压缩机达到世界顶级水平。2013 年 8 月，长虹智能空调率先全国首发，此款产品与普通空调相比，拥有先进的智能功能，包括智能语音、智能检测、智能感应、智能控制、智能安防、智能云服务六大功能。长虹智能空调基于长虹 IPP 框架核心思想，融合了强大的芯片处理能力和云端服务能力，拥有包括语音识别、智能健康保护在内的核心发明专利 20 余项，其技术能力处于行业领先地位。

坚持自主品牌建设，长虹品牌价值逐年提升。2014 年 6 月，由世界品牌实验室（World Brand Lab）主办的"世界品牌大会"在北京发布了 2014 年（第十一届）《中国 500 最具价值品牌》排行榜，长虹集团以 1016.86 亿元的品牌价值评估入围中国品牌千亿阵营。世界品牌实验室及其独立的评测委员会认为，长虹自2013年10月发布智能战略以来,陆续推出CHiQ系列的电视、冰箱、空调,以"让想象发生"新主张重新焕发出品牌活力。

(5)坚持组织集成创新。近10年里,长虹进行了若干次的组织创新。从火车头管理模式转向联合舰队管理模式;构建九大战略业务单元,推行战略业务单元首长负责制;引入IBM整合产品开发(IPD),从体制和机制上来构建整个组织的创新体系。在管控模式方面对控股子公司实施战略型管控,而对参股子公司实施财务型管控;在各层次角色定位上,母公司成为投资控股公司,战略业务单元成为独立的利润中心。更具深远意义的是,通过子公司独立运营,长虹开始打造一支具有国际竞争意识的企业家团队,包括技术、管理人员在内,开始形成中国消费电子产业的国际人才阵容。2014年7月,长虹创新的财务共享体系成为行业内首个哈佛大学MBA案例。哈佛大学认为,长虹财务共享体系展示了一个大电视制造商在面对财务紧缩和全球化市场情形下的新财务控制体系,是2014年中国龙头企业在财务控制领域的成功创新尝试。目前,《长虹:共享服务》单行本已作为哈佛大学经济学研究成果案例教材纳入MBA课程。2014年8月四川长虹发布公告,首度披露长虹集团拟定的国企改革方案,涉及改组为四川长虹电子集团控股有限公司、制定中长期激励管理办法、大力发展混合所有制经济等六大主要内容。

(三)四川电子信息产品制造业创新型区域布局完成

目前,四川已经成为中西部最强大的电子信息产业生产基地,也是继长三角地区、珠三角地区和环渤海地区之后中国第四大电子产业基地。四川已经形成集成电路、软件、光电、显示、电脑制造和网络通信设备制造五大基地,重点发展软件与信息服务、通信与网络、平板显示与智能视听、计算机及外设、集成电路、信息技术应用设备及装备、电子基础元器件及电子材料等产业集群。

集成电路产业形成了封装测试优先发展,带动集成电路设计、芯片制造聚集发展的产业特色;新型平板显示产业取得突破,薄膜晶体管液晶显示面板(TFT-LCD)、等离子体显示面板(PDP)及有机发光二极管(OLED)显示面板项目已建成投产;军事电子全国领先,形成了集科研生产为一体的军事电子工业基地;信息安全产业优势突出;太阳能光伏、节能环保电子产业已形成较大规模;航空航天电子产业发展较快;计算机产业发展初具规模。

"1极1基4带多园区"的产业空间布局不断优化,聚集效应明显增强。优化发展1个产业增长极(成都),以研发、整机、系统集成和配套产业链互补与融合发展模式，构建1个成—绵电子信息产业大基地，壮大发展成—德—绵—广（元）、成—眉—乐—雅、成—遂—南—广（安）和成—资—内—宜4条产业带，辐射发展多园区的产业布局，突出地区特色优势和合理分工，集聚集约构建四川省电子信息产业完整体系。产业创新中心建设取得进展。"十二五"期间，世界500强企业中有40余家IT企业来川投资、设研发中心和服务机构。

"十三五"期间，应当完善"十二五"产业创新体系布局，推动四川电子信息产品制造业创新体系由产品创新导向的产业创新体系向价值导向、技术导向、市场导向三维协同导向型的产业创新体系升级，建设电子信息产品创新创业中心，着力构建电子信息产品制造业创新生态网络体系（专栏一）。

专栏一：四川省"十二五"电子信息产品制造业重点及布局

（1）通信与网络

成都、绵阳为重点发展区域，以推动四川省物联网和三网融合建设为契机，打造物联网产业园，以培育核心技术发展为支撑，推进新一代移动通信和下一代网络建设，带动相关产业（产品）发展，做强四川省通信与网络产品产业链。

（2）平板显示与智能视听

以绵阳和成都为重点区域，充分发挥国家（绵阳）数字视听产品产业园的带动作用，加强上下游及配套支撑产业互补联动。建设成绵（国家）新型显示产业基地，促进新型显示产业聚集发展，做强四川省平板显示与智能视听产业链。

（3）计算机及外设

充分发挥国家成渝经济区的引领效应，按照"聚集融合、开放合作、市场拓展、承接保障"的思路，实施"一基地三核心四带多园区"工程。

建设一个四川计算机产业基地。以成都经济区为计算机产业发展中心区域，重点落户企业总部、研发中心、制造中心、结算中心、分拨中心、系统集成、营运与服务中心和人才及人力资源培训中心等。

打造三个制造核心区。一是依托成都高新综合保税区（高新西区），建设整机生产、集成电路芯片和主要配套产品核心区域。二是以成都高新区南区（出口加工区）、成都双流综合保税区为核心区域，发展整机、智能终端装配，以及主板、显示器、硬盘、内存、电源等关键零部件。三是以天府新区建设为契机，规划发展计算机整机及外设和配套产品核心区域。

发展 4 带多园区。发挥成渝两个增长级的辐射作用，发展成—眉—乐、成—德—绵、成—遂—南—广（安）和成—资—内 4 条产业带，充分利用成渝两地之间已形成的快速物流配送枢纽带，根据相关园区（工业集中区）主要产业特点和配套条件，辐射发展多个配套园区。以成渝经济区计算机及外设产业零部件配套为目标，同时对两地计算机整机企业进行配套，实现成渝两地的互动与互补发展。加快建立四川省计算机及配套产业从水平分工到垂直整合的本地化完整生产体系。

（4）集成电路

以集成电路封装测试为重点，将成都建设成为在国内外具有较高知名度的集成电路封装测试集中区域；以国际国内大公司设立的研发中心、集成电路设计公司为龙头，在成都、绵阳大力发展集成电路设计；以集成电路芯片制造为目标，积极争取 8 英寸及以上的集成电路芯片制造项目，壮大四川省集成电路产业链。

（5）信息技术应用设备及装备

推进信息化与高端装备制造产业融合示范园、航电与空管电子装备基地、广元塔山湾军民融合基地、北斗卫星导航产业园建设，在成都、德阳、绵阳、广元、资阳、南充等形成信息技术应用及装备产业集群。

（6）电子基础元器件及电子材料

以成都、绵阳、乐山、眉山、宜宾、遂宁、雅安、广安等市为载体，充分发挥国家（成都）电子元器件产业园的集聚作用，重点向敏感元器件与传感器、太阳能光伏与组件、节能照明用发光二极管、新型显示用材料等产品延伸。着力建设电子材料特色产业园。在成都、绵阳、乐山、宜宾、遂宁、雅安、眉山、阿坝等市（州）形成半导体材料、太阳能光伏材料、锂电池材料、新型显示材料、新型元器件材料等电子专用材料产业集群，构建完整的电子基础元器件及电子材料产品链。

第三节 四川电子信息产品制造业自主创新问题

四川电子信息产品制造业的自主创新状况，与全国相比还有很大的差距（表 9-4）。这些差距主要体现在核心技术产品少、国际名牌少、发明专利少、重点创新型企业创新实力弱、主导产业创新实力不强、创新区域集聚能力不强方面。

表 9-4　四川电子信息产业制造业 R&D 情况与西部地区及全国的比较（2013 年，规模以上）

指标	四川	西部地区	四川占西部地区的比重 /%	全国	四川占全国的比重 /%
有 R&D 活动的企业数 / 个	82	202	40.59	4 783	1.71
R&D 人员 / 人	16 127	26 453	60.96	510 153	3.16
R&D 人员折合全时当量 /（人/年）	12 554	19 877	63.16	416 825	3.01
R&D 经费内部支出 / 万元	312 364	499 259	62.57	13 188 107	2.37
R&D 经费外部支出 / 万元	13 467	17 022	79.12	580 325	2.32
新产品开发项目数 / 项	152	6 517	2.33	49 089	0.31
新产品开发经费支出 / 万元	23 058	739 465	3.12	16 456 317	0.14
新产品销售收入 / 万元	223 735	6 940 590	3.22	251 281 435	0.09
专利申请数 / 件	3 514	5 256	66.86	96 576	3.64
其中：发明专利 / 件	1 367	2 166	63.11	53 405	2.56
有效发明专利数 / 件	2 699	3 802	70.99	102 985	2.62
引进技术经费支出 / 万元	819	1 419	57.72	412 643	0.20
消化吸收经费支出 / 万元	1 579	1 692	93.32	70 004	2.26
购买国内技术经费支出 / 万元	6 424	6 909	92.98	116 891	5.50
技术改造经费支出 / 万元	48 992	89 831	54.54	2 011 138	2.44
有研发机构的企业数 / 个	56	131	42.75	3 582	1.56
机构数 / 个	77	187	41.18	4 498	1.71
机构人员 / 人	8 045	14 830	54.25	389 971	2.06
机构经费支出 / 万元	162 373	255 312	63.60	10 855 118	1.50

注：①《中国高技术产业统计年鉴 2014》中将电子信息产业制造业分为电子及通信设备制造业和计算机及办公设备制造业两个大类，本表中数据都是由这两大类数据加总而来的；
②本表数据口径范围为年主营业务收入 2000 万元及以上的法人工业企业（经国务院批准，国家统计调查从 2011 年 1 月起，纳入规模以上工业统计范围的工业企业起点标准从年主营业务收入 500 万元提高到 2000 万元）
资料来源：《中国高技术产业统计年鉴 2014》

从表 9-4 可以看出，2013 年四川电子信息产业制造业 R&D 绝大多数指标在西部地区中所占的比重都是很高的。但新产品开发项目数、新产品开发经费支出和新产品销售收入这三个指标在西部地区中的比重太低，与四川电子信息产业制造业在西部的地位完全不相称。与全国相比，2013 年四川电子信息产品制造业主营业务占全国的 3.68%，新产品开发项目数、新产品开发经费支出和新产品销售收入这三个指标分别只占全国的 0.31%、0.14% 和 0.09%，也是非常低的。这充分说明四川电子信息产品制造业新产品开发活跃程度、能力不如西部其他省份并低于全国平均水平。

一 缺乏核心技术，核心技术产品数量少

近几年，四川省电子信息产品制造业的自主创新成果逐步增多。2012年，四川信息技术领域专利申请量为55 859件，位列全国第八；2013年为59 150件，位列全国第八，比上一年增长5.89%；2014年为67 571件，位列全国第七，比上一年增长14.24%。

四川省电子信息产业领域获得国家授权专利中，长虹集团、南山之桥等公司在应用核心技术产品研发上取得了突破性进展。例如，自主研发的X-power动力芯、量子芯平板电视产品、网络数字音视频处理SOC芯片、"华夏网芯"、JD-1024、DS-30、HJ10 D-II等程控数字交换机，以及128/256微机自动电报交换系统等创新成果在业界产生了重要影响。军事电子通过不断自主创新，综合实力明显增强。

但是，四川电子信息产品制造企业缺乏核心技术。2001~2012年，工业和信息化部组织评选的一共12届"信息产业重大技术发明"奖，一共有77个项目获选。四川的电子信息领域中，获奖的有四项，分别是：2002年电子科技大学的"半导体功率器件的耐压层技术"；2005年四川南山之桥微电子有限公司的"千兆线速防火墙芯片Xwall"；2008年成都希望电子研究所有限公司的拟超导矢量控制变频技术；2009年迈普通信技术股份有限公司的基于高级电信计算架构ATCA的多核高性能路由器的若干关键技术。一直都是全国电子信息百强企业的长虹和九洲却没有项目获得该奖。从全国来看，获得信息产业重大技术发明奖两次及两次以上的企业有：中国电子科技集团公司、联想、中兴、华为、北大方正、汉王科技、武汉烽火网络、大唐电信等。由此可以看出，四川电子信息产品制造业在核心技术创新能力方面还存在很大差距。

二 企业规模小，创新型企业实力弱，创新投入少

2013年，四川电子信息产品制造业中的大中型企业为108家，全国为4676家。四川进入电子信息百强企业数量少，创新投入也少，与全国电子信息百强企业前十名相比有较大差距（表9-5、表9-6）。

表 9-5　全国电子信息百强企业前十名的数据（2012~2014 年）

年份	全国电子百强企业前十名	平均营业收入/亿元	平均研发经费/亿元	平均研发强度/%
2012	华为、联想、海尔、中兴、长城、海信、长虹、TCL、北大方正、比亚迪	1760	86.2	4.9
2013	华为、联想、中国电子信息产业集团、海尔、中兴通讯、海信、长虹、TCL、北大方正、比亚迪	1957	99.8	5.1
2014	华为、联想、中国电子、海尔、海信、中兴、长虹、TCL、北大方正、浪潮	2200	105.1	4.77

资料来源：采用各公司年报中的原始数据，经笔者计算而来

表 9-6　四川入围全国电子信息百强企业的数据（2012~2014 年）

年份	四川入围电子百强企业名称及名次	平均营业收入/亿元	平均研发经费/亿元	平均研发强度/%
2012	长虹 7，九洲 26	275.45（长虹 523.341，九洲 27.567）	4.797（长虹 8.87，九洲 0.724）	1.74
2013	长虹 7，九洲 26	306.73（长虹 588.753，九洲 24.707）	5.587（长虹 10.236，九洲 0.937）	1.82
2014	长虹 7，九洲 20	308.71（长虹 595.039，九洲 22.386）	5.899（长虹 10.817，九洲 0.981）	1.91

资料来源：采用各公司年报中的原始数据，经笔者计算而来

从表 9-5 和表 9-6 可以看出，全国电子信息百强企业前十名 2012~2014 年（即 2012 年举行第 26 届，2013 年举行第 27 届，2014 年举行第 28 届）的平均主营业务收入分别为 1760 亿元、1957 亿元、2200 亿元，分别比上届增长 14.7%、11.1% 和 12.4%。在全国电子信息百强企业中，四川入围全国电子信息百强的企业最多时有 6 家（2004 年有长虹、托普、汇源、九洲、乐山无线电、国腾），最少时只有 2 家（2011~2014 年都只有长虹和九洲），说明在电子信息产业快速变化和发展的 10 年时间里，四川的一些电子信息企业没有与时俱进，保持与整个行业的同步发展，而是被其他竞争对手超越，甩在了后面。2012~2014 年四川入围全国电子信息百强的企业的平均主营业务收入分别为 275.45 亿元、306.73 亿元、308.71 亿元，分别比上届增长了 1.57%、11.34% 和 0.65%。但四川入围全国电子信息百强的企业与前十名企业比，规模偏小，增长幅度不够稳定。

此外，全国电子信息百强企业前十名 2012~2014 年的平均研发经费分别为 86.2 亿元、99.8 亿元、105.1 亿元，平均研发强度为 4.9%、5.1%、4.77%。四川入围的企业 2012~2014 年的平均研发经费分别为 4.797 亿元、5.587 亿元、5.899 亿元。2012~2014 年四川入围电子信息百强企业的平均研发强度分别为 1.74%、1.82% 和 1.91%。可见，四川入围的电子信息百强企业在平均研发经费和平均研

发强度方面，和全国电子信息百强企业前十名都存在非常明显的差距。

三 企业的创新产出与创新绩效仍弱于东部发达地区

创新绩效包括创新效益与知识产出。新产品销售收入反映了创新经济效益，专利申请、专利授权、发明专利描述知识生产水平。其中，发明专利说明创新质量。

（1）四川电子信息产品制造业创新效益与全国比较。与全国相比，2013年四川电子信息产业制造业主营业务占全国的3.68%，但新产品销售收入只占全国的0.09%。说明四川电子信息产品制造企业的创新效益很低。

（2）四川电子信息产品制造业知识生产水平与全国比较。2012~2014年四川信息技术领域专利申请量在全国分别排在第8名、第8名和第7名（表9-7）。与排名前面的江苏、浙江、广东、山东、北京、安徽等省市的差距还是很明显的。

表9-7 2012~2014年各省（自治区、直辖市）信息技术领域专利申请量排名　　　　　　　　　　（单位：件）

序号	2012年 省份	数量	2013年 省份	数量	2014年 省份	数量
1	江苏	364 698	江苏	311 958	江苏	279 908
2	浙江	218 665	浙江	218 264	浙江	212 027
3	广东	199 555	广东	211 661	广东	208 869
4	山东	99 787	山东	111 471	山东	107 417
5	北京	83 152	北京	104 842	北京	106 103
6	上海	71 052	安徽	71 037	安徽	81 079
7	安徽	63 098	上海	70 900	四川	67 571
8	四川	55 859	四川	59 150	上海	61 299
9	福建	38 240	福建	42 813	福建	46 443
10	湖北	35 261	天津	39 732	河南	44 194
全国		1 702 182	—	1 729 548	—	1 649 068

资料来源：重点产业（电子信息产业）专利信息服务平台

四川电子信息产品制造企业2005年的专利申请量为146件，其中发明专利为27件，分别占全国的1.14%和0.35%。发明专利占专利申请量的比重四川为18.49%，远低于全国59.71%的水平。发明专利拥有量为20件，仅占全国总量的0.42%。

电子信息百强企业前十名是国家创新试点企业，这些企业的创新水平和创新质量代表了中国电子信息产品制造业的创新水平。四川入围企业的创新水平代表了四川电子信息产品制造业的创新水平，两相比较的结果是，四川电子信息产品制造企业的创新绩效与全国水平有较大差距。

四 区域创新网络不太完善

近几年来，四川电子信息产品制造业的区域创新网络体系建设取得了新的进展。但是，四川电子信息产品制造业的区域创新网络体系同发达地区和发达国家比还有较大差距。

（1）电子信息产品制造业的区域创新网络体系层次比较单一、专业分工不细。比如，基于企业共同需要的各专业协会不发达，除少数企业建立了较为完善的企业研发网络体系外，绝大多数电子信息产品制造企业还没有层次丰富、满足国内外竞争需要的企业研发体系。

（2）电子信息产品制造业的区域创新体系效率不高。比如，现有的专业协会有大而全的缺陷，职能行政化特征明显，不能反映电子信息产品制造业专业分工深化趋势，更不能满足企业尤其是中小企业信息交流需求，促进创新理念转化、知识传播。

（3）电子信息产品制造业的区域创新网络机制不完善，发展动力不足。电子信息产品制造业的区域创新平台机制、沟通交流机制、利益共享机制、发展动力机制都不完善。

（4）支持电子信息产品制造企业的科技中介服务体系还不发达，满足不了中小企业需要。研究实验基地与大型科学仪器设备共享平台利用效率不高，共享力度不够，稳定性差，服务手段单一，缺乏有效的整合。科技资源与企业需求脱节，大学、研究机构与企业创新需求不匹配，致使产学研联盟始终不能有效运行；科技文献、数据和网络共享平台整合进展缓慢，难以满足企业研发需求。产业发展与风险融资咨询服务体系还不能支持企业创新。

第四节 四川电子信息产品制造业自主创新战略举措

一 完善以"核高基"专项为首的三大国家重大科技专项政策

国家重大科技专项来源于《国家中长期科学和技术发展规划纲要（2006—2020

年)》，围绕国家目标，进一步突出重点，筛选出若干重大战略产品、关键共性技术或重大工程作为重大专项，充分发挥社会主义制度集中力量办大事的优势和市场机制的作用，力争取得突破，努力实现以科技发展的局部跃升带动生产力的跨越发展，并填补国家战略空白（专栏二）。

专栏二：国家重大科技专项

国家重大科技专项共有 16 个，实施时间为 2006~2020 年，每个投资数百亿元，目前公布的 13 个重大专项中，有三个属于电子信息产业的范畴。

（1）核高基专项

"核高基"专项是《国家中长期科学和技术发展规划纲要（2006—2020 年）》所确定的国家十六个科技重大专项之一。科技部是"核高基"专项的领导小组组长单位；工业和信息化部是"核高基"专项的牵头组织单位，是实施"核高基"专项的责任主体。"核高基"专项实施方案经专家委员会论证，于 2008 年 4 月经国务院常务会议审议并原则通过，现已正式进入实施阶段。"核高基"专项的主要目标是：在芯片、软件和电子器件领域，追赶国际技术和产业的迅速发展。通过持续创新，攻克一批关键技术、研发一批战略核心产品。通过"核高基"专项的实施，到 2020 年，我国在高端通用芯片、基础软件和核心电子器件领域基本形成具有国际竞争力的高新技术研发与创新体系，并在全球电子信息技术与产业发展中发挥重要作用；我国信息技术创新与发展环境得到大幅优化，拥有一支国际化的、高层次的人才队伍，形成比较完善的自主创新体系，为我国进入创新型国家行列做出重大贡献。

（2）集成电路装备专项

极大规模集成电路制造装备与成套工艺专项（简称集成电路装备专项）"十二五"期间重点实施的内容和目标分别是：重点进行 45-22 纳米关键制造装备攻关，开发 32-22 纳米互补金属氧化物半导体（CMOS）工艺、90-65 纳米特色工艺，开展 22-14 纳米前瞻性研究，形成 65-45 纳米装备、材料、工艺配套能力及集成电路制造产业链，进一步缩小与世界先进水平的差距，装备和材料占国内市场的份额分别达到 10% 和 20%，开拓国际市场。

（3）移动宽带通信专项

新一代宽带无线移动通信网专项（简称移动宽带通信专项）"十二五"期间重点实施的内容和目标分别是：以时分同步码分多址（TD-SCDMA）后续演进为主线，完成时分同步码分多址长期演进技术（TD-LTE）研发和产业化，开展LTE演进（LTE-Advanced）和后第四代移动通信（4G）关键技术研究，提升我国在国际标准制定中的地位。加快突破移动互联网、宽带集群系统、新一代无线局域网和物联网等核心技术，推动产业应用，促进运营服务创新和知识产权创造，增强产业核心竞争力。

此外，要进一步依托四川省已有的国家级园区（基地），引导产业（产品）聚集发展。"十二五"期间，着力建设新型显示产业基地、航电与空管电子装备基地、军民融合产业基地、计算机产业基地、云计算产业基地、空间地理信息服务产业基地、物联网技术研发基地、物联网产品制造基地、物联网应用基地、集成电路产业园、信息化与高端装备制造产业融合示范园、光伏产业园、微电子产业园、北斗卫星导航产业园、电子节能照明产业园、新型显示材料产业园、射频识别产业园、电子新材料产业园等一批优势和特色园区（基地）。以园区（基地）为载体，促进资源优化配置、产业优化升级，形成一批具有创新能力和综合实力强的大企业大集团，培养一批专、精、特、新的创新和配套型企业。

二 进一步完善创新型企业政策，培育世界级跨国公司自主创新能力

2012年12月，四川省科技厅印发并实施《四川省建设创新型企业工作办法》。在该文件中，明确了四川省建设创新型企业的九大支持措施：省重大科技专项、科技工程，以及各类科技计划对创新型企业梯队给予优先支持；创新型企业梯队的原创性发明创造、关键、核心技术申请国内外专利，优先给予省专利申请资助资金支持；优先支持创新型企业梯队建设企业研发机构；对创新型企业梯队中属于"百亿工程""百亿园区""百亿产业集群"的企业，凡是符合条件的，在技术创新行业关键性技术开发上给予优先支持；把加强创新型企业梯队优秀科技人才队伍建设作为天府科技英才行动的重要内容，加大省青年科技基金对企业科技人才和创新团队的支持力度；优先支持创新型企业梯队进行科技贷款、知识产权质押、科技保险和融资；加大对创新型企业梯队中的自主创新人员的奖励力度；

对创新型企业梯队在技能比赛、评优创先方面给予优先支持；充分利用报纸、广播、电视、网络等媒体加大对创新型企业梯队的宣传力度。

长虹集团公司是我国电子百强企业，但就其销售收入、创新能力都与海尔集团、联想集团等国内著名的大型电子信息产品制造企业有较大差距，同世界著名的松下、三星等跨国公司的差距就更大。因此，继续做大长虹集团公司规模，提高长虹集团公司创新能力仍然是创新型企业政策的重要目标。

除此之外，应当加大对九洲、国腾、汇源科技等创新试点企业的政策支持力度，促进这些创新试点企业扩大规模，提高创新能力，承担国家重大科技项目，拥有更大的市场份额。加大对创新型企业创新考核的执行力度，实时促进长虹等重点创新型企业面临的投融资问题、风险问题有效解决。

推动长虹、九洲等重点创新型企业与中小创新企业协同创新。中小微创新企业协同创新是四川创新型企业的战略课题。当前，长虹、九洲等重点创新企业与业内中小创新企业协同创新力度小、层次单一、动力不足、效果不尽如人意。因此，要进一步完善长虹、九洲等重点创新型企业与业内中小微创新企业协同创新政策。

要推动形成与GDP增长相适应的地方财政科技投入稳定增长机制，逐年提高对创新型企业自主创新的支持力度。积极争取国家增加对四川省电子发展基金的投入，重点扶持川内重点创新企业的技术研发和产业化，同时继续兼顾对中小创新型企业的扶持和支持。利用基金、贴息、担保等方式，引导各类商业金融机构支持创新型企业自主创新与产业化。

三 制定和完善知识产权战略和标准战略，提高企业自主创新水平

企业知识产权政策和标准战略是四川电子信息产品制造企业的短板。在创新过程中，面临跨国公司的专利门槛，面临电子信息产品制造业激烈的创新竞争，企业知识产权战略与标准战略是必然的选择。四川省应促进创新型企业制定和完善知识产权战略，积极推动长虹、九洲等重点创新企业加大标准战略实施力度。通过标准战略提高创新型企业专利水平和专利开发能力，带动中小创新型企业制定专利战略。发达国家成功经验是，对中小创新企业加强专利保护，提供专利补贴，支持专利开发政策。中小创新型企业必须实施专利保护、专利补贴和专利开发政策，才能促进其专利水平提高，从而强化企业在标准战略和

知识产权战略实施中的主体地位。要进一步加强电子信息产业知识产权信息发布、跟踪与预警分析，引导企业注重技术研发与知识产权结合，提高知识产权创造、管理和应用水平。推动跨国公司公开、转让共性专利技术，促进创新型企业与跨国公司知识产权合作。要建立知识产权预警机制和国际事务协调机制，为电子信息产品制造企业创新提供良好的国际知识产权平台。

四 建立以企业为主体、以市场为导向、产学研相结合的技术协同创新体系

通过有效的政策引导和支持，真正使企业成为技术创新的投入主体，成为技术创新项目的承担主体，成为技术创新成果的拥有和应用主体，成为技术标准的制定主体，成为技术人才的培养和使用主体。大力推进产学研用相结合，支持有条件的企业承担国家研究开发任务，主持或参与重大科技攻关，鼓励和支持企业同科研院所、高等院校联合建立研究开发机构、产业技术联盟等技术创新组织，提高研发成果的产业化水平。要从以下三方面大力推进以企业为主体的技术创新体系建设。

（1）加大公共科研基础设备整合力度，提高重点研发试验设施、检测设施等研发设备使用效率，为中小创新型企业提供高效的研发平台。鼓励具备条件的大中型工业企业建立技术中心，支持有条件的企业技术中心创建国家级技术中心。

（2）加大电子信息产品制造业产业技术创新联盟的政策支持力度，力争把其建设成为大学、研究机构与企业协同创新的重要基础平台，促进四川电子信息产品制造业集成创新能力建设，推动重点创新型企业集成创新水平有较大程度提升。推动各种形式、多层次的产学研联合体发展，发挥各自优势，开展源头上的技术创新工作，把四川省电子信息领域的智力资源优势转化为产业发展的现实，提升四川省电子信息产品的技术含量和市场竞争能力。

（3）促进创新型企业人才培养和激励体系建设，把创新型企业尤其是重点创新型企业建成吸纳高素质科技人才的基地。要继续抓好计算机、软件、集成电路等领域的各层次人才培养和认证工作；加快建设发达的电子信息专业人才市场；改革电子信息人才管理体制，建立完善的激励机制；大力吸引留学人员来川创业、发展。

五 以开展原创性创新为导向，坚持走系统集成创新道路

长虹公司经验表明：集成创新道路是一条提高电子信息产品制造业自主创新的快捷通道。电子信息产品制造业集成创新政策应当着力解决：集成基础平台、集成主体、集成载体、集成机制、集成目标等关键性问题。集成基础平台前已叙述。这里强调如下要点：①重点创新型企业是集成主体；②重大科技活动或重大专项是集成载体；③产业联盟、技术创新联盟、产业技术创新联盟机制是集成机制；④创新要素、核心技术、组织职能等是集成目标。

原始性创新是四川电子信息产品制造业创新的弱项。核心技术突破不多，国际品牌少，具有市场竞争力的品牌不多。鼓励企业开展原始性原创新仍然十分重要。支持重点创新型企业如长虹、九洲、国腾、汇源科技、南山之桥、三零等开展原始性创新研究。贯彻"大众创新，万众创业"政策，鼓励创新创业企业开展核心技术－产品创新，促使创新创业企业成为原始创新和核心技术－产品创新的生力军。

六 制定和实施创新型区域升级战略，完善区域自主创新政策体系

《四川省"十二五"电子信息及新一代信息技术产业发展规划》提出，要实施"1极1基4带多园区"产业空间布局，即优化发展1个产业增长极（成都），以研发、整机、系统集成和配套产业链互补与融合发展模式，构建1个成—绵电子信息产业大基地，壮大发展成—德—绵—广（元）、成—眉—乐—雅、成—遂—南—广（安）和成—资—内—宜4条产业带，辐射发展多园区的产业布局，突出地区特色优势和合理分工，集聚构建四川省电子信息产业完整体系。

增强成都高新区及绵阳科技城的区域创新优势是四川电子信息产品制造业自主创新在区域空间布局的必然要求。当前，加快建设世界一流高新区，增强成都高新区区域创新优势，促进四川创新型区域升级。为此必须做好如下工作：

进一步创新引进外资思路，着力引进更多的电子信息领域跨国公司在成都设立研发总部；认真贯彻落实《支持国家电子信息产业基地和产业园发展政策》，推动进入基地和园区的国家工程实验室、国家重点实验室、国家工程（技术研究）中心、企业技术中心、部属科研机构做成世界一流的研发平台，完善并提高面向中小创新型企业的公共技术、知识产权和信息服务平台，形成更高

效的开放共享机制,做强成都高新区公共研发平台,鼓励并采取更有力度的措施支持一批信息技术创新型企业和研发中心,做大做强成都高新区内集成电路设计企业、软件企业、信息安全产品企业建成国家级技术中心;支持成都高新区电子信息产品制造企业协同创新,加强国际创新合作;创造良好的创新文化,完善人才政策,吸引国内外人才加速向成都流动;加快区域资本市场发展,为风险投资公司创造良好的金融市场基础。

绵阳科技城拥有西部特有的科技资源优势、数字产业优势,为做强科技城创新优势打下了良好的基础。当前,应当利用制定"十三五"规划契机,借鉴深圳城市创新体系建设经验,制定绵阳科技城的城市创新体系发展规划,全面建设军民融合创新区域。为此,必须做好:深化军工科技体制改革,以军工体制改革为契机,加速军民结合科技体制创新;深化政府体制改革,明确政府权力清单、责任清单和负面清单,加快服务型政府建设,以政府体制改革和服务、廉洁、高效型政府为契机推进绵阳科技城在科技资源、创新要素集聚的步伐;以绵阳科技城产业发展基金为平台,设立科技城电子信息产业发展基金、信息技术应用"倍增计划"贷款贴息等项目计划,带动绵阳科技城风险投资体系建设;支持绵阳科技城区内探索并建立区域性行业人才培养机制。引导科技城内企业与绵阳科技城内、外高校、科研院所建立产学研相结合的信息技术人才培养平台,加大复合型、实用型和技能人才的培养力度。加大力度,引导国内外信息产业领域的人才到绵阳科技城创业、工作,在年度接收和派出挂职干部工作中对科技城给予重点倾斜。

七 加大对自主创新产品的政府采购力度

对本国开发的具有自主知识产权的重要高新技术装备和产品,建立政府首购和订购制度是国际通行的做法,目前,根据建设创新型国家战略需求,我国的政府采购制度正在建立和完善。四川省财政厅、信息产业厅等部门也应该积极推动政府采购政策和实施细则的出台,为省内电子信息产品制造企业开发的具有自主知识产权的电子信息产品开辟市场空间,提供有力的政策支持。

首先,要完善政府采购指导思想。政府采购不仅要贯彻成本思想还要贯彻创新政策。其次,还需要完善政府采购工作协调机制和实施细则,为具有自主知识产权的信息技术产品开辟市场空间提供有力的政策支持。最后,加大重大技术创新产品的政府采购力度。

第十章 四川装备制造业产业创新战略[①]

装备制造业是四川的支柱产业，本章选择的四川装备制造业创新战略案例是一个优势创新区域资本密集型产业创新战略案例。通过研究该案例，我们发现：实施优势创新区域资本密集型产业创新战略必须加快核心技术－产品创新战略实施步伐，优势创新区域必须做大做强核心领军创新企业，核心领军创新企业应当成为发展装备制造业创新集群的领导力量。

第一节 四川装备制造业概况

一 装备制造业是四川省突出优势产业之一

四川装备制造业的初期发展得益于国家"一五""二五"期间及"三线建设"时间的产业布局，多年的累积发展为四川省高端装备制造业提供了大量的熟练非技术工人。从地理位置上来看，一方面，四川特别是以成都为中心的川西平原、丘陵地带已成为西南地区甚至是西部地区的重要经济地带和区域中心；但另一方面，相比于上海、辽宁等沿海地区，四川的地理区位则尽显劣势，特别是在物流成本、产业先进信息知识获取、国际经济技术合作等方面。在资金方面，作为四川省的优势产业之一，20世纪90年代以来，特别是中国经济进入平均经济增速9%左右的快速发展通道时期，四川装备制造业的发展得到了资本市场的广泛青睐和大力支持。2001年以来，四川装备制造业呈现出快速增长的发展趋势，成为四川省主要的优势产业之一（表10-1）。

[①] 本章是对我们团队完成的中国－加拿大政府合作项目"西部自主创新战略"之子课题四川装备制造业自主创新战略的研究成果改写。这个案例的成果最先发表于"中国西部区域自主创新战略研究"课题组编著的《中国区域自主创新研究报告（2008~2009）》。详见《中国区域自主创新研究报告（2008~2009）》. 北京：知识产权出版社，2009年，第12章。

表 10-1　2001~2012 年四川省装备制造业工业增加值

年份	增加值/亿元	全部工业增加值/亿元	占比/%	比上年增长率/%
2001	62.6	1 407.8	4.45	16.8
2002	85.6	1 551.5	5.52	36.7
2003	118.1	1 771.4	6.67	38.0
2004	198.6	2 165.2	9.17	68.2
2005	265.3	2 512.6	10.56	33.6
2006	361.4	3 144.7	11.49	36.2
2007	501.8	3 868.6	12.97	38.8
2008	660.5	4 939.3	13.37	31.6
2009	776.7	5 678.3	13.68	17.6
2010	968.5	7 326.4	13.22	24.7
2011	1 189.3	9 491.0	12.53	22.8
2012	1 340.3	10 800.5	12.41	12.7

资料来源：1998~2005 年数据来自《中国区域自主创新研究报告》(2008~2009 年)，"中国西部区域自主创新战略研究"课题组。2006~2012 年数据来源于四川省政府历年统计公报

（一）产业规模不断扩张，产业集群业已形成

作为国内三大装备制造生产基地之一的四川省，其装备制造业将面临着前所未有的历史发展机遇，并已初步形成了装备制造的产业集群和进行装备制造业核心技术和核心产品自主创新的良好基础。自 2003 年实施"1+8"工程（即德阳重大技术装备制造业基地和大型发电成套设备产品链等八大重点产品链）以来，四川省装备制造业取得了快速的发展，主要经济指标年均增幅在 30% 以上。2010 年，四川省规模以上装备制造企业 3107 户，企业总资产 4722 亿元，从业人员 63.3 万人，分别占四川省全省工业的 22.5%、21.9%、21.3%。2010 年，四川省全省规模以上装备制造企业完成工业总产值 4918 亿元，比 2009 年增长 33.5%，与 2005 年相比增长 3.4 倍，年均增速 34.5%；工业增加值 1500 亿元，比上年增长 30.2%，与 2005 年相比增长 3.1 倍，年均增速 31.1%。其中，成都、德阳、自贡、资阳、绵阳、眉山、宜宾、泸州等 8 个装备工业重点市 2010 年装备工业总产值达 3934 亿元，占全省装备工业总量的 80%。来自四川省经济和信息化委员会的最新数据表明，2015 年 1~5 月，四川省机械装备制造业（规模以上）累计完成工业总产值 3317.71 亿元，同比增长 5.45%；工业销售产值 3216.24 亿元，同比增长 4.58%。

（二）产业经济效益良好，产业竞争力不断提升

2010年，四川省全省规模以上装备制造企业实现销售收入4741亿元，比上年增长33.4%，与2005年相比增长3.4倍，年均增速35.0%；利税总额489亿元，比上年增长41.6%，与2005年相比增长4.3倍，年均增长39.6%，占全省工业的26.1%；盈亏相抵后的利润总额285亿元，比上年增长39.6%，与2005年相比增长4.1倍，年均增长38.4%，占全省工业的29.4%。产业经济效益稳步发展，屡创新高。实现销售收入4065.35亿元、利税296.30亿元、利润155.85亿元，完成出口交货值173.51亿元。在装备制造产品竞争力方面，四川省发电设备产量自2004年起，连续七年居世界第一，目前已形成火电、水电、核电、风电、太阳能发电、生物质能发电"六电并举"的格局，其中水电全国第一，火电三分天下，核电优势明显，风电全国第三，太阳能发电设备全国领先，生物质能发电设备独具特色。冶金设备产量国内第一，大型轧钢设备市场占有率50%以上。另外，大型铸锻件市场占有率全国领先，其中大型电站铸锻件市场占有率50%以上。大型石油钻机产量全国领先，出口全国第一，远销美国、俄罗斯、中东市场。中国"大飞机"项目唯一的机头生产基地建在四川。内燃机车产量全国领先，铁路货车市场占有率20%以上，货车制动机市场占有率50%以上。

（三）装备制造产业产品和技术自主创新能力不断提升

经过多年的发展，四川省已经初步形成了以德阳、成都、眉山、资阳、自贡、宜宾5市为主要地区，在航空、航天及卫星应用、轨道交通、智能制造、海洋工程等高端装备制造业方面具有一定市场竞争优势的企业。以德阳为例，该重大技术装备制造业基地已形成了以东方集团、中国第二重型机械集团公司为龙头，带动200家配套企业的装备制造业产业集群，成为目前我国重大技术装备制造业集中度最高的区域。规模以上机械装备制造企业已达到120家，装备制造业企业从业人员近6万人。全市已建立了六大机械加工园区，为重大技术装备制造业基地配套的中小企业近200家，形成了以东方集团、中国第二重型机械集团公司为核心的重大技术装备制造业基地制造企业集群和大型水电火电核电成套设备产品链、大型冶金成套设备为代表的重型机械产品链、石油天然气成套设备产品链、大型化工成套设备产品链。至2011年年底累计生产的水轮发电机组、汽轮发电机组、电站铸锻件、大型连铸连轧设备、石油钻采设备分别占全国总产量的1/3、1/4、1/2、1/3、1/4。省内

的重点装备制造企业根据自身的优势，在干支线飞机、轨道设备、机车车辆、磁悬浮机车、柔性制造线、智能机器人、重型数控机械、精密机械、卫星导航与应用设备、海洋平台、海洋钻机、海洋电缆、船用发动机等为主导的产品链系列方面提出了企业的发展战略。相比于上海、辽宁等传统的装备制造业基地，四川装备制造业具有一定的市场优势，特别是制造成本优势。同时，省内的装备制造企业非常注重国际技术合作，努力缩小与东部沿海地区的技术差距。区域内重点企业通过与通用电气、西门子、法马通、德马克等国际知名企业的技术合作和技术引进，在一些重大项目的研制方面已掌握了国际先进技术，如70万千瓦水轮发电机组、60万千瓦超临界火电机组、30万千瓦循环流化床机组、重型燃气轮机、5米厚板轧机、磁悬浮轨道梁等均已达到国际先进水平。

（四）高端装备制造业发展初具产业规模

2008年金融危机后，党中央、国务院把培育和发展战略性新兴产业作为全面建设小康社会、加快转变经济发展方式、构建国际竞争新优势的重大战略举措和"十二五"时期的重点任务，制定并出台了一系列促进政策。在这一背景下，结合自身的产业基础和优势，四川省提出了发展包括新能源产业、高端装备制造业、新材料产业等在内的七大战略性新兴产业。为促进四川省战略新兴产业的培育和发展，省内各级政府制定了相应的发展和相应的支持与鼓励政策。2011年11月，《四川省"十二五"战略性新兴产业发展规划》印发。该规划指出，"十二五"时期是突破关键技术、营造发展环境、夯实产业发展基础，加快四川省战略性新兴产业发展的关键时期。经过"十二五"建设，四川省已初步形成"一个基地、两条产业带、五大园区"的产业布局，即成都国家级民用航空航天产业基地、眉山—成都—资阳—自贡—宜宾高端装备制造业产业带和成都—绵阳航空航天和空管产业带。据四川省经济与信息化委员会提供的数据，2010年，四川省在航空、航天及卫星应用产业拥有规模以上企业36户，共实现销售收入265亿元；在高速轨道交通装备产业方面拥有规模以上企业50户，共实现销售收入110亿元；拥有智能制造装备产业规模以上企业160户，共实现销售收入149亿元。以四川省装备制造产业重要基地之一德阳市为例，其通用航空、能源、石油钻采等产业的发展迅速，2014年1~8月，进出口总额累计完成25.3亿美元，比去年同期增长11.5%，其中出口额20.2亿美元，同比增长38%，比全国增幅高34.5个百分点。

二 产业自主创新能力提升是四川省装备制造业发展的关键

（一）自主创新是提升四川装备制造企业全国地位的重要举措

目前，中国装备制造业整体形成了"3+2"的区域格局，包括：三大传统区域即长三角、珠三角、环渤海，两大新兴区域即东北区域、中西部（以成都、重庆、武汉、西安为中心）。上海、四川和东北地区是国家三大重大技术装备制造基地。其中，上海主要有上海电气集团、上海重型机械集团公司等核心企业；黑龙江主要有哈尔滨电气集团公司、中国一重等核心企业；四川主要有东方电气、中国二重等核心企业。20世纪90年代以来，三大基地抓住国内市场机遇，从欧美、日本等发达国家和地区引进和消化吸收了大量的电力设备、冶金石油、运输设备等装备制造先进产品和技术。整体上看，上海的企业因其突出的区位优势和创新人才优势，整体创新能力较强。经过20多年的发展，传统三大基地形成了不同的优势和特色。相比于上海等东部经济强省（自治区、直辖市）和东北地区，四川省装备制造业的整体实力并不是十分突出，如资产总额、工业总产值等低于上海地区的企业，制造核心企业的核心产品和技术创新能力整体弱于东部地区。之所以出现这种情形，其根本原因在于四川省装备制造业整体的自主创新能力较弱。主要包括：科技创新投入偏低，产业创新型人才不足，产业核心产品和技术拥有量较少等。具体表现为大部分产品核心技术仍受制于国外，产业前瞻性研发成果不多，研发投入占销售收入比重不足2%，产业优势主要集中在低端加工制造环节，研发设计与工程承包、商贸物流、维修服务等生产性服务业发展不足，在国内外分工中居于不利地位。另外，也要关注到，随着国内许多地区对装备制造产业发展重要性的关注与认识以及装备制造产业的国内和全球分工的深入，三大传统基地以外的一些省份也开始加大对装备制造业发展的支持，在这一背景之下，自主创新能力的形成和提升更成为四川省装备制造业地位提升和巩固的关键。

（二）四川省具有提升装备制造产业自主创新能力的诸多有利因素

在交通、现代通信、信息等基础设施方面，四川省在本部地区具有突出的优势。2012年的统计公报数据表明，至2012年年底，全省铁路营运里程3514公里，高速公路通车里程4334公里，内河港口年集装箱吞吐能力16.1万标箱；

拥有局用交换机容量（含接入网）1789万门，移动电话交换机容量13 749万户；固定互联网用户838万户，移动互联网用户数3974万户，光缆线路长度83.5万公里。四川高端装备制造业已形成的生产基地大多为四川的传统经济强势区域，其基础设施较为完善。在高素质的产业人才队伍方面，四川在西部地区仍具有相当的优势。据不完全统计，四川省现有装备制造人才约为44.8万人，占全省工业（规模以上）人才的19.6%。装备制造人才主要集中在成都、德阳、自贡、资阳、绵阳、宜宾、泸州、乐山、眉山、攀枝花等地区。但由于受区位、经济、社会综合条件限制，四川省对高层次人才吸引力较低，企业高层次经营管理人才不足。在大学与科研机构方面，四川省科研基础雄厚，主要科研机构实力突出。产业领域内省级以上技术中心29家，如成都工具研究所、成都电焊机研究所、四川省机械设计研究院、绵阳中国工程物理研究院、西南自动化研究所、西南交通大学等，这些科研机构和高等院校在机车车辆、数控技术与设备、冶金设备、工程机械等方面的研究处于国内领先水平。同时，良好的相关及支持产业发展和科研创新条件为四川装备制造业的创新发展奠定了较为坚实的基础。2010年，四川省全省现有各类科技活动机构1461家、普通高校93所，专业技术人员228.8万人，科技活动人员28万人，具有部、省级称号的高层次专家9000余人（次），在川国家级重点实验室12个、省部级重点实验室126个、国家级博士后科研流动（工作）站132个、国家级工程技术中心14家、国家级企业技术中心33家、省级工程技术中心90家。另外，全省现有高新技术企业1498家，2010年全省高新技术产业实现工业总产值4962.2亿元，占全部规模以上工业总产值的比重达到20.9%；科技创新成果不断增加，全省2010年共登记技术合同7000项，成交金额62亿元，完成省级科技成果登记609项，34项成果获国家科学技术奖励、241项获得省科学技术进步奖。省认定授牌的高新技术创新产品30个，产学研创新联盟101个，国家创新型企业21家。

第二节　四川装备制造业自主创新优势与经验

在四川省装备制造业发展过程中，无论是前期传统装备制造业的升级改造，还是近年来高端装备制造业的培育与发展，都形成和积累了一些可贵的经验，特别是以发电设备产业创新为特征的自主创新格局初步突显，形成了德阳、成都等地区的装备制造优势创新产业（或产业集群）。

一 四川省装备制造业的自主创新绩效

四川省装备制造业"十二五"规划中明确指出,四川省装备制造业"自主创新不足,核心知识产权较少。虽然企业的成套研制能力已显著增强,但许多核心技术仍受制于国外,特别是关键零部件的对外依赖度较高,具有自主知识产权的核心技术和优势产品较少"。基于此,规划中提出要加快推进装备制造产业结构调整,大力发展技术含量高的产品,加快建设技术创新平台和服务体系,加快推进重点装备制造产业园区建设,加快培育一批大企业大集团。"十二五"期间,四川省装备制造业的自主创新取得了较为显著的成效。

(一)产业专利申请与授权数量持续增长,在工业领域中占据突出地位

2009年,四川省政府提出了大力发展电子信息、装备制造、能源电力、油气化工、钒钛钢铁、饮料食品、现代中药等优势产业和航空航天、汽车制造、生物工程及新材料等潜力产业(简称"7+3"产业)。来自科技统计公报的数据表明,装备制造领域内的产业专利申请与授权数量一直处于突出地位,体现了四川省装备制造自主创新的突出绩效(表10-2、表10-3)。装备制造的专利申请总量在"7+3"工业中,仅次于电子信息产业,其中发明专利申请占"7+3"工业总量的比例在10%以上,且企业申请总量占比也在10%以上。

表10-2 2012年四川省重点行业专利申请情况

类别	合计/项	发明/项	实用新型/项	外观设计/项	占"7+3"总量/%	占企业总量/%	同比增长率/%
"7+3"合计	24 912	7 793	13 050	4 069	100.00	66.01	52.54
电子信息	6 838	2 644	3 541	653	27.45	18.11	50.49
钒钛钢铁	842	447	392	3	3.38	2.23	19.78
航空航天	242	71	164	7	0.98	0.65	28.05
能源电力	3 298	825	2071	402	13.24	8.74	52.27
汽车制造	876	249	553	74	3.52	2.32	73.81
生物工程	590	244	284	62	2.37	1.57	63.89
现代中药	598	344	164	90	2.41	1.59	−14.33
饮料食品	2 318	384	253	1 681	9.31	6.14	52.3
油气化工	4 458	1 582	2 125	751	17.9	11.81	71.14
装备制造	4 852	1 003	3 503	346	19.48	12.85	59.56

表 10-3　2013 年四川省重点行业专利申请情况

类别	合计/项	发明/项	实用新型/项	外观设计/项	占"7+3"总量/%	占企业总量/%	同比增长率/%
"7+3"合计	31 825	11 353	16 630	3 842	100	60.74	27.75
电子信息	11 449	4 159	6 410	880	35.98	21.85	67.44
钒钛钢铁	1 073	642	431	—	3.38	2.05	27.44
航空航天	290	95	190	5	0.92	0.56	19.84
能源电力	4 167	1 149	2 419	599	13.1	7.96	26.35
汽车制造	757	161	445	151	2.38	1.45	-13.59
生物工程	884	598	267	19	2.78	1.69	49.84
现代中药	981	471	203	307	3.09	1.88	64.05
饮料食品	1 774	295	265	1 214	5.58	3.39	-23.47
油气化工	3 833	1 974	1 449	410	12.05	7.32	-14.02
装备制造	6 617	1 809	4 551	257	20.8	12.63	36.38

（二）装备制造企业创新活动投入力度加大

以 2012 年为例，全省有规模以上工业企业 12 719 家，年末从业人员 393.7 万人，全年实现工业总产值 31 033.2 亿元，主营业务收入 31 427.2 亿元。工业企业的 R&D 人力投入和 R&D 经费投入占到全省总量的 51.6% 和 40.5%，在数量上超过高校和科研院所成为四川省创新活动的重要主体。在制造业企业中，有 6.1% 开展了 R&D 活动，其中，计算机、通信制造业企业达到 21.1%，医药制造业企业为 19.8%，汽车、铁路、航空航天等运输设备制造业企业有 11.6%；而农副食品加工、食品和酒饮料等传统制造企业仅 2.9% 有 R&D 活动。另外，四川省制造业企业有 6.1% 设有科研机构，其中的计算机、通信和其他电子设备制造企业达到 15.8%，医药企业有 15.3%，交通运输和航空航天行业企业为 10.2%，食品、酒、饮料等行业企业仅 4.2%。可见，四川省装备制造企业相对于其他产业企业的创新活动更为普遍。创新活动的相对活跃为四川省装备制造业形成更突出的创新绩效奠定了基础。

（三）传统装备制造业产业集群正向创新型产业集群升级

四川省装备制造业集聚区主要分布在成都、德阳、自贡、资阳、绵阳、宜宾、泸州、眉山、内江等 8 个重点市，即德阳重大技术装备制造业基地；以发电与冶金装备、石油钻采、动力机车、工程机械、发电锅炉等重点产品为依托的成都经开区、德阳经开区、广汉经开区、资阳机车工业园、泸州长江机械工业园、自贡板仓工业园等六个特色装备制造产业园区。这些产业集群有不同的产业类型，或以已有的核心企业为基础形成，或由招商引资而形成，或依托已有优势产业而形成等。经过近些年的发展，这些产业集群已开始向创新型产业集群升级演化。具体表现为：集群内核心创新型企业开始形成，集群成员数量和领域范围不断扩大，集群成员创新活动日趋活跃且创新成果日益丰富，成员间比较注重技术与产品创新的分工与协同，产业链和产品价值链不断延伸和扩展等。

二 四川省装备制造业的自主创新优势与经验

在四川省装备制造业快速发展的过程中，核心创新型企业的自主研发、设计和制造能力不断得到增强，形成了一定的自主创新能力。以发电设备、交通运输设备、航空设备及环保设备为主的装备制造产业已逐步成为四川省的优势产业之一。

（一）"十二五"期间，四川省装备制造业自主创新能力取得了新进展

"十一五"末期，四川省提出要深入推进重大技术装备"1+8"工程。"十二五"期间，四川省装备制造业自主创新能力取得了一系列进展。以广汉的石油设备制造为例，2011年石油天然气装备制造产业实现销售收入176亿元，拥有产值上亿元的企业40个，集聚度达39.8%；实现高新技术产品产值52.9亿元，同比增长30%；实现外贸出口26 188万美元，同比增长69.2%。整个产业园区已具有年产石油钻机200套、泥浆泵700台的生产能力，产品覆盖钻机、钻井泵、游吊系统、固控系统、电控系统、井口控制设备、顶驱系统生产、石油输送管线设备，是全国三大石油钻机生产基地之一，产品首位度居全国第一，产品出口到欧美等发达国家和地区，拥有"宏华"中国驰名商标1个，"川式""凌峰"等省级著名商标3个。而成都的航空航天设备生产基地、德阳的发电设备生产基地也取得了良好的成效，一些技术和产品填补了国内空白，在世界市场上占有一定的市场份额。

（二）四川重视装备制造核心企业和产业创新网络建设取得了重大进展

一方面，近年来四川装备制造业形成了八个重点产业园区的布局，而且每个园区都有一定数量的核心企业。另一方面，以"863"计划、科技攻关计划等国家重点项目为纽带，四川装备制造企业和国内高校特别是川内高校、科研院所建立了产业的产学研创新联盟。在发电设备制造领域，主要形成了东方电气

集团、中国二重等核心企业。在航天与卫星应用装备产业领域，拥有成飞公司、成发公司、电子10所、电子29所、成都天奥、南车资阳机车、普什宁江机床等多家核心研发单位和企业。在石油机械制造领域，主要形成了四川宏华、四川空分、宝石机械、成高阀门、自贡高阀、精控阀门、川油钻采、川南机械、金星压缩机、大业高容、惊雷科技等核心企业。在节能环保设备领域内，主要形成了中昊晨光化工研究院、能投华西环保发电公司、大业高压容器公司和东方凯特瑞环保催化剂公司、环能德美科技公司、中自尾气净化公司等公司。轨道交通装备制造领域内，主要形成了成飞、南车资阳机车、南车眉山车辆、南车成都机车车辆、新筑路桥、中国二重、天马轴承等企业。至2013年年初，四川省共有国家创新型（试点）企业26家，居西部地区第一位，全国第七位，有省级创新型企业1154家。其中，中国二重、东方电气、四川九洲等成为装备制造业内创新企业的典型代表。四川装备制造业领域内也较早地建立了多个产学研创新联盟（表10-4），为开展产业内的协同创新提供了坚实的基础。

表10-4　四川省装备制造业产学研创新联盟试点名单（2009年）

序号	四川省产学研创新联盟名称	牵头单位	成员单位
1	四川省航天产业技术创新联盟	四川航天技术研究院	①7146所；②长征机械厂；③燎原无线电厂；④达宇特种车辆制造厂；⑤烽火机械厂；⑥川南机械厂；⑦成都航天模塑有限公司；⑧西北工业大学；⑨哈尔滨工业大学；⑩电子科技大学；⑪南京航空航天大学；⑫浙江大学；⑬南京理工大学；⑭四川大学
2	四川省精密数控机床产学研创新联盟	四川普什宁江机床有限公司	①四川长征机床集团有限公司；②西南自动化研究所；③成都工具研究所；④成都普瑞斯数控机床有限公司；⑤成都广泰实业有限公司；⑥四川磨床厂；⑦四川大学
3	四川省先进制造测试技术创新联盟	中国测试技术研究院	①中国第二重型机械集团公司；②东方电气集团东方电机有限公司；③四川普什宁江机床有限公司；④成都工研科技股份有限公司；⑤东方电气集团东方汽轮机有限公司；⑥西南交通大学；⑦四川大学
4	四川省装备电缆产学研创新联盟	特变电工（德阳）电缆股份有限公司	①四川大学；②东方电气集团东方汽轮机有限公司；③特变电工沈阳变压器集团有限公司；④四川宏华友信石油机械有限公司；⑤成都健坤聚合物有限公司；⑥德阳市旌阳区生产力促进中心
5	四川省石油化工装备产学研创新联盟	西南石油大学	①四川石油管理局钻采工艺技术研究院；②四川石油管理局装备制造公司；③四川宏华石油设备有限公司；④四川石油管理局成都天然气压缩机厂；⑤广汉川油井控装备有限公司；⑥中国第二重型机械集团公司；⑦成都博德钻采设备制造有限公司；⑧泸州川油钻采工具有限公司；⑨四川昆仑石油制造有限公司

（三）核心创新型企业在掌握装备产业核心技术方面取得了较大突破

四川省装备制造业"十二五"发展规划明确提出了装备制造业发展的目标、重点产品链和关键技术。经过近年来的发展，四川省的一些装备制造核心企业在产业核心技术创新方面取得了较大的突破。例如，在重大装备制造领域，国家级创新企业东方电气制造的东方电气大型混流式、大型贯流式水轮发电技术近几年也得到了快速发展，部分产品达到了世界先进水平，单机容量居世界领先地位。先后实现了以三峡右岸700兆瓦和溪洛渡770兆瓦为代表的巨型混流式、以巴西杰瑞75兆瓦为代表的贯流式、以葛洲坝增容改造机组为代表的轴流式，以及以仙游300兆瓦为代表的抽水蓄能机组等具有国际一流技术水准的水电产品的自主研发。混流式水轮机水力模型性能水平大幅度提高，最高效率超过95%，空化和水力稳定性出色，尤其以独到的技术消除高部分负荷压力脉动带，形成了自有技术优势和特色；在贯流式水轮机方面，灯泡贯流式机组的单机容量、最大转轮直径和水轮机最高水头均已达到世界先进水平。中国二重则成功制造出我国最大的160兆牛水压机、我国首套1000兆瓦核电半速转子，成为我国唯一一家全套供应70万千瓦级三峡水利发电机铸锻件企业；钢锭重达550~600吨的核电常规岛超大型1100兆瓦核电半速转子也已形成批量制造能力。在环保设备制造领域，四川省已初步形成了仪器设备制造、环境工程建设、资源综合利用、环境服务和环保产品生产五大体系。其中的核心企业环能德美公司在全球率先成功研发出了"超磁分离水体净化成套技术"；成都易态科技公司是全球唯一从事系金属膜处理烟尘开发及应用的高新技术企业；美富特环保科技公司第三代反渗透膜技术世界领先。在航空航天设备制造、石油设备制造、运输设备制造等领域内也涌现了一批掌握核心产品和技术的企业。

第三节　四川装备制造业产业创新问题

一　创新型产业集群的建设和培育任务较重

虽然四川省装备制造业已经形成了有一定规模和影响力的产业集群，但总体上看这些产业集群表现为典型的运作型集群。其突出表现为：①产业集群自主研发和创新能力较弱。与发达国家和国内沿海地区相比，四川省装备制造业企业产业升级缓慢，技术改造投入少，技术开发和引进的经费投入较低，自主研发能力不强，使得技术创新和研发投入的使用效益不高。现有的创新多是先引进，再消化和吸收从而创新，自主创新能力较差，一些核心、关键技术则依赖引进。②产业集群中的网络化程度和层次较低。四川装备制造业集群内的网络主体以企业为绝对主体，科研院所、中介服务、金融机构等的力量比较薄弱，没有成为集群实质上的网络成员，集群内的产学研官关系没有完全理顺，不利于网络创新和协同创新的出现。

二 装备制造业发展中的高级生产要素仍存在着较大的约束与限制

（一）高级科技人员的缺乏

从四川省装备制造业当前的情形来看，技术研发投入仍不足，自主创新能力不强，关键核心技术、关键零部件及原材料主要依靠进口。无论是政府还是企业，对研发的投入都显不足，这直接导致了关键核心技术的研发和优势产品的开发能力较弱，拥有自主知识产权的原创性技术和产品较少，企业核心竞争能力不强，在一些关键零部件和原材料方面也主要还需要依靠进口。造成这一现象的根本原因在于产业技术研发中高级科技人员的缺乏。

（二）区位劣势

从西部地区来看，四川省装备制造业已有的产业集群具有突出的区位优势。然而，与沿海地区的上海、辽宁等省（自治区、直辖市）相比较，则区位劣势尽显。以交通运输为例，大件运输能力相对滞后，目前的大件运输通道通行能力已越来越不能满足大件运输的需求，而岷江航道在枯水期，因水位不够，使运输大件受限，这已成为制约四川装备产业发展的瓶颈问题，极有可能导致四川省装备企业在未来的市场竞争中处于不利地位。在追踪和获取产业的知识和信息前沿方面，地处内地的四川省也无法与沿海地区相比较。

（三）产业政策激励效果差，养成了企业"等、靠、要"政策的思维，创新驱动力明显不足

在我国已有的经济增长方式中，国家产业政策的支持成为激励和支持企业持续生产经营的一个不可忽视的因素，优惠的产业政策已成为不少企业降低经营成本，减少经营风险和市场风险的重要依托。这使得企业形成了过度依赖优

惠产业政策的惯性思维，一旦企业经营不利或产业发展环境不利，便多方呼吁政府出台更为优惠的产业政策。对于战略性新兴产业而言，由于其高度不确定性，产业内的企业将面临比成熟产业更多的风险，企业过分依赖于国家产业政策的思维不利于产业及产业内企业的发展。政府本来用于激励集群内企业创新发展的政策变成了一种"福利"，激励效果十分有限。企业缺乏知识产权的尊重与保护的强烈意识。究其原因，一方面，过去经济的发展主要以国际产业转移承接为主，基于产品功能模仿甚至更低端的外观创新成为知识产权的主要表现，这使得知识产权的尊重与保护并不能为企业提供足够的激励。另一方面，知识产权保护的正式制度特别是非正式制度还不够完善，这也使得社会普遍缺乏对知识产权尊重的强烈意识。知识产权尊重和保护意识的缺乏必然会抑制装备制造产业内微观主体的创新行为积极性。

第四节　四川装备制造业创新能力持续提升策略

一　促进装备制造企业创新驱动力系统的形成

企业创新驱动力可以分为外部驱动力和内部驱动力。

（一）外部驱动力

四川省装备制造产业内企业的创新活动受四川省区位条件、支持产业与相关产业、区域社会文化的影响。促进企业创新外部驱动力的关键点在于：①建立健全省域装备产业的合作发展机制与政策。作为内陆地区的重要经济体，四川省尽管在经济总量上居西部之首，然而与东部地区相比，无论是经济发展的数量，还是质量，都存在着明显的差距，在装备制造产业特别是高端装备制造业更是如此。这也为四川省开展与其他省区特别是与东部省区间的装备制造产业合作提供了空间，有利于装备制造产业产品链和价值链的完善，也有利于产业内的企业有效地控制和应对产业技术创新和产品创新中的各种风险。为此，四川省政府应加强装备制造产业特别是高端装备制造业的合作政策，具体包括：跨区域的产学研合作机制与政策、跨区域产业政策协调与合作等，改变以往仅从四川省内部政策资源的角度升级和发展装备制造产业的思路，为产业内的企业创新活动提供更丰富的资源和更有利的政策环境，进而更强地驱动产业内的企业开展创新。②建立健全企业成为创新主体的促进机制与政策。首先，明晰政府、企业、科研院所和高校在创新中的角色定位。政府的作用是培育有效率的市场，进行战略指导、制订规划、政策引导、提供公共产品和服务，以政府资金引导和开发共有技术平台，政府是制度创新主体。企业应是创新决策的主体、研发投入的主体，研发活动的主体和创新成果的享用者，即企业是技术创新主体和产业创新主体。而科研院所和高校则主要从事知识创新研究，为企业技术创新提供源头。其次，要转变政府科技资源的投入方向和方式。一方面，财政科技经费的职能应与政府的职能相吻合，把资助重点放在公共性强、社会效益好、风险比较大的基础研究等企业无力或不愿投入的领域。另一方面，政府科技经费的投入需要有企业的参与，高校与科研院所的科研成果应有明确的转化目标和实现路径。再次，要大力鼓励企业成立技术研发机构，大型企业应普遍建立健全企业技术研发中心，有条件的中小企业也要设置研发机构，暂时不具备条件的小企业可以通过合作、外包等方式参与研发，这样才能实现四川装备制造产业升级和发展中的"万众创新"局面。最后，健全企业技术创新的保障机制。宣传创新思想，增强全社会的创新意识，营造促进企业创新的社会文化、法制环境和市场环境；重视企业家队伍、创新团队和技术人才的培育。

（二）内部驱动力

促进四川省装备制造产业内企业创新内部驱动力的关键点在于：①以新川商文化为基础的企业家精神的培育和弘扬。一方面，新川商文化继承和弘扬了传统蜀文化的精华，如"兼容并包，渴求开放"，以及重视人与自然、人与人之间的和谐统一；另一方面，新川商文化摒弃了过去"小富即安""单打独斗"的不足。创新是企业家精神的灵魂。创新是企业家活动的典型特征，从产品创新到技术创新、市场创新、组织形式创新，无不需要企业家的创新精神。对于川商而言，由于先天优厚的自然环境和资源，以及相对独立的市场环境，他们的创新精神有所欠缺。当然，这一"资源诅咒"现象并不仅仅在四川的企业家身上有体现。②企业创新文化的学习和借鉴。以系统思考的角度来看，从企业家到整个企业必须是持续学习、全员学习、团队学习和终生学习。东部发达地区深受市场经济的影响，企业的市场竞争意识和创新意识更为强烈。四川省装备制造产业内的企业在创新方面，需要借鉴东部发达地区企业的创新文化，取各区域创新文化之所长，以人为本，注意创新型人力资本的决定性作用，构建基于新川商文化的企业创新文化，实现企业的创新战略驱动发展。

二 做大做强装备制造核心创新型企业

结合四川省大企业大集团"两个带动"工程的实施,对列入"3+9"工程的骨干企业进行重点扶持,鼓励重点骨干企业进行跨地区、跨所有制的资产重组和资源整合,做大做强一批能够带动产品链和区域经济发展的装备制造核心创新型企业。充分发挥这些核心创新型企业在产业资本扩张、产业聚集、产业技术创新和扩散等方面的优势,带动中小装备企业的配套协同发展。

做大做强四川省装备制造业核心创新型企业的要点在于:①核心创新型企业的壮大既需要创新型企业自身的努力,也需要政府的大力扶持。一方面,由创新型企业走向核心创新型企业,对于企业而言,是自身在产业价值链和产业分工中地位进一步提升的体现,它意味着创新型企业不仅需要充分运用内部的资源,集中力量发展装备制造产业内的核心技术－产品创新,即高端产业价值链上的创新,还需要带动产业内其他企业,实现产业价值链上不同环节的技术与产品创新。另一方面,在创新型企业的这一转型过程中,客观上需要政府的大力支持,尤其对于四川省这样的西部创新区域,政府应从区域产业价值链和产业分工的角度促进更多核心创新型企业的培育和发展。②核心创新型企业与产业内其他企业间合作创新关系的形成。壮大核心创新型企业,需要从整体产业的创新活动视角来分析,即形成核心创新型企业与产业内其他企业的创新分工,促进二者间的创新合作,并形成各企业间的协同创新。③完善产业技术创新联盟治理,促进核心创新型企业的形成与发展。产业技术创新联盟作为一种混合组织,对于产业核心技术－产品创新的推动和实现产业自主创新能力的提高有着重要作用。创新型企业向核心创新型企业转型的过程中,往往伴随着产业创新联盟组织的大量出现,但产业技术创新联盟组织对核心创新型企业形成的促进尚有待观察,它需要政府和企业等联盟的成员进一步完善产业技术创新联盟的组织治理。

三 实施四川装备制造业的核心技术－产品创新战略

(一)根据世界装备制造业发展的智能化、低碳化趋势和潮流,通过自主创新形成装备制造业的核心技术和核心产品

具体地,继续实施重大技术装备"3+9"工程,通过加快三大装备制造基地和九条重点产品链建设,培育一批具有国际竞争力的巨型装备制造集团和若

干产品上规模、质量上档次的大型重点装备制造企业。三大基地，即以重大技术装备为代表的德阳重大技术装备制造基地，以汽车、航空航天、新能源装备、工程机械、轨道交通装备五大产业为代表的成都装备制造基地和以节能环保装备为代表的自贡装备制造基地的技术发展水平决定了四川省装备制造业产业技术和产品创新层次。九条重点产品链包括：清洁高效发电设备产品链、重型机械及容器产品链、工程施工机械产品链、轨道交通装备产品链、石油天然气钻采输送及矿山装备产品链、节能环保装备产品链、航空航天装备产品链、智能制造装备产品链和民生用机械设备产品链。围绕以上重点产品链，通过金融政策、财政政策、产业专项政策等鼓励装备制造产业内的核心企业实施核心技术和产品创新战略。

（二）构建四川装备制造业的核心技术－产品创新战略路径

（1）提高对各经济主体核心技术－产品创新战略重要性和必要性的认识，改变以往单纯通过产品或技术的模仿获取国内市场份额的短视做法。实现核心技术－产品创新战略需要经济主体各方的高度认同，对于企业而言，需要经营管理者从全球的视野来认识企业的技术与产品创新活动，树立通过核心技术－产品创新来推动企业市场竞争优势的形成。对于政府而言，应充分认识到核心技术－产品创新战略是实现区域产业竞争优势和产业结构升级调整的必然途径，也是一项需要各方力量协同的系统活动。对于四川省而言，只有将自身的优势产业放在全球竞争的背景下，才能使各经济主体意识到产业核心技术－产品创新的重要意义，进而为实施核心技术－产品创新战略奠定坚实的经营管理信念。

（2）以政府为指导，以企业为主体，制定产业的核心技术－产品创新驱动发展路线。不同于早期的产品和技术的模仿创新，产业核心技术－产品创新往往是关键技术的创新，是自主创新，甚至可能是颠覆性的创新，这使得核心技术－产品创新面临着更大的不确定性，因而需要将政府宏观经济管理协调行为与企业微观市场行为紧密结合，从整体上拟定核心技术－产品创新驱动发展方向和路线。对于四川省而言，则主要涉及家电制造、新能源汽车制造、新型材料制造等领域的核心技术－产品创新驱动发展路线图。

（3）探索不同的产业核心技术－产品创新战略实现路径。既包括市场需求驱动下的核心技术－产品创新路径和技术发展驱动下的核心技术－产品创新路径，也包括市场需求与技术发展双重驱动下的核心技术－产品创新路径。在其中，企业家创新精神和企业创新文化的培育是非常关键的工作，它直接影响到市场驱动力、技术发展驱动力单个或组合的力量。

（三）进一步建设和培育四川省装备制造业的创新型产业集群

经过近年来的建设和发展，四川省装备制造业已形成了成都经开区、德阳经开区、双流西航港工业园区、广汉经开区、资阳机车产业园区、自贡板仓工业园区、泸州机械工业园区、宜宾临港经开区等八大装备产业园区建设。其中，成都经开区重点发展了汽车及隧道掘进机、盾构机、挖掘机、装载机等工程施工机械，德阳经开区重点发展了核电、水电、风电、生物质能利用等清洁能源装备及冶金、矿山、化工重型机械装备，双流西航港工业园区重点发展了太阳能电池及组件、风电电机、核岛主辅设备等新能源装备，广汉经开区重点发展了大型石油钻采成套设备、石油天然气长输管线球阀、井口工具等石油天然气钻采输送设备，资阳机车产业园区重点发展了大功率电力机车、内燃机车、混合动力机车、大功率燃气发动机、中速船用柴油机等装备，自贡板仓工业园区重点发展了生物质发电锅炉、余热余压发电锅炉、烟气脱硫脱硝设备、城市污泥处理设备等节能环保装备，泸州机械工业园区重点发展了特大型和大型液压挖掘机、起重机、旋挖钻机、散装物料搬运设备等工程机械和基础液压件，宜宾临港经开区重点发展了重型机械、通用工程机械总装产业和大型结构件加工业。正如前文所指出的，四川省装备制造业内这些产业集群仍然没有实现向创新型产业集群的升级。

不同于传统的装备制造业产业集群，创新型产业集群的显著特点在于集群内的成员创新活动的强度和深度。创新型产业集群的竞争优势主要通过集群的创新优势来体现。一般而言，在创新型的产业集群中，有一批富有创新活力的企业和个人，有一个通过相互竞争、学习和合作而持续创新的网络，并形成了一个鼓励创新、容忍失败、尊重知识和知识产权的制度环境与文化氛围。就目前四川省的产业集群而言，绝大部分为传统的产业集群，它们主要以要素成本的比较优势来确立产业集群产品的比较优势。

加快实施四川省装备制造业创新型产业集群战略的要点在于：结合四川省大力发展的八大装备制造产业园区，制订和完善发展创新型产业集群的规划；对已经处于初级发展阶段的创新型产业集群，应进一步加强核心创新型企业的培育，并增强产业的配套创新能力；要重视创造和维护公平竞争的环境，大力扶持集群内中小科技型创新企业的培育和发展；政府应提供更好的产业集群公共平台服务，特别是产业集群内的人员培训、技术创新和转让、知识产权保护等方面的服务；促进产业集群内的知识网络、技术网络、信息网络的形成与发展，形成集群内的协同创新；促进创新型产业集群之间、创新型产业集群与传统加工型产业集群之间的协同，促进创新型产业集群与集群外部的资源共享与信息沟通，实现四川省装备制造产业的开放式协同创新。

第十一章　铭记要旨：战略行动指引

第一节　政策制定者：一张行动路线图

现代产业创新战略的行动路线图选择是困难的。首先也是最重要的原因是，现代产业创新实践正在发生深刻的、急剧的、复杂的变化。因应对气候变化引起的新能源革命，因现代信息技术广泛而深入地应用于传统产业及这些技术的深度融合，使得产业技术创新形态、产业组织创新形态及产业空间形态都呈现多样的、多层次的样式，如创客、众筹等。这些复杂的、深刻的、多样的产业创新形态对各类创新区域的创新驱动战略选择有着更加重要的影响。

一　核心技术-产品创新战略是各类创新区域必须实施的现代产业创新战略

普通创新区域的核心技术-产品创新战略制定面临更为严苛的条件约束。首先是现代产业基础体系极大地约束了普通创新区域的核心技术-产品创新战略选择。比如，我国西部绝大多数创新区域现代产业基础体系不支持选择核心技术-产品创新战略。其次，创新人才奇缺及创新人才吸引力的劣势更是普通创新区域的核心技术-产品创新战略的约束。最后，科技金融劣势难以支撑小微创新企业的核心技术-产品创新资本需求。

尽管存在上述强约束条件，但是，普通创新区域仍然有可能在核心技术-产品创新方面获得突破。也就是说，普通创新区域的核心技术-产品创新战略获得成功仍然是可能的。比如，绵阳是中国内陆的一个500万人口的城市。这个城市拥有丰富的国防科技研究资源，电子信息产业有创新竞争优势，有长虹、九洲等核心创新企业。来自第三届绵阳科技城科学技术博览会的数据表明，2015年以来，绵阳每天有7家创新创业企业注册，累计有1800余家创新创业企业入驻绵阳科技城。绵阳在军民融合电子核心技术-产品创新方面实现突破是有可能的。众所周知，新疆是一个普通创新区域，科学教育基础力量薄弱，科技研发人才稀缺，远离金融资本中心，选择核心技术－产品创新战略似乎是不可能的。但是，新疆新能源装备制造业的核心技术－产品创新却有所突破。特变电工和金风科技两家公司在高变压器核心技术－产品创新方面获得了突破。可见，普通创新区域的核心技术－产品创新战略的制定和选择可以从一个具备技术基础、拥有研发资源的产品和企业突破。换句话，普通创新区域的核心技术－产品创新战略是一个产品点的核心技术－产品创新战略。

  优势创新区域的核心技术－产品创新战略受的约束条件较之于普通创新区域要少得多。优势创新区域现代产业创新竞争优势必须从产品创新优势升级到核心技术－产品创新竞争优势。首先，优势创新区域有较丰富的创新资源，如人力资本和金融资本。其次，优势创新区域形成了核心技术－产品创新的创新体系基础。比如，研究型大学有较强的知识资本溢出效应，研究型机构有开发核心技术－产品创新的研发能力。最后，优势创新区域有较完整的地方工业体系。成都是我国著名的优势创新区域，拥有四川大学、电子科技大学、西南交通大学和西南财经大学等研究型大学，还有中国电子科技集团公司第二十九研究所和中航工业成都飞机设计研究所（611所）等国内著名的核能和航空研究机构。有10个国家级企业孵化器。装备制造业和信息制造业体系等优势工业体系完整。自2006年以来，成都在发电设备、航空器研发制造等一系列核心技术－产品创新方面都获得了实质性突破。成都的经验表明，优势创新区域的核心技术－产品创新战略是核心技术－产品创新链战略。优势创新区域的核心技术－产品创新战略至少在一个优势产业领域有突破。优势创新区域的优势创新产业都可以制定核心技术－产品创新链战略。

  强势创新区域应当率先制定、实施全面综合的核心技术－产品创新战略。强势创新区域的"强势"表现为创新综合竞争优势。这种综合创新竞争优势首先表现在产品、技术、市场和管理等产业创新环节创新竞争优势。其次表现在创新人才、金融资本、制度、信息等创新要素竞争优势。再次表现在创新体系竞争优势。最后表现在产业体系竞争优势。硅谷、深圳就是这种强势创新区域的代表。硅谷计算机产业有CPU技术－产品创新群、Windows技术－产品创新群和主板技术－产品创新群。深圳有通信核心技术－产品创新群、激光核心技术－产品创新群。可见，强势创新区域的核心技术－产品创新战略表现为核心技术－产品创新群。

二 创新型企业战略是各类创新区域必须实施的组织创新战略

普通创新区域应当实施产品创新型企业战略、模仿型创新企业战略。普通创新区域制造业发展长期依赖低成本获得竞争优势。比如，过去三十多年，珠江三角洲、长江三角洲制造业的兴起、发展都得益于大规模地发展加工制造企业。普通创新区域制造业升级和转型就得培育创新竞争优势。从产业创新价值链上看，产品创新类企业和模仿创新企业的竞争优势就在于其拥有产品创新优势和模仿创新。普通创新区域有发展产品创新企业和模仿创新企业的优势，即产品创新的知识基础、技术模仿的知识基础和低成本生产基础。产业区际转移、技术代际转移、产品更替是普通创新区域发展产品创新型企业和模仿创新企业的基本路径。政府主导发展战略规定了普通创新区域发展创新企业的战略重点是大企业。大企业规模优势保证了企业有足够的资本开发新产品和新技术，引进新产品和新技术。市场主导发展战略规定了普通创新区域发展创新企业的战略重点是小微创新企业。党的十八届三中全会以后，我国正在加速向市场主导发展战略转变。随后掀起了大众创新万众创业热潮。全国各省（自治区、直辖市）都把小微创新企业作为发展重点。

优势创新区域应当实施技术集成创新企业主导的创新型企业发展战略。优势创新区域在长期的产品创新和模仿创新实践中，形成了发展技术集成创新企业的基础。首先，优势创新区域的制造业企业累积了技术集成创新的经验、知识和技术基础。其次，优势创新区域的制造业企业构建了技术集成创新的研发体系。再次，优势创新区域的制造业核心企业、研究型大学和研究型机构之间的合作创新体系已经形成。最后，优势创新区域制造业核心企业初步构建了国际开放型创新合作体系。优势创新区域创新型企业发展战略强调技术集成创新主导，但是不否定原始创新企业发展。相反，应当鼓励原始创新企业发展。在优势创新区域，大企业具有发展技术集成创新优势。因此大企业是技术集成创新的主力。小微创新企业具有发展原始创新的最强内在动力。因此应当把小微企业作为发展原始创新的主力。小微企业原始创新是大企业技术集成创新的来源。政府主导的创新型企业发展战略规定了技术集成创新和原始创新的大企业战略，市场主导的创新型企业发展战略规定了技术集成创新的大企业发展与原始创新的小微企业发展并重战略。当然，优势创新区域亦应当发展技术集成创新的小微企业和鼓励做原始创新的大企业。

强势创新区域应当全面实施创新型企业战略即创新领军企业与中小创新企业并重的战略。强势创新区域具有全面综合的创新基础，为创新领军企业战略实施提供了雄厚的知识基础、技术基础、市场基础、资本基础。强势创新区域是创新创业的栖息地，提供了小微创新企业生存和发展的良好环境。创新领军企业成为小微创新企业发展的梦想，而小微创新企业是创新领军企业成长的摇篮。

三 现代产业创新体系战略是各类创新区域的现代产业创新的高端竞争战略

普通创新区域应当制定以传统产业创新为主导，高新技术产业为辅的现代产业创新体系战略。普通创新区域面临的艰巨任务首先是改造传统产业，促进产业结构升级，广泛应用现代信息技术、循环经济技术和低碳技术，构建现代产业体系。普通创新区域的现代产业创新体系战略就是传统技术与现代技术融合的产业技术创新体系战略。但是，普通创新区域不能忽略高新技术产业创新体系构建。普通创新区域高新技术产业创新体系突出表现为高新技术产品创新体系和技术模仿体系的构建。

优势创新区域应当制定以优势产业创新主导和新兴产业创新并重的现代产业创新体系战略。优势创新区域传统产业创新体系战略应当是基于中高端产品、中高端技术的产业创新体系战略。优势创新区域的高新技术产业创新体系战略特点是基于技术集成优势和产品集成优势的高新技术产业创新体系，以及大企业与中小微创新企业协同创新体系。

强势创新区域应当制定现代产业创新网络体系战略。强势创新区域传统产业创新战略应当是基于高端产品、高端技术的产业创新体系战略。强势创新区域的高新技术产业创新体系战略的特点是基于原始创新优势的高新技术产业创新体系，以及产品、技术、组织多层次、多维度的立体网络创新体系和开放型创新体系。

四 创新集群战略是各类创新区域的现代产业创新空间集聚战略

普通创新区域应当制定创新性产业集群战略。劳动密集型产业的特点是劳动要素集聚优势，发挥这个优势仍然是劳动密集型产业竞争力的来源。产品创新企业、技术外包企业空间集聚是发挥劳动密集型产业优势的途径。普通创新区域应当制定创新性劳动密集型产业集群战略，引导劳动密集型产业低成本生产集群向以产品创新集群、技术外包企业集群转型和升级。资本技术密集型产业的优势是资本要素集聚和技术集聚。发挥这个优势仍然是资本技术密集型产业竞争力的来源。关键零部件技术设计企业集聚、研究型大学、高级技工学校集聚是发挥资本技术密集型产业竞争优势的途径。普通创新区域应当制定创新性资本技术密集型产业集群发展战略，引导资本技术密集型产业向以技术设计企业、研究型大学、高级技工学校为特点的创新性集群发展。普通创新区域还应当制定高新技术加工制造业集群战略。承接产业转移是构建高新技术加工制造业体系的基本路径。

优势创新区域应当制定创新型产业集群导向的创新集群发展战略。优势创新区域完成了现代产业体系构建，这是创新型产业集群导向的创新集群发展战略的基础。优势产业、支柱产业应当是实施这一战略的首选产业。中高端技术创新、中高端产品创新集群应当是创新型产业集群导向战略的特点和目标。优势创新区域的战略性新兴产业应当实施创新型产业集群战略。

强势创新区域应当制定创新型产业集群战略。高端产品创新集群、高端技术创新集群是创新型产业集群特点。强势创新区域具备实施创新型产业集群的要素基础、市场基础和制度基础。世界一流的创新中心是创新型产业集群发展路径。我国北京中关村科技园区、上海张江高科技园区、深圳和江苏等少数创新区域初步具备实施创新型产业集群战略的现实条件。

第二节 "十三五"产业创新规划：一份政策建议

分类指导原则应当是制定"十三五"现代产业创新驱动发展战略的基本原则，区域现代产业创新价值链应当是制定"十三五"现代产业创新驱动发展战略的出发点和落脚点，现代产业创新体系应当是制定"十三五"现代产业创新驱动发展战略的总体目标，核心技术–产品创新和创新型企业应当是制定"十三五"现代产业创新驱动发展战略的重点，创新型产业集群应当是制定"十三五"现代产业创新驱动发展战略的基本路径。

一 创新区域分类指导原则

分类指导原则是指应当根据创新区域差异制定相应现代产业创新驱动发展战略。"十一五"和"十二五"期间，政策制定者制定了技术创新引领工程、科技园区发展规划。这些产业创新政策已经贯彻了分类指导原则。但是，这仅限于局部区域。在省域范围内，更普遍的现象是忽视创新区域分类指导原则。各个省（自治区、直辖市）在制定现代产业创新驱动发展规划时忽略了本省（自治区、直辖市）在创新区域的定位，制定了超越本省创新区域属性的产业创新政策。比如，各个省（自治区、直辖市）纷纷制定极为相似的战略性新兴产业规划就是典型的例子。"十一五"期间，各个省（自治区、直辖市）在贯彻和落实国家重大科技专项规划时高估本省（自治区、直辖市）的创新区域定位，制定了超越本省（自治区、直辖市）创新区域定位的重大科技专项政策，这是产业创新政策绩效不令人满意的重要原因之一。

2015年，国务院发布了《中国制造2025》及相应的技术路线图。《中国制造2025》技术路线图描述了十大重点领域和23个方向。[①] 为了避免各个省（自治区、直辖市）不顾实际地掀起新一轮重大科技产业技术专项热潮和提高产业创新政策绩效，应当坚决贯彻创新区域分类指导原则，制定符合本省（自治区、直辖市）创新区域定位实际情况的2016~2025年制造业技术路线图。

二 区域现代产业创新价值链出发点和落脚点原则

区域现代产业创新价值链是制定"十三五"现代产业创新驱动发展战略的出发点和落脚点，其意思是，从本省（自治区、直辖市）的创新区域定位出发，把现代产业链、产业创新链和创新价值链有机结合起来，构建一个符合本

---

① 《中国制造2025》技术路线图的十大领域是：新一代信息技术、高档数控机床和机器人、航空航天装备、海洋工程装备及高技术船舶、先进轨道交通装备、节能与新能源汽车、电力装备、农业装备、新材料、生物医药及高性能医疗器械。23个方向是：新一代信息技术产业包括4个方向，分别是集成电路及专用设备、信息通信设备、操作系统与工业软件、智能制造核心信息设备；高档数控机床和机器人包括两个方向，分别是高档数控机床与基础制造装备、机器人；航天航空装备包括4个方向，分别是飞机、航空发动机、航空机载设备与系统、航天装备；海洋工程装备及高技术船舶包括1个方向，即海洋工程装备及高技术船舶；先进轨道交通装备包括1个方向，即先进轨道交通装备；节能与新能源汽车包括节能汽车、新能源汽车、智能网联汽车3个方向；电力装备包括发电装备、输变电装备两个方向；农业装备包括1个方向，即农业装备；新材料包括先进基础材料、关键战略材料、前沿新材料3个方向；生物医药及高性能医疗器械包括2个方向，分别是生物医药、高性能医疗器械。
资料来源：中国制造2025战略路线图出炉 发展十大领域，凤凰财经，2015-09-30，http://finance.ifeng.com/a/20150930/14001373_0.shtml。

省（自治区、直辖市）创新区域定位的现代产业创新价值链体系。《中国制造2025》明确指出，围绕产业链部署创新链，围绕创新链配置资源链。这个论述是不足的，更为完整的叙述应当是：围绕价值链部署产业链、围绕产业链部署创新链，围绕创新链配置资源链。现代产业链在价值链上有低端、中端、高端之分。我国构建现代产业链的目标是中高端现代产业链。创新政策目标是驱动现代产业链由低端向中高端价值链升级。价值链不仅是产业链的牵引还是创新链的牵引。创新链由产品创新、技术创新、核心技术－产品创新组成。"十一五"和"十二五"期间，我国已构建了一个较为完善的现代产品创新链体系。但是，现代技术创新链体系及更高的核心技术－产品创新链体系还处于探索和建设过程中。"十三五"期间，我国现代产业创新的重大战略目标就是由产品创新链体系升级到技术创新链和核心技术－产品创新链。应当紧紧围绕创新链升级配置资源链。因此把价值链、产业链、创新链紧密结合起来是现代产业创新驱动发展战略的出发点和落脚点。

区域现代产业创新价值链视创新区域差异而分为三类：普通创新区域现代产业创新价值链、优势创新区域现代产业创新价值链和强势创新区域现代产业创新价值链。同时，各个创新区域有不同的优势产业、支柱产业战略目标，各个省（自治区、直辖市）应当依据本省（自治区、直辖市）在"十三五"的创新区域定位和现代优势产业和支柱产业，分别构建符合本省（自治区、直辖市）实际情况的各类创新区域现代产业创新价值链。

三 现代产业创新体系总目标

现代产业创新体系应当是制定"十三五"现代产业创新驱动发展战略的总目标。"十一五"期间，我国现代产业创新政策目标是构建以市场导向、企业为主体的产学研相结合的技术创新体系，"十二五"期间，我国现代产业创新政策目标是构建以市场导向、企业为主体的产学研协同创新体系。《中国制造2025》指出，完善以企业为主体、市场为导向、政产学研用相结合的制造业创新体系。

基于市场导向的现代产业创新体系的优势在于：促使企业技术创新更贴近于消费者需求。其特点在于：基于市场导向的现代产业创新体系更强调产品创新战略。其缺点在于：基于市场导向的现代产业创新体系易于忽视和拒绝风险更高的技术创新战略，从而成为核心技术－产品创新的障碍。2006~2015年，我国现代产业核心技术取得了个别的、局部的突破，仍陷于总体困境。战略性新兴产业、高端装备制造业、高技术制造业等产业领域的核心技术－产品创新长期突围效果不尽如人意。这都源于市场导向的现代产业创新体系。

本书的研究成果表明，现代产业创新体系导向应当是三维导向协同的，即价值导向、技术导向和市场导向协同。其中，价值导向引导技术导向，技术导向引导市场导向，市场导向实现技术导向，技术导向实现价值导向。基于价值导向的现代产业创新体系应当是模块化现代产业创新价值链网络体系。基于技术导向的现代产业创新体系应当是技术驱动型现代产业创新体系。基于市场导向的现代产业创新体系应当是新产品驱动型现代产业创新体系。在20世世纪60年以来，发达国家的现代产业创新体系由单一的技术导向、市场导向和价值导向逐渐转向三维导向协同。《中国制造2025》技术路线图所描述的十大重点领域、23个方向及每个方向的重点产品得以实现，就应当构建基于三维导向协同的现代产业创新体系。

四 两大创新战略重点

核心技术－产品创新优势和创新型企业优势是现代产业创新竞争的基本优势。一个国家或区域的现代产业拥有这两大优势就拥有产业竞争力。2006~2015年，我国技术创新引领工程和重大科技专项政策目标就是探索培育核心技术－产品创新优势和创新型企业优势。实践表明，我国在高铁产业、核能产业等少数现代产业领域的创新实现了核心技术－产品创新突破。但是，我国现代产业在核心技术－产品创新领域没有形成总体优势。在传统装备制造业领域和新兴产业领域尤其是新兴产业领域的核心技术－产品创新瓶颈更为突出。

"十二五"期间，我国创新型企业建设取得了显著进展，建成了500家国家级创新示范企业，亦产生了像华为技术有限公司这样的个别全球创新领军企业。但是，创新领军企业仍然不足，难以与跨国公司竞争。2012~2015年，全国"双创"活动蓬勃开展，科技创新创业企业不断涌现。但是，创新创业企业的活力不足仍然是困扰小微创新企业的问题。一个健全的、充满活力的、有效率的创新企业协同体系仍是"十三五"现代产业发展面临的挑战。

各个省（自治区、直辖市）应当根据"十三五"的创新区域定位和本省（自治区、直辖市）的现代优势产业和支柱产业制定相应的核心技术－产品创新战略重点和创新型企业战略重点。

五 创新型产业集群路径

创新型产业集群是研究型大学、研发机构和创新企业及其他创新服务中介的空间集聚形态。创新型产业集群的优势是：研究型大学的知识溢出效应、研发机构和创新领军企业的技术溢出效应相互激荡，产生强大的创新活力、创新动力和创新引力。创新型产业集群的优势既集聚创新领军企业又孕育创新领军企业，创新型产业集群又是小微创新企业的栖息地，创新型产业集群有一个基于市场的创新企业、研究型大学、研究机构竞争与合作共存的创新生态网络体系。创新型产业集群不断孕育新兴产业，形成一个开放型现代产业体系。因此，创新型产业集群是现代产业创新驱动发展的基本路径。

创新型产业集群是产业集群创新发展的最高阶段。在集群创新价值链上，创新型产业集群处于集群创新价值链的高端，创新性产业集群处于集群创新价值链的中端，运作型或生产型产业集群处于集群创新价值链的低端。现代产业发展路径遵循由运作型加工产业集群，经创新性产业集群升级到创新型产业集群阶段。

2005年以前的绝大多数年份，我国形成了全世界规模最大的生产型产业集群。2005年以后，我国产业集群创新由生产型产业集群向创新性产业集群转型或者说产品创新集群转型。优惠政策、大规模劳动力东移和外向型贸易政策是我国生产型产业集群形成和发展的主要原因。同样，优惠政策调整、劳动力成本优势渐渐失去和国际市场萎缩，导致我国生产型产业集群向创新性产业集群或产品创新集群转型和升级。我国经济进入中高速增长和中高端发展阶段后，产业集群创新升级更加迫切。2013年以来，我国加快了创新型产业集群试点步伐。创新型产业集群开始成为我国现代产业创新驱动发展的战略路径。

"十三五"期间，我国现代产业创新竞争压力更大，解决核心技术－产品创新瓶颈，推动创新领军企业成长，激发创新创业活力，总体上突破我国技术创新困境，构建现代产业创新体系，创新型产业集群是必走之路。因此"十三五"期间，我国应当制定创新型产业集群导向的现代产业创新驱动发展战略。

第三节　实践新动向与研究新指向

现代产业纵深发展，现代信息技术与传统技术深度融合，给现代产业创新战略带来了深刻的影响，现代产业创新战略呈现出新的趋势，这种新趋势是：

创客战略、大数据战略、技术融合战略、平台战略、智能制造战略。

一 创客战略

创客就是实现创意的个人。现代工业史上创客就已有之，比如，18 世纪、19 世纪涌现的把发明变为产品的技术创业者。不过，那个时候的创客还是个别现象。20 世纪 70 年代，创客在美国兴起。21 世纪以来，全球兴起了创客运动。创客运动有三个特点（安德森，2012）：第一个特点是，人们使用数字桌面工具设计新产品并制作模型样品（简称数字 DIY）；第二个特点是，在开源社区中分享设计成果、开展合作已成为一种文化规范；第三个特点是，任何人都可以通过设计文件标准将设计传给商业制造服务商，以任何数量规模制造所设计的产品，也可以使用桌面工具自行制造。

创客是新兴产业创新的生力军。首先，创意包含了原始创新萌芽。千万个创意就会产生一个原始创新的理念。一个原始创新的理念就会有一个新兴的革命性产品、新兴的划时代技术、战略性新兴产业。科技创意涌现及实现科技创意的人以群形式涌现，就会形成创客集群。2013 年以来，深圳、上海、北京等城市爆发了创客潮，创客集群初具规模。其次，创客充分发挥了规模庞大的专业人才的作用，实现了"天生我材必有用"的人生价值。再次，创客集群规模与专业人才规模成正比。我国三十多年来培养了约 1 亿大学毕业生。1998 年以来，大学毕业生更是高速增长。庞大的专业人才规模，必有庞大的创客集群。最后，创客是小微创新企业的来源。创客集群规模越大，小微创新企业规模就越大。可见，创客在新兴产业创新过程中具有十分重大的战略地位。创客战略就是大众创新、万众创业的战略。

二 大数据战略

在互联网时代，创意以数据形态表现。所有人的创意都可转化为数据。通过数据分析，可以生成创意、发现最有价值创意、筛选出原始创新的创意。大数据分析可以为技术创新提供可行的创新方向，为产品创新、市场创新寻出创新路径，为降低产业创新风险提供支撑。因此，大数据的战略价值不言而喻。

大数据成为现代产业发展的基础产业。美国数据公司近年来发展很快。美国数据产业竞争优势领先全球。近三年来，我国兴起了大数据浪潮。贵州在全国率先制定大数据产业发展战略。

大数据产业链是由数据产品、数据技术、数据市场、数据公司、数据管理构成的产业体系。数据产品既是信息产品更是知识产品。数据产品在本质上是一种新知识产品。数据产品创新就是数据产品生产过程。数据技术包括数据发掘技术、可视化技术和大数据技术。数据技术创新动力源于数据产品创新需求，数据产品市场竞争是数据技术创新的推动力，数据公司包括数据分析公司、数据存储公司与传播公司、数据管理公司等各类专业数据公司和综合数据公司。数据管理指的是数据管理体制机制和模式，有公司数据管理、产业数据管理和政府数据管理。数据事关公司商业秘密、产业安全和国家安全，一个完整的数据管理体系十分重要。大数据产业创新链战略是新兴基础产业创新战略。

三 技术融合战略

技术融合指现代信息技术、生物技术、循环经济技术、新能源技术与传统技术的融合，以及现代新兴技术融合。现代信息技术与传统技术融合成为人们关注的焦点。

互联网技术广泛应用于物流产业、制造业、服务业、传媒产业，形成了新兴产业。"三网融合"就是这种技术融合的典型。通信技术、互联网技术和广播电视技术融合，内容产业兴起。

互联网技术与制造业技术融合，正在带来工业升级。《德国工业 4.0》《中国制造业 2025》就是制造业技术融合战略。卫星通信技术、互联网技术等新技术与汽车制造业、航空产业的融合，带来了无人车、无人机产业的发展和无人制造业的发展。互联网技术与金融服务、设计服务、物流服务融合，形成了互联网金融服务业、互联网设计服务业、互联网物流服务业。人们把互联网技术与传统产业技术融合形成的新兴产业统称为互联网+产业。各国正在实施和推进互联网技术融合战略。

互联网技术、基因技术和传统农业技术融合促发了现代设施农业技术发展，带来农业革命，推动了农业产业化和现代农业发展。

四 平台战略

马云创办的阿里巴巴公司在 15 年内成长为世界最大的商业公司，其秘密就在于互联平台战略。报纸、杂志充斥着阿里巴巴创富故事，学者们以审视的眼光揭示着阿里巴巴的创业成长模式。大家发现，阿里巴巴成长模式就是互联网＋客户＋商户＋支付商。也就是说，阿里巴巴公司就是一个商业平台。除阿里巴巴公司外，还有苹果、思科、花旗、谷歌、微软、日本电报电话、时代华纳、UPS快递及沃达丰等著名国际公司，都实施了平台战略。在中国，百度、腾讯、盛大网游等公司同样因平台商业模式而成功。

平台战略是互联网时代的产业组织创新战略。大家知道，前互联网时代，企业由生产组织演变为经营组织。它是一个依据要素契约组建的经济体。"大的就是好的"是工业时代的金科玉律。做大做强需要数十年乃至上百年时间。互联网时代，企业就是一个基于互联网的商家、用户、广告商、制造商、独立专业技术供应商集成的产业平台。这个平台的特点（陈威如，余卓轩，2013）是：商业关系网络极速增长，商业机会聚集增长，市场需求规模经济性，新兴企业集聚空间，网络效应是激发平台战略的内在动力，产业价值链由线性变为弯曲的商业生态共同体。

3D打印技术和互联网技术发展，使得一个企业成为创客、数据、制造、销售平台生态共同体。21世纪，家庭似乎回归传统的生产组织者，家庭像企业一样成为创意、新产品研发、新产品设计、新产品制造和销售平台。家庭就是企业。

平台战略是国有企业创新一个新方向。《德国工业4.0》强调大企业＋互联网构建平台。李克强指出，中国国有企业创新的方向是国有企业＋互联网。比如，中国电子信息产业集团有限公司通过构建创客平台探索创新平台战略。该公司的创客平台战略"为创客们打造了一个提供技术支持、元器件供应、教育培训服务交流、孵化支撑等全方位的创客服务平台"，"汇聚企业员工和全社会创新力量，通过生产方式和管理模式变革，使企业创造活力迸发、创新能力倍增"（储思琮，2015）。

五 智能制造战略

《新工业革命》预测，智能制造是未来世界工业革命的业态。ICT技术和制造业的结合是这次工业革命的触发点、制造业竞争制高点。制造业可能会进入工业互联网时代。3D打印技术是新制造业时代的基础制造技术。20世纪90年代中期，3D打印技术始于美国，随后德国、日本、韩国、法国等国家迅速跟进。3D 打印市场份额分布是：美国占 70%，欧盟占 11%，中国占 4%，日本占 1%。① 数字化设计方法是新制造业的设计方法。美国波音公司于 1989 年出台了数字设计规划，波音 777 客机设计采用了全数字化设计模式。数字化设计方法已在航天航空工业、汽车制造业使用。工业互联网是新工业革命的基础，数字化设计是新工业革命的大脑，智能制造是新工业革命的生产模式。

2015 年，有些科技公司探索了智能制造。比如，特斯拉公司推出了服务于智能电网的电池产品，小米公司推出了低价 Android 智能手机和平板电脑。这两家公司入选全世界最智能企业前 2 名。此外，还有阿里巴巴、腾讯、百度、苹果、微软入选《麻省理工科技评论》（MIT Technology Review）评选出的 2015 年全世界"最智能"的 50 家企业。②

综合起来看，新制造业"意味着将建成一个基于工业价值链的网络，机器设备、仓储系统以及制造设施被置于同一平台，共同形成信息物理系统（cyber-physical system）。在生产环境中，该信息物理系统中的设施共同作用，完成交换信息、触发流程以及自动控制等功能。最终实现整个价值链上，从供应商到客户的人、机、物全部联结起来"③。

智能制造正成为世界先进制造业的发展方向（路甬祥，2010），"互联网+"使产品制造智能化。智能制造战略成为发展中国家追赶发达国家的必然选择。

事实上，不仅发达国家的科技公司在探索智能制造，而且发达国家和新兴经济体亦把智能制造上升为国家战略。美国为应对 2008 年爆发的次贷危机，奥巴马政府率先启动了美国的再制造化战略。自 2009 年以来，美国先后制定了"重振美国制造业框架""促进制造业法案""制造创新国家网络"计划（2012 年）和"先进制造业伙伴计划"。这一系列计划的实质是智能制造。德国制造业是世界上最具竞争力的制造业。为了应对新一代信息技术的挑战，巩固德国制造业在世界制造业的地位，德国分别于 2010 年发布了《高技术战略 2020》《德国工业 4.0》。智能制造上升为德国国家战略。英国受到 2008 年金融危机打击，为振兴英国经济，英国停止了去制造业化，2011 年提出了"先进制造业产业链倡议"。2013 年 10 月，英国政府科技办公室发布报告——《未来制造业：一个新时代给英国带来的机遇与挑战》。2014 年，英国商业、创新和技能部发布了《工业战略：政府与工业之间的伙伴关系》。这些倡议、研发报告和战略表明，智能

---

① 洪学天在博鳌亚洲论坛 2015 年年会分论坛——3D 打印 数字制造与第三次工业革命的发言。
② 新浪科技微博，2015-06-25，MIT 评选全球最智能企业。
③ 张艳在《工业 4.0：中国弯道超车机会与挑战并存》的调查，网易财经，http://money.163.com/special/gongyefourth03 ［2015-04-10］。

制造已成为英国的国家战略。欧盟在"2020增长战略"中提出重点发展以智能制造技术为核心的先进制造；日、韩等制造强国正在加快实施智能制造的战略，例如，日本的"再兴战略"、韩国的"新增长动力战略"。可见，智能制造已成为发达经济体发展先进制造业的战略制高点。

中国在发展中国家和新兴国家中率先行动起来，紧跟世界制造业升级步伐，结合中国制造业向中高端升级的迫切需求，于2010~2015年相继制定了《关于加快培育和发展战略性新兴产业的决定》《高端装备制造业"十二五"发展规划》《智能制造科技发展"十二五"专项规划》《智能制造装备发展专项》和《中国制造业2025》。中国的智能制造行动渐渐加速。印度智能制造行动亦不落后于中国。2011年，印度商工部发布《国家制造业政策》，该政策要求提升印度智能制造水平。2014年9月，印度总理莫迪启动了"印度制造"计划。该计划目标是把印度打造成全球制造中心。中国、印度等国家的智能行动计划代表了新兴经济体和发展中国家制造业升级方向。总之，智能制造战略已成为世界制造业大国、强国的国家战略。

参考文献

安德森.2012.创客：新工业革命.萧潇译.北京：中信出版社
安同良,施浩,Alcorta L.2006.中国制造业企业R&D行业模式的观测与实证：基于江苏省制造业企业问卷调查的实证分析.经济研究,(02)：21-30
安维复.2000.从国家创新体系看现代科学技术革命.中国社会科学,(05)：100-112
波特.1988.竞争战略.姚宗明,林国龙译.北京：生活·读书·新知三联书店
波特.1997.竞争优势.陈小悦译.北京：华夏出版社
波特.2007.国家竞争优势.李明轩,邱如美译.北京：中信出版社
曹利群.2007.现代农业产业体系的内涵与特征.宏观经济管理,(09)：40-42
曹群.2012.产业集群创新机理研究.北京：中国物资出版社
陈兵.2011.中国新疆番茄产业发展现状分析.新疆财经大学学报,(03)：16-20
陈菲琼,任森.2011.创新资源集聚的主导因素研究：以浙江为例.科技管理,(01)：89-96
陈风英.2011.新兴经济体与21世纪国际经济秩序变迁.外交评论,(03)：1-15
陈劲,桂彬旺.2007.模块化创新——复杂产品系统创新机理与路径研究.北京：知识产权出版社
陈劲,童亮,等.2004.复杂产品系统创新对传统创新管理挑战.科学与科学技术管理,(09)：74-79
陈劲,王方瑞.2005.突破全面创新：技术和市场协同创新管理研究.科学学研究（增刊）：249-254
陈劲,谢芳,贾丽娜.2006.企业集团内部协同创新机理研究.管理学报,(06)：733-738
陈劲.2008.浙江产业与科技创新.杭州：浙江大学出版社
陈柳欣.2011.战略性新兴产业自主创新问题研究.决策咨询,(02)：42-49
陈守明.2003.知识互动共享与企业簇群的创新优势.同济大学学报（社会科学版）,(04)：48-51
陈涛,王彩娟,周姗姗.2006.我国钢铁产业创新环境研究.冶金经济与管理,(06)：17-20
陈威如,余卓轩.2013.平台战略：正在席卷全球的商业模式革命.北京：中信出版社
陈文玲.2013.2012~2013年国际经济形势研究总报告.http://www.wenku.baidu.com/link?u
陈小洪,马骏,袁东明,等.2007.产业联盟与创新.北京：经济科学出版社
陈晓红,解海涛.2006.基于"四主体动态模型"的中小企业协同创新体系研究.科学学与科学技术管理,(08)：37-43
陈耀,冯超.2008.贸易成本、本地关联与产业集群迁移.中国工业经济,(03)：76-83
程霞珍.2012.安徽与湖北、湖南经济发展差距的比较分析——基于服务业发展视角.华东经济管理,(02)：42-45
程宇,肖文涛.2012.地方政府竞争背景下的战略性新兴产业选择.福建论坛（人文社会科学版）,(02)：30-35
储思琮.2015-09-22.建"能者上、庸者下"问责机制.新京报
崔万田,等.2008.东北老工业基地振兴与区域经济创新.北京：经济管理出版社
戴魁早.2011.垂直分离、技术创新和生产率增长——基于中国高技术产业的实证研究.北京：经济科学出版社
邓金堂.2003.高技术经济的制度演化——兼论中国高技术经济的制度创新.成都：西南财经大学出版社
邓金堂,李进兵.2009.核心技术-产品创新战略及其政策含义.经济问题探索,(06)：101-106

邓龙安.2011.战略性新兴产业关键核心技术自主创新理论综述.经济研究导刊,(07):196-198
邓世海.2002.开发区产业创新方略.经济研究参考,(84):36-40
迪屈奇,王铁生.1999.交易费用经济学——关于公司的新的经济意义.葛立成译.北京:经济科学出版社
丁魁礼.2009.创新集群知识治理机制.武汉:华中科技大学博士学位论文
丁志杰,孙晓娟.2009.最新十年国际汇率体系变迁.国际贸易,(12):48-51
董小君.2012.财富的逻辑——美国环环相扣的全球布局.北京:经济管理出版社
多西,等.1992.技术进步与经济理论.钟学义,沈利生,陈平,等译.北京:经济科学出版社
方儒林,何福荣,卞然.2011.成都发展战略性新兴产业的战略和路径研究.理论探讨,(08):384-385
傅家骥.2003.技术创新学.北京:清华大学出版社
高汝熹,车春鹂,吴晓隽.2009.上海健康医学产业创新集群研究.上海:上海社会科学院出版社
高怡冰,林平凡.2010.产业集群创新与升级——以广东产业集群发展为例.广州:华南理工大学出版社
高友才,向倩.2010.我国战略性新兴产业的选择与发展对策.经济管理,(11):21-26
格林.2010.产业生态学与创新研究.鞠美庭,楚春礼,张琳,等译.北京:化学工业出版社
龚丽敏,江诗松,魏江.2012.产业集群创新平台的治理模式与战略定位——基于浙江两个产业集群的比较案例研究.南开管理评论,(02):59-69
龚绍东.2010.产业体系结构形态的历史演进与现代创新.产经评论,(01):21-28
顾菁,薛伟贤.2012.高技术产业协同创新研究.科技进步与对策,(22):84-90
顾新.2005.区域创新系统论.成都:四川大学出版社
关丽洁.2013."中等收入陷阱"与中国经济发展战略.长春:吉林大学博士学位论文
管顺丰.2005.产业创新理论研究与实证分析.武汉:湖北人民出版社
郭觐.2013-07-18.首批创新型产业集群试点确定.国际金融报,05
国家统计局,等.2008~2014.中国高新技术产业统计年鉴.北京:中国统计出版社
国务院研究室课题组.2011.构建科学合理的粤港澳现代产业体系.珠海市行政学院学报,(04):49-53
哈梅尔,普拉哈拉德.1998.竞争大未来.王振西译.北京:昆仑出版社
郝明丽.2011.区域战略性新兴产业选择评价研究.华北水利水电学院学报(社科版),(04):91-93
郝世绵,韦文联,程亮.2014.现代农业协同创新的关系契约模型及治理机制.湖南社会科学,(05):160-164
何花.2010.珠三角基于企业突破性创新战略的新兴产业培育途径.科技管理研究,(03):172-174
何树平.2012.十六大以来党中央转变经济发展方式思想的形成与发展.党的文献,(04):78-24
洪名勇,董藩.2003.西部地区重工业发展构想.民族研究,(04):31-39
洪银兴.2013.关于创新驱动和协同创新的若干重要概念.经济理论与经济管理,(05):5-14
胡超,张捷.2011.新形态国际分工与国际经济失衡——基于跨国截面和中美贸易数据的实证.产业经济研究,(03):38-49
胡佛.1990.区域经济学导论.北京:商务印书馆
胡继绩.2008.产业发展学.上海:上海财经大学出版社
胡锦涛.2007.高举中国特色社会主义伟大旗帜 为夺取全面建设小康社会新胜利而奋斗.北京:人民出版社
胡锦涛.2007-06-26.在中共中央党校的讲话.人民日报
胡锦涛.2012.坚定不移沿着中国特色社会主义道路前进为全面建成小康社会而奋斗.北京:人民出版社
胡兰.2009.创新型园区:国家高新区的中坚力量——科技部火炬中心主任梁桂谈创新型园区建设.中国高新区,(06):13-16
胡树华.2000.创立和实施国家汽车创新工程的政策建议.中国科技论坛,(02):10-13
胡树华,牟仁艳.2009.产品-产业-区域创新路径.北京:经济管理出版社
胡树华,张朝元.1999.从国际产业整合的趋势看我国产业结构的战略性改组.理论学刊,(06):84-85

胡昱,刘文俭.2003.产业集群形成模式探析.中共四川省委党校学报,(04):35-38

胡振华,黎春秋,熊勇清.2011.基于"AHP-IE-PCA"组合赋权法的战略性新兴产业选择模型研究.科学学与科学技术管理,(07):104-110

胡志伟.2011.发达省域战略性新兴产业竞争研究.财贸研究,(04):40-45

黄南.2008.世界新兴产业发展的一般规律分析.科技与经济,(05):31-34

黄晓风.2011.广东产业创新与国际贸易摩擦的避免.科技管理研究,(06):25-27

纪宝成,赵彦云.2008.中国走向创新型国家的要素:来自创新指数的依据.北京:中国人民大学出版社

贾生华,疏礼兵.2007.产业演进、协同创新与民营企业持续成长:理论研究与浙江经验.杭州:浙江大学出版社

姜江.2010.世界战略性新兴产业发展的动态与趋势.中国科技产业,(07):54-59

蒋满元,唐玉斌.2009.发展中国家与地区企业组织演化:一个解释框架.福建工程学院学报,(02):131-135

蒋清风.2010.我国西部地区新兴产业市场结构变动探究.商业时代,(06):110-111

金碚.1996.产业国际竞争力研究.经济研究,(11):39-44

金碚.2010.国际金融危机下的中国工业.中国工业经济,(07):5-13

柯颖,王述英.2007.模块化生产网络:一种新产业组织形态研究.中国工业经济,(08):75-82

科技部.2006.建设世界一流高科技园区行动方案

科技部火炬高技术产业开发中心,北京市长城企业战略研究所.2007.中国增长极:高新区产业组织创新.北京:清华大学出版社

科斯,阿尔钦,诺思,等.1995.财产权利与制度变迁——产权学派与新制度学派译文集.上海:上海三联书店,上海人民出版社

科学技术部专题研究组.2006.我国产业自主创新能力调研报告.北京:科学出版社

孔祥敏.2007.从出口导向到内需主导——中国外向型经济发展战略的反思及转变.山东大学学报,(03):50-56

奎恩,巴洛奇,兹恩.1999.创新爆炸——通过智力和软件实现增长战略.惠永正,靳晓明,等译.长春:吉林人民出版社

拉各斯,霍尔特休斯.2002.知识优势——新经济时代市场制胜之道.吕巍,吴韵华,蒋安奕译.北京:机械工业出版社

雷礼良.2005.中国智能手机产业竞争分析研究.上海:复旦大学工商管理硕士学位论文

黎苑楚,郑春白,王阿洁,等.2005.中国区域产业创新系统选择与评价.科学学与科学管理,(02):48-50

李斐,杨育,谢建中,等.2013.客户协同创新网络的复杂网络特性分析.重庆大学学报,(07):27-31

李昊,申向东,周惠来.2011.科技创新支撑现代产业体系发展的政策研究.河南科技,(10):14-15

李怀英.2014.2013年四川百强企业国内行业竞争力比较分析.对外经贸,(07):50-52

李建平,李闽榕,高燕京.2014."十二五"中期中国省域经济综合竞争力发展报告.北京:社会科学文献出版社

李坤,于渤,李清均.2013.高端装备制造业成长的理论分析:基于三维螺旋式技术协同创新的视角.学习与探索,(11):108-112

李廉水,杜占元.2005~2014.中国制造业发展研究报告(2005—2014).北京:科学出版社

李茂,唐鑫.2014.北京经济重点战略与对策研究.中国市场,(03):30-37

李勤.2015-04-21.当"芯"遭遇安全 高端装备国产化替代路漫漫.中国科学报

李顺才,王苏丹.2008.创新集群的政策融合研究.科技进步与对策,(11):147-150

李伟,董玉鹏.2014.协同创新过程中知识产权归属原则——从契约走向章程.科学学研究,(07):1090-1096

李晓华,吕铁.2010.战略性新兴产业的特征与政策导向研究.宏观经济研究,(09):22-28

李欣,邹礼瑞.2008.科技中介服务体系发展动力机制分析.科技进步与对策,(04):101-103

李玉璧，周永梅.2014.协同创新战略中的知识产权共享及利益分配问题研究.开发研究,(07):144-148
李煜华，武晓锋，胡瑶瑛.2013.基于演化博弈的战略性新兴产业集群协同创新策略研究.科技进步与对策,(02):70-74
李煜华，武晓锋，胡瑶瑛.2014.共生视角下战略性新兴产业创新生态系统协同创新策略分析.科技进步与对策,(02):47-51
李桢，刘名远.2012.中国战略性新兴产业培育与发展支撑体系建设研究.经济与管理,(02):5-9
李钟文，米勒，韩柯克，等.2002.硅谷优势：创新与创业精神的栖息地.北京：人民出版社
里夫金.2012.第三次工业革命：新经济模式如何改变世界.张体伟，孙豫宁译.北京：中信出版社
厉无畏，王慧敏.2002.国际产业发展的三大趋势分析.学术季刊,(02):53-56
利普森，库曼.2013.3D打印：从想象到现实.赛迪研究院专家组译.北京：中信出版社
林学军.2012.战略性新兴产业的发展与形成模式研究.中国软科学,(02):26-34
林迎星.2006.区域创新优势.北京：经济管理出版社
刘春光.2014.产业转移对湖南省产业结构演进影响的实证分析.对外经贸,(10):55-57
刘嘉宁.2011.战略性新兴产业与区域产业结构升级耦合机制分析.求索,(07):14-17
刘建兵，柳卸林.2009.服务业创新体系研究.北京：科学出版社
刘明宇，芮明杰.2009.全球化背景下中国现代产业体系的构建模式研究.中国工业经济,(05):57-67
刘诗白.2005.现代财富论.北京：生活·读书·新知三联书店
刘世庆，邵平桢，等.2011.军民融合：提升西部地区自主创新能力和高技术产业研究.北京：人民出版社
刘铁，王九云.2012.区域战略性新兴产业选择过度趋同问题分析.中国软科学,(02):115-127
刘英基.2013.我国产业高端化的协同创新驱动研究——基于产业共生网络的视角.中国地质大学学报（社会科学版）,(06):125-133
刘颖.2008.天津高新区创新型科技园区建设对策研究.天津：天津大学管理学院博士学位论文
刘友金，等.2001.技术创新与产业的跨越式发展——一个改进的A-U模型及其应用.常德师范学院学报（社会科学版）,(02):44-47
刘钊.2011.现代产业体系的内涵与特征.山东社会科学,(05):160-162
刘志阳，程海狮.2010.战略性新兴产业的集群培育与网络特征.改革,(05):36-42
柳卸林.2008.全球化、追赶与创新.北京：科学出版社
柳卸林，高太山，周江华.2014.中国区域创新能力报告2013.北京：科学出版社
隆国强，等.2007.跨国产业转移与产业结构升级.北京：中国商务出版社
陆根尧，等.2011.产业集群自主创新：能力、模式与对策.北京：经济科学出版社
陆国庆.2000.衰退产业中的企业战略创新.财经研究,(10):60-64
陆国庆.2001a.产业调整的壁垒及其克服途径.经济评论,(01):72-74
陆国庆.2001b.论衰退产业调整模式.学习与探索,(01):90-93
陆国庆.2001c.衰退产业中企业创新战略选择.经济理论与经济管理,(12):32-37
陆国庆.2002.衰退产业论.南京：南京大学出版社
陆国庆.2003.产业创新的动力源和风险分析.广西经济管理干部学院学报,(02):38-42
陆国庆.2011.战略性新兴产业创新的绩效研究——基于中小板上市公司的实证分析.南京大学学报（哲学、人文和社会科学）,(04):72-81
陆明祥.2010.地方产业集群的起源、生成和演进机理——基于佛山瓷砖集群分析.北京：经济科学出版社
路甬祥.2010.绿色、智能制造与战略性新兴产业.http://www.cmes.org/file/c16i122t2010112592201.html
  [2011-09-25]
罗积争，吴解生.2005.产业创新：从企业创新到国家创新之间的桥梁.经济问题探索,(04):111-114

罗剑.2014.成渝经济区品牌的分布与区域经济实力关系研究.商业时代,(10):141-143
罗珉.2005.大型企业的模块化:内容、意义与方法.中国工业经济,(03):68-79
罗清和,等.2007.经济发展与产业成长——深圳产业成长与发展趋势研究.上海:上海三联书店
马什.2013.新工业革命.赛迪研究院专家组译.北京:中信出版社
毛蕴诗,汪建成.2006.基于产品升级的自主创新路径研究.管理世界,(05):114-120
梅丽霞.2010.全球化、集群转型与创新型企业——以自行车产业为例.北京:科学出版社
孟微,钱省三.2005.印度软件产业研究.科研管理,(01):113-120
纳如拉.2011.全球化与技术:相互依赖、创新系统与产业政策.冷民,何希译.北京:知识产权出版社
奈特.1965.风险、利润与不确定性.安佳译.北京:商务印书馆
倪鹏飞,李冕.2014.长三角区域经济发展现状与对策研究.中国市场,(41):15-33
努斯鲍姆.2005.席卷美国的创新型企业.沈农夫译.中国高校科技产业化,(12):50-52
欧雅捷,林迎星.2010.战略性新兴产业创新系统构建的基础探讨.技术经济,(12):7-11
欧阳勤.2013.粤浙产业结构演进的比较研究.经济与社会发展,11(06):20-28
欧阳桃花.2007.中国企业产品创新管理模式研究.管理世界,(10):130-138
派恩.2000.大规模定制:企业竞争的新前沿.北京:中国人民大学出版社
彭本红,周叶.2008.企业协同创新中机会主义行为的动态博弈与防范对策.管理评论,(09):3-9
彭维刚.2007.全球企业战略.孙卫,刘新海,等译.北京:人民邮电出版社
平力群.2010.组织形态创新与新兴产业发展——以日本移植LLC、LLP为例.现代日本经济,(05):40-47
祁世梅,关志强.2014.新疆特色林果产品区域品牌建设研究——以库尔勒香梨为例.经济研究参考,(11):59-61
钱德勒.2002.战略与结构:美国工商企业成长的若干篇章.昆明:云南人民出版社
乔晓楠,李宏生.2011.中国战略性新兴产业的成长机制研究——基于污水处理产业的经验.经济社会体制比较(双月刊),(02):69-77
青木昌彦,安藤晴彦.2003.模块时代:新产业结构的本质.上海:上海远东出版社
邱成利.2002.创新环境及其对新产业成长的作用机制.数量经济技术经济研究,(04):5-8
仇保兴.1999.小企业集群研究.上海:复旦大学出版社
曲洪建,拓中.2013.协同创新模式研究综述与展望.工业技术经济,(07):132-142
屈超.2010.中国城市软件产业自主创新能力研究.北京:知识产权出版社
屈援.2009.基于SCP分析的我国中药产业创新能力提升研究.北京:经济科学出版社
饶扬德,唐喜林.2009.市场、技术及管理三维创新协同过程及模型研究.科技进步与对策,(13):5-9
芮明杰,张琰.2009.产业创新——基于网络状产业链内知识创新平台的研究.上海:上海财经大学出版社
萨克森宁.1999.地区优势:硅谷和128公路地区的文化竞争.曹蓬,杨宇光,等译.上海:上海远东出版社
尚勇,朱传伯.1999.区域创新系统的理论和实践.北京:中国经济出版社
邵云飞,谢义秘,孔祥和.2013.中国医药制造业创新环境对区域技术创新绩效影响的实证研究.经济视野,(06):285-287
沈家文.2008.加快建设我国工业企业自主创新体系.中国行政管理,(08):95-98
盛世豪,朱家良.2003.产业结构演变模式与专业化竞争优势——兼论粤苏浙三省产业结构演变特点.浙江社会科学,(03):47-52
盛世豪.2003.广东、江苏、浙江三省产业结构的演变特点.今日浙江,(03):44-47
施振荣.1996.再造宏碁.上海:上海远东出版社
水常青,郑刚,许庆瑞.2004.影响中国大中型工业企业协同创新要素的实证研究.科学学与科学管理,(12):44-50

四川省经济委员会.2007.四川工业强省战略问题研究（2）.成都：西南财经大学出版社
四川省科技厅.2009～2015.四川科技统计年鉴（2008—2014）.http://www.scsti.org.cn
四川省统计局.2004～2015.四川统计年鉴（2003—2014）.http://www.sc.stats.gov.cn/sctj
宋国友.2011.欧美债务危机对国际经济格局的影响.现代国际关系，（12）：38-43
宋河发，万劲波，任中保.2010.我国战略性新兴产业内涵特征、产业选择与发展政策研究.科技促进发展，（9）
宋奇成，危志锋.2014.成渝两市产业结构比较与分析——基于产业结构优化的视角.当代经济，（07）：78-80
孙福全，陈宝明，张华胜，等.2008.创新型企业发展模式研究.北京：中国农业科学技术出版社
孙久文.2004.我国区域经济问题研究的未来趋势.中国软科学，（12）：102-106
孙晓华，原毅军.2007.产业集聚能力的识别框架与培育路径.改革，（08）：24-29
唐浩，蒋永穆，贺钢，等.2008.西部大开发特色优势产业发展研究.成都：四川大学出版社
唐家龙.2010.现代产业体系的内涵与特征——基于现代化与经济现代化视角的考察.天津市科学学研究所第六届学术年会论文
唐勇.2010.构建现代产业体系的路径与对策——以浙江为例.当代经济，15（15）：33-35
陶良虎.2006.湖北装备制造业竞争力研究.武汉：华中科技大学博士学位论文
陶武先.2011.推动四川战略性新兴产业加快发展的思考.社会科学，（06）：12-16
田家欣.2010.构建区域现代产业体系的路径与政策选择——以绍兴市为例.商业经济与管理，（07）：91-96
佟锐，高旭，王伟青.2008.人力资本对高新技术产业创新能力的作用.经济研究导刊，（16）：160-161
万迪昉，王宇光，朱伟民.2001.西部产业创新发展及重组的初步研究.西安交通大学学报（社科版），（01）：1-6，29
汪涛.2002.竞争的演进——从对抗的演进到合作竞争.武汉：武汉大学出版社
汪秀婷.2012.战略性新兴产业协同创新网络模型及能力动态演化研究.中国科技论坛，（11）：51-58
王传宝.2010.全球价值链视角下地方产业集群升级机理研究——以浙江产业集群升级为例.杭州：浙江大学出版社
王福涛.2009.创新集群成长动力机制.武汉：华中科技大学博士学位论文
王国平.2011.上海构建现代产业体系的关键环节与根本路径.科学发展，（08）：52-61
王海芸，温珂.2007.京沪深三市创新政策比较研究.中国青年科技，（03）：15-19
王华，徐晓，吴昊，等.2009.组织创新的概念、类型与测量述评.兰州学刊，（03）：83-94
王缉慈.2001.创新的空间——企业集群与区域发展.北京：北京大学出版社
王缉慈.2004.关于发展创新性集群的政策建议.经济地理，（04）：433-436
王缉慈.2011.超越集群——中国产业集群的理论探索.北京：科学出版社
王进富，兰岚.2013.产学研协同创新路径研究——基于知识产权归属视角.科技管理研究，（21）：123-128
王敏，何雨欣.2013.产能过剩成经济发展之癌　须以方式调结构.新华网
王宋涛，洪振挺.2012.粤产业结构升级与人力资本发展关系的实证研究.中国市场，（07）：30-37
王涛，林耕.2004.科技中介服务体系的经济学视角.科学管理研究，（06）：70-72
王伟光，吉国秀，李征.2007.东北地区产业创新体系：变革基础、路径选择与政策取向.党政干部学刊，（08）：28-31
王尉东.2007.基于全球价值链视角的区域产业升级——以绍兴纺织业为例.企业经济，（01）：101-103
王小磊，杨育，曾强，等.2009.客户协同创新的复杂性及主体刺激——反应模型.科学学研究，（11）：1729-1735
王新新.2011.基于产业结构调整的战略性新兴产业发展规律与对策研究.商业时代，（14）：212-213
王益民，宋琰纹.2007.创新型集群与运营型集群：基于全球价值链的集群间国际分工.中国科技论坛，（09）：21-25

威廉姆森.1999.反托拉斯经济学——兼并、协约和策略行为.张群群,黄涛译.北京:经济科学出版社
魏达志,张显未,郭启华.2010.制度变迁中的解构与创新——深圳电子信息产业崛起路径的当代考察.北京:人民出版社
魏后凯.2006.现代区域经济学.北京:经济管理出版社
魏江,朱海燕.2007.集群创新系统的创新桥梁:知识密集型服务业.浙江大学学报(人文社会科学版).(02):52-60
魏江,孔小磊,周泯非,李红,2010.基于集群治理的产业集群内企业知识资产保护模式研究.科学学研究,(09):1354-1360
魏益华.2000.西部地区"有效核心优势"培育与"区域优势产业"成长.经济学动态,(09):24-27
魏玉莲.2013.2012年长三角地区经济发展报告.统计科学与实践,(03):24-25,62
温家宝.2009-11-24.让科技引领中国可持续发展.第一财经日报
文章代,侯书森.1999.创新管理.东营:中国石油大学出版社
吴德进.2005.产业集群论.北京:社会科学文献出版社
吴福象,王新新.2011.行业集中度、规模差异与创新绩效——基于GVC模式下要素集聚对战略性新兴产业创新绩效影响的实证分析.上海经济研究,(07):69-76
吴敬琏.2002.制度重于技术.北京:中国发展出版社
吴绍波,龚英,刘敦虎.2014.知识创新链视角的战略性新兴产业协同创新研究.科技进步与对策,(01):50-56
吴晓波.2001.二次创新与我国制造业全球化竞争战略.科研管理,(03):43-52
吴友军.2010.集群学习与产业集群创新.科技管理研究,(08):106-108
吴照云,余焕新.2008.中国新兴产业市场结构演变规律探究——以有机硅产业为例.中国工业经济,(12):134-143
武国友.2013.党的十八大报告关于转变经济发展方式的新思路与新亮点.北京交通大学学报(社会科学版),(01):1-4
项桂娥,王剑程.2014.产业转移、技术转移及中小企业协同创新的影响因素术——基于皖江城市带中小企业的实证调查.江淮论坛,(06):82-88
箫雨.2015.高通同意支付60.88亿罚款 创中国反垄断调查之最.http://ucwap.ifeng.com/tech/app/news?aid=95849803&mid=6HXNTK&all=1&p=2
肖德,艾乔.2001.进化经济学:起源与发展.国外社会科学,(04):17-20
肖金成,徐国弟,黄征学.2013.长江上游经济区发展战略研究.发展研究,(04):4-8
肖鹏,余少文.2013.企业间协同创新惰性及解决对策.科技进步与对策,(10):84-88
肖雁飞,廖双红.2011.创意产业区——新经济空间集群创新演进机理研究.北京:中国经济出版社
谢勒.2001.技术创新——经济增长的原动力.姚贤涛,王倩译.北京:新华出版社
谢伟.2006.中国企业技术创新的分布和竞争策略.管理世界,(02):50-63,171
谢植雄.2003.深圳经济增长与产业结构演进分析.地域研究与开发,(03):41-44
解佳涛.2012-07-27.广州高新区:整合资源,构建新型服务体系.中国高新技术产业导报
熊彼特.2000a.经济发展理论.何畏等译.北京:商务印书馆
熊彼特.2000b.资本主义、社会主义与民主.吴良健译.北京:商务印书馆
熊建中.2015-01-22.2014年四川经济形势新闻发布稿.四川省统计局综合处
徐崇利.2012.新兴国家崛起与构建国际经济新秩序.中国社会科学,(10):186-204
徐岚,汪涛,姚新图.2007.中国企业产品创新战略执行的路径:基于转轨经济条件下的研究.管理世界,(09):85-98
徐明华,包海波,谢芳.2007.完善技术要素激励与促进自主创新的政策研究——基于浙江的经验调查分析.中国软科学,(11):31-38

徐占忱，何明升. 2005. 接近性、互动网络与区域企业集群创新. 科学学与科学技术管理，（06）：87-89
许庆瑞. 2000. 研究与发展管理. 北京：高等教育出版社
许庆瑞，蒋键，郑刚. 2005. 各创新要素全面协同程度与企业特质的关系实证研究. 研究与发展管理，（03）：16-23
薛丹丹，周彬，刘志迎. 2010. 国内区域创新政策比较对合芜蚌试验区的启示. 合肥学院学报（社会科学版），（05）：23-27
薛风平. 2007. 基于PCA的石化产业自主创新能力测评. 中国石油大学学报（社科版），（05）：6-9
薛晓梅，孙锐. 2012. 创新集群知识治理机制选择的影响因素分析. 科技管理研究，（08）：194-198
薛艳杰. 2011. 长三角战略性新兴产业：现状、趋势与对策. 经济体制改革，（03）：50-54
严潮斌. 1999. 产业创新：提升产业竞争力的战略选择. 北京邮电大学学报（社会科学版），（03）：6-10
杨洁，杨育，王伟立，等. 2008. 基于预处理小波神经网络模型的协同创新客户评价与应用研究. 计算机集成制造系统，（05）：882-890
杨龙志，李忠宽. 2004. 温州产业创新模式及其案例实证分析. 企业经济，（04）：107-109
杨世伟. 2013. 国际产业发展与展望. 国际经济分析与展望（2012～2013）. 北京：社会科学文献出版社
杨吾扬. 1989. 区位论原理——产业、城市和区域的区位经济分析. 兰州：甘肃人民出版社
杨小凯，黄有光. 1999. 专业化与经济组织. 张玉纲译. 北京：经济科学出版社
杨益. 2010. "后金融危机时代"国际贸易摩擦新特点及我国产业安全面临的新形势. 武汉商务，（10）：17-24
杨育，郭波，尹胜，等. 2008. 客户协同创新的内涵与概念框架及其应用研究. 计算机集成制造系统，5：944-950
易将能，孟卫东，杨秀苔. 2005. RIN对产业创新模式的影响. 重庆大学学报：自然科学版，（03）：121-124
余东华，芮明杰. 2005. 模块化、企业价值网络与企业边界变动. 中国工业经济，（10）：88-95
袁红英. 2007. 山东省构建现代产业体系研究. 理论学刊，（09）：70-75
岳芳敏. 2007. 集群企业创新行为机制分析. 财经科学，（08）：79-86
韵江，刘立. 2006. 创新变迁与能力演化：企业自主创新战略. 管理世界，（12）：115-130
曾雁. 2003. 西部技术创新体系与产业创新发展. 重庆师范大学学报（哲学社会科学版），（04）：57-61
张东风. 2007. 基于复杂性理论的企业集群成长与创新系统研究. 北京：中国社会科学出版社
张红光. 2012. 国有大型企业集团组织形态研究. 企业管理，（03）：61-63
张克俊，唐琼. 2011. 西部高新区提高自主创新能力与促进高新技术产业发展研究. 成都：西南财经大学出版社
张磊. 2001. 产业融合与互联网管制. 上海：上海财经大学出版社
张丽娜，谭章禄. 2013. 协同创新与知识产权的冲突分析. 科技管理研究，（06）：163-166
张良桥，贺正楚，吴艳. 2010. 基于灰色关联分析的战略性新兴产业评价——以生物医药为例. 经济数学，（03）：79-164
张璞. 2003. 区域产业创新体系构建研究. 现代财经，（10）：43-47
张其仔，等. 2008. 模块化、产业内分工与经济增长方式转变. 北京：社会科学文献出版社
张青山，邹君. 2014. 湖南省经济发展与水污染关系的实证研究. 资源开发与市场，（06）：691-696，739
张秀武. 2011. 中国高技术产业集群与技术创新互动关系研究. 北京：社会科学文献出版社
张耀辉. 2010. 传统产业体系蜕变与现代产业体系形成机制. 产经评论，（01）：12-21
赵峰，魏成龙. 2004. 创新扩散、创新群集机理分析及应用. 中国工业经济，（12）：55-60
赵嘉，唐家龙. 2012. 美国产业结构演进与现代产业体系发展及其对中国的启示——基于美国1947—2009年经济数据的考察. 科学学与科学技术管理，（01）：141-147
赵君丽. 2011. 要素结构变动、产业区域转移与产业升级. 经济问题，（04）：13-16
赵锡斌. 2004. 企业环境研究的几个基本理论问题. 武汉大学学报（哲学社会科学版），57（1）：12-17

赵修卫.2001.关于发展区域核心竞争力的探讨.中国软科学,(10):95-99
赵玉林.2006.创新经济学.北京:中国经济出版社
赵玉林,等.2011.基于科技创新的产业竞争优势理论与实证.北京:科学出版社
赵忠华.2009.创新型产业集群网络结构与绩效研究.哈尔滨:哈尔滨工业大学出版社
赵忠旋,关维惠.2011.沿海地区劳动密集型企业技术工人短缺问题研究——基于"机会成本"的分析.贵州大学学报,(05):53-60
赵竹青.2015."中国工业落后德国100年"遭质疑.http://scitech.people.com.cn/n/2015/0608/c1007-27120537.html
郑刚.2006.全面协同创新——迈向创新型企业之路.北京:科学出版社
郑刚,梁欣如.2006.全面协同:创新致胜之道——技术与非技术要素全面协同机制研究.科学学研究,24(S1):268-275
郑刚,朱凌,金瑶.2008.全面协同创新:一个五阶段全面协同过程模型——基于海尔集团的案例研究.管理工程学报,(02):24-32
郑晓幸,黄平林,李林全,等.2000.跨越式发展中的工业结构调整与产业升级——对四川省德阳市工业结构调整和产业升级的调查与思考.理论与改革,(03):121-124
郑宇钧,崔斌峰.2013-08-09.MBD技术缩短运20研制周期40%水平比肩波音787.中国青年报
郑志,冯益.2014.文化创意产业协同创新生态系统构建对策研究.科技进步与对策,(23):62-66
中共北京市委宣传部,中关村科技园区管理委员会.2008.创新之路.求是,(19):32-34
中共中央文献研究室.2006.十六大以来重要文献选编(中).北京:中央文献出版社
中共中央文献研究室.2008.科学发展观重要论述摘编.北京:中央文献出版社
中共中央文献研究室.2008.十七大以来重要文献选编(上).北京:中央文献出版社
中关村科技园区管理委员会.2009.创新之路.中国高新区,(04):92-94
中国创新型企业发展报告编委会.2010~2012.中国创新型企业发展报告(2010~2012).北京:经济管理出版社
中国电子信息产业发展研究院,赛迪顾问股份有限公司.2012.中国战略性新兴产业发展及应用实践.北京:机械工业出版社
中国科技发展战略研究小组.2004~2014.中国区域创新能力报告(2004~2014).北京:经济管理出版社
中国企业联合会,中国企业家协会.2014.2014中国500强企业发展报告.北京:企业管理出版社
钟书华.2008.创新集群:概念、特征及理论意义.科学学研究,(01):178-186
周必建.2009.广东建设现代产业体系大战略.浙江经济,(11):41-43
周桂荣,徐作君.2007.区域产业创新体系构建:天津滨海新区与深圳、浦东之比较.中国科技论坛,(02):77-80,93
周泯非,魏江.2009.产业集群创新能力的概念、要素与构建研究.外国经济与管理,(09):1-11
周权雄.2010.广州构建现代产业体系的现状、问题与对策建议.科技管理研究,(01):39-43
周万生.2008.人力资本与区域创新能力研究.成都:四川大学博士学位论文
周铁昆.2010.基于厂商学习的产业创新机制研究.北京:经济科学出版社
周元,王海燕,赵刚,等.2007.中国区域自主创新研究报告(2006~2007).北京:知识产权出版社
朱孟进,荆娴.2008.我国高技术产业的资本市场支撑体系研究.上海经济研究,(06):96-100
朱瑞博.2010.中国战略性新兴产业培育及其政策取向.改革,(03):19-28
朱滋婷,于丽英.2010.欧洲创新集群的发展及对我国的借鉴.科技管理研究,(23):199-202
祝影.2007.全球研发网络:跨国公司研发全球化的空间结构研究.北京:经济管理出版社
邹春燕.2012.武汉现代产业体系构建的创新路径——基于美国硅谷创新跨越经验的比较思考.长江论坛,(02):26-30

左刚. 2011. 创新服务业：现代产业发展的核心. 新材料产业,（08）79-83

Abernathy W J , Utterback J M. 1978. Patterns of industrial innovation. Technology Review, 80（7）:40-70

Andrews K R. 1971. The Concepts of Corporate Strategy. Homewood: Richard D.Irwin,Inc

Ansoff H I. 1965. Corporate Strategy: An Analytic Approach to Business Policy for Growth and Expansion. NewYork:MeGraw-Hill

Arakji R Y, Lang K R. 2007.Digital consumer networks and producer-consumer collaboration: innovation and product development in the video game industry. Journal of Management Information Systems, 24（2）:195-219

Asheim B T, Isaken A. 2002.Regional innovation systems: the integrational of local "Sticky" and global "Ubiquitous" knowledge. Journal of Technology Transfer, 27:77-86

Asheim B T,Coenen L. 2005.Knowledge bases and regional innovation systems: comparing Nordic clusters . Research Policy, 34:1173-1190

Asheim B T,Coenen L. 2006.Contextualising regional innovation systems in a globalising learning economy: on knowledge bases and institutional frameworks.Journal of Technology Transfer, 31:163-173

Brown R. 2000. Cluster dynamics in theory and practice with application to Scottland. European Polices Research Centre University of Strathclyde,（38）:1-58

Brusoni S,Geuna A. 2003.An international comparison of sectoral knowledge bases: persistence and integration in the pharmaceutical industry.Research Policy,32:1897-1912

Brusoni S,Geuna A. 2010.The key characteristics of sectoral knowledge bases:an international comparison. http://www.sussex.ac.uk/spru

Carlsson I, Ramphal S, Alatas A, et al. 1995. Our Global Neighbourhood: The Report of the Commission on Global Governance. New York: Oxford University Press

Chen W, Brennan L, Zeng D. 2013. Exploring supply chain collaborative innovation: evidence from China. Irish Journal of Management,（2）:5

Chesbrough H W. 2003. Open Innovation. Boston: Harvard Business School Press

Child J.1972.Organization structure, environment and performance: the role of strategy choice. Sociology, 6（1）: 1-22

Contractor F J, Ra W.2002. How knowledge attributes influence alliance governance choices: a theory development note. Journal of International Management,8:11-27

Cooke P. 1992.Regional innovation system:competitive regulation in the new Europe. Geoforum, 23（3）: 365-382.

Cooke P. 2002. Regional innovation systems: general findings and some new evidence form biotechnology clusters. Journal of Technology Transfer, 27: 133-145.

Daft R L.2001. Organizational Theory and Design.Cincinnati: South-Western College Public

Dasgupta P, Stiglitz J. 1980.Industrial structure and the nature of innovative activity.Economic Journal,90:266-293

Dasgupta P, Stiglitz J. 1981. Entry, innovation, exit: towards a theory of olipolistics industrial structure. European Economic Review,15:137-158

Davies A, Brady T. 1998.Policies for a complex product system. Futures, 30（4）:293-304

de Langen P.2004.Governance in seaport clusters. Maritime Economics and Logistics,6: 141-156

de Propris L, Wei P. 2007. Governance and competitiveness in the birmingham jewellery district. Urban Studies, 44（12）: 2465-2486

Duncan R B. 1972. Characteristics of organizational environments and perceived environmental uncertainty. Administrative Science Quarterly, 17:313-327

Ensign P C. 1999. Innovation in the multinational firm with globally dispersed R&D: technological knowledge utilization and accumulation. Working Paper Series,No13

Freeman C. 1987.Technology Policy and Economic Performance : Lessons from Japan.London: Printer

Freeman C ,Soete L. 1999.The Economics of Industrial Innovation. 3rd ed. Cambridge: The MIT Press

Gertler M. 2005.Spaces of knowledge flows:clusters in a global context.Paper to be presented at the DRUID Tenth Anniversary Summer Conference 2005 on " dynamics of industry and innovation: organizations,networks and systems",Copenhagen,Denmark

Gloor P. 2006. Swarm Creativity: Competitive Advantage Through Collaborative Innovation Networks. New York: Oxford University Press

Gloor P A, Paasivaara M, Schoder D , et al. 2008. Finding collaborative innovation networks through correlating performance with social network structure. International Journal of Production Research, 46（5）: 1357-1371

Grandori A.2001. Neither hierarchy nor identity: knowledge-governance mechanisms and the theory of the firm.Journal of Management and Governance,5:381-399

Greenwood, R,Hinings C R. 1988. Design archetypes, tracks and the dynamics of strategic change. Organization Studies, 9（3）: 293-316

Greenwood R, Hinings C R.1993. Understanding strategic change: the contribution of archetypes. Academy of Management Journal, 36（5）:1052-1081

Greenwood R, Hinings C R. 1996. Understanding radical organizational change: bringing together the old and the new institutionalism. Academy of Management Review, 21（4）:1022-1054

He C Q. 1998. National knowledge innovation system: structure, function and indicatiors//Wu S Y,Papon P. Proceedings of 98'Sino-French Workshop on S&T Policy.CHEP: Springer

Heidenreich M.2005.The renewal of regional capabilities experimental regionalism in Germany.Research Policy, 34（5）: 739-757

Hobday M, Rush H. 1999.Technology management in complex product systems（CoPS）: Ten questions answered. International Journal of Technology Management, 17（6）: 618-638

Huang W D, Xue D Z , Gong Y H. 2014. Modeling and analysis of knowledge sharing incentive mechanism in the internet of things collaborative innovation. Journal of Chemical and Pharmaceutical Research, 6（6）:1400-1405

IMF. 2013. 世界经济展望. http://www. imf. org/external/ns/loe/cs. aspx?id=91

Jones C, Hesterly W S, Borgatti S P.1997. A general theory of network governance: exchange conditions and social mechanisms.Academy of Management Review, 22:911-945

Ju J D.2003.Oligopolistic competition, technology innovation and multiproduct firms. Review of International Economics,11（2）:346-359

Kahn K B.1996.Interdepartmental integration:a definition with implications for product development performance. Journal of Product Innovation Management, 13（2）: 137-151

Kahn K B. 2001. Market orientation, interdepartmental integration, and product development performance. Industrial Marketing Management, 18（5）:314-323

Kalsaas B.2013.Collaborative innovation:the decade that radically changed drilling performance. Production Planning & Control, 24（2/3）:265-275

Kauffman S A. 1993. The Origins of Order: Self-organization and Selection in Evolution. New York: Oxford University Press

Keeble D,Wilkinson F. 1999.Collective learning and knowledge development in the evolution of regional clusters of high technology SMEs in Europe. Regional Studies,33（4）:295-303

Lawrence P R, Lorsch J W. 1967.Organization and Environment. Cambridge: Harvard University Press

Lawson C, Lorenz E. 1999.Collective learning,tacit knowledge and regional innovative capacity .Regional Studies,33（4）:305-337

Malerba F. 2004.Sectora System of Innovation: Concepts Issues and Analyses of Six Major Sectors in Europe. Cambridge: Cambrige University Press

Malerba F. 2005. Sectora system of innovation// Fagerberg I, Mowery C M, Nelson R. The Oxford Innovation Handbook. Oxford: Oxford University Press

Mario D P. 2007.SME Cluster Development: a Dynamic View of Survival Cluster in Developing Countries. New York: Palgrave Macmillan

Mckelvey B. 1999. Avoiding complexity catastrophe in coevolutionary pockets: strategies of rugged landscapes. Organization Science, 10（3）: 294-321

Miles R E, Snow C C. 1978. Organizational Strategy, Structure and Process. New York: McGraw-Hill

Milliken F J. 1987.Three types of perceived uncertainty about the environment: state, effect and response uncertainty. Academy of Management Review, 12 (1) :133-143

Mintzberg H. 2007. Productivity killing American enterprise. Harvard Business Review, 7/8:25

Nieto M J, Santamaria L. 2007. The importance of diverse collaborative networks for the novelty of product innovation. Technovation , (27) :367-377

Porter M E.1998.Clusters and new economics of competition.Harvard Business Review,11-12:77-90

Powell W W, Owen-Smith J. 2005. Network dynamics and field evolution: the growth of interorganizational collaboration in the life sciences. American Journal of Sociology, 110 (4) :1132-1205

Powell W W, Smith-Doerr L.1996. Interorganizational collaboration and the locus of innovation: networks of learning in biotechnology. Administrative Science Quarterly, 41: 116-145

Rosenberg N, Frischtakf C R. 1984. Technological innovation and long waves. Cambridge Journal of Economics, 8（1）:7-24

Simonin B L. 1997. The importance of collaborative know-how:an empirical test of the learning organization. Academy of Management Journal, 40（5）:1150-1174

Song X M, Neeley S M, Zhao Y. 1996. Managing R&D-marketing integration in the new product development process. Industrial Marketing Management,25: 545-553

Tura T,Harmaakorpi V.2005.Social capital in building regional innovative capability. Regional Studies, 3（8）:1111-1125

Visser E-J, Langen P D. 2006. The Importance and quality of governance in the chilean wine industry. Geo Journal, 65:177-197

Williamson O E. 1979. Transaction-cost economics: the governance of contractual relations .The Journal of Law and Economics,22（2）: 233-261

Wilson D, Litter D, Leverick F,et al.1995.Collaborative strategy in new product development—risk and reward.The Journal of Strategy Marketing,3:167-188

后　　记

呈现于读者面前的这部作品始于2007年本研究团队承担的中国-加拿大政府合作项目"西部自主创新战略研究"之四川课题研究。本书最后两章最先收录于"中国西部区域自主创新战略研究"课题组编著的《中国区域自主创新研究报告（2008～2009）》，后由李进兵博士和王德平博士做进一步修改。必须要感谢的是，陈文君教授直接参与了第十一章的数据整理和更新工作。在本书写作过程中，团队成员的专业差异导致我们常常偏离本书核心逻辑，我们不得不多次聚会研讨。当然，本书中还有很多有待深入研究的问题。

在写作期间，我们还相继承担了"依托核心技术产品，促进四川省企业自主创新的跨越式发展"（2008ZR0048）、"基于区域创新型产业集群的四川高端装备制造业培育研究"（2012ZR0054）等5项省部级科研项目。随着这些项目结题，我们对现代产业创新战略的理解也更为准确，更加深刻。全书的结构进一步完善，思考进一步深入，促成了本书最终成稿。

创新是一个民族的灵魂，创新社会充满生机与活力，现代产业创新是创新社会的核心。"大众创业，万众创新"为现代产业创新提供了良好的氛围，促进了现代产业创新环境改善。创新驱动发展战略是党的十八大报告提出的我国经济社会发展战略，希望本书的出版为创新驱动发展战略的深入研究添砖加瓦。

本团队成员识见、学科背景差异较大，而且各有工作，我承担了本书全面修改和统稿工作。作为本书第一责任人，我热忱欢迎学界指正。

本书获得科技部国家软科学研究计划资助，感谢匿名评审人对我们研究工作的肯定。在申报"区域现代产业发展的创新战略研究：理论与案例"（2014GXS3K035-5）项目过程中，西南财经大学刘诗白教授、四川大学顾新教授鼎力推荐，并撰写了项目推荐评语。在2013年全国技术创新管理年会上，我们向会议报告了本项目部分研究成果，得到电子科技大学鲁若愚教授、邵云飞教授等与会专家的充分肯定和支持，并热情地提出了修改意见。在此我谨向他们表达诚挚的感谢。科学出版社科学人文分社的杨婵娟老师等工作人员为本书付梓付出了大量的心血。在此，我代表本书作者团队对他们表示诚挚的感谢。在我集中精力写作期间，我的夫人曾永嘉女士给予了我坚定的支持，在此致以深深的谢意。

邓金堂
乙未年八月于科大花园